U0553965

国家社科基金项目成果(项目批准号:08BYY051)
浙江省哲社规划课题成果(项目批准号:Z05YY01)
浙江师范大学中国语言文学博士点建设项目成果

明清汉语疑问句研究

傅惠钧　著

创于1897　商务印书馆
The Commercial Press
2011 年·北京

图书在版编目(CIP)数据

明清汉语疑问句研究/傅惠钧著.—北京:商务
印书馆,2011
ISBN 978 – 7 – 100 – 07670 – 8

Ⅰ.①明… Ⅱ.①傅… Ⅲ.①汉语–疑问(语法)–
研究–明清时代 Ⅳ.①H141

中国版本图书馆 CIP 数据核字(2011)第 020420 号

所有权利保留。

未经许可,不得以任何方式使用。

MÍNGQĪNG HÀNYǓ YÍWÈNJÙ YÁNJIŪ
明清汉语疑问句研究
傅惠钧 著

商 务 印 书 馆 出 版
(北京王府井大街36号 邮政编码100710)
商 务 印 书 馆 发 行
北京市白帆印务有限公司印刷
ISBN 978 – 7 – 100 – 07670 – 8

2011 年 8 月第 1 版　　　　开本 880 × 1230　1/32
2011 年 8 月北京第 1 次印刷　　印张 19⅝
定价: 42.00 元

目　　录

附：表目录

序　言

近年来，近代汉语语法的研究不断深入，出现了一些有分量的研究成果。傅惠钧《明清汉语疑问句研究》就是其中一种。此书有如下特点：

（一）材料扎实，基础牢固。《明清汉语疑问句研究》是作者花费十年功夫写成的。作者选择了明清时期有代表性的四部作品《老乞大》《朴通事》《金瓶梅》《儿女英雄传》（包括其不同版本），对其中的疑问句作了穷尽性的调查和分析、统计。这就为全书提供了扎实的基础。有了这个基础，作者的一些分析和论断就很有说服力。比如，书中指出，疑问句的三种类型（特指问、是非问、选择问）是不平衡的，在四部作品中，特指问占 69%，是非问占 23.5%，选择问占 7.5%。这就是一个令人信服的论断。

（二）论述系统，观察细致。以往对疑问句的研究，往往是对疑问句的某一类型或某一问题进行研究。而此书是把汉语疑问句作为一个系统，全面地进行研究，而且注意到疑问句的句法、语义、语用各个方面。面对大量的语料，作者的观察相当细致，不放过一些少见的、但有价值的语言事实。比如，一般认为正反问中"右省式"的省略规则是"左向性"，作者在时贤研究的基础上，找出了一些《史记》和《金瓶梅》中"右向性"的例句，并对现代汉语中有关的一些例句作了细致的分析。

（三）共时研究和历时研究结合。作者研究的是明清时期的汉语疑问句，但明清时期的疑问句是汉语历史发展的结果，所以，有不少问题，是需要结合汉语疑问句的历史发展来研究的。作者对这个问题有充分的认识，所以，作者的研究并不局限于明清时的材料，在讨论汉语疑问句的历史发展和演变源流时，又对从甲骨文起直到现代汉语的大量语料进行了研究。同时，明清虽然是汉语发展的一个阶段，但这个阶段历时五百多年，在这个阶段中，疑问句也有历史的变化。作者在使用明清时期不同历史年代的语料时，也很注意比较和考察汉语疑问句在明清时期的历史变化。在这两个方面，作者都做到了共时研究和历时研究的结合。

（四）描写和解释结合。细致的描写是语言研究的基础，只有全面、客观的描写，才能显示出语言的真实的面貌和发展的脉络；但在描写的基础上还需要有深入的解释，才能揭示内在的规律和演变的原因。在这方面，作者也做了有益的探求。比如，正反问的省略最早出现的是"右省式"（"反"的一部分省略），后来出现了"左省式"（"正"的一部分省略），而且在明清以后发展很快。书中对这种历史的现象变化作了细致的描写。这种变化如何解释？作者对此提出了自己的看法，从潜规则存在的先决条件、语言发展本身的需要、系统类化作用的推动、南方方言的影响等几个方面加以解释。尽管这还是一种探索，但对汉语疑问句的研究无疑是有推动作用的。

（五）思考深入，多有新意。作者对汉语疑问句作了多角度的考察和深入的思考，如：对各类疑问句都区分了真性问和假性问，并专设一章讨论了"疑问标记的非疑问用法"，比以往的研究深入了一步。书稿中提出了一些富有新意的看法，如根据被提问的成分，把特指问分为"浅度问"和"深度问"两类，下面又各分若干小类。对于一些问题的讨论也相当深入，如关于正反问"省略"和"称代"的来源，正反问"右省式"和"左省式"的关系，作者都在原有研究的基础上，作了深入的探讨，提出了自己新的看法。

　　傅惠钧是一位严谨、扎实的学者。在长达十年的时间里，他对这个研究课题十分专注，经常留心与这个课题有关的语言材料和研究成果，也经常和别人讨论有关问题，在此基础上，他对这个课题的看法不断完善和深化。作为研究的阶段性成果，此书的一些有关内容已经写成文章公开发表，并得到学界的好评，也得到一些有益的反馈，促使他进一步思考。今天我们看到的，就是他十年来不懈努力的积累。学无止境，我相信傅惠钧一定会在现有的基础上继续前进，在汉语疑问句研究和汉语历史语法其他问题的研究上取得更大的成绩。

蒋 绍 愚

2011 年 2 月

于北京大学中文系

一　绪论

1　汉语疑问句研究的历史回顾

1.1　古代的疑问句研究

现代意义的语法研究不过一百多年的历史。但是，这并不意味着我国古代没有语法研究。对于汉语疑问句的探究，已有久远的历史。早在汉魏时期，古代学者在对古书的注释中就有一些关于疑问句的论述。与先秦文献语言相比，汉魏时期的语言已经发生了不小的变化，注家们往往特别关注那些特殊的变化现象。就疑问句来说，疑问代词、疑问副词、疑问语气词以及疑问句语序等都有许多变化，因而有不少这方面的论述。例如《孟子·滕文公上》："曰：'奚冠?'"赵岐注曰："孟子问许子何冠也。"先秦汉语中的"奚"被释为"何"，其他如"胡、曷"也释为"何"，"恶"释为"安"，"孰"释为"谁"，等等；又如《诗经·小雅·正月》："有皇上帝，伊谁云憎?"郑玄笺云："有君上帝者，以情告天也，使王暴虐如是，是憎恶谁乎?"对先秦疑问代词宾语前置的 OV 语序，以汉魏时已基本稳定的 VO 语序来解释。还有，对于反诘语气的解释，如《诗经·唐风·扬之水》："既见君子，云何其忧?"毛亨传曰："言无忧也。"《左传·僖公十年》:"欲加之罪,其无辞乎?"杜预注曰:"言欲加己罪,不患无辞。"《颜氏家训·音辞篇》等还专门讨论了疑问语气词和疑问代词,此引一则:

> "邪"者,未定之词。《左传》曰"不知天之弃鲁邪?抑鲁君有罪于鬼神邪?"、《庄子》云"天邪?地邪?"、《汉书》云"是邪?非邪?"之类是也。而北人即呼为"也"字,亦为误矣。

这是最早关于疑问语气词的论析。

唐时,因随着佛经翻译而引进的梵文语法的影响,以及汉魏传统的继承,语法意识显著增强,以注释家为主的学者对于疑问句的讨论有了新的发展。孔颖达的"五经正义"中对疑问句就多有论述。他对所谓"不为义"的"语辞"的分析涉及疑问代词、疑问副词和疑问语气词等,如他指出《周易》"三岁不兴,安行也?"中的"安"为"语辞也,犹言何也";《礼记》"其文王与?"中的"与"为"不执定之辞";《诗经》中"景员维河(何)?"中的"维何"为"设问之辞,与下句发端"。在解释《左传·僖公二十四年》中"常棣之华,鄂不韡韡(韠韠)?"时指出"不韡韡乎,言其实韡韡也;古之人语有声而倒者,诗文多有此类"。"声而倒"即声音和意义相倒,或形式和意义相反之意。这是对反诘句特点的最早说明。特别需要指出的是,柳宗元在《复杜温夫书》中把句末语助词分为"疑辞"和"决辞"两种:

> 所谓"乎""欤""耶""哉""夫"者,疑辞也;"矣""耳""焉""也"者,决辞也。(柳河东集,卷三十四)

柳氏的观点对于后来马建中《马氏文通》"助字"的分类显然有直接的影响。

元明清三代出现了不少专门研究虚词的专书,如元代卢以纬的《助语辞》、清代袁仁林的《虚字说》、刘淇的《助字辨略》、王引之的

《经传释词》等，这些著作都对汉语中的"疑辞"作了较为深入的解释。下引两例：

> 岂：反说以见意，有如俗语"那[上]里是"之意，或有如"莫"字之意。韵书云"安也"，乃"安可""安能"之"安"，非"安宁"之"安"。"焉也"〖焉得知？〗"曾也"〖曾是以为孝乎？〗又曰"非然之辞"。（卢以纬《助语辞》）

> 孰：《尔雅》曰："孰，谁也。"常语。孰，犹"何"也。家大人曰："孰""谁"一声之转。"谁"训为"何"，故"孰"亦训为"何"。……昭二十五年《公羊传》曰："孰君而无称？"言何君而无称也。《论语·八佾》篇曰："是可忍也，孰不可忍也？"……"孰"字并与"何"同义。又《大戴礼·曾子制言》篇曰："则虽女亲，庸孰能亲女乎？""庸孰"皆何也。（王引之《经传释词》）

清末光绪二十四年（1898 年）出版的马建忠的《马氏文通》对于疑问句的研究，是我国古代疑问句研究的总结，也是现代疑问句研究的开端，具有承前启后的作用。马建忠与以往学者的不同在于他借助现代语言学的理论和方法把汉语的疑问表达放到整个汉语语法系统中来探讨，并重视结构和功能的分析。马氏对于汉语疑问表达的研究是以传疑"字类"系统为纲来建立体系的，这和《马氏文通》全书以"字类"为中心来构建语法体系的思路相一致。

首先，马氏把汉语传疑的形式分为三类：即询问代字、传疑助字和传疑状字。他建立的"代字"系统有指名代字、接读代字、询问代字和指示代字四类，"询问代字者，所以求夫未知者也"。主要有"询不知之人物"的"谁""孰""何"等三个以及询问其他事物的"奚""胡""曷""恶""安""焉"等六个，还有属于"何"系的"何如""何若""如何""奈何""若何""如之何""若之何""谓

之何""谓何""何谓""何……之为""何……以为"等。关于传疑助字，马氏接续柳宗元的思路，认为："助字所传之语气有二：曰信，曰疑。故助字有传信者，有传疑者。""传信助字，为'也''矣''耳''已'等字，决辞也。传疑助字，为'乎''哉''耶''欤'等字，诘辞也。"他说传疑助字有六，除了上面四字外，还有"夫""诸"。另外，马氏认为汉语的状字中有一类为"以传疑难不定之状者"。这类"疑难之状字合于动字，以肖其拟议恍惚之貌耳"。唯用为状字者有"岂""讵""庸"等字，"与询问代字同字而不同用者"有"何""焉""胡""乌""曷""安"等字。这三个"字类"既相互区别又相互联系，构成汉语表达的传疑系统。

其次，马氏注意从句法分布和表达功能上分析疑问"代字""助字"和"状字"的特点，并以词法联结句法。以询问代字而言，他首先明确地提出一条语序上的"不易之例"："询问代字凡在宾次，必先其所宾，其不先者仅矣。"在具体代字的描写中，句法分布与功能始终是讨论的重点。如"谁"，马氏说："谁字惟以询人，主次、宾次、偏次皆用焉。而在偏次，其后概加'之'字。"居主次："谁可代君者?"(《史记》) 居同次："追我者谁也?"(《孟子》) 居宾次："吾谁欺? 欺天乎?"(《论语》) 居偏次："吾不知谁之子。"(《老子》)他还通过具体例子，指出"谁"字居于宾次，无论充当"止词"还是"司词"，"皆先焉"。又如"何"，马氏说："何字单用，以诘事物。附于称人之名，则以诘人。三次皆用焉，而用为表词者居多。""'何'字单用于宾次者，为止词则先于动字，为司词则先于介字，不先者鲜矣。"他还指出："何字合'也''哉''者'诸字为助者，则以诘事理之故也。合于静字，则列为状字。"区分了"'何'后无助字"与"'何'后有助字"两种不同用法，并分析了"何"居于不同句法位置在表意功能上的异同。

　　以传疑助字而言，他首先从整体上提出六个疑问助字，"其为用有三：一则有疑而用以设问者；一则无疑而用以拟议者；一则不疑而用以咏叹者。三者用义虽有不同，要以'传疑'二字称焉"。在具体传疑助字的讨论中，马氏特别注意区分不同助字的功能差异，他指出，"'乎'字之助设问之句者，其常也"，"'乎'字有助拟议之句者"，而往往"兼用疑难不定之状字"，"'乎'字助咏叹之句非其常"；"哉"字"用以破疑而设问者概寡，用以拟议、量度者居多，而用以往复咏叹者则最称也"；"耶"字"用以助设问咏叹之句者，则不概见，而用以助拟议未定之辞气者，则习见也"；而"欤"字"以助设问、以助拟议者其常，而以助咏叹，则不若'哉'字。惟以其音之纡徐，故凡所助者，不若'乎'字之可以质言也"。马氏还特别注意传疑助字与不同传疑手段配合使用，他首先从整体上指出，各种疑问功能的实现往往要与状字相配合："六字所助者，句读中之动字耳。而一切摹拟、量度，与夫抑扬、往复之神情，仅恃助字，有难尽传者，则往往视句读所冠状字之顺逆，以为意之正反云尔。"在讨论具体助字时多有揭示，如论"乎"，他指出用于设问之句，"皆质言也。质言，则句首概无状字先之。"而用于"助拟议之句者"就常"以疑难不定之状字与'乎'相配"，"而句意与状字往往有反比例焉"，如"能无""得无""不亦""无乃""可无""无亦""独无""不似"等"弗辞状字"，"皆以呼起句中之正意也"；而"尚""固""若""岂""几""曾""独""安""顾"等状字，"皆以托出句意之不然也"。再如论"哉"，他指出，用于设问，可以与"何""奚"配合使用，而用于拟议，"'哉'字呼应者，惟'岂'字耳"。

　　马氏论疑问，没有给疑问句式立目，但从论述中，我们可以看出，他对疑问句句式的问题已经意识到了。比如有无询问代字观念就隐含着类的意识，而在讨论"乎"的用法时，他注意到《论语》《孟子》等"问句不用'乎'字，往往以询问代字代之。如'如何''何以''若之何'等语，此凡例也"。先秦汉语中"乎"主要用于是非问句，而一般不用于特指问句①。这里的论述，就体现了类的观念。特别是对于"叠句两商"现象的探讨，实际上就是对选择问句（或选择问句群）的研究。在讨论"乎"问句时说："凡事属量度两商，可直陈无隐者，其叠句或皆用'乎'字助之，或首句用'乎'字而后句用他字者。惟句首有不用连字者，有叠用'宁'字者。或以'宁''抑'与'宁''将'各字相为呼应者。要以肖其疑似不定之貌耳。"如："滕，小国也，间于齐楚，事齐乎？事楚乎？"(《孟子·梁惠王下》)"敢问天道乎？抑人故也？"(《周语》)"此龟者，宁其死为留骨而贵乎？宁其生而曳尾于涂中乎？"(《庄子·秋水》) 讨论"耶（邪）"问句和"欤（与）"问句时进一步论及。如："不知天之弃鲁邪？抑鲁君有罪于鬼神邪？"(《左传·昭公二十六年》)"仲子所居之室，伯夷之所筑与？抑亦盗跖之所筑与？所食之粟，伯夷之所树与？抑亦盗跖之所树与？"(《孟子·滕文公下》)

马氏对于传疑状字的探讨也同样体现了这一精神，这里不赘。

1.2　现代的疑问句研究

现代的疑问句研究可以以新中国成立为标志分为前后两个时期。下面分别讨论。

---

① 刘景农（1994）指出："先秦时期，在然否问句（即是非问句——笔者注）末，用'乎'不用'也'；特指问句末，用'也'不用'乎'……两汉以后，特指问句末也逐渐用起'乎'来。"刘景农的话基本正确，但似乎过于绝对。先秦也偶见特指问用"乎"的，例如：孰谓邹人之知礼乎？(《论语·八佾》)。

1.2.1 20 世纪前期的汉语疑问句研究

20 世纪初期，在《马氏文通》的影响下，汉语的语法研究出现了全新的面貌，有一批研究汉语语法的专著和论文问世。这些著作和论文或多或少地涉及疑问句，有的则是专论疑问句的。

首先值得一提的是章士钊的《中等国文典》，该书以文言语法为对象，模仿英语语法而写成。在疑问句研究方面，继承《马氏文通》而有所发展。书中把代名词分为"人称""指示""疑问"三种。他指出："疑问代名词者，所以代不知之人，或凭虚起问，以释己之疑者也。"对于每个疑问代名词，他都从句法功能角度讨论其"格"的分布，指明充当"主格""目的格""所有格"等。助词分为"决词"和"疑词"两种。他指出："疑词者，乃有疑而相问难之词也。"他还特别指出："有时其事本无可疑、不须问难，而亦设为疑词以反证之，此非伸己之疑，乃假疑词以曲写己之信也，于此种句，亦复以疑词助之。"对于每个助词，他都分别指出其用法：或为"有疑问难"，或为"无疑反证"，或为"无疑咏叹"等。特别是章氏从表意功能的角度，把汉语的句子分为叙述句、疑问句、命令句和感叹句四类，这是章氏的一个重要创造，这一分类系统一直沿用至今。他还首次给疑问句下了定义："凡有疑而发为问者，为疑问句，以疑问代名词如'谁、孰、何'等，疑问副词如'奚、恶、安'等，或疑问助词如'乎、哉'等表之。"疑问句在汉语的句法系统中第一次有了一个明确的定位。

唐钺的《修辞格》设"诘问格"，他指出，诘问格包含"要说明一个事物，自己先发疑问，然后自己作答；或是要申重语意，只发问而使读者自己心中作答"两种情况。分为"说明的诘问格"和"申重的诘问格"两类。对于后者，他还区分了"申重负意"和"申重正意"两个方面。后来为陈望道《修辞学发凡》所采用。陈氏称为"设问",分"提问"和"激问"两类,意思大体相同。

黎锦熙的《新著国语文法》,是白话文运动后出现的,以白话文法为研究对象的一部影响极大的语法著作。对于疑问句的研究来说,该书的贡献首先在于在研究对象上实现了由文言向白话的转变。黎氏论述疑问句继承马氏的传统,以"词类"为纲。首先,他在词类各章中分设"疑问代名词""疑问形容词"和"疑问副词"等三类疑问词,并分别予以论述。其分类是依据黎氏所谓的"依句辨品"的标准,因而我们看到同一个词可能会归入不同的类。"疑问代名词"有四个:"谁"——专指人;"那个"——兼指物;"什么"——专指事物;"那里"——指地方。他还特别指出:"那个"是从多数的人或物中选择其一的疑问,有时虽可与"谁"字通用,但所问的范围有所不同。"疑问形容词"分为三种:A. 普通的,即甚么、何、谁等;B. 选择的,即那(哪);C. 数量的,即几、几何、几多、好多、多少、若干等。"疑问副词"分为五种:A. 问时间,即几时、多早晚、多会儿、好久、多久等;B. 问数量,即多、多么、多少、几等;C. 问原因,即怎么、做甚、怎、怎的、干吗等;D. 问方法或情形,即怎样、怎么样、怎么、怎么的、怎么着等;E. 表反诘或反推,即难道、哪、哪有、哪里、岂有、岂、莫不、莫不是、无乃等。黎氏特别注意到疑问词的非疑问用法。他指出:凡疑问形容词,若句子的语气不是疑问,而是直述的语气,就要认为"不定或虚指的形容词",疑问代名词、疑问副词也存在同样的情况。如:这公园,不问是谁,都可以进去。/是甚么人,说甚么话。/不知春去几多时。他还注意到疑问词出现于表"然否"的疑问句中,也同样有这种现象。如:人生有没有甚么意义与价值?因而他总括说:"这三种词类的疑问词，都可作泛指一切之用了。"① 其次，在"语气"章设"疑问句"一节专题论述。黎氏根据语气给句子分作五类，即"决定句""商榷句""疑问句""惊叹句"和"祈使句"。在"疑问句"中，语气词的差异区分了"表然否的疑问"和"助抉择或寻求的疑问"两类不同的疑问句。两类中都有"有疑而询问"与"无疑而反问"的区别。"表然否的疑问，只要求答者对于所问的话决定是非然否（或自问而不决定），有时然否已决，故作反诘。"所用的语气词是"么、吗"。例如：二爷在这里么？/奶奶也不知道吗？他认为下面的句子尽管没有用语气词但也是同一语气：画眉深浅入时无？/你看了这本书没有？/你是不是要看这本书？"助抉择或寻求的疑问，不但决定然否，还须要求答者选择其一（这是问所'不定'），或寻出答案（这是问所'不知'），有时也不求答复，但故为反诘。"所用的语气词是"呢"。例如：你要这个，还是要那个呢？/余音怎能绕梁呢？他还特别注意到"NP呢？"与"VP呢？"问句，例如：妈呢？/我回来得迟了一步，家里就闹翻了；我若死了呢？黎氏的前一类，就是包含了现在通常说的是非问和正反问，后一类则包含了选择问和特指问。这在疑问句的内部分类上作了有益的探索。另外，还要指出，黎氏的"商榷句"是指"表语气的商度"即"测度语气"一类句子，所用的语气词是"罢（吧）"。如：今天大约不会下雨吧。这类句子，后来一般归入疑问句，为"低疑"问句，称为"测度问"。

赵元任 1926 年在《清华学报》发表了《北京、苏州、常州语助词的研究》一文，"这是我国首篇系统进行不同方言言语之间（有时还引进文言或西语）比较研究的重要论文"。（龚千炎《中国语法学

---

① 关于这一点，邵敬敏（1990）认为黎氏讨论疑问词"只说'代表所不知道的事物'"，到了《中国文法要略》吕叔湘才指出疑问词有"不作疑问用"的"无定指称"用法，这恐与事实不很相符。

史》) 文章以北京语助词为纲, 比较了包括疑问语气词 "呐" "吗" "末" 等在内的 10 个语助词, 多所创获, 特别在研究方法上, 给后人以非常有益的启示。朱德熙先生后来在疑问句研究中提倡的 "普方古" 结合研究, 赵先生已发凡在先。

陈望道早在 1920 年时就在《民国日报》副刊《觉悟》发表《文字漫谈》《"可" 字的综合》等文章谈及 "吗" 和 "呢" 的区别、"那" 和 "哪" 的分写, 并重点与刘大白讨论了 "可" 是否疑问副词问题。翌年, 又发表了《〈标准国语文法〉和疑问句式》批评周铭三在书中关于疑问 "助词" 的模糊说法, 提出疑问句可以分为 "普通疑问" "特别疑问" 和 "抉择疑问" 三种。1933 年他在《中学生》杂志第 31 期发表《"吗" 和 "呢"》一文, 回答朱正权关于 "吗" 和 "呢" 用法的疑惑; 在第 34 期上, 林快民撰文质疑, 陈氏予以反驳并进一步阐明自己的见解。陈氏提出的规律是: "问述语的肯定还是否定, 可以用 '是' 或 '不是' 来回答的, 应该用 '吗', 问别的都应该用 '呢'。" 为了说明这种区别, 他重申了 1921 年提出的疑问句三分法 (略作修正, 把原归入 "普通疑问" 的正反问现象, 调入 "抉择疑问句"): 一是 "普通疑问句", "这种疑问句, 问述语的肯定还是否定。答问的人可以用 '是' 或 '不是', 或用 '然' 或 '否' 来回答"。即今天所谓的 "是非问"。二是 "特别疑问句", "这种疑问句, 一定有疑问代名词, 或疑问形容词, 或疑问副词, 如 '什么' '怎样' 或 '谁' '奚' 等等, 指明要求解释的所在。答问的人必须对疑问的所在有所解释。不能单说 '是' 或 '不是', 或 '然' 或 '否' 了事"。即今天所谓的 "特指问"。三是 "抉择疑问句", "这是提出两种或两种以上的事项来, 要求答问的人指出一种来的疑问句, 答问的人必须从中指出一种, 不能单说 '是' 或 '不是', 或 '然' 或 '否' 了事"。即今天所谓的 "选择问"。"吗" 和

"呢"在这三种疑问句中的分配是:"普通疑问句"用"吗","特别疑问句""抉择疑问句"用"呢"。陈氏提出的"吗"和"呢"的使用规律和疑问句的三分模式一直影响到今天。应当指出,林快民文中也有一些富有启发性的说法,如他指出"吗"用于"没有表疑问的词和语的问句","呢"用于"已有表疑问的词和语的问句"。这一点,后来被王力先生在《中国现代语法》中所认可,并在今天仍有重要影响,如陆俭明的分类就与这一分类系统一脉相承。(详后)

30 年代后期开始的文法革新运动,极大地推动了汉语语法研究。这一时期的疑问句研究也有了新的进展。影响最大的当推吕叔湘的《中国文法要略》,该书由商务印书馆印行,上卷于 1941 年初版,中卷与下卷于 1944 年初版。全书分"词句论""表达论:范畴"和"表达论:关系"三部分。对于疑问句的讨论主要在"表达论:范畴"部分。这部分共有九章。其中"传疑"章专论疑问句,"指称(无定)"章主要论疑问代词,"数量""方所""时间"以及"正反·虚实""行动·感情"等章均涉及疑问范畴。全书以分合互补的方式来讨论汉语的疑问范畴。该书论疑问句有以下几个特点。A. 对疑问句基本问题的论述继承中多有创新。首先,明确了疑问句的内涵与范围。作者指出"疑问语气是一个总名,'疑'和'问'的范围不完全一致"。"有传疑而不发问的句子","也有不疑而故问的句子"。"前者是测度,后者是反诘;测度句间乎信疑之间,反诘有疑问之形而无疑问之实。只有询问是疑而且问。""询问,反诘,测度,总称为疑问语气。"基于此,作者把"间接问句"也纳入疑问句范围,并作了开拓性的论述。其次,提出了新的分类模式。把疑问句分为两大类,即特指问句和是非问句。是非问句又可分化出"抉择问",因为"叠用两个互相补充的是非问句,询问对方孰是孰非,就成为抉择问句"。而进一步分化又有"反复问",由于"这类问句,从形式上看,是抉择问句"。这个分类系统对后来的疑问句研究有一定影响。再次，作者提出"疑问点"的概念并作了初步论述。其区分特指问和是非问的依据就是疑问点。特指问句是"对于事物的某一部分有疑问"，"应用疑问指称词来指示疑问点所在：或是问人和物，或是问情状及原因、目的，或是问数量，方所，时间"。而是非问句，"疑问点不在这件事的哪一部分，而在这整个事情的正确性"。他还指出："特指问后头，如果用'吗'，就把疑问点移动了。"如："你听见什么话了吗？"没有"吗"这句话问的是"什么"，加了"吗"就把特指问变成了是非问。还有，作者还就疑问程度的强弱问题作了探讨。另外，对于"无定指称词"的论述也多所发明。B. 对疑问句的应用作了较为全面的分析。他指出："问句的基本用途当然是询问，就是要求对方破除疑点，但是往往同时兼有副作用，甚至喧宾夺主，全然没有询问的意味。"并就如何判别询问和非询问提出了标准："最简单的办法就是看这句话要不要回答。如果不要回答（或是问者自答，或无可回答），那就表示这个问句的作用不在询问。"他指出"问句除了询问以外最重要的用途是反诘"，并设专节讨论了反诘的运用。认为："反诘实在是一种否定的方式：反诘句里没有否定词，这句话的用意就在否定；反诘句里有否定词，这句话的用意就在肯定。特指问和是非问都可以作反诘，而以是非问的作用为最明显。""抉择式和反复式是非问，因为都是两歧的形式，反诘的语气不明显，但事实上也可以不是真性的询问，说话的人在两面还是有所可否。"除了反诘外，还有多种用法。自问自答："这是引起对方注意的一种修辞方法。"如"我当是谁？原来是他。"其事甚明："语气近于'反诘'，但是'诘'而不'反'；这种用法限于特指问句。"如"何况今日之下妹妹是谁我是谁呢？"提醒：如"主人不忆道士言乎？"惊讶，醒悟，敷衍：如"你来了吗？好极了。"复问：等于说"你问我……吗?"如"他加入不加入吗?问他本人去。"测度:表示将信将疑,语气间于直陈和询问之间,如"有什么事吧?"讽喻,禁止:如"还不快丢开?"商量:语气和测度与祈使相近,如"时候不早了,咱们走吧?"感叹:疑问语气附着强烈感情,如"此何地也?而汝来前!"/"痛定思痛,痛何如哉!"假设:如"若问相思甚了期?除非相见时。"如此多角度分析疑问句的功用,前所未有。C. 打通古今阈限,比较文言、白话在疑问形式与功能上的区别与联系。这与全书古今交融的体例相一致,体现在疑问句论述的每一个问题上。无论是论述疑问句类型,疑问语气词,疑问指称词还是疑问副词,无不运用古今比较法。如作者讨论反诘句时指出,"白话里,抉择式问句多半肯定后句","反复式问句多半肯定正面","抉择式问句还有上下皆非,意别有在的";而"文言里,反复问句很少用作反诘的。抉择式问句有时意在肯定后句,有时又肯定前句","但没有两者皆非的例"。通过古今对比,看出两者的差异。又如,在讨论语气词的分布,解释"吗"为什么只用在单纯是非问句后头而不能用在别种问句后面时指出,"因为'吗'字原是从'无'字变化出来的,作用和'否'字相同。抉择式问句和反复式问句都是两歧性的,当然不能加用'否'字"。再如,作者讨论疑问形式的功能迁移现象时指出:"一个形式常常应用到非询问方面的结果,就会有新的形式起来作纯正的询问之用;而后来这个新的形式又往往走上老路。例如文言里询问处所原来多用'焉''安'等字,但是这些字用于反诘语气时甚多,就有'何处'的形式代之而兴。再拿'吗'字来说。文言的'乎''欤'等字本是询问和非询问都用的,过后有'不(否)'字和'无'字,都算是纯正的询问语气词;'无'字变成'么'字,在早期白话里还是用于纯询问为主,可是在现代口语里又有非询问化的倾向。"这样,以动态发展的眼光来分析解释疑问形式的分布规律和功能变异的原因，就显得更加深刻。

在这一时期，值得一提的还有王力的《中国现代语法》、何容的《中国文法论》和高名凯的《汉语语法论》。王著成书于1940年，上册于1943年由商务印书馆出版，下册翌年出版。王著论疑问句主要在"语气"和"疑问代词"两节。"语气"一节分析了十二类语气，其中有"疑问语气"和"反诘语气"。他指出："凡对于事情未明真相，因而发问者，叫做疑问语气。"他没有给疑问句严格地分类，但在关于语气的论述中体现了他的分类观念。他以语气词为出发点来谈疑问句，指出"句子里本来没有疑问字样者，用'吗'字"，"句子里本来有疑问字样者，用'呢'字"，具有同一性质的句子不用"吗"和"呢"那是省略。"啊"能助疑问语气，用"呢"的地方一般可以用"啊"。事实上他是以语气词为依据把疑问句先分为"吗问句"和"呢问句"两类，范围大体相当于是非问和特指问。在此基础上再指出"其余的两种疑问式"：一是"句子里用并行的谓语形式，以示疑问"，一是"句子里用'可''几''多少''多'等字，以示疑问"。这也是分类的一种探索。他还讨论了"没有谓语的'吗'和'呢'"：一是"首品带'吗'字，表示听不清楚或诧异"，这和吕叔湘所谓的"复问"指的是同类现象，这类现象后来被称作"回声问"。一是"首品带'呢'字，表示根究某人或某事物的所在，或要求对于某人或某事物加以叙述，描写或判断"，也即黎锦熙所注意到的名词加"呢"一类用法。还有，关于"问语和答语的关系"的论述也具有创新意义。"疑问代词"一节，他指出，所谓疑问代词"既不能有先词，也不曾代替什么，不过，它们在疑问句中居于一个未知部分，就像替代着这未知部分"，因而他认为"疑问代词可认为是和指示代词相配的"，并列出了它们的关系表加以比较。在具体讨论中他重视以"词品"说分析其句法功能。他还对疑问代词的"活用法"

和"疑问代词的特别用途"作了论述。

何容的《中国文法论》"对三十年代以前的几部重要语法著作进行分析批评，多有独到见解"。（朱德熙序）该书写于1937年，1942年由独立出版社出版。其贡献主要在于理论上的探讨，全书共分八章，第八章专论"助词、语气与句类"。他重点评论了黎锦熙《新著国语文法》和赵元任《北京、苏州、常州语助词的研究》等对于"语气"或"口气"论述的是和非，并在此基础上谈了自己的见解，所论主要在方法论上给后人以启示。如他分析观察语气词是否承载某种语气可能出现的问题时指出："至于有助词的语句，那竟由助词把语气表示出来的，固然不成问题的是去掉助词便无语气；那仅是用助词来帮助表示语气的，当然还有个被这个助词帮助而表示语气的东西；那么我们研究这个助词的作用的时候，也就难免把这个被帮助的东西所生的作用，一并当作那个帮助它的助词所能生的作用。这是我们研究助词的作用的时候应该注意的。假设这个被帮助的东西，没有助词帮助也能单独表示语气，而所表示的语气又和有助词帮助它的时候是一致的，那么这个帮助它的助词就仅是加强它的作用；把它所生的作用，一并当作这个助词所生的作用，到还没有甚么大关系；假如这个被帮助的东西没有助词帮助便不能表示语气，或是能表示而和有助词帮助的时候所表示的不一致，那就更不可以把它所生的作用一并当作这个助词所能生的作用了；因为要是这样，就不免把这个助词所没有的作用也当成它的作用，把一个很单纯的助词当成作用很复杂的，而永远弄不清楚。"就疑问句语气的研究来说，他的看法具有重要的方法论意义，对后来关于疑问语气词的研究起了指导作用。

高名凯的《汉语语法论》1945年写成，1948年由上海开明书店出版。该书分"句法论""范畴论"和"句型论"三编。对于疑问句的讨论主要在"句型论"。"询问命题"章主要讨论三种表达方式：

一是用询问语终词来表示；二是用肯定和否定两成分来表示；三是用特殊询问词来表示；"疑惑命题"章主要论述疑惑性质及其与询问的区别与联系，分析传疑命题和反诘命题的特点。

1.2.2 新中国成立后的汉语疑问句研究

这一阶段可以以改革开放为界分为前后两个时期：

1.2.2.1 前期

邵敬敏在《现代汉语疑问句研究》中说："50—60年代的汉语语法研究几乎把注意力全部集中在词类以及句子结构分析上，在疑问句研究方面基本上是一片空白。"其实，就古今汉语的整个研究来说，这时期也还是有一些值得一提的著作的。

首先是中国科学院语言研究所语法小组在《中国语文》（1952.7—1953.11）连载的《语法讲话》（1961年署名丁声树等由商务印书馆出版单行本），全书二十章中专设有"问句"一章，另"代词"和"语气"等章设"疑问代词"和"疑问""测度、商量"语气等节。该《讲话》把"我哥哥呢?""迟到呢?"这类问句称作"简短的问句"，作为例外处理，其余按构造提出了一个疑问句的四分系统：特指问、是非问、选择问和反复问，这是对《中国文法要略》稍作调整后的分类系统。

其次是黄伯荣《陈述句、疑问句、祈使句、感叹句》。该书沿用《语法讲话》的分类系统，反复问称为"正反问"。书中把"那块玉呢?""后来呢?"一类问句归入特指问。对于选择问和正反问的多种不同格式作了比较细致的描写。书中还就"表示猜想的疑问句""表示反诘的疑问句"进行了分析讨论；对疑问句与非疑问句、疑问句内部小类的差异也作了比较辨析；还专门探讨了陈述句与疑问句的转换方式。

还有，王力《汉语史稿》（中册）"语法的发展"，是我国第一部语法史著作。书中专题讨论了"疑问代词的发展"和"疑问语气词的发展"。他认为疑问代词在上古大致可以分为三系：ȶ系指人：谁、孰；ɣ系指物：何、曷、胡、奚；○系指处所：恶、安、焉。尽管汉代以后有了变化，但大界限仍然是清楚的。他说："上古的ȶ系到今天还有一个'谁'字，上古的ɣ系后来说成'什么'。那么，上古指称处所的○系呢？依我们观察，真正对处所提出疑问，就用'何处'；如果是活用的疑问（反诘），就用'那'字来代替上古的'恶''安''焉'。"该书还讨论了"什么""怎么""那"等重要的疑问代词的来源与发展。疑问语气词在上古有"乎、哉、欤（与）、耶（邪）"四个，分为三种用途："纯粹传疑：乎；纯粹反诘：哉；要求证实：欤（与）、耶（邪）。"乎、与、邪又都可以用于选择性的疑问。因此他据此把上古的疑问句分为四种，并分析与现代汉语疑问句的对应关系：A."纯粹传疑（乎），在现代汉语里往往用正反并列法"，"在上古用'乎'的地方，现代也可以用'吗'或用'呢'"；B."纯粹反诘（哉）在现代汉语里用'呢'字"；C."要求证实（欤、耶）在现代汉语里用'吗'字"；D."要求选择（乎、欤、耶），在现代汉语里用'呢'字"。他还论证了现代汉语里两个主要的疑问语气词"吗"和"呢"的来历：前者来自唐代的"无"，后者可能是从汉代"那"变来，然非定论。

与此同时，日本学者太田辰夫出版了《中国语历史文法》，这是汉语语法史研究的一本重要著作，全书阐述了汉语语法的古今演变规律。书中设"疑问句"一章。把疑问句分为是非疑问、特指疑问、选择疑问、反复疑问和承前疑问五类。承前疑问是指"你呢?""别人知道了说闲话呢?"一类"疑问助词放在单体词句、单谓词句中"的疑问句，"问的全部内容不表现在句中，具体的内容由上下文来确定"。作者侧重分析各类问句的主要变化，如关于特指问语序，他指出非倒置用法"从汉代开始逐渐能见到了，到唐代就已经完全成了现代汉语的形式，这是确定无疑的"。关于选择问、反复问，他指出内部各小类发展的不平衡，并分别指明出现的时间。在词类各章如"代名词""数词""副词""助词"中分别讨论了现代汉语常用"疑问词"的产生及其历史演变。在材料和规律上多有发现。比如，他指出承前疑问、疑问强调的"呢"来源于五代的"聻"，是从古代汉语的"尔"发展而来的，"那"的一部分用法和"呢"相同，自成一说；较早注意到"甚么"在唐代的用法。

　　这一时期出版的杨伯峻的《文言语法》、刘景农的《汉语文言语法》和王力主编的《古代汉语》等都对古汉语疑问句作了探讨。杨著在代词章讨论了"疑问词"，他借鉴前人根据用法把古汉语疑问词分为三类；在语气词章中区别了"表疑问"语气的"乎""哉""邪""欤"的不同用法；在谓语章，指出了疑问句中"疑问词"作谓语的现象；在复合句章指出了"抉择句"多半以疑问句形式出现。刘著在问句的分类上借鉴吕叔湘《中国文法要略》的系统，从结构和疑问程度的不同区分类别；书中特别讨论了"疑问句倒装"的三种形式、"孰""何"的句法差异等。王著在"古汉语通论"中专设"疑问句、疑问词"专题，讨论最基本的问题。刘氏和王氏的分析都重视与现代汉语作比较。如他们在讨论"乎"的用法时，都注意到"乎"有用于是非（然否）问和用于选择问的区别，与现代汉语"吗"和"呢"分别对应。这一时期，管燮初《殷墟甲骨刻辞的语法研究》论及甲骨文的疑问句。他认为甲骨文的命辞是疑问句，分为四类：一是用句调的不同表达疑问；二是用疑问副词表达疑问；三是列举几句正反一致的句子来设问；四是列举一正一反的两个句子来设问。陈梦家《殷墟卜辞综述》不但认为命辞是疑问句，占辞也一样。

这一时期值得一提的还有张静、张衍《古今汉语比较语法》，其特点是古今对比。该书区分了"疑问句的意义"和"疑问句的形式"。根据意义把疑问句分为"正问""反问"和"半问"三类；指出疑问句的形式最主要的有"高升调"等五类。书中还对疑问代词和疑问语气词作了较为全面的比较。

十年动乱时期，疑问句研究唯可一提的是华中师范学院中文系现代汉语教研组编的《现代汉语语法知识》，疑问句在"有疑而问""无疑而问"的疑问语气框架里作了简要论述。

1.2.2.2　后期

改革开放后，特别是近 20 年汉语疑问句的研究呈现出繁荣的景象。这一时期的疑问句研究主要体现以下几个基本特点。

1.2.2.2.1　研究领域：普方古外兼及

普、方、古、外齐头并进，是这一时期汉语疑问句研究的一个显著特点。

普通话作为共同语，历来是疑问句研究的主阵地。这一时期的研究也不例外。从成果看，不但数量多、涉及面广，而且观察细、挖掘深。据我们不完全统计，这一时期普通话疑问句研究的论文多达 200 多篇，还出现了两本专著：邵敬敏的《现代汉语疑问句研究》和丁力的《现代汉语列项选择问研究》。内容涉及疑问句研究的各个方面，以语言事实的挖掘为基本着力点，既有传统课题的进一步深入探究，也有新课题的开拓。如正反问、是非问、选择问、特指问等疑问句的基本类型以及现代汉语的主要疑问标记仍然是研究的主体，主要是针对传统研究中存在的问题，在"深入"上做文章。比如，20 世纪 80 年代初期的语法著作一般借鉴旧说，认为是非问句（包括"吗"问句）预示发问人的倾向性意见，可以用"是的、对"来回答，而其他问句只能具体回答（朱德熙 1982；刘月华等 1983；吕叔湘1985b)。李小凡（1990）、吴振国（1990）等根据语言实际指出事实并非尽然。袁毓林（1993）则进一步认为"（'吗'问句）并不隐含问话人对所问之事的推测，所以答话人无从同意这种不存在的推测，不能用'对'来作答"。如"姥姥起床了吗?""你知道这事吗?"他同时承认，否定式"吗"问句以及带有"就、只、连、是"等标记的肯定式"吗"问句对所问之事有所推测，可以用"对"作答。如"他不喜欢吃糖吗?""就咱爷俩去吗?"郭锐（2000）进一步讨论这一问题，他指出"吗"问句的回答与疑问句的确信度有关。他把疑问句的确信度分为五级，指出："中确信度和部分低确信度的'吗'问句不能用'对'回答，高确信度和部分低确信度的'吗'问句可以用'对'回答，焦点位置、谓语的极性、谓语的标记、语境、背景知识等因素与'吗'问句的确信度有关，这些因素都可归结为语用因素。因此从根本上说，是语用因素决定了'吗'问句的确信度和疑问程度。"他还指出："也有高疑问程度的反复问句，可以用'对'回答。"沈家煊（1999）也在"肯定与否定的不对称"的论题下，运用"标记论"对袁毓林的问题作出解释。这就把问题的讨论引向深入。应该说，每个传统课题都有一批这样的成果。如袁毓林（1993）、刘月华（1987）关于正反问的研究，邵敬敏（1994）关于选择问的研究，杉村博文（2002）关于特指疑问判断句的研究，胡方（2005）、林茂灿（2006）关于疑问词的韵律和语气与边界调的研究，石毓智（2006）疑问标记的感叹用法的研究，汤廷池（1981，1984）、林裕文（1985）、石定栩（1999）关于疑问句整体研究，等等。特别是，有些论题以往的研究未作深入探讨，在这一时期都出了成果。如"特指是非问""回声问""非疑问形式＋呢""答句""叹词疑问句""有没有VP""是不是VP""疑问句群""儿童疑问句"，等等。邵敬敏的专著中就有多项这样的探讨，颇见新意。另如：邢福义（1987）关于特指是非问，王志（1990）关于回声问，李宇明（1989）关于"NP 呢"问句，陆俭明（1982）关于"非疑问形式 +呢"问句，侯一麟（1995）、尹世超（2004）、朱晓亚（2007）关于疑问句答句，李宇明、唐志东（1992）关于儿童问句系统习得等的研究。这一时期还有一些应用研究的成果问世，如基于信息化处理的疑问句研究和基于对外汉语教学的疑问句研究等。

方言疑问句的研究，也取得前所未有的成果。主要收获在"反复问句"的研究方面。朱德熙发表了《汉语方言里的两种反复问句》和续篇《"V-neg-VO"与"V-neg-V"两种反复问句在汉语方言里的分布》。前一篇探讨"VP 不 VP"和"FVP"两种反复问句在方言中带有类型特征的分布并对其历史来源作了考察。续篇探论"VP-neg-VP"出现宾语时的两种语序，认为"这两种不同的语序代表不同的方言句法类型"。朱先生的文章引起学界的极大兴趣。《中国语文》《方言》《语文研究》《语言研究》等刊物陆续刊发了王世华（1985）、项梦冰（1990）、刘丹青（1991）、贺巍（1991）、游汝杰（1993）、李子玲、柯彼德（1996）、李英哲（2001）等一批关于方言中反复问的专题讨论文章。整个讨论持续了二十多年，先后共有研究汉语正反问句的四十多篇论文发表，涉及方言点不下百个。另外，在朱德熙和陆俭明先生的指导下，张敏于 1990 年完成了颇具分量的长篇博士论文《汉语方言反复问句的类型学研究：共时分布及其历时蕴含》。除了正反问研究以外，也有一些其他方面的文章，但相对较少。如有陈鸿迈、陈妹金、陈泽平、徐烈炯、邵敬敏等人的研究涉及方言疑问句的其他方面。

这一时期，古代、近代汉语疑问句研究同样取得了丰硕的成果。

上古汉语疑问句研究主要在以下几个方面着力：A. 远古汉语疑问句面貌的探讨。首先是甲骨卜辞的命辞是否疑问句的讨论。关于这个问题原本没有什么分歧，甲骨学者一直把卜辞的命辞看作问句①，但 70 年代以来，不少外国学者提出了不同的意见，认为命辞不是问句，因而这一问题又引起了争论。裘锡圭（1988）、王宇信（1989）、郭锡良（1994）、张玉金（1995，1997，2001）、陈年福（2000）等进行了讨论，认为卜辞命辞是疑问句的占主导意见。其次是甲骨文问句系统的探讨。上引这些专著和文章中有的比较详细地描写了甲骨文的问句系统。从所论可以看出，甲骨文中是非问是主要形式，此外，也有选择问和正反问。一般认为"甲骨文中没有疑问代词，自然不可能有特指问句"（郭锡良 1994）。近据陈年福（2006）考释，甲骨文中已见"何"用为疑问代词的例子，认为晚商时已出现特指疑问句。但是张玉金（2010）对此又提出了质疑。可见这还是个有待进一步探讨的问题。B. 专书疑问句的描写。主要就《尚书》《诗经》《论语》《孟子》《吕氏春秋》《列子》《左传》《国语》《战国策》《天问》等中的某些疑问句进行描写。C. 疑问词语及格式的探讨。王海棻的《古汉语疑问词语》全面描写了包括中古和近代汉语在内的疑问词语，该书以全取胜。另有着力于发展的探讨，如贝罗贝、吴福祥（2000）对上古汉语疑问代词的发展与演变的研究，刘晓南（1991）对先秦语气词的历时多义现象的研究。还出现了一组专门探讨特殊疑问格式的文章。D. 特殊疑问句式的探讨。如对于比较问句的探讨就有多篇文章。另外，杨伯峻、何乐士《古汉语语法及其发展》对疑问句有较为集中的论述。

中古汉语疑问句的研究，基于《世说新语》《论衡》《搜神记》《颜氏家训》等文献以及东汉佛经中的疑问句现象的发掘，探讨了这一阶段疑问句的特殊形式。如疑问代词"底""若箇""若为"，疑

---

① 郭沫若《卜辞通纂·序》中说："贞下辞语当付以问符。"

问语助词"不""那""为""未""耶""为",疑问格式"为（为复、为当、为是）……为（为复、为当、为是）……""何以（用）……为""VPnegVP"等。主要有太田辰夫（1987）、志村良治（1995）、蒋冀骋、龙国富（2004）、遇笑容、曹广顺（2002）、俞理明（1989，1991，2001）、朱运申（1979）、王克仲（1980）、朱庆之（1990）、曹小云（2000）、柳士镇（2002）、贾齐华（2003）、高列过（2004）、刘开骅（2006，2008a）、冯春田（2008a，2008b）、吴娟（2011）等文章。这一时期值得一提的还有刘开骅的《中古汉语疑问句研究》，这是一本疑问句断代研究的专著。作者以《论衡》《中本起经》《世说新语》《贤愚经》《洛阳珈蓝记》等二十多部中古文献为基本材料，较为全面地描写了中古时期各类疑问句的基本面貌，并对有关内容作了上溯下探，在语料和规律上多有发现。另外，柳士镇的《魏晋南北朝历史语法》也设专章讨论中古汉语疑问句的发展。

近代汉语疑问句的研究尤为活跃。主要体现在以下两个方面。一是致力于专书描写，对语言事实的共时分布作深入的调查。这方面的成果以专著形式出现的就有：吴福祥（1996，2004a，2004b）关于"敦煌变文"、《朱子语类辑略》的语法研究，冯春田（2003a）关于《聊斋俚曲》的语法研究，卢烈红（1998）关于《古尊宿语要》的代词助词研究，张美兰（2003）关于《祖堂集》的语法研究，唐韵（2002）关于《元曲选》的语法研究，黄锦君（2005）关于"二程语录"的语法研究，李泰洙（2006）关于《老乞大》四种版本的语言研究，许仰民（2006）关于《金瓶梅词话》的语法研究等，这些成果中都有或详或略的关于疑问句的描写。单篇论文还有不少，如伍华（1987）讨论《祖堂集》中以"不、否、无、摩"收尾的问句，刘子瑜（1994）讨论敦煌变文中的选择疑问句，阚绪良（1995）讨论《五灯会元》里"是"字选择问句，罗福腾（1996）讨论《醒世姻缘传》的反复问句，傅惠钧（2002）讨论《儿女英雄传》的选择问句等。这一时期，还有一批博士硕士学位论文研究专书疑问句，涉及《六祖坛经》《五灯会元》《型世言》《朱子语类》《歧路灯》《醒世姻缘传》等专书。二是立足于专题讨论，对疑问句式或疑问标记的发展作纵向考察。对疑问句式发展的探讨，如梅祖麟（1978）对现代汉语选择问句法来源的探讨，李思明（1983）从变文、元杂剧、《水浒》《红楼梦》探讨选择问句的发展，王海棻、邹晓丽（1992）对于古汉语反复问句源流的探查，祝敏彻（1995）对选择问、正反问的历史发展的考察等。对疑问标记发展的探讨，如江蓝生（1986）、钟兆华（1997）、吴福祥（1997）分别对语气词"呢""吗""麽"的来源和发展的研究，冯春田（2006a，2006b）对疑问代词"作勿""是勿"、反诘疑问代词"那"的形成的探讨，马思周（1996）对近代汉语代词的"上问去答"原则的探讨等。这方面的研究特别需要指出的是吕叔湘著、江蓝生补《近代汉语指代词》①，这本书对近代汉语中的疑问代词进行了系统的描写，而对每一个代词的描写都兼顾其历史形成，在学界产生很大影响。还有，香坂顺一《白话语汇研究》讨论了部分疑问词语，孙锡信《近代汉语语气词》对疑问语气词的发展作了较为系统的考察。蒋绍愚《近代汉语研究概要》，冯春田《近代汉语语法研究》，祝敏彻《近代汉语句法史稿》，俞光中、植田均《近代汉语语法研究》等专著中也分别讨论了疑问句式与疑问标记的演变规律。

另外，这一时期还有一些将汉语和其他语言的疑问句进行比较研究的文章和专著，如孙宏开（1995）将汉语与藏缅语疑问方式作比

---

① 本书下文多次引用，为简洁起见，行文中均作"吕叔湘（1985a）"。

较，宋金兰（1995，1996）、戴庆夏、朱艳华（2010a，2010b）对汉藏语是非问句、选择问句语法形式的历史演变及类型分布进行探讨，柳英绿（2003）对韩语和汉语正反问句进行对比研究，于康（1995）对汉语与日语的是非问句进行比较研究，马建疆、刘向晖（2002）对汉语与维语的是非问句的表达形式作比较研究。牛保义（2005）则从认知语言学的角度，探讨英、汉附加疑问句结构、语义和语用的对应关系，证明附加疑问句的形式、功能的形成是说话人认知状态语法化和语用化的结果。伍雅清（2002b）运用西方现代语言学理论，通过中英对比探讨"特殊疑问句""汉语特殊疑问词的非疑问用法""否定与汉语 WH－词的语义解释""多项 WH－问句中的 WH－词的功能解释"等课题，颇有新意。

1.2.2.2.2 研究视角：结构语义功能并重

疑问是一个非线性范畴，但它总是借助一定的句法形式来表现，从而形成一定的语义特征和功能特点。因而，汉语疑问句的研究，既注重形式也注重语义和功能，这是由黎锦熙、吕叔湘等老一辈学者的研究实践所形成的一个传统。在新时期疑问句研究中，得到进一步发扬，并形成显著的特点。汉语疑问句的分类有各种不同的系统，未能定一。目前较有影响的分类有"是非问""特指问""选择问""正反问"的四分系统，"是非问""特指问""选择问"的三分系统和"特指问""选择问"的二分系统。这些分类偏重于语义（也兼顾形式）。与此相并行的还有一种偏重于功能的分类，如黎锦熙（1924）的"有疑而询问"与"无疑而反问"，吕叔湘（1944）的"询问、反诘、测度"。

新时期的疑问句研究，对于疑问句不同分类系统的探讨都有一批成果，特别是功能类型的研究比以往有明显的加强。这些成果，或立足于语义分类，同时探讨其结构和功能，或着眼于功能分类，同时研究其结构和意义。从整体上看，形成了结构、语义、功能并重的研究格局。

A. 基于语义类别的探讨

这类研究的立足点是疑问句的语义类别，但其研究的路向或侧重于形式描写，或侧重于语义分析，或侧重于功能的探讨，也有数者并重的。

侧重于形式描写的，如范继淹（1982）对是非问的句法形式的探讨，他认为"是非问句是选择问句的一种特殊形式"，把它分为"单纯动词句""助动短语句""动结短语句""动趋短语句"等不同类型，对每种类型又从"未然体""曾然体""已然体"和"持续体"等不同角度进行了描述。陆俭明（1982）关于"非疑问形式＋呢"问句，胡盛仑（1988）关于"把"字句的正反问，邢福义（1993）关于选择问的句群形式等的探讨均偏重于形式的描写。徐杰（1999）对疑问范畴与疑问句式的探讨，以"原则本位"的语法体系为理论出发点，提出"所谓的'疑问句式'其实在核心的语法规则系统中并没有独立的地位"，"根本不存在跟'疑问'相联系的静态'句式'"。这是关于问句形式研究的另一种声音。侧重于语义分析的，如邵敬敏（1989a）对叹词疑问句语义层面分析，他讨论了"啊？""嗯？""哦？""咦？""嗯哼？"五个叹词疑问句的语义构成，区分了"叹词固有的词汇意义""上升语调所赋予的句类义""在话语结构中的结构义"和"在一定语境中获得的语境义"四个层面。张晓芒（2002）关于问句逻辑合理性的讨论，戴耀晶（2001）关于问句预设的探讨等也属于这一类。侧重于功能探讨的，如李大勤（2001）论"WP呢"问句疑问功能的成因，倪兰（2003）论特指问反问句的语用特点与修辞意义等。兼及结构和语义的，如李铁根（1985）论正反问形式的反问句的语义区分。兼及结构和功能的，如刘月华

（1988）论语调是非问，在讨论结构类型的基础上分析其表达功能。结构、语义、功能并重的，如丁力（1998）现代汉语列项选择问研究，根据邢福义先生的"表里值"小三角的语法理论，全书分为"语表形式""语里内容"和"语用价值"三章，"语表"章从"句法格式""选肢扩展""选肢位次"和"句调特征"四个方面探讨列项选择问的句法特点，"语里"章从"选肢论域""着意焦点""多项问特征"三个方面分析其语义特征，"语用"章分"探疑""证知""设疑""反诘"四个方面论述其语用特点。邵敬敏（1994）现代汉语选择问句研究也属同类。

B. 基于功能类别的探讨

这类研究的立足点是疑问句的功能类别。首先，部分学者专注于疑问句整体功能的探讨，从宏观角度分析疑问句的功能分化和迁移，如徐盛桓（1998，1999a，1999b）着重探讨这一问题，作者认为：疑问句的本源功能是"探询"，用疑问句的形式表达陈述性的内容或指令性的内容，这时疑问句的功能就迁移到陈述功能或指令功能上来，疑问句探询功能的减退与迁移，都是疑问句语用嬗变链上的相互联系又相互区别的现象。他提出一个"疑问句语用嬗变理论模型"统一解释疑问句探询功能迁移为陈述功能或指令功能的制约因素与嬗变机制。他还从英语角度进一步作了讨论。另有张伯江（1997）、陈昌来（1993）也探讨了疑问句的功能变化。

其次，对"有疑而问"内部疑问程度差异的探讨。"有疑而问"是疑问句的基本功能，但是同是有疑而问，疑问程度却并不相同，吕叔湘粗略分为"询问"和"测度"两种。关于这方面，徐杰、张林林（1985）作了专题研究，他们把疑问句按疑问程度区分出"疑问程度最高的疑问句式、疑问程度次高的疑问句式、疑问程度次低的疑问句式和疑问程度最低的疑问句式"四档，并作了具体解释。黄国营（1986）用五值逻辑系统来分析"吗"问句的疑问度，在这方面作了有益的探讨。邵敬敏（1995）在讨论"吧"字疑问句时进一步运用了五值逻辑分析法。陈振宇（2008）运用原型范畴理论从言语行为的角度探讨了现代汉语中的"非典型疑问句"。

第三，对"无疑而问"的探讨。"无疑而问"究竟包含哪些类型？陈妹金（1992）一文认为与真性问的"求取"不同，假性问的功能在于"给予"，主要有祈使问、设问、反问与问候问等。刘大为（2008，2009）认为修辞性问句远不止反问、设问等少数类型，它是一种非常开放、特别活跃的语言形式，每一种新萌生的修辞动因都有可能催生一种新的类型，是难以穷举的。为此，他从语法疑问、修辞动因和修辞性疑问的类型三个主要环节进行论证，建立了一个全新的分析框架来一并解释，颇富启示。无疑而问的各类问句中，学界重点研究的是反问句：一是关于反问句构成的探讨。如李宇明（1990）讨论了反问句与询问句句式外延的交叉关系，廓清了反问句特定句式，指出传统研究对于反问句的意义概括得不正确，他用"命题 +否定"的形式予以重新概括。他还认为疑问代词的非疑问用法可能是以反问句为基础形成的。二是关于反问句表达形式的探讨。如徐思益（1986）概括出反问句特有的两类结构模式："副词'就'类"和"衡词'能'类"，从"不就/就不""不能/能不"等的语序差异来观察询问与反问在形式上的区别。于根元（1995）、陈昌来（1993）等进一步作了讨论。此类成果还有史金生（1997）、柴森（1999）、刘钦荣、金昌吉（1992）、苏英霞（2000）、张平（2004）、齐沪扬、丁婵婵（2006）、许歆媛（2010）等。三是关于反问句语义语用特点的探讨。如郭继懋（1997）借助语用学的理论和方法，在分析使用反问句的语义语用条件的基础上，提出"反问句是一种间接地告诉别人他的行为不合情理的方式"的命题，并进一步从语用条件、语用功能等角度讨论了反问句与陈述句、一般疑问句的区别。他还提出"准反问句"的概念，以五级等差的方式阐明了反问句与一般疑问句之间的关系。李宇凤（2010）研究了"回应性"对反问否定意义的制约规律。回应对象的性质、回应的角度、直接度和句法特征决定了反问否定的意义类型，在回应与引发的交互作用下，反问形成知、行、言三个否定域，道义情态和认识情态两类否定以及特定的否定焦点。从语义语用角度讨论的还有：常玉钟（1992）、胡孝斌（1999）、刘钦荣（2004）、冯江鸿（2004）、胡德明（2010）等。讨论祈使问和设问的文章不多见，分别有刘龙根（1988）、孙淑芳（2001）和钟闻（1991）、李茂同（1994）及李宇明（1993）等。

1.2.2.2.3 研究方法：思辨与实证结合

方法论是一个具有不同层次的概念，最高层次是哲学层面上的方法，比如辩证法；中观层次的方法也具有较大的涵盖面，比如科学主义方法和人文主义方法等；而学科内部具体的研究方法则是微观的、具有可操作性的独特方法，比如归纳法、比较法、抽样调查法等。这里，我们根据研究实际，从思辨与实证的角度来讨论这一时期疑问句的研究方法。

A. 思辨性研究

思辨性研究是指建立在个人悟思基础上的纯粹主观推理活动。它主要借助抽象的理论思维提出命题，通过论证得出一般性结论。个人的内省与直觉经验在研究中起到关键作用。在这一时期的疑问句研究中，这是普遍运用的一种方法。

思辨性研究往往借助于新的理论或方法，提出新的命题，或对于传统课题提出新的思路。在汉语疑问句的研究中，这样的成果不时出现。比如，用类型学原理来探讨，如袁毓林（1993）在分析是非问内部的不一致和"吗"问句句型归属的基础上，指出"阿 VP"与

"VP 吗"具有类同性，可合称为正反问句，继而引入进行体的表达形式和完成体的否定表达形式作为相关的类型学参项，分析正反问的完成体表达形式，并进而建立起泛时性的汉语疑问句系统，描写不同形式的正反问在方言中的分布，并从交际功能上作出解释。石毓智、徐杰（2001）运用类型学原理探讨汉语史上疑问手段的重要变化。文章认为，古汉语中用疑问代词置于动词（介词）之前的语序变换方式来表示疑问的形式，并非上古汉语 SOV 特征的残留，而是焦点和附着成分相互作用的结果。这一语法现象的消失，与"是"在战国末期发展为判断词并进而演化为焦点标记密切相关，"是"的语法化对旧有疑问形式的消失具有直接的影响，它作为焦点标记取代了旧有的语序表达方式。朱德熙（1985，1991）、张敏（1990）等关于正反问的文章，同样是运用类型学原理写成的。再如，用生成语法理论来探讨，程凯（2001）采用 Kayne 的句法反对称理论，证明汉语的"吗"问句、反复问句及其方言变体 FVP 型问句具有同样的深层结构，可以从同一基本短语结构推导出来，试图为汉语是非问句的生成寻求一个同一的解释。石定栩（1999）同样运用了生成语法理论和方法，着重探讨了"动词对疑问句的选择和疑问句的辖域""论元疑问词和非论元疑问词的差别""疑问词的分类、移动"以及"正反问的结构、归属"等问题，得出一些富有启示的结论。又如，运用认知的方法来探讨，沈家煊讨论疑问句肯定与否定的不对称时指出：一般认为，否定句总是先设相应的肯定句所表达的命题内容，否定是对先设命题加以否认或反驳，可是在是非问中的情形却相反，否定的是非问乃先设一个相应的否定命题。他从认知的角度来说明，否定和疑问是相通的，是非问跟否定一样是对有关命题的"非肯定"，"是非问＋否定"就好比一个双重否定，因此能把先设的命题类型颠倒过来。他还分析为什么特指问、是非问否定问远远少于肯定问，因为只有在不先设肯定命题的特殊情形下才可以用否定形式的特指问和是非问。此类问句均为"偏向问","偏向问"都是有标记问句。石毓智（2004）指出不同语言反映出的一个共性，即很多感叹标记来自疑问手段。他以汉语和英语为例首先论证了疑问和感叹之间的认知关系，并根据两种语言的语法特点，讨论其感叹形式的共性和个性。杨永龙（2003）借助认知语言学有关主观化的理论，探讨"吗"问句的语法化过程，认为"吗"是在"VP 无"格式中语法化的。这个过程，一方面是"无"语义泛化，与句法功能的扩展有关；一方面"VP 无"句式的主观化，与表达功能的扩展有关。还有，运用模组语法的理论来探讨。如黄正德（1988）运用模组语法理论，详细考察汉语正反问的语法特性，并说明这些特性的理论意义，为正反问提出一种全新的分析模式。并得出与传统全然不同的结论："许多正反问在句法上与特指问句相当"。徐杰（1999）则运用模组语法的观念和方法"剥离和肢解'疑问句式'"，提出"疑问句式其实在核心的语法规则系统中并没有独立的地位"的观点。另有，运用话语分析理论来探讨，范开泰、张小峰（2003）考察了独白语体中"呢"问句的篇章位置和篇章功能的关系。根据其出现的位置的不同，分别具有"承接管辖的功能""承接推进的功能"和"承接系联的功能"。这些探讨，或扩大了研究视野，或提供了新的解释，都富有创新精神和开拓意识。这类思辨性研究的成果数量不少，特别是对于现代汉语共同语的研究，这一方法还是占主导的地位。再如：徐杰、李英哲（1993）对于焦点和两个非线性语法范畴："否定""疑问"的探讨，蔡维天（2007）对于疑问句和反身句中的内、外状语的探讨，何元建（2003）对于特指问句标记的类型学特征的探讨，何刚（1997）对疑问句的语言学解释，李宇明（1997）对于疑问标记复用及标记功能衰变的探讨，石毓智（2006）对疑问标记感叹用法的探讨，史金生

（1995）对语用疑问句的探讨，丁力（1999）从问句系统看"是不是"问句，等等。运用思辨方法研究的文章，其思辨性程度也有差异，有的是纯理性思辨的，有的是概念加简单例证的，而后者是多数。

B. 实证性研究

思辨的研究方法尽管具有无可替代的优越性，但由于这种研究缺乏经验事实的数据和科学手段的支持，往往带有个人浓厚的主观色彩，难免会出现片面性。因而与之相辅的实证的研究方法在这一时期也广为使用。实证性研究作为一种研究范式，产生于培根的经验哲学和牛顿、伽利略等人的自然科学研究。法国哲学家孔多塞、圣西门、孔德等人倡导运用自然科学的实证精神来研究社会现象，主张从经验事实入手，通过对研究对象大量的观察、实验和调查，获取客观材料，借助程序化和定量分析手段，从个别到一般，归纳出事物的本质属性和发展规律，使社会现象的研究达到精细而准确的水平。语言学领域较早引进实证的方法。这一时期疑问句研究实证法的运用主要体现在三个方面：文献实证法、田野实证法和实验实证法。

a. 文献实证法

在古代、近代汉语的疑问句研究中，使用得极为普遍。基本做法是，对某一时期富有语料价值的某一个或几个作品进行封闭性的专项调查，获得穷尽性的真实数据，并对所获得的材料进行定性考察和定量分析，通过归纳、比较、抽象，得出规律性的结论。从上文"研究领域"节的有关叙述中我们可以看到，这种研究，是这一时期的一个显著特色。在古代、近代汉语疑问句的研究中运用这种方法写作的文章占有相当的比重。对于研究对象，有的全面调查疑问句使用的面貌，有的则就某一个疑问句式或疑问标记进行调查。如吴福祥先后出版了《敦煌变文语法研究》《敦煌变文12种语法研究》《〈朱子语类辑略〉语法研究》3 本专著，所用的方法都是基于对研究对象作穷尽考察的实证研究。以《敦煌变文语法研究》中"疑问代词"章为例，吴氏首先把书中调查所得的全部疑问代词通过一张表格予以展现。表中把这些疑问代词（26 个）根据出现的年代的差异分为上古（A）、中古（B）、近代（C）三类逐个列出，并同时列出每一个词项的用法和频率，从整体上观察和分析其使用面貌和规律。接着，以获得的全部材料为基础，逐个讨论在作品中使用活跃并富有特点的词项，根据其用法的差异及其分布概括出使用规律。如关于"甚"，从变文全部 108 个用例中概括出"询问""反诘""虚指""任指"四种主要用法，并对每种用法的内部差异再作细分，如"询问"有问"人和事物""时间处所"和"原因"的区别，"反诘"有"单纯否定"与"非单纯否定"的不同，其下又分为若干项。对每一个项，又从"主格""宾格""领格"等角度观察其分布。最后将其用法归结为一张表格。书中还对"疑问副词""选择连词""语气助词"和"反复问句"作了同样的考察。张美兰的《祖堂集语法研究》的方法大体相同，所不同的是张氏将"《祖堂集》的疑问句式"独立为一章，除了疑问标记外，更加重视疑问句式的考察，如考察了"特指问句"中的"NP + 疑问语气词聻/你句式""疑问代词作主语的判断句""转移话题式问句"，还考察了"提示式话题问句""设问句""反复问句"和"选择问句"等。冯春田（2003a）、许仰民（2006）、卢烈红（1998）、李泰洙（2003）用的也是同样的方法。单篇论文中，此类研究以专项的研究为主，如冯凌宇（2001）对《论衡》中的特指式反问句的研究，吴琼（2002）对"恶、安、焉"的演变和"那（哪）"的产生的研究，高列过（2004）对东汉佛经疑问语气助词的探讨，以及上文所举的伍华、李思明、刘子瑜、阚绪良、罗福腾、傅惠钧等的文章均为如此。文献实证法在现代汉语疑问句的研究中也偶见使用，如陈妹金（1995）探讨北京话疑问语气词的分布、功能及其成因，邝霞（2000）对"有没有"反复问句的定量研究等。而越来越多地借助于汉语历史文献语料库的研究，使疑问句的文献实证研究更富于科学性。

b. 田野实证法

这是方言疑问句研究的基本方法。这一时期大量研究方言疑问句的文章，都是研究者通过实地调查获得第一手材料，或者借用已有的调查材料写成的。这些材料的科学提取，是研究得以实施的前提和保证。就这一时期方言中的正反问研究而言，据粗略统计，有关刊物发表的单篇文章调查所及的方言点就有：江苏的睢宁、海安、扬州、泗阳、苏州，山西的山阴、汾阳、武乡、太原、大同、长治、运城，福建的宁德、福州、连城、闽南，浙江的绍兴，江西的玉山、九江，河南的固始、获嘉，广西的横县、平话、荔浦，湖北的武汉、黄冈、浠水、红安，安徽的颍上、无为，广东的汕头，山东的招远、威海，陕西的华县，黑龙江的哈尔滨，宁夏的同心以及陕北、东北、台湾、新加坡潮州等地的方言。其中还不包括有关专著、博士论文和方言志所涉及的方言点。通过大量方言的实地调查，方言中正反问的基本面貌有了较为充分的展示，不少文章还在此基础上进一步探讨其历时渊源与形成原因。在方言疑问句的研究中，田野实证法常与文献实证法常结合运用。朱德熙讨论正反问的两篇文章就是这方面的范例。张敏的《汉语方言反复问句的类型学研究：共时分布及其历时蕴含》也是两者结合的成功例子。不妨看一看这篇文章的具体做法：关于研究目标，作者提出：文章要解决这样两个问题：第一，现代汉语各方言的反复问句到底呈现怎样一种格局；第二，这种格局到底是如何形成的。他所采取的研究步骤和方法是：第一步是对各地汉语方言反复问句的构成和使用作出客观的平面描写，他具体调查了江苏、湖北、广东、海南、北京等地区的多个方言点；第二步是从共时研究得出的结果出发，比较各方言的异同，根据其类型上的差异加以归并，推断其历时来源及形成原因；第三步是考察从先秦到现代汉语的书面文献材料，探求方言里各种反复问句的来源，解释其类型差异的成因和实质。这种共时与历时结合，田野实证和文献实证互补的研究方法，对于揭示研究对象的基本面貌及其历史成因非常有效。目前，我国正在建立"汉语方言自然口语语料库"，内容包括上海、西安、广州、北京、重庆、厦门六个方言点的自然口语语料。这项建设将对汉语方言疑问句研究起到推动作用。另外，刘丹青（2005）一文为汉语方言疑问句的实证性研究提供了一份有价值的重要参考。

c. 实验实证法

语言具有社会属性，但同时也具有自然属性。因而也可以用自然科学的方法来研究。这一时期运用实验的方法来研究疑问句的主要文章有胡方的《普通话疑问词韵律的语音学分析》（2005）和林茂灿（2006）。胡文运用实验语音学的方法，通过检验特殊问句、是非问句和回声问中疑问词和其他相应结构成分之基频、时长、音强，来探讨上述句子类型中疑问词的韵律表现。来自四个发音人的语音材料表明：疑问词与相应的动词结构在不同类型的句子中有韵律上的区别。在特殊问句中，疑问词是句子的焦点；而在是非问句中，动词结构是句子的焦点。句子的焦点成分在语音上实现为语调重音，因此，其词调拱度得以保留，有时得以加强，然而，相应的非焦点成分的词调拱度会被压缩，有时会被简化成平调。说话人会拉高整个回声问的调域，以及扩张句中疑问词的频率范围，来表达惊讶的意义。然而材料并不支持音长和音强与焦点、非焦点区分相关联。林文运用语音实验的声学数据论述普通话回声问边界调问题。文章认为疑问语气和陈述语气由短语的边界音节携带，汉语有边界调，边界调为重音时，疑问

F₀ 曲拱的斜率比陈述的大，或音阶比陈述的高，或两者兼具。疑问的边界调 F₀ 曲拱，保持单字调型不变。疑问边界调的时长比其陈述的长。疑问语气和陈述语气的区分只能来自边界调。文章还得出一些相关的结论。研究结果支持胡明扬"汉语有句末调"和劲松等"疑问语气主要由句末重音节承担"的看法，思辨所获得的结论得到了实验的验证。

2 对疑问句几个基本问题的认识

2.1 疑问句的性质与范围

如前所述，汉语疑问句的研究具有久远的历史，并取得了丰硕的成果。但是，这并不意味着对于"疑问句"的认识已达成一致，许多基本问题如"什么是疑问句""什么不是疑问句"甚至"是否存在疑问句式"等，都还存在分歧，有待于进一步的探讨。这里着重就两个问题加以讨论：

2.1.1 关于疑问句的性质及其句法地位

2.1.1.1 疑问句是句子的功能类型

汉语对于疑问的研究，一直以来都不在句法范畴内进行。一开始，人们对"疑问"范畴的认识是模糊的，对疑问的句法表现，也不很清晰，只注意到传疑的一些零星手段，如指出一些传疑的语词为"未定之词""不执定之辞""设问之辞"或"疑辞"，等等，没有形成句子的观念。作为汉语语法学的奠基之作，《马氏文通》也未建立"疑问句"的概念，作者也只是从"字类"的角度联系句子结构分析

2 对疑问句几个基本问题的认识   **37**

了文言的传疑手段。是章士钊的《中等国文典》首次给"疑问句"一个明确的句法地位，尔后的一个世纪里，疑问句在汉语句类系统中的总体格局基本未变。黎锦熙对章氏的分类略作改造而提出的五分系统，明确说是"就思想表达方面归纳一切句子的语气"而得。这是说"疑问句""祈使句"等是属于句子的语气类型。吕叔湘《中国文法要略》中建立了一个广义的语气系统，他把"询问、测度、反诘，总称为疑问语气"，表明"疑问句"属于语气类别。何容在《中国文法论》"助词、语气与句类"章首次明确提出"句类"的概念。从此，"句类是句子的语气分类"成了汉语语法学界的共识。一般的语法著作和教材多这样认为。例如：

> "按照句子的语气，可以分成陈述句、疑问句、祈使句、感叹句，一般称之为句类。"（胡裕树主编：现代汉语［重订本]）

> "句子根据语气可以分做陈述句、疑问句、祈使句、感叹句，这叫做句类。"（黄伯荣、廖序东主编：现代汉语［增订本]）

对于所谓"语气分类"所存在的问题，近年来，学术界出现了一些批评的声音。如吕明臣（1999）指出"句类不是语气的分类"，"'句类'容易使人产生语气和功能一对一的错觉"，"'句类'概念掩盖了汉语句子功能的丰富性"，呼吁"走出句类的误区"。邢福义（2000）也指出："句子语气类型的划分，不完全是句子用途的划分。"这些意见不是没有道理的。其实，何容早在20世纪40年代就在《中国文法论》中注意到所谓"语气分类"存在的问题，并提出过鞭辟入里的分析批评。他首先从语气是什么的质问入手，指出黎锦熙仅从助词的角度归纳语气的类别是不合理的。他认为黎氏实际上是就"心理态度"归纳出句子的五种类型。而"人的心理的态度是那么复杂而多变化，似乎不只可以分为五种，语言所能表示出来的心理的态度，似乎也不只五种吧？我们根据什么说语气有，而且只有五类呢？黎先生说这五类是把一切句子的语气归纳而成的，但是在归纳的时候，我们凭借什么而认识出来了各个句子所表的心理的状态呢？"他指出，这种分类实际是受传统的英语语法的影响而产生的，讲英文法的书里通常把句子分为四类，即 declarative（陈述句）、imperative（祈使句）、interrogative（疑问句）、exclamatory（感叹句）。"英文法里把句子这样分类，是不甚合理的。"不但"把语句的类别和动词的 moods 的类别纠缠在一起了"，而且"这样分成的四类是不能并列的"，因为它们不在同一个逻辑层面上。"declarative 应该是和 interrogative 对立的，因为一个句子不是 interrogative，便是 declarative；exclamatory 则只能和 nonexclamatory 对立，因为任何一个语句要是所带的感情超过了平常应有的程度，都可以成为一个 exclamatory sentence（感叹句），不管它是 declarative（陈述句），imperative（祈使句），还是 interrogative（疑问句）（因此任何带强烈感情的句子都可以标以 exclamation mark）。因为这种分类法不合理，所以以西洋文法学者早已把它废弃不用了。"六十多年前的批评意见，今天看来仍然是值得仔细思考的。

语气是一个复杂的问题，近一个世纪的研究，并未能够达成一致的意见，目前还是众说纷纭。有把"对句中命题的再表述"都看成语气的，多至 12 种（贺阳 1992）；也有区分广义和狭义语气的，狭义指传统的四类，广义还包括各种"口气"（孙汝建 1999）；而主流意见还是坚守"陈述、疑问、祈使、感叹"四类。我们从后者的视点来看一看所谓"语气类别"存在的问题。以胡裕树主编的《现代汉语》为例，该教材指出，"句子的语气可以分为陈述、疑问、祈使、感叹四种。表达语气的主要手段是语调，其次是语气词"。而"语调指贯串整个句子的调子，功用在于表达整句的意思和感情，也叫做'句调'","它主要包括停顿、重音、升降三个方面"。就"升降"说，"普通话语调的两种基本的类型是降调和升调"。"陈述句、祈使句、感叹句一般用降调"，"部分疑问句用升调"。显然，语调的"升降"，只能将"部分疑问句"与"陈述句、祈使句、感叹句"区分开来，而不用升调的疑问句，以及陈述句、祈使句、感叹句之间就很难用语调的升降加以区分。书中没有指明"停顿"和"重音"是否可以以及如何用于区别句类，但凭我们的语感似乎很难做到。因为"停顿是语句或词语之间声音上的间歇"，"重音是指朗读、说话时某些词语念得比较重的现象"，这两种现象，在四类句子中都能使用，而缺少明显的区别特征。比如疑问句中"疑问代词"一般要读重音，但不足以凭这点来说明特指问与其他句类的区别，因为用疑问代词表示感叹的感叹句中，代词也要读重音，如"你听听，双双这孩子多不容易。"陈述句中的有些代词也要念重音，如"这是一本书。""我什么也没有说。"（例见该教材）再看语气词，教材说："语气词能帮助语气表达，同时它能在语调的基础上增加色彩。普通话的语气词基本的有'的、了、么、呢、吧、啊'。"那么，通过语气词能否帮助把四类句子区分开来呢？就问句说，"'么'表示可疑"，是非问"有显著的上升的语调，有专用的语气词'吗'（么）"，应该没问题；"'呢'表示不容置疑"，"用上了'呢'的疑问句，总有表示疑问的词语或者表示疑问的结构。疑问句加上'呢'，增加了深究意味"。"呢"并非疑问所专用，也可出现于陈述句中。它在疑问句中只起辅助作用。"特指问的语调可升可降"，如"谁同意了？""谁走了呢？"都可用降调说，选择问的语调也可升可降，如"你去不去呢？""他是不是天津人？"也可用降调说。那么，在这些句子中，语调和语气词都不是判定句子是疑问句的充要条件。它们作为疑问句主要是凭借句中有"表示疑问的词语或者表示疑问的结构"，（其实，"表示疑问的词语或者表示疑问的结构"也并非都表疑问，也有非疑问用法）但这些，是否属于语气范畴？由于编者没有给"语气"下定义，也没有对此做出论证，我们不得而知。"'吧'表示半信半疑"，可以用于疑问句，如"真的吧?"但也可以用于祈使句等，如"快走吧!""让暴风雨来得猛烈些吧!"至于"的""了""啊"等同样不能把四类句子区分开来。如"啊"可以用于任何一类句子。由于存在以上的问题，编者给疑问句下定义时，不得不采取循环定义的办法："用疑问语气的句子是疑问句。"编者没有给陈述句、祈使句和感叹句下定义，如果要下，也许只能用同样的办法。黄伯荣、廖序东本《现代汉语》就是这样做的。可见，认为疑问句属于语气类型是值得怀疑的。

那么，疑问句究竟是何种性质的句子？句类究竟应该依据什么来划分？要进一步探讨这个问题，我们似乎还应回到原点，看一看章士钊（1907）的最初说法。章氏对他的划分依据是这样表述的："凡成句之文，皆能表著发言者之意志者也，但发言者之意志各不相同，而句之组织亦自异，今分句子种类为四。"显然，这是从句子的表达作用来定类的，并非按语气划分。从他对于四类句子的阐释，可进一步看出这种观念：

> 叙述句　叙述者谓就于一事而直陈之者也,此一切句最普通之式，惟天下之事，有正背然否之不同，故叙述句有肯定者，有否定者。
>
> 疑问句　凡有疑而发为问者，为疑问句，以疑问代名词如"谁、孰、何"等，疑问副词如"奚、恶、安"等，或疑问助词如"乎、哉"等表之。
>
> 命令句　凡人之相语，此方对于彼方而发其命令，谓当如此如此者，为命令句，凡两人相语发语为我，与语者自为汝，命令

者，乃我命令汝也，故命令句之主格，必尔、汝、子、若等字。

感叹句　凡句中有表见感情之意者，为感叹句，惟此种句式，其中必含有疑问代名词，如"何"字，疑问助词，如"乎、哉"等字，或感叹词。

我们觉得，关于汉语句类的最初认识，其方向基本上是正确的。以现在的眼光来看，章氏的分类，属于句子在功能上的分类。语言是人类在社会实践中交流思想和感情的工具。人们运用语言都是为了表达自己以影响他人，达到一定的言语目的。由于说话的意图和目的不同，使用的句子也会有差异，从而形成不同的句子类型。根据句子的语用目的或表达用途的不同给句子分类，是句子的功能分类。给句子进行语气分类，未尝不可，如果能够做到科学分类，对于推动语言的动态研究是非常有意义的。但我们觉得，语言研究，形式与功能是两大领域，任何句子形式，都有一定的功能；任何句子形式的形成和发展，都与功能密切相关。因而，从功能的角度观察、研究句子，给汉语的句子进行分类这是语言学家的首要任务之一，与从形式的角度进行研究同等重要。句子的功能和语气相关，但语气不等于功能。功能的表达往往需要借助语气，因而任何功能类型的句子都有一定的语气，但语气与功能并非一一对应，它们是错综复杂的交叉对应关系。从语气角度给句子分类研究的学者，既抓住语气的缰绳不放，又想纵马功能的草原，从而陷入矛盾之中无法圆说。汉语的句子研究，自早期开始就从形式和功能两个方面展开，应该说是有了一个良好的开端。但可惜两条腿未能平衡发展，形式的腿比较健壮，而功能的腿却发育不良。这固然与这一个世纪语言研究的大气候有关，很长一段时间，形式主义占据了语言研究的主阵地，但与句类研究走入语气的胡同而不反顾也不无关系。

当然，也有一些学者注意从功能角度研究句类。比如朱德熙

（1982）说："从句子功能来看，我们又可以把它分成陈述句、疑问句、祈使句、称呼句和感叹句五类。"在此，朱先生明确提出句类是句子的功能分类，并在传统四类的基础上增加了"称呼句"。他还对每类句子从内涵和功能结合的角度重新定义：

> 陈述句是可以翻译成形式逻辑中的命题的句子，即可以判断是真是假的句子。

> 疑问句的作用在于提问，它本身无所肯定，也无所否定，所以没有真假的问题。

> 祈使句的作用是要求听话的人做某事。

> 称呼句的作用是引起听话人的注意。

> 感叹句的作用是表达情感，但同时也报道信息。

不过，从功能的角度给句子分类，还有许多课题需要研究，社会生活丰富多彩，语言运用各色各样，要从功能的角度穷尽其类，是一个不易把握的难题，究竟如何划分，又分为几类，这是有待于进一步探讨的。比如有人指出，"感叹句"与"陈述句、疑问句、祈使句"不在同一平面，后者依据的是表意功能，前者依据的是表情功能，角度不一致，功能就有叠合，怎么认识，又如何处理？（徐杰 1987）朱先生定义时说："疑问句的作用在于提问，它本身无所肯定，也无所否定，所以没有真假的问题。"似乎不包含"假性问句"，但在具体讨论时，则包括反问句在内。此类问题究竟如何处理更妥当？朱先生增加了"称呼句"，是觉得传统四类中涵盖不了此类句子，那么，此外还有涵盖不了的吗，比如有人提出的"应对句"（吕明臣 1992），"称呼句"独设一类，那么"应对句"可否独立成类？范晓等把两者合一称为"呼应句"与其他四类并举是否合适？（范晓、张豫峰 2003）此外还有其他类别吗？看来还应该以系统的观念作进一步的研究。将来也许会出现六类、七类或更多类的分类系统，甚至重新打碎现有系统，"再捏一个你，再捏一个我"，形成全新的分类模式。我们期待着。

　　不过，不管汉语句类的研究将来走向如何，以上分析有一点是可以明确的，那就是，疑问句是句子的功能类型，而不是语气类型。

2.1.1.2　疑问句具有独立的句法地位

　　以上我们讨论了疑问句的性质与类属问题。自从章氏把"疑问句"作为"句"的概念提出以后，学术界很少有人怀疑过它作为汉语句法系统中的一种句式的地位。近年来有学者对此提出一些讨论。徐杰（1999）运用模组语法的观念和方法，以"原则本位"的理论"剥离和肢解'疑问句式'"，认为："所谓的疑问句式其实在核心的语法规则系统中并没有独立的地位。""'语法'中只有针对'疑问'范畴的动态'处理方式'，而根本不存在仅仅跟'疑问'相联系的静态的'句式'"，所谓"疑问句"等"句子类型""没有独立的语法地位"，只是"语法原则实例化所带来的现象"，因而主张"把所谓的'疑问句式'及其语法特征从核心语法系统中整个儿抹掉"。这确实是一个大胆而创新的说法，这种探索对于简化语法规则，推进人机对话具有积极意义，应该说，这是形式主义语法研究的创见。不过，文中有些论证我们还可以进一步思考，比如，作者自己也承认的，汉语中"不能独立成为一个相应的非疑问句"的正反问，"好像跟'疑问'有着某种天然的联系"。对此他用"针对疑问范畴的语法化方式"来作解释，认为它本身不是一种静态的"句式"，而是一种动态的"处理方式"。所谓句式，是对具有相同使用形式的句子类型的抽象和概括，以"正反叠用"的结构方式来表达"疑问"的正反问，汉民族人民用了两千多年，且无论在形式上还是表意上都富有鲜明特点，怎么就不是或不可能是一种静态的句式呢？再如，作者对"选择问"的处理，他认为："跟同样列举备选对象的非疑问句比较，选择问句的唯一特点是使用了'还是'。表选择的'还是'的最大特点是带有'疑问'因素。""只要在词库中规定它带疑问标记｛+q｝就可以了。"对于选择问而言，使用连词"还是"是一个充分条件，而不是必要条件，这里似乎把问题有些简单化了。再如，对于特指问，他指出："汉语句子中许多语法单位都可以省略，但特指问句的疑问代词是没法省掉的。"用疑问代词"在词库中规定带疑问标记｛+q｝"来处理就可以。但事实上在实际语言中特指问省略或隐含疑问代词的现象并非没有，苏培成（1989）就做过专题研究。而学界讨论得较多的"W呢"句式，有一部分就是不用疑问代词的特指问。此外，汉语中还有一些别的传疑的句法手段，也不能忽视。

从功能主义语言观来看，语言系统的结构是由其必须完成的特定功能决定的。句式与功能密切联系。每一种类型的句式都有特定的功能，而每一种类型的功能都表现于特定的句式中。没有没有形式的功能，也没有没有功能的形式。"传疑"作为语言表达的重要功能，不可能在句法上没有特定的结构方式，或者说，不可能不在句式上相应地得以体现。因而，从功能主义语言观来看，疑问句的句式地位是不可动摇的。

关于疑问句的句式特点，学术界已经讨论得较多。我们同意朱德熙的"转换说"。也就是把疑问句看成是"由陈述句转换出来的句式"，也就是说，任何一个疑问句都蕴含一个陈述结构。我们不妨把疑问句的形式特点刻画成：由一个或几个陈述结构融合或添加一个或几个"疑问算子"构成。"传信"是陈述句的典型功能，"传疑"则是疑问句的典型功能，借助标记理论而言，疑问句相对于陈述句来说是"有标记"的。

2.1.2　关于疑问句的范围及其句法认定

2.1.2.1　无疑有问和有疑无问

"疑问"一词，由"疑"和"问"构成。而"疑"和"问"是两个分别具有不同涵义的概念。"疑"是内涵，"问"为形式。但有疑不一定问，有问也不一定疑。"疑"和"问"的匹配组合可以有四种情况：有疑有问；有疑无问；无疑有问；无疑无问。"无疑无问"与疑问句无关；"有疑有问"毫无疑问是疑问句。那么，"无疑有问""有疑无问"是否属于疑问句？要回答这个问题涉及对疑问句实质的认识。

2.1.2.1.1　无疑有问

主张疑问句属于语气类型的，把反问句等无疑而问的句子归入疑问句，似乎没有大碍。因为有疑而问和无疑而问在语气上尽管有某些区别，但总体上却是一致的。但我们说，疑问句是句子的功能类型。而一般认为疑问句的功能是"传疑"。这就让主张者自己也存疑，被自己归入疑问句中的某些句子并不传疑，而是传信，其功能相当于陈述句，这样是否合适。但如果严格限定于传疑，那就只能把无疑而问的句子都排除在疑问句之外了。基于这种情况，有的学者在讨论疑问句时干脆避而不谈无疑而问的句子，如太田辰夫的《中国语历史文法》；或出现定义时不把它包含在内，而在具体论述时又把它包括进来的现象，这在上文已提及。

我们觉得，从功能角度，将"无疑有问"的句子归入疑问句本无疑问，应该认可。的确，语言的功能有"传疑""传信"的不同。但并不意味着传疑的功能只能由疑问句来承担，疑问句只能传疑。其实，陈述句也可以传疑；而疑问句未尝不可以传信。信和疑，看上去是相互矛盾对立的，而在实际语言中，并不是非此即彼的，它们是相互消长的连续统，有时甚至可以相互转换。不过，尽管疑问句的主要功能是传疑，但对于疑问句功能的表述，我们还是赞成台湾学者汤廷池的"发问"说，在《国语疑问句的研究》中，他述评了疑问句的所谓"央求说"和"疑念说"之后，进一步指出，如果把疑问句的言谈功用限于"发问"，就可以包括要求回答的"征询问句"和含"熟虑问句""推测问句""修辞问句"在内的"非征询问句"了。用"发问"包含了"传疑"，但不限于传疑，可以避免"信疑"问题的顾虑。因此，我们可以这样认为：凡疑问句必须有问，只要有问就是疑问句，疑问句是以发问的方式主要用来传疑的句子类型。朱德熙的定义中指出"疑问句的作用在于提问"这和汤氏的认识是一致的，不过，其后一部分的说明似乎绝对了，我们觉得在"没有真假的问题"前，应加上"一般"二字，这样似乎更为严密些。从疑问句的发展来看，有疑而问和无疑而问本是紧密相连的，具有渊源关系。有学者（徐盛桓 1999a）指出："探询"是疑问句的"本源功能"。"用疑问句的形式表达陈述性或指令性的内容，这时疑问句的探询功能就迁移到陈述功能或指令功能上来。""疑问句用于表陈述性的内容和指令性的内容并不是截然不同的两回事，而且这样的用法同疑问句的探询功能的机理也是相通的。"他用"疑问句语用嬗变理论模型"做出统一解释。吕叔湘在《中国文法要略》中分析疑问句功能迁移时指出："一个形式常常应用到非询问方面的结果，就会有新的形式来作纯正询问之用；而后来这个新的形式又往往走上老路。"他举出了古今不少用例加以说明。可见，有疑而问和无疑而问的问题，本是疑问句不可分割的内部事宜。再说，我们不主张句类是语气分类，但并不否认语气对于某些句子类型有一定的对应性，比如疑问句中的上扬语调和疑问语气词，而这一点，有疑而问和无疑而问具有很大的一致性。这也是将"无疑而问"归入疑问句的依据之一。

2.1.2.1.2 有疑无问

吕叔湘在《中国文法要略》"传疑"章特别讨论了汉语中疑而不问的句子类型。开头说，"有传疑而不发问的句子，例如'也许会下雨吧'，可以用问话的语调，也可以不用问话的语调"，他说这是"介乎疑信之间"的测度句。"询问，反诘，测度，总称疑问语气，除一部分测度句外，都取问句形式。"在"测度"一节里进一步予以讨论。吕叔湘的意思是"也许会下雨吧"，不用问话的语调来说，同样也有传疑的作用。而无论是用不用问话语调，都属于"疑问语气"。早于吕著的黎锦熙的《新著国语文法》在"商榷句"中也曾讨论过此类现象，他说："商榷句表语气的商度。或就事理推量，或由自心拟定，或对人有所希望命令，都靠此表出商量测度的语气。"使用语气词"罢（吧）"。如"今天大约不会下雨吧。"在黎氏的体系中，"商榷句"是与"疑问句"相并列的一类句子。可见，黎氏不主张把这类句子归入疑问句。节中的全部用例都用句号或叹号，没有一例是用问号的，故不知黎氏对于"今天大约不会下雨吧？"会作何处理。吕和黎的看法显然不同。不过，"也许会下雨吧"一类句子用不用问话的语调，在功用上是有明显的区别的。是不是都应归入疑问句，还值得进一步分析。我们可以仔细琢磨一下吕先生所举的例子：

〖客人〗我们走了半个多钟头。从饭馆到家，总有五里多路吧？〖主人〗（心不在焉）总有吧。（北京的空气）

这两个"吧字句"存在着差异，吕叔湘说："第一个'吧'字较高较长，第二个'吧'字较低较短。"陆俭明（1984）曾经研究过相关问题，他认为"有五里地吧？""有五里地吧。"前者"疑重于信"，后者"信重于疑"。而邵敬敏（1995）则通过语音实验证明两句话的语音形式有明显区别，从而主张在句类上加以区分。认为两者均为"信重于疑"，但前者具有询问功能，要求对方表示态度，而后者没有询问功能，有"姑且同意或认定"的陈述功能。我们认为，疑问句的功能在于"发问"，只有疑惑而不发问的句子不能看作疑问句。因而我们赞成把这两类"吧"字句加以区分，用问话的语调的"吧"字句归属于疑问句，不用问话的语调的"吧"字句归属于陈述句。

吕著中还讨论了另一类句子，也可以看作是传疑不发问的句子，即所谓"间接问句"。他指出："问句有时不是独立的句，只是装在直说句的里面，作为全句的一部分（大率是止词）。这个我们称为间接问句。"他举例说，"你找谁呀"是个问句，而"我问他找谁，他理也不理，一直就进来了"中的"（他）找谁"就是个间接问句。再如，"这个消息是真是假，现在也无从探问。""我也不知道是不是真有这回事，只是大家都这么说，不由你不信。"这类句子尽管也有传疑的功能，但因为传疑不发问，因而也不属于疑问句。需要指出的是，如何从形式和功能上把直接问句和间接问句区分开来，则是个有待于进一步研究的问题。吕叔湘已经注意到这个问题，他说："有些问句，用'你说''不知'等开头……按形式说，是命令句或直陈句包含问句，可是就他们的作用而论，仍然是询问性质"，"我们不妨仍然把他们算做直接问句"。但在《近代汉语指代词》中，他把间接问句分作两类，一类是仍然要求回答的，一类则是不要求回答的。他认为前一类"加在它前面的主要小句其实只是一种询问公式"，例如："好罢，你先说说我像什么？""你猜这里面是什么？"我们觉得，这类问句既传疑也发问，则应该属于疑问句范畴。如何分辨这类句子是一个问题。20世纪80年代以来，这个问题引起了国内外学者的特别关注。讨论由日本学者望月十八吉1980年5月1日在日本语言学大会上的题为《汉语世界的创造性谓语》的报告肇始（后改题为《关于汉语谓语的一个问题》，发表在我国的《语文研究》1981年第1期上），随后引发了一系列的讨论，重要的文章有郑良伟（1984），汤廷池（1981，1984）、陈炯（1984）、林裕文（1985）、赵巨源（1990）、邵敬敏（1994b）、徐烈炯、邵敬敏（1998）、陈振宇（2009）等。研究者从整句的句法结构与功能、母句动词的次类、疑问子句的形式与作用、言说主体以及语用环境等多个角度探讨疑问形式的子句作宾语时的句法特点，分析何者为疑问句，何者不是疑问句，这是疑问句研究史上的一次较为深入、影响面较大的专题讨论，取得了一些共识，对于区分疑问句与非疑问句，进而认识疑问句的本质具有重要意义。

2.1.2.2　选择问的界域

关于疑问句的句法认定，有许多问题值得探讨。这里着重就选择问句的"界域"问题作些讨论。属于选择性质的问句，存在一些争议。首先，是在标点上的不同看法。黎锦熙《新著国语文法》分析了"助选择的疑问语气"的用法之后，特别指出"这路句子的标点法须注意"，意在提醒人们，前一个分句当使用逗号，别误用为问号。吕叔湘、朱德熙《语法修辞讲话》中分析"抉择式问句""用不用问号"时指出："这种句子的中间虽然有语气词，有停顿，可是一定要合下半句才成为一个完整的问句：那末，中间不应该用问号。例如：'今天去呢，还是明天去？'可是作为两个并列的问句，那还是可以用两个问号。例如：'今天去呢？明天去呢？我倒有点决断不下。'"但也有人（王鹤正 1996）不同意这种意见。他据毛泽东作品中的用例，认为表示选择性质的问句，可以有不同的标法，前一分句可用逗号，也可用问号。但两者性质不同，一是复句，一是句群；意图和效果也不同。对此，又有学者（王灿龙 1997）提出反驳，维持旧说。认为"选择问的两个分句是一个有机统一体"，少了任何一个都会导致形式上的不自足和表义上的不明确。因而中间不能用句末点号断开。他说应"不为名人讳，无论是谁，只要如此用的，都属于标点误用"。不过，从语言事实看，前一分句使用问号的现象具有一定的普遍性，确也有独特的表义效果。硬性拒绝并非上策。

其次，是在归属上的不同看法。同是认可每一个选择肢后可以使用问号，但是归入选择问句，还是归入选择问句群，有不同的意见和做法。丁声树等《现代汉语语法讲话》、朱德熙《语法讲义》、黄伯荣、廖序东《现代汉语》等讨论选择问句时均未见每一个选择肢后都用问号的例子。胡裕树《现代汉语》说："选择问句虽然包括几项，但它是一个句子，句末只须用上一个问号。……如果为了强调，把选择的内容分做几项说，每个句子后边都得用问号。"例子是："站在他们的前头领导他们呢？还是站在他们的后头指手画脚地批评他们呢？还是站在他们的对面反对他们呢？"承认有这一用法，但不主张归入选择问句。俞光中、植田均《近代汉语语法研究》中态度有些暧昧，指出"变文"中"将军为当要贫道身？为当要贫道业？"一类例子只能算作几个"独立的是非问"。一般用例前一选择肢均标逗号，但"贤弟水路来（？）旱路来？""他还是河员送礼（？）还是看坟的打抽风来了？"等则用括号标出问号，想来意在存疑。另外，也有的例子当标而未标，如"客人你要南京的那杭州的那苏州的那？"或许也是吃不准？邵敬敏（1994）、冯春田（2000）和丁力（1998）等则是无论标逗号还是标问号一律归入选择问句讨论。邵氏在分析选择问句的特点时明确说明："前后选择项可以分别用问号，也可以前项用逗号，后项或最后一项才用问号。"他还归纳出五类问句模式，模式中两个选择肢间的标点符号均标明"（，/？）"，以示其可选性。冯氏在所列近代汉语选择问句的用例中每个选择肢后都用问号的占有相当的比例。例如："和尚借问：'山人所住是雌山？是雄山？'"（《祖堂集》）"为复言词相触悟？为当去就拙旋回？"（敦煌变文）丁氏的《现代汉语列项选择问研究》也是同样的思路。而邢福

义（1993）则是主张把选择问句和选择问句群区分开来。他的《选择问的句群形式》一文专题讨论了选择问的句群形式。文章对选择问句群是这样界定的："凡是问句句群，第一问都能独自站立，即在删除后边的问话之后能够成为一个问句。……凡选择问句群，问句间一定存在选择关系。选择关系的典型标记是'或者 | 还是'。"他分为"一吗一吗"问、"一吗一呢"问、"一呢一呢"问、"一呢一吗"问四种类型，前两类常用，后两类不常用。从内容看，他讨论的现象一般学者研究选择问时很少涉及，因为前两类中，"吗"问句属于典型的是非问，后两类是在选择问基础上构成的选择问句群，用"呢"可以独立成句。因而，实际上邢氏讨论的选择问句群并未包含几个选择肢都用问号的所有情况。依据他的界定，也不可能全部涵盖。因为前提是"第一问都能独自站立"。比如上文所引胡裕树《现代汉语》的例子，形式上就是"一呢一呢"问，但以邢氏的标准来衡量，不合要求，第一个问句不能"独自站立"："站在他们的前头领导他们呢？"无论是形式还是语意都不完足。从句群的角度看，邢氏的限定是必要的。句群以句为基础，如果不能独立成句，则如何成为句子家庭中的一员？

在此，我们遇到了两难！一方面，把几个选择肢都用问号的句子，称为选择问句，不合一般人的常识。因为问号是句子的标志，几个问号就有几句，这已成为通识。把含有几个问号的句子称作一个句子，似乎有悖于逻辑。说法显得牵强。我们非常理解邵敬敏在文中为什么主要用"选择问"的概念而基本不用"选择问句"。另一方面，把这类句子归入句群，也有困难。从上例已可见出。不妨再引邵文中的一个例子："你是把我给他呢？还是把我们俩一齐赶出去？""你是把我给他呢？"虽然有问号，但却不是个独立的句子，无论形式和语义都不自足。我们显然不能让这样缺乏一定独立性的所谓"句子"

去充当句群的成分！那么，可否像有人主张的，把"呢"后的问号改为逗号呢？显然不妥！这话的语境是这样的：老头子要赶走祥子，看来是动真格的，这下虎妞急了，她赶忙上阵，冲着父亲嚷道："我有了，祥子的！"接着说出上引这一句。若改成逗号，虎妞强逼着父亲抉择的胁迫口气就不能充分表现出来。可见这种用法有其不可替代的存在价值。

从传统范畴理论来看，这确是一个不可调和的矛盾。自柏拉图以来，传统范畴观一直认为范畴是离散的，每一个范畴都是边界明确、非此即彼的。一样东西要么属于某个范畴，要么不属于某个范畴，不存在中间状态。传统范畴观与维特根斯坦的"家族相似"的范畴观相结合，产生了一种新的范畴理论，即典型范畴理论。这种理论认为，范畴内部的成员之间没有什么共同特性，就像一个家族，它的各个成员之间只有相似性，每个成员的地位是不平等的。一个范畴是一些特征的相交，这些特征总是会聚于这个范畴之下。所有特征具备的，是典型的，不同时具备的，是非典型的。范畴的成员有典型和非典型之分。该范畴的成员向非成员过渡是逐渐的，而非一刀切的。因而范畴的边界具有模糊性、非离散性。若以典型范畴观来观照语言领域的各种现象，比如单句和复句，词和短语，语素和词，实词和虚词，元音和辅音等，我们会发现，它们其实都不是非此即彼的，中间存在着或大或小的过渡地带。再看上文所论的现象也就没有什么不可理解的了。句与非句的界限，其实也不是非此即彼的，存在着中间状态。

从历时的角度来看，在上古时期，汉语的选择问句往往是比较松散的，它们每个小句几乎都用语气词，而所用的语气词和单纯是非问句所用的又无甚区别，如"乎""欤""邪"等，且很少有关联词，因而看上去多像是由两个或多个是非问句构成的句群。比如：

(1) 滕，小国也，间于齐楚。事齐乎？事楚乎？（孟子·梁惠王下）

(2) 不知周之梦为胡蝶与？胡蝶之梦为周与？（庄子·齐物论）

其实，以上例子每个选择肢都有一定的独立性，合观是选择问，分看未尝不可理解为两个独立的是非问。有的用了关联词，情况也差不多，如：

(3) 夫子至于是邦也，必闻其政，求之与？抑与之与？（论语·学而）

(4) 子以秦为将救韩乎？其不乎？（战国策·韩策）

太田辰夫（1958）尽管把这类句子放在选择疑问中来讨论，但他认为"实际上应该说是由两个是非疑问构成的句子"，不过是用"抑"等把它们联结起来而已。

据梅祖麟（1978）的研究，大约到了 5 世纪，初具现代汉语选择问的句法。特别是出现配对的关联词语，使松散的结构关系显得紧凑起来，相对减弱所关联的句子的独立性，可借助关联词来显示选择关系和句子语气。再经过漫长时间的演化，逐渐形成了现代汉语选择问句的句法格局。但是，最初的这种介乎单用和复用、句子和句群之间的句法形式，仍然在各个时期的汉语中沿用，并影响到现代汉语。可见，上文讨论的这种超乎单句形式又不具备典型句群条件的选择问，其形成是有历史原因的。

吕叔湘在《汉语语法分析问题》中分析词和短语的区别时，把归到哪类都存在问题的"地位介乎词和短语之间"的一类现象，称作"短语词"。仿此，把这种介乎句子和句群（语段）之间的语言现象叫做"语段句"，其庶几可乎？

本书是对疑问句作专书、断代的定量性研究，因而需要对所有的问句作出句与非句、一句与几句的明确认定，以便于统计分析。因而，对于上述这种处于"过渡地带"的现象以及其他相关的现象亦须作出归类。为便于统一说明，本书对疑问句外延作如下界定：句法上具有相对独立性并有一个疑问点。对于这一界定，几种特殊情况需要说明。首先是上文讨论的现象，"你去，还是我去？"由两个小句构成，但只表示一个疑问点，属一个疑问句无疑；但如果作"你去？还是我去？"或者"你去呢？还是我去？"即我们所谓的"语段句"，情形就有些不同了，因为两个小句似乎分别都具有了疑问点。但是应该看到，这两个小句是在一个选择问框架之中出现的。在其上位，构成一个选择关系，从而形成一个选择焦点。由于这个选择性焦点的凸显，使小句的疑问焦点有所弱化，退居于次焦点的地位。因而，所谓语段句，我们更乐意把它看作是一个疑问句。其次是学界所谓的"提选式问句"一类现象。俞光中、植田均（1999）论及一种表示"面对突如其来的情景而急促提问"的问句，他们称之为"提选式问句"，例如：

(5) 你是甚人？黄昏半夜来敲门打户！（水浒全传，第37回）

(6) 这妇人是谁，却在这里吃酒？（同上，第6回）

(7) 你如何却在这里？不看我一看？（同上，第46回）

(8) 你是那一国的将士，敢来见我？（西游补，第16回）

此类现象多由两项构成，共用一个主语。前项是情急之中首先提出来的问题，用疑问代词发问；紧接着说出的是问话人面对的事实，是总疑团所在，但无疑问代词，疑问焦点隐含其中。以上各例均隐含一个原因焦点，理解时都可在后项加上"怎么"或"为什么"。下例与例(7)情境相似，但出现显性焦点"怎的"：

(9) 看见吴银儿在这里，说道："你几时来的，怎的也不会

我会儿?"（金瓶梅，63/870）

这类例子，中间逗号与问号均有所见。以"句法上具有相对独立性"和"有一个疑问点"这两个依据来判断，我们主张把它们分别看作两个疑问句。此类隐含现象其实并不限于所谓"提选式问句"，我们将在讨论各类具体问句时随时指出。

2.2 疑问句的问标与问焦

2.2.1 问标

关于"疑问标记"，李宇明（1997）曾下过定义："凡在某一情况下能单独负载疑问信息的语言（包括语音）成分，称为疑问标记。"并将其分为四个类别、三个层级予以讨论，进而建立了疑问句的疑问标记分类模式，所论颇富启示。李氏的定义中"单独负载疑问信息"是一个强制性要求，也就是说，不能单独负载疑问信息的语言成分不属于疑问标记。这样处理的好处是有利于分析那些单独负载疑问信息的问标在疑问句中的表达作用，有利于区分疑问句和非疑问句。不过，同时也存在一定的局限。比如在疑问句中，有些语言成分能显示一定的疑问信息，但不是独立传疑，而是配合别的传疑手段一起使用，如某些疑问副词、句末助词，还有发问词等。因而，作为补充，我们拟下一个宽式的定义：在疑问句中负载一定疑问信息的语言成分，叫作疑问标记，简称问标。

2.2.1.1 传疑问标和助疑问标

根据是否单独传疑，问标可以分为两类：传疑问标和助疑问标。

2.2.1.1.1 传疑问标

即李宇明所谓的"单独负载疑问信息的语言（包括语音）成分"，是自足标记。就现代汉语说，学术界一般认可的有：A. 传疑语调：升调（或叫"上扬调"）；B. 传疑语气词：吗；C. 传疑代词：谁、什么、怎么、那（哪）等；D. 传疑句法结构：VPnegVP、VPneg、是 p 还是 q 等。对于传疑问标，学术界的论述比较充分，这里略作说明。

A. 传疑语调

朱德熙（1982）用"疑问语（句）调"区别于"陈述句的语调"。疑问语调，一般语法书都指出其具有"句尾升高"的特点。[①]在不含语气词的是非问句中必用，具有区别特征的性质，因而它属于传疑问标。这种问标的形式不同于以词语形式体现的音段标记，属于超音段标记。对于语调的认识，赵元任（1968a）的观点值得注意。他在《汉语口语语法》中把它放在"助词"一节里来讨论，用"上升尾音↗"和"下降尾音↘"来标识："短语和句子末了的这两种语调尾音有特殊的形态音素性质。我以前一直把它当汉语句调的一部分看待，后来才发现最好把它当作助词处理，因为它不影响整个结构的语调模式，只影响末了一个音节的带声部分（voiced part）。这两个助词的特点是它们没有自己的成段的音素（segmental phonemes）而是寄生在最后一个语素上，把它延长一个轻声音节，在这个音节上安排一个上升或下降的尾音。"他的这种看法得到了实验语音学的支持。林茂灿（2006）通过实验证明：疑问语气和陈述语气由短语的边界音节携带，如"吴先生要去重庆？"除"庆"外的成分负载疑问信息只有 5%，疑问信息 95% 是由末了音节"庆"携带的。汉语有边界调，边界调表现出疑问与陈述在 F_0 曲拱斜率、音阶高低、时长

---

① "疑问句是提出问题的句子，句尾语调往往升高。"（邢福义 1991）"疑问句全句的语气一般是末尾向上扬，用'扬调'。"（殷焕先 1987）"在现代汉语里，升调是疑问句调。"（陆俭明 1984）但沈炯（1994）则认为疑问语调"是高音线渐落和低音线上敛两种特征组合"而形成的一种句调。

长短等方面的区别，疑问语气和陈述语气的区分来自于边界调。

B. 传疑语气词

"吗"是学术界唯一公认的疑问语气词。陆俭明（1984）统计了18 部有影响的现代汉语语法论著，关于"啊""吧""呢""吗"四个语气词，各家都认为是疑问语气词的只有"吗"一个。他根据"必须能在形式上得到验证"的判断原则，认定"'吗'确实是一个疑问语气词"。他首先把疑问句分为：A. 是非问句；B. 非是非问句。指出两者的重要对立，A 类语段成分不包含表示疑问的词语（W），B 类语段成分包含表示疑问的词语（Q）；"吗"只出现于 A 类，"呢"只出现于 B 类。然后将带"吗"的是非问句跟不带"吗"的是非问句和非疑问句进行比较，论证降调"吗"问句的疑问信息只能由"吗"承载，而升调"吗"问句与之具有同一性，因而"吗"在是非问中是负载疑问信息的。当然，陆文论证的前提是"升调是疑问句调，降调不是疑问句调"，在前提成立的条件下，论证是合乎形式逻辑的。"吗"负载疑问信息，与"吗"的来源是密不可分的，"吗"是由古代的正反问末尾的否定词"不"、"无"通过语法化的途径发展而来的，原本在句中是负载正反问之"反"的实义信息的，当其虚化后，仍然或多或少带有这种语义信息。这就是"吗"和别的句末语气词存在重要区别的历史原因。古代汉语传疑语气词是"乎、欤、邪"。

C. 传疑代词

特指问有升调和降调两种情况，根据陆文的逻辑，降调特指问的疑问信息只能由疑问代词承载，而升调特指问与降调特指问是同一类型的两种变体，因而，疑问信息应该都是由疑问代词承载的，升调在特指问句中只是起了加强疑问语气的作用。关于汉语中的代词，学术界一直存在不同的意见，这也影响到疑问代词划定。章士钊（1907）

除了设"代名词"以外，另有"代名形容词""代名副词"。有关疑问的代词分属三类之中。黎锦熙（1924）归类方法大体相同，但在性质的认识上有区别。他只认可"代名词"，其他则分别归入形容词和副词。其下分别设有"疑问形容词""疑问副词"等。将"疑代"与"疑形""疑副"并列，疑问代词的范围大大缩小。不过更多的学者是把具有指代作用的词归为一类集中讨论，无论是指代名词的，还是指代动词、形容词的。只是对副词性质的词如"多""多么"的归属还有些分歧。比如吕叔湘主编的《现代汉语八百词》和《现代汉语词典》（第5版）中询问程度、数量的"多"（"多么"）归入副词；而在吕氏（1985a）、林祥楣（1957）及黄伯荣、廖序东（1991）等书中都归入疑问代词。我们认为，从认识疑问表达规律的角度看，将这部分具有副词性质的词归入疑问代词是合理的，"疑问代词表示询问，又能替代"（林祥楣1957），具有双重的功能。正因为它具有"替代"作用，也就具备了显示疑问焦点的功能。它们都是独立传疑的语言形式，属于"传疑问标"。这是其不同于一般疑问副词的重要区别。现在学界一般认为，现代汉语中传疑代词主要有"谁、什么、哪、哪儿、多会儿、几时、几、多少、怎么、怎么样、怎样、多、多么"等。在古代和近代汉语中还有"孰、何、奚、曷、安、恶、底、啥"等，另有一些合成结构。

D. 传疑句法结构

汉语的选择问（包括正反问）主要通过"VP 不/没 VP""VP 不/没"和"是 p 还是 q"等传疑句法结构负载疑问信息。这一结论的论证过程可以同于传疑代词的论证。其传疑形式与其他问标不同，它是通过"格式"来显示的，而不是具体的词语。尽管历时地看，"VP 不（否）""VP 不 VP"等形式是由非疑问用法为主而发展成为疑问用法的（详后），但当成为疑问结构之后，其传疑功能就成为一种基本的、稳定的功能。有学者把"还是"定为"疑问标记",认为:"跟同样列举备选对象的非疑问句比较,选择问句的唯一特点是使用了'还是'。表选择的'还是'的最大特点是带有'疑问'因素,因此只能用在疑问句中。对此,我们也同样只要在词库中规定它带疑问标记 ｛+q｝ 就可以了。"(徐杰 1999)从简化的角度看,这种处理有其优越性。但是,我们觉得还有可商之处,一方面,"还是"表示选择是与其前后项共同作用的结果;另一方面,"还是"尽管是表示选择的典型形式,但不是唯一形式,且不是必用形式。邵敬敏(1994a)曾把现代汉语选择问句概括为五种类型,这里不妨转引一下:

A. x(呢)(,/?)y(呢)?

B. x(呢)(,/?)还是 y(呢)?

C. 是 x(呢)(,/?)是 y(呢)?

D. 是 x(呢)(,/?)还是 y(呢)?

E. 还是 x(呢)(,/?)还是 y(呢)?

其实邵文也未能穷尽,如以"或是、或者"连接前后两项的形式,就未涉及。汤廷池(1981)指出:"目前在台湾许多人都以'或是、或者'来代替'还是'。"何况还有正反问,不存在"还是"一类的标记,但其选择性和疑问性是不容置疑的。因而,我们乐意接受李宇明(1997)的"疑问句法结构"标记的说法。同时可以参照邵文的做法,对包括正反问在内的"疑问句法结构"标记进一步具体化。不出现选择性连词者,可以用∅形式标示。

2.2.1.1.2 助疑问标

是指不独立传疑、配合别的传疑手段共同传疑的语言成分,是不自足标记。助疑问标,也可以称为"准问标"。下面具体分析。

A. 助疑语气词

李宇明（1997）认为："'呢'标明句子属于非是非问，在简略非是非问中必用，可单独负载疑问信息，在其他非是非问句中可用可不用。'吗'和'吧'标明句子是非∅型是非问（李氏把不含疑问语气词的是非问句称为'∅型问句'——引者注）可单独负载疑问信息。"但这并未成为学界的共识。对于"呢"和"吧"是否可以单独负载疑问信息，目前还存在不同的意见。我们先看"呢"。在是否负载疑问信息的问题上存在着两种对立的观点。一般著作认为是疑问语气词，具有传疑功能，如吕叔湘（1944）、朱德熙（1982）等。胡明扬（1981）对此提出了异议。他认为"呢"是"表意语气词"，其语气意义是："提醒对方特别注意自己说话内容中的某一点"。"疑问句中'呢'仍然表示'请你特别注意回答这一点'"，"'疑问'是由语调决定的，和'呢'无关"。陆俭明（1984）进一步提出商讨。他根据"必须能在形式上得到验证"的判断原则，认定"'呢'是一个负载非是非疑问信息的疑问语气词"。如前所引，他首先把疑问句分为相互对立的 A、B 两类，A 类语段成分不包含表示疑问的词语（W），B 类语段成分包含表示疑问的词语（Q）；A 类句尾用升调，B 类句尾用升调与降调均可；"吗"与"呢"分别对应于这两类。他进而论证如下："如果现代汉语中句末带'呢'的是非问句只有（B″）这种格式（是指'Q + 呢 + ↗'和'Q + 呢 + ↘'格式——引者注），那末我们就得承认'呢'跟'啊'一样，不是疑问语气词。"但是现代汉语中存在另一类句末带"呢"的疑问句，即"由一个非疑问形式 W 加上'呢'构成的"疑问句："W + 呢?"如"车呢?"这类问句作为"非是非问"的疑问信息是由"呢"负载的，因为如果去了"呢"只用升调，作"W + ↗"就变成了是非问，与"W + 吗?"同。而"W 呢?"实际上是非是非问的一种简略句式，因此在非是非问中

"呢"当然是个"负载非是非疑问信息的疑问语气词"。邵敬敏（1989b）支持胡明扬的观点，他首先以语言事实证明"W＋↗"并非只有"W＋吗?"一种意思，还有一种相当于"W呢?"的意思，后者属于非是非问。"W＋↗"歧义格式的分化证明了陆俭明的结论还有可商之处。他进一步提出："呢"并不单独负载疑问信息，"呢"的基本作用是"提醒"，在疑问句中的派生作用是"深究"。综合陆和邵的分析，可以认为"呢"并非是一个"单独负载疑问信息"的疑问语气词。但是我们认为，它并非和疑问语气无关，"深究"的说法是比较可以接受的。王力（1943）也有类似的表达，他用的是"根究"。"深究"或"根究"在疑问句中其实就是强化疑问的作用，因而也可以说是负载一定的疑问信息的，故我们乐意把"呢"看作是一个助疑语气词。"呢"的助疑作用，与"呢"的句法分布有关，因为"呢"基本上出现于包含一个 Q 的语言形式之后，而句中的 Q，无论是疑问代词还是疑问句法结构，它们都是独立的传疑手段，"呢"则处于辅助的地位。其实，"呢"的助疑地位，在疑问句研究史上早就有学者注意到。20 世纪 30 年代初，在与陈望道讨论"吗"和"呢"的用法时，林快民就曾提出"'吗'字表疑问"，"'呢'字助疑问"的观点①，他注意到这两字分布的句法环境的差异，前者出现于"一切没有表疑问的词或语的问句"，后者出现于"必须已有表疑问的词或语的问句"。由于他没有注意到语调是非问的存在，把话说绝了，遭到了陈望道的批驳。但是，我们觉得，他的这种区分是从语言事实出发的，是值得借鉴的。不过，承近代汉语"那"的用法，"呢"也有用于是非问的末尾的："这不是景琦么？等我呢?"（郭宝昌《大宅门》）这个"呢"有点接近于"要求证实的问话"中的

---

① 林快民的观点见陈望道《"吗"和"呢"的讨论》一文。

"啊"。不过即使这样，"呢"的助疑性质不变。

再看"吧（罢）"。吕叔湘在《中国文法要略》中认为是一个"疑问和非疑问两用"的语气词。他指出一问一答的两句话中，"吧"的读音有一定差异。（已见上文）胡明扬（1981）则认为汉语中只有一个"吧"。其作用在于"赋予说话内容以不肯定的口气"，"他可以用在各类句式的后面"，"疑问语气是由语调决定的，和'吧'无关"。而陆俭明（1984）却认为，"吧"是表示"信疑之间语气"的"半个"疑问语气词。因为他认为，汉语中存在疑问式"W＋吧＋↘?"和非疑问式"W＋吧＋↘。"两种句子，而它们的语段成分都是非疑问形式 W，超语段成分都是降调，因而说疑问句中"疑问语气'是由疑问语调决定的'，这缺乏事实依据"，因而作为疑问句的疑问信息只能由"吧"承载。至于何时是"平叙"，何时是疑问，决定于"上下文"（语境）。邵敬敏（1995）则通过"有五里地吧?""有五里地吧。"等语言实例的语音实验，证明了两者语调形式上具有明显区别。特别是前者"调阈较高"，后者"调阈较低"。其实，李宇明、唐志东（1992）也曾通过对儿童语言的研究证明："吧""凡高调都表疑问，低调不表疑问"。看来，"吧"问句的高调当是传疑的主要手段，"吧"单独负载疑问信息的说法是值得怀疑的。胡明扬关于"吧"的作用在于表达"不肯定"口气的说法，是可以接受的；不过，我们认为，并不能因此而说疑问语气"和'吧'无关"，这种"不肯定"在疑问句中就起了区别疑问语气的助疑作用，相对于"吗"问句和语调是非问来说，"吧"就有"弱化"疑问信息的效果。比如，"有什么事吗?""有什么事?""有什么事吧?"这里"吧"体现了揣测的语气，疑问信息较弱。

再看"啊"。"啊"在吕叔湘（1944）、丁声树等（1961）等书中都属疑问语气词。陆俭明（1984）认为："'啊'虽能出现在疑问句末尾，但它在疑问句里不起负载疑问信息的作用，所以不能看作疑问语气词。"理由是："语气词'啊'可以出现在各种类型的句子末尾"；带"啊"是非问用升调，疑问信息是由"升调"负载；在非是非问中疑问信息主要是由 Q 负载的，带"啊"只是"语气和缓些"（吕叔湘 1980）。陆文认为在"现代汉语中不存在句末带'啊'而其句调为降调的是非问句"。这话似值得斟酌。他所举的"晌午没吃干粮，不饿啊？"凭我们的语感，这句话通常可用降调来说，只是疑问度比较低。这一点赵元任（1968a）也曾注意到，他说"啊"出现于"要求证实的问话"中时，"这种问话，不但'啊'字低，整句都低，有时很低。显得发音粗糙似的（breathy）〔按指音高降低，不是音强减弱〕，含有'我没听错吧？'的意思。"吕叔湘（1980）指出，这种句子"提问的目的是要求得到证实，句末一般要用'啊'；如不用'啊'，最后一个音节要用升调"。这从另一个角度说明可用降调。"啊"在这里同样有使"语气和缓些"的功用。但这类句子因为用的是降调，"啊"是否独立负载疑问信息值得进一步研究。① 王力（1943）说，"啊"主要用于"呢"的语境；除了上述这类"由推想转成疑问的"句子外，"用'吗'字的地方，普通是不用'啊'的"。因此他断言："'啊'字不是纯粹的疑问语气词，必须上文有疑问成分，它才能帮助疑问语气的。"这话应该是比较接近事实的。至于如何助疑，我们以为主要是"弱化"疑问口气，以"使语气和缓些"。这可以说是"啊"作为"表情语气词"在疑问句语境中所体现的"具体色彩"（胡明扬 1981）。

文言中的"乎""与""邪"是传疑语气词；而"'也'字

---

① 从句子的表意看，话语结构本身就传递着疑问信息，因为前一分句说"晌午没吃干粮"，这就预示着"饿"，"不饿"的语义与之对立，就只能理解为疑问。或许，这类句子的疑问信息是"啊"与话语结构共同传递的。这种现象比较特殊，有待于继续探讨。

'哉'字跟白话的'呢'相似，都需要和疑问指称词或别的疑问语气词合用"，当属助疑语气词（吕叔湘 1944）。

B. 助疑副词

吕叔湘主编的《现代汉语八百词》的"现代汉语语法要点"中将副词分为八类，"疑问副词"是其中的一类，不过，只列出了"难道"一词。但在正文的具体解释中，我们可以看到有不少副词可以归入同类。无论是已经列出的"难道"，还是不曾列出的其他同类副词，它们在疑问句中的作用，都是助疑。因而我们称之为"助疑副词"。助疑副词的特点是，配合其他主要传疑手段起加强或减弱疑问语气、区别疑问程度的作用。主要有以下几种情况：

一是强化询问语气，如"可、到底、究竟"等。"可"的词性尚有争议。吕叔湘（1980）把"表示疑问"的"可"归入助词。但学界多把这个"可"看成是疑问副词，如《现代汉语词典》（第 5 版）就吸收了这种观点。我们同意后一种意见。"可"构成的问句，其疑问信息主要由升调承载，"可"的作用在于强化疑问语气，如"这件事你父亲可知道？""可"的这种用法在唐代已见使用，如"师曰：'可年七十八摩？'"（《祖堂集》卷四）方言中还有，"克""格""阿"。江蓝生（1992）认为，"这几个疑问副词都是'可'的变体"。"到底"与"究竟"都只用于非是非问句，表示"追究"，常与语气词"呢"共现，非是非问中已有传疑代词和传疑句法结构承载主要疑问信息，"到底""究竟"等与"呢"类似，都是助疑。如"他到底/究竟是谁呢？""你到底/究竟回去不回去呢？""这本书到底/究竟送给她，还是不送给她？"在中古和近代汉语中还有"颇"和"还"。"颇"如："人盗君药膏，颇知之否？"（《搜神记》卷十七）"还"如："有个爷年非八十，汝还知也无？"（《祖堂集》卷五）

二是加强反诘语气，如"难道、岂、可、何必、何不、何尝、何苦"等。"难道"用于是非问句加强反问语气，句末常有"吗"或"不成"，在近代汉语后期开始使用。如"难道叫我打劫去不成？""和尚，难道你不怕死吗？""岂"主要用于是非问，在先秦就已使用，沿用至今，如"见人落水，岂可见死不救？"王力（1943）认为"'岂'和'难道'的意义不完全相同，'岂'字本身含有反诘的意思，故只能和'呢'字相应，不能和'吗'字相应"。这一说法值得商榷。事实上，"岂"和"吗"相配的例子随处可见。例如："我们两人来在这死寂的世界中，各人把过去的世界活在思想里，岂不是好吗？"（沈从文《生之记录》）"岂不是全包括住了吗！"（老舍《赵子曰》）"这是心理学者在试验室中对付猴鼠的态度，岂是我们应当对她的吗？"（俞平伯《湖楼小撷》）在北大现代汉语语料库中，我们见到这样的用例近 500 条。相比之下，"岂"和"呢"相配却反而少见，约为"吗"的一半。"岂"和"吗"配合使用是从先秦"仲尼岂贤于子乎？"（《论语》）一类用法发展而来的。"岂"和"难道"的区别，在于"岂"在古汉语和近代汉语中有略接近于反诘代词"那里"的功用，在现代汉语中这种功能有所弱化，因而可以常跟"吗"配合使用，"难道"则一直单表反诘。"可"除了强化询问，也可用于加强反诘语气。这种用法产生于中古，沿用至今。如"女曰：'不为好，可为恶邪？'"（《世说新语》）"这么大的地方可上哪儿去找他呀？""何 X"类副词"何必、何不、何尝、何苦"均表示反问语气，也是古代沿用下来的。"何必"表示不必，"何不"表示应该或可以，"何尝"表示未曾、并非，"何苦"表示不值得。另外，副词的组合结构"不就"等也可用于强化反问语气。近代汉语中还有"没得、没哩、何曾、敢、莫非"等也属反诘助疑副词。

　　三是弱化疑问语气，如"莫非、莫不是、别、别是、难道"等。"莫非、莫不是"义同，表示怀疑、揣测语气，如"莫非/莫不是他又责怪你了?"若不用,疑问语气显然就要重一些。"别、别是"同样表示揣测,用法与"莫非"差不多。关于"难道",《现代汉语八百词》和《现代汉语词典》(第5版)中都只注意到它的反诘用法,其实,它还有表示揣测的用法,例如:"这事阿Q后来才知道,他颇悔自己睡着,但也深怪他们不来招呼他,他又退一步想道:'难道他们还没有知道我已经投降了革命党么?'"(鲁迅《阿Q正传》)这里"难道"的用法相当于"莫非",表示揣测之意,有弱化疑问程度的效果。近代汉语中同类副词还有"莫、莫是、莫成、终不然、不应、敢、莫敢"等。

C. 助疑发问词

"发问词"的概念是吕叔湘(1944)首先提出来的。他在讨论间接问句时发现,有些问句,用"你说""不知"等开头,从形式上说,是命令句或直陈句包含问句,可就作用而论,仍然是询问句,他把"你说""不知"等称作"发问词"。这类现象在吕叔湘之前,黎锦熙(1924)也曾注意到。20世纪80年代以来,这个问题又引起了国内外学者的关注。不过讨论的重点主要在于带疑问小句宾语的动词次类及其相关问题,直接从"发问词"角度论及不多。所论都是在一些文章中兼及的。如文炼(1982)谈到疑问子句作宾语时说:"'你猜''请问''请教''请告诉我'之类,是疑问句的提示语。这种提示语实际上是问句以外的结构成分,它不影响问句本身的性质。"林裕文(1985)指出学界讨论"问句装在句子里作宾语"的现象时"有些语法学者把口语和书面语颠倒过来考察",把问题复杂化了。他觉得应该回到吕叔湘的思路上来。他认为吕书"提到的'你说''不知'之类,是表示某种口气的词语,是适应语用的需要加在句子头上的"。"你猜""你知道""你看"等也属同类性质。把它们从问句中拿掉意思基本不变。他说:"这些'发问词'虽然人们把它分析为主语和动词谓语，其实有点像插说成分。所以，不用它们，基本意思并未改变；当然，用与不用在口气上有细微的差别。"这些讨论从性质、作用等方面加深了对发问词的认识。基于以上的讨论，我们可以这样认为，发问词是主要用于激起疑惑、引发提问的功能性词语。它多由实义的认知动词，或带有认知动词的主谓短语等虚化而来。这类词语，往往还兼有实义用法，在具体语境中有时偏于功能性用法，有时偏于实义用法。偏于功能性用法时就是发问词，而偏于实义用法时仍然归属于实义动词或短语。以"不知""你猜""你知道"为例：

　　（1a）那人道："我们这里有三四个姓褚的呢，可不知尊客问的是那一位？"（儿女英雄传，14/171）

　　（1b）华忠抱怨道："这些小行子们，再靠不住！这又不知在那里顽儿住了。"（同上，3/38）

　　（2a）你猜明天会不会下雨？

　　（2b）他在猜明天会不会下雨。

　　（3a）你知道谁会来呢？

　　（3b）你知道谁会来吗？

以上 3 例 a 句都是发问词，偏于功能性用法。其后的疑问小句"都有半独立性质"（林裕文），删去发问词，基本意思不变，如（1a）"尊客问的是那一位？"因而整句是个疑问句。而 b 句则偏于其认知实义用法，意义比较实在，删去语义就会有所变化，如（2b）"明天会不会下雨。"就例 3 而言，a 句是特指问，"你知道"不承载问句的主要信息，只起引发疑问的作用，语气词"呢"的管界在"知道"之后，整句问的是"谁会来"；而 b 句则是是非问，"你知道"承载问句的主要信息，语气词"吗"的管界是整个句子，整句问的是"你知道不知道谁会来"。有时，究竟偏向那一边，需要借助语境才能做出准确判断。

近代汉语中的"不审、未审、未知、未委、莫道"等也属发问词。

另外，还有一些特殊的助疑结构，比如"不是 A 又是谁"，是用来表示反问的一种形式标志。

2.2.2 问焦

疑问句中问话人特别强调突出的部分，称为疑问焦点，简称问焦。如：

(1) 谁去买酒？

(2) 他买了什么？

(3) 他是怎么买的酒？

(4) 他买不买酒呢？

(5) 他买酒了没有？

(6) 他是昨天买的酒，还是今天买的酒？

(7) 他买酒了吗？

(8) 他买了酒吗

(9) 他是昨天买的酒吗？

(1) —(3) 例中"谁""什么""怎么"等疑问代词正是问话人所强调的疑问信息，是疑问焦点。疑问代词在特指问中始终是疑问焦点。例 (4) 的"买不买"、例 (5) 的"买……没有"、例 (6) 的"是昨天……还是今天"也是疑问焦点。选择问的焦点通过传疑句法结构来体现，其中正反问的焦点体现在问标"VP 不/没 VP"或"VP 不/没有"上，列项问的焦点落在相异的成分上。例 (7) 和 (8) 通过重音来显示焦点。从认知的角度看，"用重读突出强调成分，表示焦点成分是一种像似性手段，也是人类语言普遍采用的手段"。(刘丹青2007）例（9）用了"是"来显示焦点信息，"是"是汉语的焦点标记。在是非问句中，可以通过"是"来移动疑问焦点，比如：

    （10）是他昨天回去了？

    （11）他是昨天回去了？

    （12）他昨天是回去了？

分别通过"是"标明"他""昨天""回去"是疑问焦点。特指问句往往通过"是"来强化疑问，如例（3），特指问中如要使用焦点标记"是"只能用于疑问代词之前。重音以及焦点标记"是"，也可以看作是"助疑标记"，其功能是确定或强调疑问焦点。

2.2.2.1　问焦与语义成分

Lambrecht 把焦点分为三大类：谓语焦点、论元焦点和整句焦点。"简略地说，前两种焦点都只落实在句子成分上，焦点以外的信息是预设的部分，而整句焦点以全句为焦点，整句都是新信息，没有预设信息。"（刘丹青2007）根据这个思路，可以把焦点分为成分焦点和整句焦点两类。

2.2.2.1.1　成分焦点

因为焦点的实质是句子的语义重点，因而，所谓的成分焦点的"成分"，应是语义的，即语义结构的组成成分。尽管在句子层面上，语义成分需要句法成分来实现，但是它们属于不同的维度。范晓等（2003）认为动核结构是汉语句子的基本语义结构。动核结构由动核、动元和状元等成分构成。动元是动核结构中动核所联系的强制性语义成分，有主事、客事、与事和补事等，状元是扩展的动核结构所联系的非强制性语义成分，有凭事、因事、境事和量度[①]等。与动核

---

    ① 范晓等（2003）在"状元"下只设"凭事""因事"和"境事"三项，但在给笔者的信中赞成笔者的意见，认为可以考虑增设"量度"一项。

结构相辅的还有名核结构。名核结构则由名核、名元和定元构成。名元有领事和与事的区别，定元又有限事和饰事的不同。动核结构是句子语义结构的基本骨架，形成句模①时，名核结构主要充当动核结构中的动元角色，因而也影响到句子的语义构成。疑问句的疑问焦点主要是通过不同的语义成分来显示的。因而根据语义成分的不同，我们可以把疑问句的焦点分做：主事焦点、客事焦点、与事焦点、补事焦点、凭事焦点、因事焦点、境事焦点、量度焦点、动核焦点，等等。

主事焦点，是以动作的施事、系事、经事、起事等为疑问对象的焦点。表示的是动作、活动、变化、性质、状态、关系等的主体。例如："谁打死了老虎？""什么花最美？""哪一位是张老三？"其中的"谁""什么花""哪一位"就是。"是你去，还是他去？"的问焦是"你还是他"。"是王夫人去吗？"的问焦是"王夫人"。

客事焦点，是以动作的受事、成事、使事、涉事、位事、止事等为疑问对象的焦点。表示的是动词所联系的客体动元，即主事作用于动词后动核所支配的客体。例如："他打破了什么？""他把什么打破了？""你嫉妒谁呢？""树种在哪里？"其中的"什么""谁""哪里"就是。"她喜欢高个子，还是矮个子？""她喜欢的是高个子？"前例的"高个子还是矮个子"与后例的"高个子"也是客事焦点。

与事焦点，是以动作的当事和共事等为疑问对象的焦点。表示的是动核所支配的与主事相关的对象，是动核所联系的与体。例如："她送给谁一双鞋？""你向哪位借书了？""你跟什么人发脾气？"，其中的"谁""哪位""什么人"就是。"那本书交给他本人，还是交给他同学了？"中的"他本人还是他同学"也是与事焦点。

---

① "句模是句子的语义模式，即句子的语义结构类型。句模是由语义结构（主要是动核结构）跟句法结构匹配形成的。"参见范晓等（2003）。

补事焦点，表示的是动作及于客体之后所发生的情况。可以说是动核所联系的一种补体。例如："你请王老师做什么？""校长派王老师干吗？"中的"做什么""干吗"就是。"你让她在阳台上种丝瓜，还是种葫芦？""种丝瓜还是种葫芦"也是补事焦点。

凭事焦点，是以动作所凭借的工具、材料、方式、依据等为疑问对象的焦点。例如："他用哪一把刀削苹果？""你拿什么衣料做的衣服？""她怎么对你说的？""她用绸还是缎做的旗袍呢？"其中的"哪一把刀""什么衣料""怎么""绸还是缎"皆为凭事焦点。

因事焦点，是以动作或事件所产生的原因和目的为疑问对象的焦点。例如："你为什么迟到？""为谁流泪？"分别为表示原因和目的的焦点。"你是为了爱情，还是为了事业回到这里？""爱情还是事业"也是因事焦点。

境事焦点，是以动作发生的处所、时间、范围、条件等语境因素为疑问对象的焦点。例如："你从何处来？""我们几时去郊游？""他在什么环境下做的论文？""我们今天还是明天去郊游？"其中的"何处""几时""什么环境""今天还是明天"都属于境事焦点。

量度焦点，是以动作的动量、程度等为疑问对象的焦点。例如："走了几趟？""请问山中桂，王孙几度游？""你今年多大了？""井多少深？""几趟""几度"为动量焦点，"多""多少"为程度焦点。

动核焦点，是以动核为疑问对象的焦点。比如"你怎么了？""他干吗？""你今天回去不回去？""你明天去上海，还是回金华？""你是骂了他吗？"句中的"怎么""干吗""回去不回去""去上海还是回金华""骂"等都是动核焦点。

当名核结构参与句子的语义构成时，作为名核结构语义成分的领事、与事、限事、饰事等在句子中同样可以成为语义焦点，如"老张还是老王的孩子丢了？""他对谁的意见忘了说了？""什么汽车最省油?""怎样的书最受欢迎?"中的"老张还是老王""谁""什么"
"怎样"分别就是"领事焦点""与事焦点""限事焦点"和"饰事
焦点"。

2.2.2.1.2 整句焦点

整句焦点,也被称作"命题焦点",与成分焦点的不同在于它以
整个句子的语义为强调的对象,不突出某一具体成分。Comrie &
Smith 的《语言描写问卷》区分出"无针对性的句子强调"和"有针
对性的句子强调"两种情况。刘丹青(2007)解释说:"无针对性的
句子强调,就是并不针对其他人(包括听话人)已有预设的对全句
的强调。""有针对性的句子强调,就是所强调的整个句子是预设
(包括说话人的先行话语或想法)中被否定或质疑的一个命题,句子
就是针对这种预设而说的。"整句焦点的现象在疑问句中,主要体现
在是非问句。比如说,朋友知道我阳台上种了竹子,问:"竹子抽笋
了吗?"这是对整句话的命题提出疑问,不对句中的任何成分加以强
调,因而不存在成分焦点,这话也不针对其他人的已有预设,应该理
解为"无针对性的句子强调"。再如,学生 J 不相信老师跌了一跤这
一事实,问:"是老师跌了一跤吗?"已知"老师跌了一跤"的命题
信息,只是对这一信息心存疑惑,需要加以证实,因而设问。因所强
调的整个句子是就预设中存疑的命题而问的,因而可以理解为"有
针对性的句子强调"。应该指出,句首的"是"是一个全句的强调标
记,"作为有针对性的全句强调标记的'是'必须重读,而被'是'
强调的整个命题——无论主语还是谓语——都不重读,因为该命题是
已知信息"。(刘丹青 2007)如果"是"不重读,而"是"后的其他
成分重读,就会变成成分焦点。如"是老师跌了一跤吗?""是"不
重读,而"老师"重读,就是主事焦点。有时,还可以用一般所谓
的附加问的形式来表示,如上例可说成"老师跌了一跤,是吗?"正

反问也存在整句焦点的现象。主要出现于正在语法化过程中的"是不是"一类半虚化格式的问句中。如：

　　　　是不是他昨天下午回学校去了？

这里的"是不是"问句也是以整句为焦点。与"是"显示整句焦点相同，"是不是"在这里也要重读。如果将"是不是"置于句末，形成一般所谓的附加问，也同样是整句焦点。"能不能""有没有"等也有类似用法。

2.2.2.2　问焦的复现与隐含

　　一般情况下，一个句子有一个焦点，而这个焦点是显在的。但有时也有例外，主要表现为焦点的复现和隐含。

2.2.2.2.1　问焦的复现

　　所谓焦点的复现，是指多重焦点现象，即一个句子中出现不止一个焦点。根据显示焦点的成分的性质，可以有同类复现与异类复现两种情况。同类复现，是指一个疑问句中由两个或两个以上的同类问标显示不同问焦的现象。例如：

　　　　(1)　谁从哪里买了什么东西？

句中有三个疑问代词，相应的也就有三个疑问焦点。它们是由同类性质的问标构成的，因而是同类复现。异类复现，是指一个疑问句中由两个或两个以上的非同类问标显示不同问焦的现象。例如：

　　　　(2)　谁昨天从北京回来？
　　　　(3)　谁昨天从北京回来？

这两个句子中都有疑问代词"谁"，这无疑是焦点；但两个句子又分别以重音形式强调了"昨天"和"北京"，它们也是焦点。前者是"信息焦点"，后者是"对比焦点"，这是异类复现。另如：

　　　　(4)　谁连托尔斯泰都没读过啊？

此例用了疑问代词"谁"，又以一个焦点敏感算子"连"关联语义焦点"托尔斯泰"。同样形成异类复现。徐烈炯（1988）一文以英语为对象对焦点复现问题进行了较为全面的研究，文中分析了英语中多重Wh问句在句法和语义上的种种限制，最后认为"用一句话提几个问题，其实是不大可能的"，所论有一定参考价值。但多重焦点的现象在不同语言中有不同的表现。在汉语中这类现象尽管并不多见，但还是非常值得注意的，对它的关注才刚刚开始。刘丹青（2007）对此有过一些探讨，可以参考。

2.2.2.2.2 问焦的隐含

所谓焦点的隐含，是指焦点不在句子的表层出现，而隐含在句子背后的现象。如学界所谓的"W＋呢"一类问句，即"非疑问形式＋呢"问句："我的帽子呢？""他不肯呢？"这类问句一般语法著作都把它归入特指问（胡裕树1995；朱德熙1982），但是句子表层不出现疑问代词。陆俭明（1982）指出，与这类句子对应的不限于特指问句，还有选择问句。我们认为，从疑问焦点的显与隐的角度看，这类问句无论是与特指问对应，还是与选择问对应，都属于焦点的隐含现象。不妨借用陆俭明的例子来做些说明：

(1) 鲁 贵 （由中门上）四凤呢？

　　鲁侍萍 这儿的太太叫了去啦。（曹禺：雷雨）

(2) 鲁四凤 妈，我答应您，以后永远不见周家的人。

　　鲁侍萍 天上在打雷。你要是以后忘了妈的话，见了周家的人呢？（同上）

(3) "先生，我们要请一位大夫，您是大夫吗？""我不是。""那末那一位呢？"（胡瑮：森林的乐园）

例（1）"四凤呢？"这一问句由"NP＋呢"构成，与特指问相对应，其中隐含一个表示处所的境事焦点，意思是"四凤在哪里？"例（2）的问句由"VP＋呢"构成，是一个假设性问句，也与特指问相对应，句中隐一个表示动作行为的动核焦点,意思是"你要是以后忘了妈的话,见了周家的人怎么办呢?"例(3)也由"NP+呢"构成,所不同的是它与选择问相对应,其中隐含了一个由传疑句法结构负载的动核焦点。意思是:"那末那一位是不是大夫呢?"

除了以上类型以外,特指问中也存在其他隐含形式。例如:

(4)玉楼道:"[e] 不使春梅请大姐姐?"西门庆道:"他又不饮酒,不消邀他去。"(金瓶梅,27/380)

(5)金莲道:"姐姐,不是这等说。俺便罢了,你是个大娘子,[e] 没些家法儿?"(同上,35/498)

(6)月娘道:"你住一夜,[e] 慌的就来了?"(同上,34/479)

(7)月娘又问:"使了谁请老娘去了? [e] 这咱还不见来?"(同上,30/421)

(8)那平安儿走到跟前,西门庆骂道:"贼奴才,[e] 还站着? 叫答应的!"(同上,35/487)

以上各例问句,均隐含一个表原因的疑问代词"怎么"或"为什么"。上文提及的所谓"提选式问句",也属焦点隐含现象。

3 本书研究的基本思路与方法

本书研究明清汉语疑问句,属于汉语史的断代专题研究。如前所述,这一领域,近年来有一批学者在辛勤耕耘,已经取得了不小的成绩。为进一步的探讨打下了一定的基础。但从整体看,拓展的空间还很大。在研究范围上,目前的研究多在"点"上着力,没有就疑问句在明清时期发展变化的整体面貌进行全面深入的把握,即使是专书研究，范围也欠广，系统意识相对薄弱，特别是将这一时期的疑问句置于古今汉语疑问句的大系统之中来研究，做得不够；在研究内容上，目前研究者所涉及的只是疑问句的部分内容，主要集中在选择问句包括正反问句上，而疑问句别的方面，如疑问句其他基本类型与特殊类型的研究，疑问句功能考察，疑问标记的系统探讨，疑问句在语篇中的适应性分析，以及疑问标记的非疑问用法等方面，却还显得很薄弱，让人看不出这一时期疑问句的全貌，研究材料也有待于进一步发掘；在研究方法上，尽管目前的研究方法比较务实，但还较单一，许多文章只停留在平面的现象描写上，缺乏立体的研究，尤其是动态的演变及其动因的研究还较薄弱。本书试图在这些方面进一步着力。研究的主要目标是：为汉语疑问句历史发展的研究提供一个断代描写和分析的成果，尤其为现代汉语疑问句系统的形成作源头上的梳理，同时，也为近代汉语的专题断代研究积累一些可供参考的经验，将汉语疑问句的研究向前推进一步。

本书研究的基本思路和方法主要体现在"四个结合"上：

3.1 专书研究与专题研究相结合

本书以对《老乞大》《朴通事》《金瓶梅》《儿女英雄传》等明清时期四部作品中使用的疑问句进行穷尽性的调查所获得的材料为基本依据，兼及这一时期的其他口语材料，全方位多角度地考察明清时期疑问句面貌。确定这几部作品为基本对象，是因为它们大体反映了明清时期几个不同阶段的口语面貌：《老乞大》《朴通事》一般认为成书于元末，入明后曾加修改，反映明代初年的口语；《金瓶梅》一般认为成书于明嘉靖年间，反映明代中叶以后的口语；《儿女英雄传》是清道光年间的作品，反映清代后期北京话的面貌。在专书语言调查基础上的专题研究，从材料上说可以做得更扎实，定性与定量相结合可增加分析的准确性与可靠性；同时，作为专题研究，又可以避免一般专书研究的不足，不受单一的对象、角度与方法的局限，对专项内容进行集中的、立体的考察与研究。疑问句是一个总的专题，但在进一步的具体研究中，我们注意在系统的观照下有意识地把它分解为若干具体的专题，分别进行探讨，既相互区别又相互联系。作为专题的探讨，我们更注意融入学界已经取得的专书研究成果，使研究的材料更为全面，结论更为可靠。

3.2 共时研究与历时研究相结合

尽管从整个汉语史来看，明清时期只是发展的一个阶段，其内部语言成分有很大的一致性，但毕竟这一时期长达五百多年，许多语言现象发生了变化。为了更为深入细致地观察这一时期疑问句的演变，我们分别就几个不同阶段的典型作品作共时考察，分析疑问句在各个阶段的基本面貌，同时，又对不同阶段疑问句的表现逐项进行历时的比较，从而发现它们的具体变化及其发展轨迹。这种历时的比较，不局限于明清时期，对有些语法项目我们还分别向古今两头延伸，把明清汉语疑问句置于整个汉语疑问句的大系统中来观察，通过这种比较，强化了"史"的意识，使规律的得出更为客观可靠。在历时比较研究中，我们特别重视同书而不同版本的对比观察，比如由于新近的发现，有了古本《老乞大》的面世，我们对元代版、明代版和清代版进行对比观察就很有收获。就疑问语气词"呢"的使用看，成书于元代的"古本"见"那"不见"呢"，而且使用频率很低，而清代修改本"新释"中"呢"就大量使用了。两个版本许多对应的句子，元代版不用语气词而清代版都用了"呢"，这样的地方达四十多处。《金瓶梅》也存在不同的版本，这在一定程度上也体现出语言的时代差异，我们同样注意到这些材料的利用价值。

3.3 内部研究与外部研究相结合

这里的内和外，可以有两层意思。一是就语言系统而言，共同语和方言属于不同的系统，在不同的系统中，疑问句的表达方式存在差别，甚至是类型上的差异。我们的研究立足于共同语，但在具体问题的探讨中，常把触角伸向方言，通过比较，分析差异，认识规律。二是就研究对象而言，语法研究一般只限于句内，近年来由于篇章语言学、话语语言学的兴起，研究范围有了拓展，也重视了句际的研究。我们觉得，疑问句作为句子的一种功能类型，仅限于句内的研究是不够的，许多现象只有放到更大的语言单位中才能进行有效的观察。比如，从功能看，真性问与假性问是疑问句不同的功能类型，而这种不同功能的形成，除了问句内部形式的因素，还与上下文以及言说者的表达意图相关；疑问句的类型与特点，往往与答句密切相关，分析时不对答句进行考察，有些现象就无法解释；不同的疑问句，对于篇章有不同的适应性，研究篇章对疑问句使用的制约与疑问句对于篇章的适应，就显得很有必要。因此，我们在注重内部研究的同时，也尽可能地考虑各种外部因素，力图使两者有效结合。

3.4 现象描写与原因解释相结合

本书研究的主要着力点是现象描写。因此除了对上述四部专书作穷尽考察描写以外，我们还根据考察项目的需要，有选择地扩大范围，如对明清时期的其他多部白话小说进行观察与描写，还对一些对话体的教科书如《华音启蒙谚解》《语言自迩集》等给予充分运用。在描写时尤其是对不同时期的语言差异予以加倍重视。力图使这种描写敏锐、细致、全面、充分。比如，汉语正反问的省略，学界一般只注意到其省略规则的"左向性"，即从最右边开始，渐次往左。应该说这是省略的基本规则，古今汉语是一致的。但这并不意味着它是唯一的形式。我们注意到在《金瓶梅》《儿女英雄传》和《语言自迩集》中"右向性"省略的例子，并从古汉语中找到源头。这种观察和描写对于深入认识正反问的省略是富有价值的。当然，现代语言学的发展已经不再满足于对语言事实作共时或历时的描写，而是力求发现语言演变的原因，探求其内在规律，因而本项研究，也试图对一些现象进行审慎的解释，比如我们在讨论正反问删略的"左向性"规则时从"强势方言疑问格式的类化"角度进行分析和解释就有可喜的收获。近年来，我国语言学界对于理论的引进和探讨方兴未艾，多所创获。如类型学理论、语法化理论、标记理论、认知理论、话语分析理论，以及语言维度理论，等等，都富有较大理论解释力，我们在具体研究中，有意识地予以借鉴和运用，以探讨语言现象背后的深层机制。

二 明清汉语特指问句研究

1 特指问的特点及其地位

汉语疑问句有各种不同的分类。邵敬敏在《现代汉语疑问句研究》一书中综述了学界提出的四种主要的分类模式：一是以吕叔湘（1944，1985b）为代表的"疑问句派生系统"，先二分为"特指问"和"是非问"，后者派生出"选择问"和"正反问"；二是以朱德熙（1982）为代表的"疑问句转换系统"，"是非问句""特指问句""选择问句（正反问句）"分别由陈述句转换而来；三是以林裕文（1985）、陆俭明（1982）为代表的"疑问句结构系统"，"是非问句"与"非是非问句"相对，后者再分为"特指问句""选择问句（正反问句）"；四是以范继淹（1982）为代表的"疑问句功能系统"，先二分为"特指问句""选择问句"，后者再分为"特指选择问""是非选择问"。在此基础上邵著提出了自己的分类系统，即"疑问句选择系统"，先二分为"是非选择问""特指选择问"，前者再分为"单项是非选择问（是非问句）""双项是非选择问（正反问句）"，后者再分为"有定特指选择问（选择问句）""无定特指选择问（特指问句）"。邵著之前其实还有一些不同的分类处理，有的我们在历史回顾中已经述及，另如，袁毓林（1993）从类型学的角度提出了"疑问句的泛时性系统",先作"特指问句""非特指问句"二分,"非特指问句"再二分为"是非问句""非是非问句","非是非问句"又二分为"正反问句""非正反问句","非正反问句"再二分为"反复问句""选择问句","选择问句"还分为"正反选择""并列选择"。再如汤廷池(1981)采用了"语助词问句""选择问句""正反问句""疑问词问句"的四分模式,同时认为"国语所有的疑问句在语意或逻辑结构上都可以分析为选择问句",与邵著观点接近。邵著之后,学界对于疑问句分类的探讨仍在继续。较有影响的有三家:一是张伯江(1997),提出了一个兼顾"历史联系"与"功能联系"的分类系统。具体分类是:"特指问句""选择问句""是非问句"三分,后者再分为"附加问句""反复问句""'吗'问句"。第一个层次的分类依据是疑问域;第二个层次的分类依据是语法化程度。二是李宇明(1997),他把疑问标记分为上中下三个层级,据此相应地把疑问句分为三层:上层为"疑问语调层",中层为"疑问语气层",下层为"疑问语段层"。其分类系统形成了一个上下层之间具有母子关系的树形图。三是丁力(1998),根据论域特征,把疑问句分为"单项问""选择问""特指问"三类,"单项问"再分为"一般单项问""强调单项问","选择问"再分为"正反选择问""列项选择问"等。汉语疑问句的分类模式有一定影响的已有十多种。这些不同的分类系统显示出研究者各自的观察角度、关注重点乃至句类观的差异,各有其特点和优点,但是,也都在一定程度上存在着某种不足。疑问句本身的复杂性,决定了分类之不易。更为科学的分类系统,我们期待于来日的进一步研究,本书不拟提出新的分类模式。我们认为,疑问句从本质上说是句子的功能类型,而功能又和结构密切联系,因而,一个好的分类系统应该能够较好地兼顾到功能和结构两方面。比较各个系统,我们觉得朱德熙的三分模式是一个比较可以接受的模式。尽管这个模式立足于现代汉语，没有充分顾及汉语的历时演变，但这不影响我们在这个基础上作历时分析。因而，我们选用朱德熙的分类系统，作为我们的工作分类。同时，适度借鉴其他分类系统的合理因素，融合到具体的分析之中去。

人们通常认为，在汉语的问句系统中，特指问、是非问和选择问是三足鼎立的三类问句，但是，事实上，这三足并不均衡。无论是在现代汉语、近代汉语，还是古代汉语，它们在使用频率上都存在着较大的差异。其整体状况是：特指问＞是非问＞选择问。在我们主要调查的明清时期的四部书中，三种问句在问句系统中所占的比重如下：总计疑问句 9348 个，其中特指问 6447 句，占总数的 69％，是非问 2198 句，占 23.5％，选择问 703 句，占 7.5％。形成这种状况，与三种问句本身的构成与特点相关。

特指问是汉语问句系统中的"超级大户"，这类问句的优势，我们可以从两方面来认识：一是从问标的角度看，在于它有一整套可以用于询问人物、事物、时间、方所、动作、情状、方式、原因、目的、数量、程度等各方面的与疑问焦点相统一的传疑标记，适应面广，问焦集中、鲜明，表达简洁。二是从问域的角度看，任何疑问句都有一定的问域，我们把问域理解为"疑问点所关涉的范围"。据此，可以把问域分为"全量问域"和"限量问域"两种。特指问是全量问域问句，或说是全域问句，问域项是开放性的，没有限定。如"谁跌跤了？""谁"可以指一定语境范围内的"任何人"。选择问和是非问是限量问域问句，或说是局域问句，问域项不是开放性的，有一定限制。选择问限定在两项或几项，而是非问则只有一项，如"老王跌跤了，还是老李跌跤了？""老王跌跤了没有？""老王跌跤了吗？"对疑问句的问域范围我们可以表述为：特指问＞选择问＞是非问。由于以上特点，在很多时候特指问可以替代是非问和选择问，而却不能相反。比如询问时间，可用是非问：

今天是星期一吗？

今天是星期二吗？

可用选择问：

今天是星期一还是星期二？

今天是星期一不是？

今天是星期二不是？

也可用特指问：

今天是星期几？

但由于是非问和选择问的问焦是分析性的，只能就疑问域中的某一项或几项提问，因而一般是对所问对象有所了解而又不确知的情况下（或预设为某种情况）才使用。若一无所知，非逐项提问不行，那是很不经济的，因而一般不用。特指问由于问焦是综合性的，它可以涵盖整个疑问域，因而无论是对所问对象有所了解还是一无所知，均可使用。这就使它拥有了更多的用武之地。当然选择问和是非问，也有其不可替代的作用，它们在功能上是互为补充的。这一点下文我们还会进一步谈到。

2 明清汉语特指问类型及其分布

2.1 真性问与假性问

系统功能学派的韩礼得（Halliday）认为，言语交际中最根本的言语角色只有两个：求取与给予。人们以此来观察汉语疑问句，发现疑问句从表达功能上也可区分出两大类，一类目的在于求取信息，为真性问；一类目的在于采用问句形式给予信息，为假性问。（参看陈妹金 1992）不过，求取与给予是一对原型范畴，在具体言语实践中并非绝对地界限分明、非此即彼的，有时求取中有给予，给予中又有求取，存在中间的过渡状态。因而所谓真性问与假性问同样也存在着程度的差异问题。汉语学界对疑问句信疑度的探讨正是基于这样的现实。黄国营（1986）曾用五值逻辑系统来区分，把疑问句对命题认定真假的程度分为三个等级：A. $SQ_{1/2}$；B. $SQ_{1/4}$ 和 $_{3/4}$；C. $SQ_{0/1}$。李宇明、唐志东（1992）也分为三类，观点比较接近：A. 高疑问句；B. 低疑问句；C. 无疑问句。邵敬敏（1995）认为三级分类过于"粗疏"，主张分为五级：A. 强疑问句：特指问〔信 0，疑 1〕；B. 高疑问句："吗"字是非问〔信 1/4，疑 3/4〕；C. 中疑问句：正反问、选择问〔信 1/2，疑 1/2〕；D. 低疑问句："吧"字是非问〔信 3/4，疑 1/4〕；E. 无疑问句：反诘问〔信 1，疑 0〕。可见学者们对于疑问句信疑度的差异还存在着不同的认识。但不论是分为三级还是分为五级，都蕴含了一个两极分类，即有疑而问和无疑而问。有疑而问就是真性问，无疑而问则是假性问。至于中间状态如何认定，我们的意见是：判断一个疑问句是真性问还是假性问，主要看其是否传递了一定的疑问信息，只要传递了疑问信息，就宜归入真性问，无论其疑问程度强与弱。

对疑问句真假的判断主要依靠上下文和情境。例如：

（1）当下春梅、迎春、玉箫、兰香一般儿四个家乐，琵琶、筝、弦子、月琴，一面弹唱起来。唱了一套《南石榴花·佳期重会》西门庆听了，便问："谁叫他唱这一套词来？"玉箫道："是五娘分付唱来。"西门庆就看着潘金莲，说道："你这小淫妇，单管胡枝扯叶的。"金莲道："谁教他唱他来？没的又来缠

我。"（金，21/304）①

例中西门庆的问句和潘金莲的问句在形式上没有什么明显的区别，但前者是真性问，后者是假性问。因为西门庆对"谁叫他唱整套词"确实存在疑问，发问旨在了解实情，是求取信息；而潘金莲对"谁教他唱他"并不存在疑问，发问意在告诉西门庆"没有谁教他唱他"，即"我没有教他唱他"，是给予信息。当然，也有某些形式标记可以帮助我们区别真性问与假性问，比如是非问中的助疑问标"岂""岂不""难道""不成""不是""还""不就""能不"等，就能帮助我们确认假性问。

特指问中也有不少形式标记（或构式 construction）可以帮助我们辨识真性问与假性问，如运用下列格式的都是假性问：

A. 使用"何 X"结构。例如：

（2）二哥何不早说？（金，13/186）

（3）他辜负咱，咱何曾辜负他！（金，8/121）

（4）这个何须挂意！决无丝毫差池。（金，84/1248）

（5）六姨，你何苦如此？（金，8/122）

（6）长官见得极是，此是长官费心一番，何必见让于我？（金，47/630）

（7）古今来一班伟人又何尝不才名两赋？（儿，32/473）

（8）这话大约是九兄你嫉恶太严，何至说得如此！（儿，32/468）

---

① 括号中"金"指《金瓶梅》，"/"前是回数，后是页码。下文引例后括号里的"儿"指《儿女英雄传》，"教老""教朴"分别指《朝鲜时代教科书丛刊》中的《老乞大谚解》《朴通事谚解》，"语"指《语言自迩集》。回数与页码的表示同前，仅一个数字者为该书页码。为行文简洁，正文中《老乞大》《朴通事》《金瓶梅》《儿女英雄传》分别简写为《老》《朴》《金》《儿》。全书同。

（9）便是没这桩事，何妨作如是观！（儿，29/422）

以上各例中的"何不""何曾"等"何 X"形式都是假性问的形式
标记。

    B."怎"系、"那"系疑问代词用于"能、会、敢"等助动词或
表可能的动结式之前。例如：

    （10）他家几口儿也勾用了，却怎的肯来人家坐馆？（金，
56/751）

    （11）那小妮子怎敢入他深宅大院？（金，8/120）

    （12）已知妇人动情，便接口道："我那敢忘记了你。"（金，
54/727）

    （13）我说这淫妇，死了你爹，怎守得住？（金，86/1272）

    （14）他是武职官，怎管的着那巡检司？（金，95/1392）

    （15）怎的算不得个天理人情？（儿，34/515）

    （16）那妇人也有三杯酒落肚，烘动春心，那里按纳得住？
（金，2/42）

    （17）老爷两袖清风，一时那里交得上？（儿，3/31）

    （18）便是安老夫妻恁般严慈，那里还能时刻照管的到他？
（儿，30/430）

    （19）我号四泉，他怎的号三泉？（金，77/1133）

    （20）金莲叫那老头子问："你家妈妈儿吃小米儿粥不吃？"

老汉子道："怎的不吃！"（金，58/783）

前 3 例"怎""那"等用于助动词之前；继之 5 例"怎""那"等用
于可能式动结式之前，例（18）是两者兼用；末 2 例"怎的"后分
别隐含了一个助动词。

    C. 不及物动词或形容词加上"甚"系疑问代词。例如：

    （21）眼眶儿也塌了，嘴唇儿也干了，耳轮儿也焦了，还好

甚么？（金，62/853）

（22）既有了，丢开手就是了，只管乱甚么！（金，31/434）

（23）安老爷道："这又哭甚么？不必哭了，再哭，就叫'不着要'了。"（儿，12/150）

（24）褚一官道："还歇甚么？大短的天，归着归着咱们就动手啊。"（儿 17/217）

这一用法也可用于真性问，用于假性问一般在 V 前有表示语气的副词"还""又"等，以强化反诘语气。在现代汉语口语中，这种格式"甚么"前面的动词或形容词可以在"甚么"之后再重复一次，例如：好什么好！／乱什么乱！但在明清时期这类用法还没有使用开来。

D."V＋甚么＋X"结构。例如：

（25）人也死了一百日来，还守甚么灵？（金，72/1020）

（26）原来是卖过的田，算什么数！（金，56/751）

（27）你既没此事，平白和人合甚气？（金，25/351）

（28）你哥哥自害心疼病死了，干我甚事！（金，87/1289）

"有甚么 X（的）"结构也是属这一类，即 V 为"有"。例如：

（29）都揩没了血迹。便入在材里，扛出去烧了，有什么不了事？（金，5/86）

（30）婆子道："大官人，有什么难处之事！"（金，8/128）

（31）说道："我有甚么大智谋！"（金，69/975）

（32）金莲道："那老淫妇有甚么廉耻？"（金，79/1182）

（33）有钱就买一百个，有什么多？（金，40/550）

（34）霍士端说："这事老爷有甚么不肯的？"（儿，2/27）

（V）＋甚么＋X 也属此类，即 V 隐含，X 是对对方话语的重复。表示不赞成不同意。例如：

（35）西门庆道："我对你说了罢，当初你瓶姨和我常如此

干。……"妇人道："我不好骂出来的！甚么瓶姨鸟姨，题那淫妇做甚？"（金，18/258）

（36）指着武大骂道："老娘自从嫁了武大，真个蚂蚁不敢入屋里来，甚么篱笆不牢，犬儿钻得入来？你休胡言乱语，一句句都要下落！"（金 2/46）

（37）西门庆道："怪狗才，还没供养佛，就先挺了吃。"伯爵道："甚么没供佛，我且入口无赃着。"（金，52/700）

（38）那婆子坐着，说道："娘子，你这般受福勾了。"妇人道："甚么勾了，不惹气便好。"（金，76/1114）

例（36）上文武松引古语云"篱牢犬不入"警示嫂嫂，潘金莲的话因此而起。

E. 甚么 + X。"甚么"加于一个名词性成分之前，意为不是 X。

（39）甚么好老婆，一个大紫腔色黑淫妇。（金，61/820）

（40）甚么好成样的老婆，由他死便死了罢。（金，76/1100）

F. "不 VN + V 谁（甚么）"结构，这类句子是否定假设条件式反诘。

（41）妇人道："我不依你，再依谁？"（金，12/179）

（42）蕙莲道："上头要酒，谁教你不伺候？关我甚事！不骂你骂谁？"（金，24/336）

（43）书童道："小的不孝顺娘，再孝顺谁！"（金，34/473）

（44）以下的人，他又分付你答应不在家，你怎的放人来？不打你却打谁？（金，35/491）

（45）伯爵道："傻小歪剌骨儿，你见在这里，不伏侍我，你伏侍谁？"（金，42/570）

与上述形式类似的还有"你不养下汉，谁养下汉来？"（金，75/

1088）"他没过好日子，谁过好日子来?"（金，62/854）"你不上心谁上心?"（金，18/255）一类表达。

以上形式标记只是在一定程度上帮助我们识别假性问。判定真性问还是假性问，主要还是凭借语境。

在我们主要调查的四部书中，特指问句共有 6447 个，其中真性问 2567 个，假性问 3880 个。真性问与假性问的比约为 4∶6。具体分布见下表：

表一：特指问功能分布表

项目	真性问	假性问	合计
老	134	86	220
朴	190	132	322
金	1417	2158	3575
儿	826	1504	2330
合计	2567	3880	6447

2.2 浅度问与深度问

Comrie & Smith 的《语言描写问卷》中就特指问句的描写提出了"句子中的哪些成分可以被提问"的问题。比如"主句的哪些成分?""哪种类型的从句的哪些成分?""名词短语的哪些成分?""介词短语的哪些成分?""并列结构的哪些成分?"刘丹青（2005）在解读时指出："并非句子中的所有成分都能被疑问代词提问。《问卷》提出这个问题，与生成语法所说的'孤岛效应'有关。在疑问代词必须置于句首的语言如英语中，有些结构中的成分是不能用疑问代词提到句首发问的，这种句法成分就被称为移位的孤岛。疑问代词位置与陈述句无别的语言如汉语这方面受限制较少。比如汉语可以问'他打小张和谁?'而在英语中，并列结构是一个孤岛，其中的一个并列肢不能单独移出。""不过汉语中还是有一些句法成分难以用疑问代词发问。谓语动词特别是带宾语等补足成分的动词是一个难以提问的成分。……汉语的结果补语也很难提问。"这是一个关涉语言类型学的重要问题。① 需要对语言事实进行全面调查，才能见出某种语言的整体面貌。因而 Comrie & Smith 把它作为疑问句描写的基本问题提出。

这里，我们以 Comrie & Smith 的问题为出发点，根据特指问的句法—语义层次的差异，或者说根据被提问成分的句法深度的不同，来给特指问进行再分类，把它分为"浅度问"和"深度问"两类。"句法深度"是就句法—语义层次的深浅而言的。所谓"浅度问"，是指对投射到主句句法平面的动核结构的必有语义成分"动元"和可有语义成分"状元"以及"动核"等的提问。动核结构与句法结构是两个处在不同层面的既相互区别又相互联系的概念。前者是属于语义层，后者属于句法层。动核结构经过语义的序列化形成句模，并通过句模与句法结构相对应，形成形式和意义的表里关系。动核结构是独立的语义结构块，它可以投射到主句的句法平面，也可以作为主句动元或状元的构成成分投射到主句内部的下位结构之中。"浅度问"是针对构成主句的动核与必有语义成分及可有语义成分的提问。构成主句的动核结构的成分与句法成分一般是对应的，如主事中的施事常对应于主语，客事中的受事常对应于宾语，凭事和因事常对应于状语；但并不绝对。如："西瓜被谁吃了？""西瓜"是受事，充当主语，"谁"是施事，充当状语。"走了几趟？""奶奶叫你来怎么？"（金，100/1452）"几趟""怎么"分别是状元里量度的动量和因事的目的

---

① 需要指出的是，生成语法中的"孤岛"，有特定的含义。它是指这样一种结构，从该结构中任何移位转换规则都不能移出其中的任何一个成分。凡符合这个定义的具有限制转换发生的条件都称为"孤岛限制"（Island Constraint）。如"复合名词短语限制""分句式主语限制"和"并列结构限制"都是"孤岛限制"。这里讨论的"深度问"与"孤岛"现象有一定联系，但不完全对应。

成分，均充当补语。下面是"浅度问"的例子：

　　（1）谁叫你来告诉的？（儿，3/37）

　　（2）媒人是谁？（儿，23/320）

　　（3）老爷把马褥子交给谁了？（儿，38/606）

　　（4）派谁跟了去？（儿，39/617）

　　（5）我的心肝，你心里怎么？（金，75/1080）

　　（6）明日他来要回书，怎么回答他？（金，36/503）

　　（7）怎么桂姐不见？（金，20/292）

　　（8）你老同老爷在那儿瞧凤凰来着？（儿，38/611）

　　（9）我在这里站着，他从多咱进去了？（金，78/1158）

　　（10）你实说，我不在家，你与他偷了几遭？（金，12/173）

例（1）的"谁"是对主事中施事的提问；例（2）的"谁"是对客事中止事的提问；例（3）的"谁"是对与事中当事的提问；例（4）的"谁"是对受事兼施事的提问。以上4例都是就动元提问。例（5）的"怎么"是对动核的提问。例（6）的"怎么"是对凭事中方式的提问；例（7）的"怎么"是对因事的原因提问；例（8）和例（9）的"那儿""多咱"是对境事的处所和时间提问；例（10）的"几遭"是对量度中的动量提问。这5例是就状元提问。

　　所谓"深度问"，是指对投射到主句句法平面的动核结构的"动元""状元"等的内部语义成分如各种从句、名词短语、介词短语等的成分的提问。也即对主句语义成分的提问。例如："他讲了什么故事？""谁讲的故事最有趣？"前例的"什么"是对受事中的限事提问；后例是对系事中限事里的施事提问。如果说，"浅度问"是对第一层次句法—语义成分的提问的话，那么，"深度问"则是对第二层次、第三层次甚至是第四层次的句法—语义成分的提问。再看几例：

　　（11）你如今学甚么文书？（教朴，239）

（12）去时节有甚么气像？（教朴，304）

（13）嫂子是甚么时候殁了？（金，62/859）

（14）你教陈姐夫写甚么帖子？（金，26/366）

（15）这是甚么人给你的信，怎的这等个体裁？（儿，40/676）

（16）我到了店里叫他们弄甚么菜好呢？（语，204）

例（11）的"甚么"是对受事的限事提问，例（12）的"甚么"是对止事的限事提问，此2例是对第二层次的句法—语义成分提问；例（13）的"甚么"是对止事中时间里的限事的提问，例（14）"甚么"是对补事中成事里的限事提问，此2例是对第三层次的句法—语义成分提问；例（15）的"甚么"是对止事中限事里施事的限事提问，例（16）的"甚么"是对补事中系事里受事的限事提问，此2例是对第四层次句法—语义成分提问。

我们重点调查的四部书中，浅度问与深度问的分布见于下表（表中假性问数字仅指诘问句，未包括其他假性问666句在内）：

表二：特指问句法—语义层次类型分布表

项目	真性浅度问	真性深度问	假性浅度问	假性深度问	合计
老	69	65	59	21	214
朴	131	59	94	26	310
金	1033	384	1637	267	3321
儿	645	181	863	247	1936
合计	1878	689	2653	561	5781

3　真性特指问

根据上文的讨论，我们将真性特指问分为浅度问和深度问分别作具体分析。

3.1　浅度问

根据疑问代词所充当的语义角色的不同，我们还可以对浅度问作进一步划分：主事浅度问、客事浅度问、与事浅度问、补事浅度问、凭事浅度问、因事浅度问、境事浅度问、量度浅度问、动核浅度问、名构浅度问、兼格浅度问等。

3.1.1　主事浅度问

主事，是动核结构中动核所联系的强制性语义成分之一，是动词所表示的动作、行为、活动、变化、性质、状态、关系等的主体，为动词的主体动元。主事内部可分为若干不同的小类：A. 施事，指动作的发出者；B. 系事，指性状的系属者；C. 经事，指心理、认知、经历、遭受等的经验者；D. 起事，指表关系的动核结构中被说明的对象。（参见范晓等 2003）表现在句法平面上，主事一般充当句子的主语，有时也可作其他句法成分，如"老虎被谁打死的？""谁"居于状语位置。但无论怎样，汉语的主事总是位于动词之前。从语言表达的信息传递来看，"由'熟'而及'生'是我们说话的一般的趋势。这不完全是为了听者的便利，说话人心里也是已知的先浮现，新知的跟着来。"（吕叔湘 1946）"句子的信息编排往往是遵循从旧到新的原则，越靠近句末信息内容就越新。"（张伯江、方梅 1996）因而句末焦点，是汉语的常规焦点。特指问的疑问焦点总是由疑问代词来负载，由于主事问的疑问代词一般总出现在句首或动词之前，疑问焦点与常规焦点不一致。所以，主事问的疑问焦点一般总是对比焦点，即说话人通过对比着意强调的信息焦点。张伯江、方梅（1996）专门讨论了特指问中疑问代词处于动词前后两种不同位置的功能差异，指出这种差异来自两者的预设不同而导致的信息结构的不同。具体说，居于前者，"要求指别性句子与之相配"；居于后者，"要求说明性句子与之相配"，"只有指别性句子中的疑问焦点是对比焦点"。这一考察，对于我们认识主事问是富有启示的。由于主事问与汉语自然焦点结构不一致，使用上受到一定的制约，因而出现的频率并不很高。吕叔湘（1985a）说："近代汉语里还有一种倾向，避免用疑问代词作主语。"这大体说的是事实。

3.1.1.1 谁系

在特指问中，可以用于主事问的疑问代词有多种，"谁"是历史最悠久也是相对常用的一个。在明清时期"谁"的形式比较单一，唐时曾经使用的"阿谁"已经消失，继起的"兀谁"，除《水浒传》等文献外也基本不用。另有"谁人"还能偶见。"谁"作主事，旨在指别人物。例如：

（1）年时谁先走来？（教朴，280）

（2）谁碎盆来？（教朴，307）

（3）武大道："谁敢来欺负你？"（金，2/43）

（4）因问来安儿："谁取皮袄去了？"（金，46/611）

（5）那秀子便说道："谁把这东西扔在这儿咧？这准是三儿干的。"（儿，6/73）

（6）公子说："你们两个谁去？"（儿，4/44）

（7）你是姑舅弟兄，谁是舅舅上孩儿？谁是姑姑上孩儿？

（教老，61）

　　　（8）西门庆因问："谁和那厮有手尾？"（金，25/355）

　　　（9）小玉道："奶奶，他是佛爷儿子，谁是佛爷女儿？"
（金，88/1303）

例（1）-（6）均问施事，例（7）-（9）问起事。"谁"用于浅度
主事问，以施事问居多，均居主语位置。

　　主事问中也有用"谁人"提问的，如：

　　　（10）敬济便问："谁人抹牌？"（金，18/255）

　　　（11）每日饭食谁人整理？（金，1/32）

　　　（12）王婆子道："你爹没了，你家谁人请我做甚么？"（金，
86/1272）

例（12）是"谁人"作主事问，"甚么"为客事问，是双疑点。"谁
人"在秦汉之间已见用例，唐时使用较为普遍，明清白话作品《西
游记》《水浒传》《型世言》以及"三言二拍"中较多见。不过在
《金》中，"谁人"用于真性问不多，主要用于假性问。《儿》和
《语》中基本不用。

3.1.1.2　甚系

"甚（什）么"一般认为来源于唐代的"是物（勿）"，有"是
没""什摩""甚摩""甚没""拾没""甚谟""甚生""甚的""甚
么""什么"等多种写法，明清时写法渐趋一致，"甚么"成为主体
形式。因为其功能主要在于问处所、时间、式样、原因、目的等，所
以作主事问很少见到。《老》《朴》《金》中均未见用例。仅在《儿》
中见到少量用例，如：

　　　（1）叶通这才回说："请示爷：甚么是个'呱咶'呀？"
（儿，30/434）

　　　（2）老爷就不明白，说："甚么是'鹤鹿同春'啊？"（儿，

38/595）

（3）程相公那里就打听说：“甚么叫作‘希希哈儿’?”
（儿，38/600）

（4）程相公便问：“甚么子叫个‘唠’?”（儿，38/601）

（5）莫世兄便问道：“甚的叫作‘掰他得’?”（儿，35/
527）

以上各例均是询问词语含义，属起事。例（4）用“甚么子”，例
（5）用“甚的”。“甚么是”“甚么叫”一类用法功能相当于古代的
“何谓”。晚唐五代时的以下用例是其早期用法：

（6）甚是身？甚是业？（《庐山远公话》）

另见“偖儿”作主事1例：

（7）张太太问道：“偖儿响哪?”（儿，31/453）

“偖”，即“啥”，吕叔湘（1985a）、冯春田（2003b）均认为是“什
么”的合音。在明清文献中也写作“嗄”或“煞”，《聊斋俚曲集》
中主要作“嗄”。

“甚么”作系事在隐现句中置于宾语位置，如：

（8）那们时，如今少甚么？（教朴，257）

3.1.1.3　怎系

吕叔湘（1985a）认为，“怎么”是由禅宗语录里的“作么”和
“作么生”（作勿生）演变而来的。“怎”只是“作”受了“么”字
的声母的影响而生的变音（tsak mua-tsam mua），而“怎生”是“怎
么生”省缩的结果。本师蒋绍愚（2005）先生在此基础上作进一步
论述，他赞成“怎么”来源于“作勿生”的说法，但进一步指出，
由《神会语录》(8世纪) 中的“作勿生”“作没生”，到敦煌变文、
《祖堂集》(8—10世纪中) 的“怎生”“作摩（生）”，再到《景德传
灯录》等 (10世纪后半) 的“作麽（生）”“怎麽”“怎”，是一个

发展链，体现了词形出现的先后顺序。"怎生"的产生早于"作麼"
"作麼（生）"，因而，应该说"怎"是"作"字受了"勿"或
"没"声母的影响而生的音变。最早的"作勿（没）生"都带词尾
"生"，"作摩"和"怎么"是后出现的，单个的"怎"出现得最晚。
这些论述对于认识"怎"系疑问代词的形成和发展富有启示。至于
"怎地（的）"，那是晚起的形式，是"怎"加词尾"地（的）"而形
成的，"最早见于两种诸宫调，也就是在怎生逐渐被废弃的时候"。
（吕叔湘 1985a）另需注意的是，冯春田（2000）发现《祖堂集》和
《敦煌变文·维摩诘经讲经文》这两种时间相近的释家文献中各有 1
例"作生"。冯氏认为，"作生"即"怎生"，大约"作勿生"省略
"勿"时，"作"因音变写作"怎"，而未发生音变，或者是因原用
字形的束缚力仍写作"作"字，从而形成"怎生""作生"两种形
式。我们觉得，这个分析是可以成立的。

　　"怎"系疑问代词的主要功能是询问原因、方式和性状，因而用
于主事问同样不常见。所见用例主要用于指别事物状况。下面是
《老》《朴》中的例子：

　　　（1）我且问你，怎的是一半儿钱赎？（教朴，313）

　　　（2）怎的是免帖？（教老，57）

　　　（3）怎的是撒签背念书？（教老，57）

　　　（4）却没一件儿新衣裳，怎么好？（教朴，280）

　　　（5）我家里老鼠好生广，怎的好？（教朴，281）

前 3 例是起事问，以"怎的"提问判断的对象。后 2 例是系事问，
这里的"怎么"和"怎的"均为主语。"怎的"早期用例多作"怎
地"，在《水浒传》中两种形式兼用，《金》中"怎地"仅在假性问
中偶见。这可能是受一般语尾多作"的"的同化所致。再看《金》
与《儿》中的用例：

(6) 妇人问道："怎么是回背？"（金，12/181）

(7) 谢希大便问："怎么是青刀马？"（金，32/446）

(8) 公子道："怎的叫'四乐'？"（儿，30/435）

(9) 安老爷道："我倒请教，怎的叫作个'士志于道'？"（儿，37/578）

(10) 那妇人道："可一个怎么你是你呢？"（儿，7/83）

(11) 月娘道："如今却怎么好？"（金，48/642）

(12) 只是这条路你走着却大不相宜，便怎么好！（儿，40/647）

《儿》中下面两例用"怎生"：

(13) 将来他叶落归根，怎生是个结果？（儿，19/248）

(14) 我倒请教：怎生才是个不俗、不腐、不丑？（儿，30/438）

"怎的是""怎么叫"等的用法与"甚么是""甚么叫"相当，都是由古代的"何谓"继承而来的。晚唐五代时的以下用例是其早期用法：

(15) 作摩是文殊剑？（祖堂集，卷十一）

这里需要特别讨论一下"怎么好"这个熟语。先看例子：

(16) 万一你公公有个不准，可怎么好？（儿，40/670）

(17) 如今剩了明日、后日两天，他大后日就要走了，这可怎么好？（儿，16/204）

(18) 只是大爷你，前进不能，后退不能，那可怎么好？（儿，3/39）

吕叔湘（1985a）专门论述了这类现象。他指出："在'怎么好？'这个熟语里，'怎么'代表一个小句，作'好'的主语。"对于前头出现"这"和"那"的句子，他说："'这'和'那'各自代表一个前

提小句，不可认作主语。"从语义构成看，以上句子，"怎么"当属
系事，"好"为动核。前面出现"这"和"那"一类词语，可理解
为其前隐含一个"关于"或"对于"之类的介词，属境事中的范围，
如例（17）与（18）。至于在句法平面，"这"和"那"是否可以看
作主语还可讨论，作主语看似乎未尝不可。"怎么好"尽管略带几分
感叹意味，但仍属真性问。

"怎"系疑问代词中除了上举"怎的""怎么"和"怎生"外，
在我们调查的材料中还有"怎""怎地""怎样""怎么样""怎的
样""怎么着""怎吗""咱的""怎得"等多种形式，但均不见于主
事问。这些形式有的述谓性比较强，如"怎么着"等，有的是异体
形式，本来使用就不多，如"怎地""怎得""怎吗"等，有的则是
后起的，如"怎样""怎么样"等，正在形成之中。

3.1.1.4 那系

"那"系代词作主事问较为少见。"那"的形式汉代已出现，在
唐代文献中就已常用。但它的身世一直是困扰学界的一个难题（冯
春田2000）。吕叔湘（1985a）认为："有别择作用的疑问代词哪也是
从若字变来的"，"那"有"用于别择"和"询问事理"两种用法，
而后者早于前者产生。"自从问处所的哪里的形式确定以后，这个问
事理的哪的形式就被他同化了。""那"系疑问代词的成员主要是
"那""那里"和"那个"。"那个"由"那"与"个"结合而成，
"那"与数量词语结合使用比较常见，如"那（一）本""那（一）
位""那（一）桩"等，这是由"那"的别择功能决定的，这种组
合体一般属于短语性质。但"那个"的词化程度比较高，应当看作
是一个词。这和"那个"的产生历史与使用频率不无关系。唐时
"若箇"的使用频率就相当高，吕叔湘说"不妨把若箇当作一个单个
的语词"。"阿那个"唐时也用得比较普遍，这都应看作一个词。明

清时期"若箇""阿那个"等形式都已经消失，使用形式已趋于规范。例如：

(1) 那里有井？（教老，65）

(2) 那里有卖的好马？（教朴，245）

(3) 快打刀子的匠人那里有？（教朴，221）

(4) 叫过来保来问："那里有好画师？寻一个来传神。"（金，62/857）

(5) 奔到跟前，便开口问道："那里是东庄儿啊？"（儿，14/172）

(6) 才待说话，张太太就问说："你俩那个是安太太呀？"（儿，12/144）

以上各例均为起事问，前5例用"那里"旨在指别事物存在之处所，后1例用"那个"，旨在指别人物。例（3）止事出现在句首，是非常规语序，在《老》《朴》中这种倒装的句法时有所见。

3.1.1.5　其他

"几"系疑问代词用作主事问罕见：

(1) 吴月娘因教金莲："你看看历头，几时是壬子日？"（金，52/701）

(2) 杨姑娘问："几时是百日？"（金，73/1040）

充任起事，旨在指别时间。

"何"系文言疑问代词在明清时期还有一定的使用率。作主事问的主要是"如何"一词。均用如起事问。如：

(3) 敬济便道："如何是喜，如何是忧？"（金，88/1295）

(4) 西门庆道："干娘，如何叫做杂趁？"（金，2/53）

(5) 只是这门关不住，如何是好？（儿，4/50）

(6) 日后终究如何是个了局？（儿，24/329）

"如何"相当于"什么"。早期近代汉语中此类用法非常普遍，这一时期仍然沿用。

3.1.2 客事浅度问

客事，也是动核结构中动核所联系的强制性语义成分之一。是主事作用于动词后动核所支配的客体，为动词的客体动元。根据动词的特点及其与所联系客体的关系，客事可以分为不同的小类：A. 受事，指动作的承受者；B. 成事，指动作的结果或成果；C. 使事，指动作致使的对象；D. 涉事，指经验性行为施及的客体；E. 位事，指动作指向或到达的位置或目标；F. 止事，指表关系的动核结构中动词所系的客体。（参见范晓等 2003）表现在句法平面上，客事一般充当句子的宾语，偶尔也出现于其他句法位置，如作处置式的状语等。客事通常是名词性的，因而客事问一般是问名物。浅度客事问中，疑问代词一般总是居于句末，因而，疑问焦点与句子的自然焦点相一致，合乎信息传递由已知到未知的常规结构规律。所以这类问句比主事问的使用频率更高。由于疑问代词主要出现于动词之后，故常与具有说明性质的句子相配。

3.1.2.1 谁系

可以用于客事问的疑问代词也有多种，"谁""甚么""那里"等较为常用。先看"谁"作客事问的情况。例如：

(1) 阴阳人是谁？（教朴，305）

(2) 小人门前有客，是谁？（教朴，314）

(3) 说道："我的哥，你是谁？老拙眼昏，不认的你。"（金，93/1363）

(4) 因问："那戴方巾的是谁？"（金，42/568）

(5) 妇人便问："你来，房中有谁？"（金，82/1229）

（6）月娘便走过那边，数落小玉："你出来这一日，也往屋
里瞧瞧去。都在这里，屋里有谁？"（金，63/875）

"谁"作客事问多用于止事问，且主要问判断客体，少量问存在对
象，如后2例。用于受事问相对少见：

（7）金莲便问道："贼小肉儿，你骂谁哩？"（金，22/319）

（8）伯爵因问："哥，后日请谁？"（金，32/441）

（9）诧异道："钦差大人怎生还用着这上行手本，拜谁呀？"
（儿，13/159）

（10）隔着门问道："找谁呀？"（儿，14/170）

（11）这卧房里可"一瓣心香"的供奉谁呢？（儿，29/414）

在判断式问句中，"谁"或用于起事问，或用于止事问，而以后
者更为普遍。在四部书中作起事问只见4例，作止事问则多达46例。
如前所述，这两类问句的信息结构存在着差异，起事问和汉语句子的
自然焦点不一致，疑问焦点属于对比焦点，往往是为了强调特定的语
用目的时才使用，止事问和汉语句子的自然焦点相一致，自然焦点就
是疑问焦点，符合一般认知规律。因而在判断式问句中，止事问的频
率高于起事问，这是合乎常律的。表面上看，两种问句意义上没有什
么区别，但因为语序不同，语义上也就具有微妙的差异。对于这两种
问法的功能差异，吕叔湘（1984）、张伯江、方梅（1996）、杉村博
文（2002）和王灿龙（2010）都有过探讨，给人以启示。我们可以
通过具体例子来分析两者的不同。如上举例（1）"阴阳人是谁？"似
乎也可说成"谁是阴阳人？"但前者偏重于说明，后者偏重于指别。
问"谁是 X？"时，"谁"的指称对象应该事先存在于说话人认识范
围之中，比如是"在场的某一个人"或者"自己熟识的某个人"，不
然就无从指别。如上文讨论"谁"作起事问所举的例子："你是姑舅
弟兄，谁是舅舅上孩儿？谁是姑姑上孩儿？"知道眼前是"姑舅弟

兄", 但不知哪位是舅舅的孩儿, 哪位是姑姑的孩儿, 所以用 "谁是 X?" 问句来指别; 问 "X 是谁?" 时, 是承认 X 的存在之后, 也就是说, X 的存在成为言谈双方共识之后, 要求听话人对 X 加以说明。原句用于丧葬的语境中, 问者并不确知现场某人是阴阳人而需要指别; 丧葬仪式需要阴阳人是说话人与听话人的共同知识, 提问的目的不在于确认阴阳人的存在, 而在于进一步了解担任阴阳人的具体人选。因而, 问者使用客事问 "阴阳人是谁?" 正合乎这一特定的语用需求。

3.1.2.2 甚系

"甚" 系疑问代词是客事问的重要形式, 在文献中出现的频率很高。四部书中共见 157 例。主要形式是 "甚么", 也见 "什么" "甚" "甚吗儿" 和 "俖" 等, 但使用频率均不高。"甚" 系疑问代词在客事问中最常见的是充当受事和止事。先看受事问的例子, 如:

(1) 因问月娘: "要听甚么?"(金, 74/1058)

(2) 问道: "头里大娘和你说甚么?"(金, 29/410)

(3) 月娘问: "他穿着甚么?"(金, 97/1416)

(4) 春梅道: "你对我说, 在谁家? 吃甚来?"(金, 95/1394)

(5) 薛嫂道: "姑奶奶家送来什么?"(金, 7/113)

(6) 老爷忙问: "还添甚么?"(儿, 39/632)

(7) 只问: "大爷到底放了甚么了?"(儿, 40/642)

(8) 高声问道: "怎么了, 忙到如此? 落下甚么了?"(儿, 40/675)

以上各例 "甚么" 分别充当动作动词 "听" "说" "穿" "吃" "送" "添" "放" "落" 等的宾语。各种动作动词中, 以充当 "做" (《儿》中作 "作") 的受事为最普遍, 共见 63 例。如:

  （9）你每日做甚么？（教朴，275）

  （10）婆子问道："哥哥，你做甚么？"（金，86/1276）

  （11）你三妈与姐姐桂卿在家做甚么？（金，11/160）

  （12）便问春梅："你娘在前边做甚么哩？"（金，14/207）

  （13）你们在门首做什么来？（金，21/309）

  （14）便问："玉格竟在家里作甚么呢？"（儿，33/485）

  （15）那婆子问道："郓哥，你来这里做甚么？"（金，4/78）

  （16）老爷问："上山东作甚么？"（儿，40/675）

  （17）那老婆儿问道："到底作僷哪？"（儿，9/107）

在近代汉语中的"做甚么"有两种使用情况：一种是用作短语，是"做＋甚么"；一种是用作词，相当于"为甚么"，表示原因或目的。作短语用，有时"做"是句子中唯一的动词，如（9）－（14），这种用法不会和表原因或目的的"做甚么"相混；有时句中还有别的动词，与"做"构成连动结构，如例（15）和（16），这一用法容易与表原因或目的的"做甚么"分不清，因为连动结构的后一项往往兼有目的的意义，得根据语境来体会，动作性强者为连动结构。在下文"因事问"一节中我们再举例比较。例（17）的"僷"是"甚么"的合音，用法相当于"甚么"。

  再看止事问的例子，如：

  （18）客人你却姓甚么？（教老，70）

  （19）那西门庆问他："你小名叫什么？"（金，78/1148）

  （20）悄悄使玳安问隔壁卖豆腐老姬："此家姓甚名谁？"（金，71/998）

  （21）名字叫作甚么？（儿，34/518）

  （22）西门庆又问："那小盒儿内是甚么？"（金，67/920）

  （23）因问："嫂子，你做的是甚么？"（金，51/682）

（24）李瓶儿问道："姐姐，你描画的是甚么？"（金，29/400）

（25）因道："那是个甚么？"（儿，31/448）

（26）那老婆儿道："还有甚么呀？"（儿，11/133）

（27）他道："这又算个甚吗儿呢？"（儿，38/605）

（28）公公道："却像甚么？"（金，21/308）

例（18）—（21）作"姓""叫"或"叫作"的宾语，询问姓名。例（22）—（25）作"是"的宾语，询问判断的客体。例（26）—（28）分别作"有""算""像"等关系动词的宾语，询问所系的对象。

还有少量成事和涉事的用例，成事如：

（29）买独皮做甚么？

做坐褥，皮搭连。（教朴，229）

（30）你摘馈我些叶儿。

要做甚么？

把那菖蒲叶儿来做席子。（教朴，282）

（31）因问："你实对奴说，要奴这头发做甚么？"西门庆道："我要做网巾。"（金，12/179）

（32）金莲问道："这鬃髻多少重？他要打甚么？"西门庆道："这鬃髻重九两，他要打一件九凤甸儿……"（金，20/284）

这是对动作后可能产生的结果的询问。它与受事问的不同在于：受事是动作发生时即已存在的客体，而成事是动作发生后才出现的对象。"坐褥、皮搭连""席子""网巾"和"九凤甸儿"都是"做"或"打"的动作发生后出现的事物。涉事如：

（33）说道："我想着一个小子罢咧，怕甚么呢？"（儿，40/655）

（34）他扬着头想了一想，说："你这会子想起甚么来了，

问这话?"（儿，17/218）

（35）公子道："好端端大清白日，怎么作起梦来，梦见甚么?"（儿，23/318）

涉事是心理、认知、经历、遭受一类经验性动词的宾语，带有准受事的性质。以上例子中的"怕""想""梦见"均属心理认知类动词。

3.1.2.3　那系

"那"系疑问代词也是客事问的重要形式之一。共见 232 例，主要形式是"那里"，也见"那儿""那个""那边""那早晚""那些个"等，但用例极少。《金》中见到"哪里"作客事问的例子：

（1）月娘便问："他家在哪里?"（金，46/616）

但此例值得怀疑。据吕叔湘（1985a）："哪字在以前一直也写作'那'，五四时期以后，为了要跟去声的指示代词分别，才提倡写作'哪'。"查万历词话本，此处的"哪"作"那"。可见"会评会校"本有误。（该书还有一处误用，即第 172 页第 12 回："此物从哪里得来?"）

"那"系的疑问代词在客事问中均充当位事，它是位事问的主要载体。用于询问事物存在或位移的位置，包括空间、时间和目标。此类位事问主要出现于定位动词句和放置动词句中。定位动词构成动核结构时一般联系着施事和位事两个动元。例如："他在屋里"，"在"是个表示事物存在的位置的定位动词，联系着施事"他"和位事"屋里"。同类的动词"住、居住、坐落、悬挂、位于、隐居"等，均表示某人或某物存在于某处。再如"我到上海了"，"到"是个表示事物运动的位移动词，联系着主事"我"和位事"上海"，同类的动词"来自、离开、到达、移居、回、往、上、去"等，均表示事物位移运动源起、到达的位置。又如"许多稀奇古怪的符号刻在石板上。""刻"属于"挖刻"类动词，此类动作的结果一般体现于某一实体位置，必与一定的方所相联系，也可归入定位动词，另有"挖、印、雕、凿"等，此类动词所定位的是受事，而非施事，如例中的"符号"。放置动词构成动核结构时联系着施事、受事和位事三个动元。表达施事发出的动作将受事置于某一具体位置的语法意义。这类动核结构中的位事通常借助"到、在、往、朝、向"等介词介引。如"搁、搬、放、藏"等均属这类动词。无论是定位动词句还是放置动词句，投射到句法平面，位事的常规位置均在动词之后，置于动词之前为非常规位置。

先看定位动词句的位事问。在所调查的文献中，出现在位事问句中的定位动词主要有"在、住、居住、安下、埋、葬、到、往、坐、上、有、下"等。请看例子：

(2) 郎中你在那里住？（教朴，218）

(3) 又问："何九在那里居住？"（金，9/138）

(4) 先生恰说的秀才在那里下着裡？（教朴，314）

(5) 西门庆道："我在那里歇？"（金，14/209）

(6) 咱们今夜那里宿去？（教老，59）

(7) 你在辽东城里那些个住？（教老，71）

(8) 因问："你如今在那里安下？"（金，93/1371）

(9) 好院判哥，到那里？（教朴，215）

(10) 咳，贵人难见，你那里有来？（教朴，233）

(11) 武二道："我哥哥如今埋在那里？"（金，9/135）

(12) 金莲道："你们都在那里坐来？"（金，59/792）

(13) 因问："你今日往那里，这咱才来？"（金，78/1153）

(14) 老爷便问说："不上乌里雅苏台去，却上那里去？"（儿，40/675）

(15) 家乡何处？住在那里？（儿，7/90）

（16）说道："请问尊堂葬在那里？"（儿，17/223）

（17）武松问道："哥哥那里去了？"（金，2/41）

（18）武二道："如今嫂嫂往那里去了？"（金，9/135）

（19）不防他娘站在黑影处叫他，问道："小肉儿，那去？"（金，20/281）

前6例均问住宿的地点。例（4）的"下"也是"住、歇"的意思。这一句在《朴通事新释谚解》（397）① 中作："先生才刚说的那秀才，却住在那里呢？"位事所处的位置不同。例（7）的"那些个"也是"那里"的意思，该句的答语是："小人在辽东城里阁北街东住。"在元代汉语中常用，一般作"那些"。例（10）中的"有"是"在"的意思。问的是"你在那里？"。其回答是："我这几日害痢疾，不曾上马。"在元代汉语中，表示存在或领有的"有"常置于句末。例（9）（11）（13）（14）（15）（16）位事居于动词之后，其余居于动词之前。各类定位动词中，"在"是使用频率最高的一个。仅"在那里（那边）"这一形式就多达77例，略举几例如下：

（20）店在那里？（教老，78）

（21）咱官人在那里？（教朴，247）

（22）西门庆因问道："你这两日在那里来？"（金，1/16）

（23）桂姐便问："你剪的他头发在那里？"（金，12/180）

（24）问："你爹在那里哩？"（金，35/498）

（25）女子忙问道："你的妻女在那里？"（儿，7/81）

（26）上前把那人的袖子扯住，道："借光，东庄儿在那边儿？"（儿，14/172）

---

　　① 本书在标注《朴通事新释谚解》《原本老乞大》《老乞大新释》《重刊老乞大谚解》引例时，书名后的数字是汪维辉编《朝鲜时代教科书丛刊》页码，中华书局 2005 年版。下同。

再看放置动词句的位事问。各书中出现在位事问句中的放置动词主要有"放、搁、搬、卸、藏"等。例如:

(27) 便问:"象牙放在那里来?"(金,35/489)

(28) 玳安走上来请问:"爹,在那里放桌儿?"(金,45/600)

(29) 只见他进门就叫道:"老爷子,都来了,搁在那里呀?"(儿,17/217)

(30) 李瓶儿问:"他家搬到那里住去了?"(金,33/457)

(31) 韩道国道:"货车进城了。禀问老爹卸在那里?"(金,59/786)

(32) 指定李外传骂道:"你这厮,把西门庆藏在那里去了?"(金,9/140)

以上各例均询问某物放置的所在,末例比较特殊,放置的对象是人。

除了定位动词和放置动词以外,部分其他动词与表方位或朝向的介词结合所形成的动介结构体也能联系位事动元,构成位事问。例如:

(33) 因道:"你们走到那里就遇见这里老爷的人了?"(儿,20/271)

(34) 读到那里也?(教朴,240)

(35) 吃到那早晚才回家?(金,59/791)

(36) 昨日不说有封信要送吗?送到那里呀?(儿,4/44)

(37) 你哥除在那里?(教朴,303)

例(33)"走"是个一价动作动词,与"到"构成动介结构体,"那里"充当其位事。例(34)"读"是个二价动作动词,联系"施事"和"受事",这里与"到"构成动介结构体,联系位事"那里"。例(35)"吃"也是个二价动作动词,联系"施事"和"受事",这里

与"到"结合构成动介结构体，联系时间性位事"那早晚"。例
（36）"送"是个三价交接动词，联系"施事""与事"和"受事"，
这里与"到"构成动介结构体，联系位事"那里"。例（37）"除"
是拜官授职之意，也是个三价交接动词，联系"施事""与事"和
"受事"，这里与"在"结合成动介结构体，联系位事"那里"。

3.1.2.4 怎系

"怎"系疑问代词极少用于客事问。分别用于止事问、涉事问和
受事问。止事问，如：

　　（1）西门庆问道："是怎的来？"（金，1/22）

　　（2）问他老婆儿道："后来是怎的？你告诉这位姑娘。"
（儿，7/87）

　　（3）便笑道："妈，这是怎么了？"（儿，33/497）

涉事问，如：

　　（4）月娘道："你心里觉怎的？"（金，79/1180）

　　（5）便搂着西门庆问道："我的哥哥，你心里觉怎么的？"
（金，79/1179）

　　（6）西门庆便问："你今日心里觉怎样？"（金，62/842）

　　（7）大家以为怎样？（儿，35/536）

　　（8）你想着怎么样？（儿，30/433）

受事问，如：

　　（9）潘金莲就问："贼囚根子，骂我怎的？"来兴说："小的
不敢说。"（金，25/353）

这里的"怎的"是"什么"的意思，指所骂的内容。

　　"怎"系疑问代词所代的主要是副词性和形容词性成分，其主要
功能在于充当状元，问因事和凭事。因而无论是主事问还是客事问，
都不多见。

3.1.2.5 其他

"几"系和"多"系疑问代词主要询问事物的数量和性质、状态的程度，因而也极少用于客事问。例如：

(1)（李瓶儿）因问："大娘贵降在几时？"（金，14/206）

(2)请问老爹，订在正月几时？（金，39/533）

(3)你秤秤重多少？（金，21/301）

(4)西门庆便道："请起。你今青春多少？"（金，61/815）

(5)伯爵问："二舅贵庚多少？"（金，67/936）

(6)说他孙二娘还有位姐儿，几岁儿了？（金，96/1402）

前2例是位事问，"几时"是动介结构体所联系的时间性位事；后4例是止事问，例（3）这类现象，吕叔湘（1985a）曾做过分析，他认为"重多少"的结构，可以把"重""看成名词，作主语，'多少'处于表语的地位"。是隐含了动核。后3例同样可以看作动核隐含。

"何"系疑问代词也有少量的用例，例如：

(7)西门庆忙问道："你房儿在于何处？"（金，71/997）

(8)老贤弟以为何如？（儿，13/161）

(9)太太，你道如何？（儿，1/12）

(10)连十三妹也拉着驴儿问他："这是为何？"（儿，10/126）

(11)家乡何处？（儿，7/90）

例（7）是位事问，（8）（9）是涉事问，"道"也是"以为"的意思，（10）（11）是止事问。

3.1.3 与事浅度问

与事，也是动核结构中某些动核所联系的强制性语义成分，是指与主事一起参与动作或状态的对象。为动核结构中动作的参与者，是与体动元。比如，"我交给他一本书""我和老师讨论问题"中的"他"和"老师"就是与事，前者是交接动词"交"所联系的对象，后者是互向动词"讨论"所联系的对象。在句法平面上，与事通常借助介词来体现，如例中的"给"与"和"。汉语中标记与事的介词主要有"给、与、和、跟、同、向、为、对、替、朝、比"等。范晓等（2003）根据与事和主事及动核的关系把与事分为"当事、向事、对事、替事、共事、比事"六类，应该说是详备的，也是恰当的，但考虑到简明性，我们还是赞成朱晓亚（2001）的二分法，即把与事分为当事与共事两类。当事是指动词交接、传递所向的对象以及所系性状的针对者，与交接动词、针对动词相联系。如"他寄给我一张贺卡""我向他发了脾气""他对学生很耐心"中的"我""他""学生"。共事是指与主事协同动作的行为伴随者以及所系性状的与体，主要与互向动词相联系。如"我和上司顶嘴了""他与学生有些疏远"中的"上司"和"学生"。

在我们调查的四部书中，与事问出现的频率极低，例如：

（1）（月娘）又问："头里你要那封银子与谁？"（金，67/936）

（2）忽然又把眉一挑，就说："把我们这个傻哥儿一个人儿扔在口外去，可交给谁呀？"（儿，40/651）

以上2例"谁"分别为交接动词"与""交给"的当事。再如：

（3）便说："你使性儿不进来，和谁鳖气哩！却相是贼人胆儿虚一般。"（金，85/1259）

（4）西门庆问道："你与谁辨嘴来？"（金，18/258）

（5）见妇人一双眼哭的红红的，便问道："你和谁闹来？"（金，2/43）

（6）房下见我只顾咂嘴，便问："你和谁说话？"（金，62/860）

以上各句中的"鳖气""辨嘴""闹""说话"等均为互向动词，其主事分别都是"你"，"谁"则是对其伴随者提问。下面的例子略有不同：

（7）西门庆又道："你儿子王潮跟谁出去了？"（金，2/50）

"出去"为非互向动词，但可以协同发出，"谁"是主事"出去"行为的伴随者。"跟"既可理解为介词也可理解为动词，但无论作怎样的理解，不属典型的与事。

尽管四书中与事问的用例不多，但在明清时期的其他文献中，仍可见到一些。例如：

（8）你既家私被劫，父被贼伤，母被人掳，救你去交与谁人？（西游记，第40回）

（9）乐和道："你却教我寄信与谁？"（水浒传，第49回）

（10）麝月道："都顽去了，这屋里交给谁呢？"（红楼梦，第20回）

（11）我今日方才晓得尔心事，尔自己在扬州住不成故以来此，只是妻子正法，妹子归泉，尔又到此，将家事交与谁人？（天豹图，第26回）

（12）松曰："是欲如此。兄试猜之，合献与谁？"（三国演义，第60回）

（13）太公道："你又和谁合口？"（水浒传，第37回）

（14）一场幽梦同谁近，千古情人独我痴。（红楼梦，第5回）

前5例是当事问，后2例为共事问。

其实，与事问在上古汉语就已普遍使用。《论语》中的"子行三

军则谁与?"《孔子家语》中的"将与谁守?"一类用法即属共事问。语序多为前者,中古以来则以后者为主。如:

　　(15) 卿舍我死,我当复与谁语者?(三国志,卷十一)

　　(16) 帝哭之恸,曰:"痛哉卫尉!天下事当复与谁论?"(南史,卷五十六)

当事问也时有所见:

　　(17) 我言世尊,比丘僧多是一钵食当与谁耶。(大方广宝箧经,卷中)

　　(18) 僧云:"怎么即学人礼谢下去。"师云:"暗写愁肠寄与谁。"(景德传灯录,卷八)

　　(19) 师曰:"十成好个金刚钻,摊向街头卖与谁?"(五灯会元,卷十九)

　　(20) 分明不了却成迷,无限风光付与谁?(古尊宿语录,卷三十)

　　(21) 诸臣各曰:大王已崩。唯有太子,更无兄弟。今言不肯,推让与谁?(贤愚经,卷二)

以上讨论的"主事问""客事问"和"与事问"均为就动元的提问。动元中还有补事一项。所谓"补事",是指动作及于客体后出现的情况。它是使令动词如"使、请、叫、让、派、命令、要求、指使"等组成的动核结构所联系的必有成分。对补事进行提问,就是补事问。例如:"你要求他怎样?""怎样"就是问补事。在我们所调查的几部书的真性问中,未见补事问的例子,可见这类问句在浅度问中几乎不被使用,因而不作独立讨论,这里附带一过。

3.1.4　凭事浅度问

凭事,是动核结构中动核所联系的非强制性语义成分之一,是动作的凭借者。例如："他用手指作画"，"手指"就是动核"作画"所凭借的工具。凭事一般居于状语位置，用于动作动词句。根据凭借对象的不同，凭事可以分为工具、材料、方式、依据等类。工具是动作所凭借的物件，如上例的"手指"；材料是动作制作成品所凭借的原料、器材、物资等，如"我用树根雕成一匹马"中的"树根"；方式是动作所凭借的方法与形式，如"他用假嗓子唱戏"中的"假嗓子"；依据是指动作凭借的根据，如标准、法规、条例等，如"照章办事"中的"章"。凭事常用"以、用、拿、因、着、凭、依、据、照、按、依据、凭着"等介词标示。凭事问，是对凭事的提问。比如"他用什么作画？""这匹马用什么雕成的？""他怎么唱戏的？"等。

3.1.4.1 怎系

用于凭事问主要是"怎"系疑问代词，在四部书中共见139例，均为方式问。所用疑问代词有多种，其主要形式是"怎的"和"怎么"。先看"怎生"和"怎"的例子：

（1）这洒子是不沉水，怎生得倒？（教老，67）

（2）你这东国历代几年？当初怎生建国来？（教朴，315）

（3）看着妇人骂道："你这淫妇听着！我的哥哥怎生谋害了？"（金，87/1289）

（4）倘或问你时，你怎生回答？（金，13/192）

（5）这一个白的白似雪，一个黑的黑似铁，却怎生闹得到一家子？（儿，40/683）

（6）姑娘既是位大家闺秀，怎生来得到此？（儿，8/95）

（7）到家寻思道："好一个雌儿，怎能勾得手？"（金，2/49）

（8）伯爵道："好呀！你两个来的正好，怎知道俺每在这

里?"(金,42/569)

(9)妇人道:"达达,只怕后来要的絮烦了,把奴不理怎了?"(金,38/524)

(10)问着安老爷说:"先生,你这话怎讲?"(儿,39/635)

(11)话虽如此,只是先生你怎见得这便是替我家报仇?(儿,18/243)

以上的"怎生"和"怎"都询问行为的方式。它们是"怎"系疑问代词较早的形式。到了元明时期,这两种形式都逐渐衰减,在《老》《朴》《金》《儿》凭事问中的例子均不多见,《老》《朴》中仅见的几例,在清代的《老乞大新释》和《重刊老乞大谚解》,多改为"怎么",《语》中已全不见用例。这两种形式的衰微,与"怎的"的使用有关。下面请看"怎的"的用例:

(12)这二十颗珊瑚怎的卖?(教朴,296)

(13)咱们的马怎的喂?(教朴,247)

(14)搂着粉头说:"我的亲亲,你怎的晓的就里?"(金,68/951)

(15)吴月娘说道:"你怎的知道他两个来才吃饭?"(金,62/859)

(16)这十分光做完备,你怎的谢我?(金,3/61)

(17)杨姑娘道:"姐姐你怎的见出来不信?"(金,40/550)

(18)他又怎的懂得那"守宫砂"的原由呢?(儿,28/398)

(19)老兄台,你合他既有这等的气谊,怎的得引我会他一会也好?(儿,16/201)

(20)你快告诉我,公婆怎的说?(儿,29/417)

以上的"怎的"同样询问行为的方式。"怎的"在《金》中使用频率较高,是表方式和原因的主要形式,《儿》中有所减少,《语》中

"怎的"完全消失。可见,清时"怎的"已从口语中渐渐淡出。鲁迅作品中,偶见使用,这是受古白话影响的结果。"怎的"的消失又与"怎么"的竞争有关。再看"怎么"询问方式的例子:

(21) 缝衣裳的"缝"字怎么写?(教朴,273)

(22) 去时怎么得入去的?(教朴,252)

(23) 伯爵问吴大舅说道:"老舅,你怎么说?这钟罚的我没名。"(金,60/807)

(24) 蕙莲笑道:"五娘怎么就知我会烧猪头?栽派与我?"(金,23/323)

(25) 姑夫,你实对我说,端的你怎么得手来?(金,85/1257)

(26) 张老道:"怎么合成一家呢?"(儿,9/113)

(27) 一个女孩儿家,可怎么合你同行同住呢?(儿,12/141)

(28) 只是民女的家事,官长怎么晓得的这样详细?(儿,19/255)

(29) 张金凤道:"这话怎么讲?"(儿,26/368)

"怎么"在宋代偶见用例,元明时逐渐使用开来。在《金》中尽管已经有一定的使用量,但还不如"怎的"常见,而到了《儿》中,则显然已经占了上风,用例大大超过了"怎的",而在《语》中就只有"怎么"了。"怎么"在明清时还有一种用法,就是后面加"个",形成"怎么个","怎的"也有同样的用法。例如:

(30) 只是我怎么个问法儿呢?(儿,9/111)

(31) 公子道:"这怎么个射法呢?"(儿,31/448)

(32) 公子说:"这怎么个讲法?"(儿,4/47)

(33) 连安老爷听了也觉诧异,便问道:"这话怎的个讲

法?"（儿，33/496）

　　（34）门生的家事，老师尽知，这个缺门生怎的个去法？
（儿，40/647）

这种用法"在动词后加个'法儿'，'怎么'在形式上变成了定语，
但是实际上还是询问动作的方式"。（吕叔湘 1985a）

　　"怎样"也可用于问方式。如：

　　（35）只是姑娘，到底怎样打发我们上路？（儿，9/106）

　　（36）况且叫我批定，又怎样个约略核计多少呢？（儿，2/
25）

"怎（么）样"出现较后，《老》《朴》《金》均未见用例，《儿》出现
不多的几例，主要用于动核问，方式问仅见以上 2 例。

3.1.4.2　甚系

"甚"系疑问代词用于凭事问的例子很少：

　　（1）把甚么去当？（教朴，224）

　　（2）盛草的筐儿也没，着甚么将的草去？（教老，66）

　　（3）你我钱粮拿甚么支持？（金，45/597）

　　（4）（敬济）又道："汗巾儿买了来，你把甚来谢我？"
（金，52/709）

　　（5）（李桂姐）谢道："难得爹娘费心，救了我这一场大祸，
拿甚么补报爹娘？"（金，55/733）

例中的"把""着""拿"处于由动词向介词演变的过程中，可看作
准介词。各例均可理解为问工具，后 2 例也似可理解为问方式。

3.1.4.3　那系

"那"系疑问代词用以询问方式的罕见：

　　月娘把手接着抱起道："我的儿，恁的乖觉，长大来定是聪
明伶俐的。"又向那孩子说："儿，长大起来，怎地奉养老娘

哩?"（金，57/757）

吕叔湘（1985a）说："'恁'显然是一个那系的字受'么'的影响而带上－m尾。"但他只指出其"这么、那么"的指称义，没有论及其疑问用法，香坂顺一（1997）专题讨论了"恁"的用法，也未言及疑问用法。此例前一个"恁的"是指示代词，后一个"恁地"显然是个疑问代词。马思周（1996）论证了"怎、那、恁、能"等代词的分化都是按上声、去声一分为二，上声用为疑问代词，去声用为指示代词，即所谓"上问去答"。他指出"恁"也有"那""哪"二用。这是合乎语言事实的。

3.1.4.4 何系

"何"系疑问代词也有用于问方式的，主要是"如何"一词，多见于《金》。如：

（1）贲四说道："一官问奸情事。问：'你当初如何奸他来?'那男子说：'头朝东，脚也朝东奸来。'"（金，35/496）

（2）西门庆道："是便是，却如何治疗?"（金，61/830）

（3）两人计议："如何处置他，出我这口气?"（金，98/1426）

3.1.5 因事浅度问

因事，也是动核结构中动核所联系的非强制性语义成分之一，指动作或事件产生的原因或目的。可分两类：一是原因，指动作、行为、状态、事件所以产生的因由，如"他因车祸住院了"，常用"因、缘、由、为、因为、由于"一类介词标示；一是目的，指动作、行为、事件发生所要达到的目标和境地，如"为生存而奔波"，常用"为、为了、为着"等介词标示。因事以处于状语位置为常见，也可居于句首修饰语或宾语位置。对于因事的提问，就是因事问。比如"他为什么离开这里?""怎么你才来啊?"

3.1.5.1　甚系

"甚"系疑问代词用于因事问主要问原因。通常是在"甚么"前加上"因""为""做(作)"等来提问。用"因甚(么)"形式来提问,不多见:

(1) 正乱着,只见西门庆自外来,问:"因甚嚷乱?"(金,31/433)

(2) 吴典恩问道:"你因甚么偷出来?"(金,95/1389)

(3) 他姑夫因为甚么恼他?(金,75/1086)

不过有人说这种用法宋代以后就不见了,看来不很绝对。更多的是用"为甚么"的例子:

(4) 你却为甚么不上去?(教朴,279)

(5) 你为甚么不买来?(教朴,246)

(6) 这一张弓为甚么不桦了?(教老,88)

(7) 为甚么有这般的歹人?(教老,64)

(8) 月娘便问:"你为甚许愿心?"(金,72/1010)

(9) 大姐姐问他:"你爹为什么打你?"(金,29/401)

"为甚么"问原因在唐五代的敦煌文书和禅宗语录中就已经使用开来。例如:

(10) 前生为什没不修行,今日还来恼乱我?(敦煌变文·佛说阿弥陀讲经文)

(11) 僧便问:"既是定观,为什摩不见?"(祖堂集,卷十三)

(12) 僧云:"既然如此,为甚摩举一念想得见普贤?"(祖堂集,卷十三)

起初当属于介词"为"加"甚么"构成的短语,后世一直沿用,已词化为一个整体。吕叔湘（1980）注明是"副词"。所见例子主要用于动词前，用于主语之前仅见 1 例：

（13）为甚么今儿逛庙的人更多了呢！（儿，38/600）

此类用法是后起形式，《金》中只见 1 例，用于设问："为甚俺爹心里疼？不是疼人，是疼钱。"（64/878）《红楼梦》中也有所见，多用于假性问，如"为什么你不告诉我去？"（第 68 回）"我待你不错呀，为什么你倒拿话来葬送我呢！"（第 103 回）用于句首把主事包含于疑问域之中，多带有反诘的倾向，现代用例有增多的趋势，同样以假性问居多。

"做/作甚么"（含"作吗""做甚"）的使用频率与"为甚么"大体相当：

（14）当那偌多做甚么？（教朴，224）

（15）月娘道："你开门做甚么？"（金，74/1050）

（16）伯爵谢前日厚情，因问："哥定这桌席做甚么？"（金，72/1024）

（17）只见平安来掀帘子，月娘便问："寻他做甚么？"（金，20/285）

（18）安老爷一见，便问说："太太，你此时忙着打点这些东西作甚么？"（儿，1/12）

（19）只见窝铺中钻出两个人来，喝声道："甚么人？看此榜文做甚？"（金，88/1296）

（20）姑娘道："我不懂，你们有一搭儿没一搭儿的把我小时候的营生回老爷作吗？"（儿，20/272）

这些例子中的"做/作甚么"（"作吗""做甚"）不具动作性，且有较强的整体性，用来表示动作行为的目的，与上文"客事问"一节中讨论的"做＋甚"的用法显然不同。不过，"因事问"的"做甚么"是由"做+甚么"演变而来的，词化程度不如"为甚么"高，有时会界限不清，不易判定。例如：

(21) 只见应伯爵走到卷棚里，看见便问："哥打包做甚么?"（金，51/678）

上文写西门庆在卷棚里让人"兑银子打包"打发去扬州的事，应伯爵不知就里，有此一问。既可理解为因事问，即对"打包"行为的目的提问，"做甚么"是一个词，念时声音弱化；但也未尝不可理解为连动结构，"甚么"作客事问，是对动作的受事提问，即"打包欲做何事"之意，"做甚么"是一个短语，"甚么"重读。

"做甚么"一般用于句末，但也有用于动词之前的，例如：

(22) 郓哥叫道："你做甚么便打我?"（金，4/79）

(23) 武大走出来，叫道："二哥，做甚么便搬了去?"（金，2/44）

(24) 那妇人坐在床边假哭。武大道："你做甚么来哭?"（金，5/87）

这几例"做甚么"都用于问原因。在因事问中，疑问词的位置对表意有一定的影响，疑问词出现于前者，偏于问原因，出现于后者，偏于问目的。不过并不绝对。其实，原因和目的有着密切的联系，吕叔湘（1944）曾指出："目的和原因（尤其是理由）相通：来自外界者为原因，存于胸中者为目的"，"原因和目的原是一事的两面"。

"甚么"作因事问，还有一种情况比较特殊，即"甚么"出现于宾语的位置，例如：

(25) 那妇人便问春梅："后边乱甚么?"这春梅如此这般，告说秋菊夜里开门一节。（金，83/1241）

(26) 那敬济只是笑，不做声。妇人因问："姐夫，笑甚么?"（金，28/393）

这里的"乱甚么"和"笑甚么"应该分别理解为"为什么乱""为什么笑",是询问原因的因事问。

3.1.5.2　怎系

"怎"系疑问代词用于因事问频率相当高,总数达 406 例,绝大多数问原因。疑问词可以出现在三个位置上,一是动词之前主语之后;二是主语之前;三是动词之后。而以第一种为最常见,例如:

（1）玉楼道:"六姐,你今日怎的下恁毒口咒他?"（金,31/434）

（2）守备慌的问:"你怎的哭?"（金,89/1311）

（3）伯爵道:"哥,你怎的笑?"（金,35/493）

（4）月娘道:"他的猫怎得来这屋里?"（金,59/794）

（5）那玉楼听了,只是笑,因说:"你怎知道的这等详细?"（金,72/1010）

（6）你的眼怎生揉的恁红红的?（金,67/931）

（7）这两日不见,你来怎么这般黄瘦?（教朴,233）

（8）这个马,怎么这般难拿?（教老,70）

（9）师傅今日怎么这么早就吹了灯儿?（儿,6/73）

这些例子,疑问词有的紧靠谓词,如例（1）—（6）;有的则间有其他成分,例（7）—（9）。言说者所关注的是行为动作出现本身的原因。同类的情况,还有主语省略或隐含的,例如:

（10）既是这月初一日离了王京,到今半个月,怎么才到的这里?（教老,56）

（11）低声说道:"你又没冤枉事,怎的叫屈?"（金,4/73）

（12）李瓶儿道:"贼囚!你平白好好的,怎么孝顺我?"（金,34/473）

（13）照依前例该与多少?如今怎么少了?（教朴,212）

（14）伯爵失惊道："却怎的便罚十杯？"（金，54/725）

（15）娘没曾收哥哥儿耍的那锭金子？怎只三锭，少了一锭了？（金，43/578）

（16）那女子焦躁道："叫你走，怎的倒坐下来了呢？"（儿，6/71）

（17）月娘便道："怎的这一回子凄凉凄凄的起来？"（金，46/611）

（18）教平安儿："俺每出来站了多大会儿，怎就有磨镜子的过来了？"（金，58/782）

（19）武大道："却怎地来，有这肐胳？"（金，5/81）

（20）张太太问道："咱又走不动咧？脚疼啊？"（儿，27/382）

例（19）"怎地"后跟上语气词"来"。例（20）"咱"即"咋"，"怎么"之意，念 zǎ，《儿》中也加词尾作"咱的""咱儿"，吕叔湘（1985a）认为是"作啥"的合音，冯春田（2003b）则提出商榷，认为是"怎么"的合音，似可接受。

再看疑问词用于主语之前的情况。吕叔湘（1985a）说："'怎么'在主语之前是比较后起的一种词序，《红楼梦》以前还不常见。"他举的例子最早是在《红楼梦》。从我们调查的情况来看，《红楼梦》之前的《老》《朴》《金》中均有一些例子，如：

（21）怎么这般蝇子广？将蝇拂子来，都赶了。（教朴，281）

（22）如今怎么那般贼广？（教朴，270）

此 2 例"怎么"分别出现于主语"蝇子"和"贼"之前。

（23）你是高丽人，却怎么汉儿言语说的好？（教老，56）

（24）你今年怎么京城不曾去？（教朴，279）

此2例"怎么"分别用于小句的主语"汉儿言语""京城"之前，它们均为受事提前。疑问词在主语之前的例子《金》中所见更多，如：

(25) 西门庆道："怎么桂姐不见？"（金，20/292）

(26) 因说："大娘，你头里还要不出去，怎么他看了就知道你心中的病？"（金，76/1100）

(27) 旁边那两个火家说道："怎的脸也紫了，口唇上有牙痕，口中出血？"（金，6/93）

(28) 月娘问道："怎的茶这咱才来？"（金，23/326）

(29) 便叫过郑奉问："怎的你妹子，我这里叫他不来？"（金，58/767）

(30) 伯爵见西门庆逗着脸儿，待笑说道："怎的祝麻子、老孙走了？"（金，69/975）

(31) 周统制又问："怎的李安不见？"（金，100/1454）

(32) 应伯爵一见，戏道："怎的三个零布在那里来？拦住，休放他进来！"（金，32/445）

(33) 西门庆道："怎的那日桂卿不来走走？"（金，12/177）

(34) 问道："怎的姐夫连日不进来走走？"（金，12/177）

可见，至少在明代，因事问中"怎"系疑问代词用于主语前已经不少见了。疑问词用于主语之前，言说者所关注的不只是动作出现的原因，而是整个句子所表达的事件产生的原因。这类句子在《儿》中不仅数量增加（有32例），而且有明显的复杂化的趋势，请看：

(35)（安太太）便闲谈道："真个的，既是例上有的，怎么如今外省还有个体统，京里的官员倒不许他使呢？"（儿，36/561）

(36) 他道："怎么今日之下，你自己忽然起了这个念头，倒苦苦的瞒起我来？"（儿，23/318）

（37）（何小姐）问道："怎么众人都知道巴结，照数催齐了，独你拖下尾欠来？"（儿，36/550）

"怎么"之后由几个分句形式共同描述构成一个复杂事件。下面的例子更显复杂：

（38）安老爷道："既如此说，怎的戏上张桂兰盗去施公的金牌，施公不罪他，老哥哥你便道他是好；我家这等四个毛贼踹碎了我几片子瓦，我要放他，你又苦苦的不准，是叫他赔定了瓦了，这是怎么个讲究呢？"（儿，32/469）

再看疑问词用于动词之后的情况。例如：

（39）既要去时，我有些余剩的银子，闲放着怎么？（教老，86）

（40）你是高丽人，学他汉儿文书怎么？（教老，57）

（41）这店里卖毛施布的高丽客人李舍有么？

你寻他怎么？（教老，78）

（42）那守门官道："老爷朝中议事未回。你问怎的？"（金，18/249）

（43）王婆便叫道："师父，纸马已烧过了，还只顾摅打怎的？"（金，8/130）

（44）傅伙计道："你老人家寻他怎的？"（金，8/124）

（45）敬济道："今后不消理那淫妇了，又请他怎的？"（金，97/1417）

（46）便道："姐姐你问他怎的？"（金，52/701）

（47）金莲道："怪小肉儿，你过来，我问你话。慌走怎的？"（金，20/281）

（48）奶奶教你来怎么？（金，100/1452）

（49）西门庆看见玳安来到，便问："你来怎么？家中没

事?"（金，12/166）

以上例子中的"怎么"均出现于动词之后，表示动作行为的目的，意为"做甚么"，例（39）（40）在清代的版本《老乞大新释》和《重刊老乞大谚解》中均作"做甚么"。与"做甚么"等用法相类，在因事问中"怎么"等出现于动词之前，偏于问原因，出现于动词之后，偏于问目的。但也不绝对，下面是用于动词之后问原因的例子：

　　（50）（敬济）从睡梦中就哭醒了。众花子说："你哭怎的?"（金，93/1362）

　　（51）金莲在傍不觉鼻子里笑了一声。西门庆便问："你笑怎的?"（金，31/433）

　　（52）妇人骂道："贼短命，既不与他有首尾，贼人胆儿虚，你平白走怎的?"（金，83/1234）

前两例分别是问哭和笑的原因，可与上文例（2）和（3）对比着看，它们分别是同义形式。同时，也可以与上文 3.1.5.1 的问原因的"甚么"居宾语位置的（25）（26）例作对照，两者的结构和语义也非常相似。

　　从上文的分析可以看出，用于动词后的"怎么"和动词前的"怎么"在用法上有明显的不同。动词后的"怎么"与《景德传灯录》中的几例"怎么"用法一致：

　　（53）甘行者问："什么处来?"僧曰："药山来。"甘曰："来怎么?"僧云："教化。"（卷十四）

　　（54）第一坐曰："某甲怎么道未有过，打怎么?"（卷二十四）

都是从《祖堂集》中"作摩"的如下用法发展而来的：

　　（55）师云："又是乱走作摩?"（卷十三）

"怎么"的这类用法在清代已基本消失,《儿》中不见一例。

至于用于动词前的"怎么"(包括凭事问中问方式的"怎么")应是从唐宋时表示"如何"义的"作么"演变而来的。

(56)雪峰曰:"汝作么不肯?"僧曰:"是境。"(景德传灯录,卷十)

(57)师云:"某甲尚未见他。作么知他著实处?"(景德传灯录,卷七)

吕叔湘(1985a)曾注意到询问原因或目的的"怎么"跟询问方式的"怎么"有一个显著区别,即后者不能用于否定句,而前者可以用于否定句。原因是:"做一件事情有做的方式,不做一件事情就无方式可言;但无论做一件事情或不做一件事情,都有原因可说。"以上讨论的例子,绝大多数是肯定句。其实,用于否定句的例子不在少数。据统计所得:四部书中共见"怎"系因事问否定句174例,占总数的五分之二强。特别值得注意的是,这些例子均用于表原因的问句中,而不见于表目的的问句中,套用一下吕先生的论述,似可这样说:做一件事情,往往有做的目的;而不做一件事情一般不会有什么目的可言。下面略举几例否定问句:

(58)入房内,那妇人便道:"奴等了一早辰,叔叔怎的不归来吃早饭?"(金,2/41)

(59)西门庆道:"你怎的不出去?"(金,41/555)

(60)大姐道:"头里请你吃茶,你怎的不来?"(金,51/675)

(61)慌的西门庆向前问道:"你怎的不吃饭?"(金,51/676)

(62)月娘问他:"金子怎的不见了?"(金,43/582)

与《儿》相比,《金》的否定问比例要高得多。由"怎的"构成的

158 例因事问中就有 105 例是否定问句。其中用于询问某人或某物不见的例子特别多。至于造成差异的原因还需进一步探讨。

3.1.5.3 何系

"何"系疑问代词用于因事问也有一定的量。主要形式是"如何",也见"为何""因何""何故"等形式。主要见于《金》,且多数用于问原因。《儿》中已很少使用。例如:

（1）种稻子那厮因何监着?（教朴, 291）

（2）如何先生数日不见?（教朴, 313）

（3）你昨日张千户的生日里, 何故不来?（教朴, 247）

（4）到了王婆门首, 便咳嗽道:"王干娘, 连日如何不见?"（金, 3/64）

（5）西门庆不听, 便道:"此来为何?"（金, 48/637）

（6）武二道:"我的哥哥从来不曾有这病, 如何心疼便死了?"（金, 9/135）

（7）西门庆道:"如何长官这等费心?"（金, 38/526）

（8）西门庆道:"如何干娘便猜得着?"（金, 2/53）

（9）赵先生又沉吟了半晌, 道:"如何面色这等黄?"（金, 61/831）

各例均问原因。《金》中有多例用于主语之前, 如上引后几例, 这与"怎的"等用法一致。

3.1.6 境事浅度问

境事, 是动核结构中动核所联系的另一非强制性语义成分, 是指动作、状态发生的环境。多用于动作动词或状态动词句中, 一般作状语。境事可分为处所、时间、范围和条件等类型。（参见范晓等2003）处所, 指动作、状态发生的所在, 如地点、场合、位置等,常用"自、从、由、向、打、在、到、往"等介词标示，如"他在府上吃酒"。时间，指动作、状态发生的时段或时点，常用"从、打、当、值、在、到、乘、自"等介词标示，如"从昨天到现在一直没有离开过"。范围，指动作、状态发生所限定的领域或方面；条件，则指动作、状态发生所需要的时机与境况，分别用"在、除了、连"和"趁、随（着）、在"等介词标示。对境事提问，就是境事问。如"大官人在那里吃酒?""他几时离开的?"中的"那里""几时"分别提问处所和时间。

3.1.6.1　那系

"那"系疑问代词主要用于问处所。主要形式是"那里"。例如：

（1）小人其实不曾知道。那里做生日来?（教朴，248）

（2）你的帽儿那里做来?（教朴，266）

（3）你那里打听去?（教老，78）

（4）你这几个火伴，从那合将来?（教老，61）

（5）因叫那为首的车淡上去问道："你在那里捉住那韩二来?"（金，34/471）

（6）因见他面带红色，便问："你那里吃酒来?"（金，34/474）

（7）敬济道："我在那里讨你信?"（金，85/1257）

（8）太太便问道："老爷此时从那里想起问这些闲话儿来?"（儿，14/169）

（9）问道："阿哥，你在那里弄得许多银子?"（儿，12/148）

（10）就问他："此物从哪里得来?"（金，12/172）

例（10）的"哪里"有误，万历词话本作"那里"。另有"那""那边""那处""那儿"以及"那么"等形式。如：

（11）月娘道："他那得个姐来死了葬在此处？"（金，89/1313）

（12）忙问道："依足下要从那边写呢？"（儿，35/528）

（13）尹先生，我先请教：你从那处见得我是个"寻常女子"？（儿，17/227）

（14）姐姐，"盐从那么咸，醋打那么酸"？不有当初，怎得今日？（儿，26/358）

关于例（14）"那么"用法的特殊性，吕叔湘（1985a）曾指出："有意思的是：疑问代词里跟这里、那里相应的是哪里，而跟这么、那么相应的是怎么而不是哪么，可是《儿女英雄传》里有用哪么作哪里讲的例子，恰好跟上面最后从《红楼梦》里引来的作那里讲的那么相应。"① "那么"的这一特殊用法，若以马思周（1996）的"上问去答"规则去解释，倒是符合规律的。只是这一功能在近代汉语中没有得到发展，在很大程度上是因为这一功能已被先行发展的"怎么"的相同用法所替代。需要指出的是，周树德、吴效华校注曰，此句的"从、打，作'怎么'讲"，这是想当然的解释。

3.1.6.2 几系

"几"系疑问代词常用于问时间。主要形式是"几时"，意为"什么时候"。如：

（1）你几时离了王京？（教老，56）

（2）我这马契几时税了？（教老，84）

（3）你姐姐曾几时吃粥来？（教朴，242）

（4）从几时出来？（教朴，220）

---

① 《红楼梦》中的例子是指："老太太歇着罢，我也要到家里去看看……打那么同着姨太太看看巧姐儿。"

（5）就问薛嫂儿："既是这等，几时相会看去？"（金，7/107）

（6）因问西门庆："你那边房子，几时收拾？"（金，16/225）

（7）西门庆说道："你又几时做施主来？"（金，57/761）

（8）便问说："世叔几时到京？"（儿，23/313）

3.1.6.3 多系

"多"系疑问代词中的"多咱"或"多早晚"主要用于问时间，意为"什么时候"：

（1）多早晚入敛来？（教朴，306）

（2）西门庆便问道："温师父昨日多咱来的？"（金，68/954）

（3）吴银儿因问："你两个昨日唱多咱散了？"（金，43/582）

（4）妇人睁开眼笑道："怪强盗，三不知多咱进来？"（金，29/410）

（5）桂姐道："多咱去？如今使保儿先家去说一声，作个预备。"（金，11/161）

（6）他到底赶多咱才来看我来呀？（儿，39/627）

"多咱""多早晚"跟"几时"意义相差不大。如上节"几系"的前2例，在清代的版本中均作"多站"：

（7）你多站在王京起身来着？（老乞大新释，107）

（8）我这马契多站要税了来？（老乞大新释，136）

"多早晚""多咱"的早期形式是"早晚"（丁声树1949），元时与"多"结合，成了"多早晚"，明时"早晚"通过合音变成了"喒"或"咱"，《老》中也写作"站"，如例（7）（8）。《金》中只见

"多咱"。"多早晚"的形式在《儿》中还能见到。"多早晚"与"多咱"多用于询问过去，如例（1）—（4），也可以用于询问将来，如例（5）和（6）。

3.1.6.4 何系

"何"系疑问代词也可用于问处所，用例不多。如：

(1) 问着公子道："这话又从何说起？"（儿，40/676）

(2) 安公子见他问的奇怪，连忙答说："无所闻。这话从何而起？"（儿，3/32）

但例中的处所是虚化用法。

3.1.7 量度浅度问

量度，是指动作的量及程度，也是动核结构中动核所联系的一种非强制性语义成分。主要用于动词之后充当补语，有时也出现在状语位置上。可以分为动量、程度两类。动量，表示动作的次数以及动作或状态持续的时间。例如："走了两趟""三次造访"中"两趟""三次"。程度，是指动作行为或性质状态变化所达到的状况。例如："这个秃婆娘伶俐得忒甚"中的"忒甚"。对于量度的提问，就是量度问。例如："走了几趟？""几次造访？""这个婆娘有多伶俐？"

用于量度问的疑问代词有"几""多"等，但在浅度问中很少见到。例如：

(1) 那珠儿多大小？（教朴，224）

"多"询问程度。

其他文献偶有所见，如：

(2) 乡关此日几多远？春酒与愁相胜浓。（贺铸：答孙休兼简清凉和上人二首）

(3) 墙角种芭蕉，遮却行人眼。芭蕉能有几多高？不碍南

山面。(陈洪绶：前调)

在深度问中有一些用例，如：

(4) 没了娘子多少时了？(金，7/111)

下文将进一步讨论。

3.1.8 动核浅度问

动核是动核结构的核心，是组成动核结构的最关键的语义成分。动核在最小的主谓短语里总是居于谓语或谓语中心的地位。据动词的配价能力，可以将动核分为一价动核、二价动核、三价动核等；据动词的语义特点，可以将动核分为动作核、经验核、性状核与关系核等(参见范晓等 2003)。刘丹青(2005)曾指出：汉语中的"谓语动词特别是带宾语等补足成分的动词是一个难以提问的成分"。刘氏是在分析特指问时提出这一看法的。从这个角度看，这话不能说不对，只是说得有些绝对了。在汉语的疑问句系统中，正反问主要是用于提问动核的。正反相叠的办法比较适合于问动核。比如：

(1) 问动作核："打不打""吃不吃""去不去""走不走""睡不睡""住不住""给不给"。

(2) 问经验核："想不想""爱不爱""知道不知道""喜欢不喜欢""佩服不佩服""遇到没遇到"。

(3) 问性状核："热情不热情""面熟不面熟""恩爱不恩爱""聪明不聪明""客气不客气""热不热""倒塌没倒塌"。

(4) 问关系核："是不是""属不属""有没有""像不像""姓不姓""称不称""包括不包括""具备不具备"。

可见，各类动词均可用正反问提问。但是，由于正反问的提问方式，决定了其问动核只能问是否实施或者存在这一动作或性状，不能对动作和性状实施的具体情况进行提问。这就需要别的提问方式来弥补。而特指问尽管不具有正反问以肯否方式提问动核的表意功能，却有对动作和性状实施的具体情况进行提问的条件和优势，这与正反问正可以形成互补。因此，用特指问来提问动核的用例，在文献中并不少见。在我们所调查的四部书中，以特指问句问动核共见 206 例。

3.1.8.1 怎系

用于动核问较多的是"怎"系疑问代词。先看《老》《朴》中的例子：

（1）人吃的且有些个，这马们却怎生一发那与些草料如何？（教老，73）

（2）他吃的饭却怎生？（教老，69）

（3）上了坟回来怎的？（教朴，247）

例（1）断句有分歧，汪维辉注中华书局本"怎生"后无问号，与下文合为一句；但据刘坚、蒋绍愚《近代汉语语法资料汇编》（元代明代卷）①，"怎生"后是个问号，"这马们却怎生？"当是动核问。"怎生"意为"怎么办、如何好"。例（2）的用法同此。例（3）的"怎的"是"做什么"的意思。两书中仅见以上几例。再看《金》中的例子：

（4）孙二娘走来，问道："月桂怎的？奶奶叫他跪着。"（金，94/1378）

（5）慌了玉楼，便道："姐姐怎的？"（金，33/460）

（6）扯着他手儿问道："你心里怎的来？"（金，94/1377）

（7）西门庆便问月娘："怎的？"（金，30/420）

（8）那秋菊走到后边厨下，问雪娥："熬的粥怎么了？"（金，79/1180）

---

① 下文凡出现此书均略作《汇编·唐五代卷/宋代卷/元明卷》。

(9) 因问月娘："你如今心内怎么的？"（金，75/1092）

(10) 到面前问他："你寻的那女子怎样了？"（金，37/509）

(11) 伯爵因问："黄四丈人那事怎样了？"（金，67/935）

(12) 西门庆因问他："庄子上收拾怎的样了？"（金，35/494）

(13) 因问："你买的汗巾儿怎了？"（金，52/709）

以上各例均问动核。有的偏于行为，有的偏于性状，有的则偏于结果。词形各不相同，"怎样"是后起用法，在《金》中尚不多见，主要用于动核问。"怎的样"和"怎"问动核很少见到。在《儿》中，动核问不仅数量增加，而且形式也有一些变化，除了"怎么""怎的""怎样"等，还有"怎么样""怎么着""咱儿""咱的""怎吗"等形式。例如：

(14) 公子又问："你怎么了？"（儿，3/38）

(15) 老爷笑问："怎的？"（儿，34/509）

(16) 安老爷道："姑奶奶，你还要怎样？"（儿，16/213）

(17) 便问道："来了怎么样呢？"（儿，31/458）

(18) 因说道："亲家妈，怎么样罢？"（儿，32/475）

(19) 傻狗说："依你这话，怎么样呢？"（儿，4/46）

(20) 公子说："你们两个都走了，我怎么着？"（儿，4/45）

(21) 张太太才问道："咱儿咧？"（儿，33/497）

(22) 晋升家的道："我的小爷！你手里端的那不叫热茶吗？咱的了？"（儿，12/147）

(23) 使不的咱儿着？（儿，21/279）

(24) 安太太道："怎吗呀？又怎么不零不搭的，单告一年半的假呢？"（儿，33/485）

各种形式中，后起的"怎么样"使用量最大，而且主要用于动核问。

"咱儿（的）""怎吗"的形式在明清时期其他文献中不多见。

在《金》中我们还见到"怎么"带宾语的动核问：

　　（25）月娘道："是我说的，你如今怎么我？"（金，75/1086）

此例为假性问。"怎"系疑问代词的这种问句形式在其他近代汉语文献中也有所用，不过，用于真性问不多见，例如：

　　（26）〔赛卢医云〕我不与你，你就怎地我？（窦娥冤，第2折）

　　（27）〔卜儿云〕孩儿，有谁人怎的你来？你说咱。（宜秋山赵礼让肥，第2折）

　　（28）你看一火随邪的弟子孩儿都死了也。只是这桃花女怎的他活？（桃花女破法嫁周公，第4折）

例中"怎的（地）"均带了宾语。前两例就一般行为动词提问，后一例就使令动词提问。

3.1.8.2　何系

"何"系疑问代词用于动核问频率较高。《老》《朴》中唯见"如何"，《金》《儿》中除了"如何"，还有"何如、若何"等。基本保留文言中的用法。略举数例：

　　（1）咱们今日打球儿如何？（教朴，301）

　　（2）你打馈我两张弓如何？（教朴，244）

　　（3）伯爵道："哥，嫂子病体如何？"（金，1/25）

　　（4）王婆又道："这雌儿风月如何？"（金，4/75）

　　（5）妇人便问："所言之事如何？"（金，16/230）

　　（6）西门庆问道："我后来运限何如？"（金，29/404）

　　（7）择个吉日良时，招你进来，入门为赘。你意下若何？（金，17/246）

以上句子中的"如何"等均属动核问，相当于"怎么样"或"行不行"。

3.1.9　名构浅度问

上文讨论的都是就动核结构的某一部分提问的疑问句，动核结构投射到句法平面的，都是主谓句，或者是动词性的非主谓句。名核结构往往以动核结构的构件参与句法配位活动。因而，实际上，一般情况下名核结构在句法活动中总是缺乏独立的地位。但是，如果名核结构独立成句，它就具有了独立的句法地位。非主谓句中的名词句，就是这类句子。它们在汉语的句子系统中也具有重要的作用。为了称说的方便，我们把由动核结构形成的句子称为动构句，由名核结构形成的句子称为名构句。相应的疑问句分别可以叫做"动构问"和"名构问"。名构问可由一个词构成，也可由一个短语构成，比如，寂静的夜晚你忽然听见有动静，警觉地问："谁？"或问："什么声音？"前者是词，后者是短语。名构问所用的疑问代词总是"疑问代名词"如"谁""什么""那（哪）个""那（哪）里"等，指代形容词、动词等的"怎么""怎么样""怎的""如何"等，独立成句时也属于动构问。

3.1.9.1　谁系

例如：

（1）邓九公听了，歪着头想了一会，道："吭，谁？"因向老爷道："老弟，你试把他的姓名说来，我领教领教。"（儿，15/191）

（2）他撇着京腔笑道："莫如合他下一盘罢。"老爷道："谁？"抬头一看，才见叶通站在那里。（儿，34/507）

（3）紫鹃道："在这里吃惯了，明年家去，那里有这闲钱吃

这个。"宝玉听了，吃了一惊，忙问："谁？往那个家去？"紫鹃道："你妹妹回苏州家去。"（红楼梦，第57回）

（4）靖问："谁？"曰："妾杨家之执拂妓也。"（剑侠传，卷一）

以上各例中的"谁？"都是疑问代名词独立成句，是名构问。再如：

（5）只见吴月娘说："贲四嫂买了两个盒儿，他女儿长姐定与人家，来磕头。"西门庆便问："谁家？"（金，65/900）

（6）齐香儿道："俺每明日还要起早往门外送殡去哩。"伯爵道："谁家？"（金，58/775）

（7）那人说："你认的我们是谁，跑的我们院子里叫小亲家子！"蒋爷说："谁的院子？你再说！"那人说："我们的院子！这算你们的院子？"（小五义，第106回）

（8）展爷问："谁的？"三爷道："邓大哥的。"（小五义，第15回）

各例均为限事问，后1例是省略用法。

3.1.9.2 甚系

例如：

（1）陆书吏，你馈我写一个状子。

甚么状子？（教朴，312）

（2）曹大家里人情来么？

甚么人情？（教朴，305）

（3）西门庆道："甚么买卖？"（金，78/1165）

（4）请老公公试估估，那里地道，甚么名色？（金，64/882）

（5）因问："甚么时候？"西门庆道："正丑时断气。"（金，63/865）

（6）月娘问道："甚么物件儿？"（金，40/546）

（7）西门庆道："甚么话？我并不知道。"（金，23/331）

（8）郓哥道："便是两个字的。"婆子道："甚么两个字的？"（金，4/78）

（9）婆子道："甚么大官人？"（金，4/78）

（10）西门庆道："甚么稀罕事？"（金，1/26）

（11）便问："甚么病症？"陈敬济道："是痰火之疾。"（金，80/1207）

（12）西门庆问："甚物事？"（金，71/999）

（13）舅太太满脸惊慌道："甚么事呀？"（儿，24/331）

（14）张老婆儿道："可罢了我了，偺事儿呢？"（儿，11/132）

"甚么"等用于名构问主要充当限事。

3.1.9.3　那系

例如：

（1）那个"逢"字？（教朴，274）

（2）说道："我是韩家寻安哥说话的。"月娘问："那安哥？"（金，49/657）

（3）伯爵道："哥，那四个？"（金，72/1024）

（4）董娇儿问道："哥儿，那两个法儿？说来我听。"（金，42/570）

（5）老爷点了点头，便问："那一个呢？"（儿，40/685）

（6）邓九公又装了个楞，说："那话呀？"（儿，17/219）

（7）老爷诧异道："那位黄老爷？"（儿，38/603）

以上名构问中，"那（个）"均为第一层次的直接成分，属浅度问。"那（个）"用于名构问也以充当限事为主。

3.1.9.4 其他

"多少""怎么""几"等也可用于名构问，但不多见。如：

(1) 多少学课钱？（教朴，239）

(2) 多少分两？（教朴，223）

(3) 任道士因问他："多少青春？"（金，93/1367）

(4) 西门庆道："自古半老佳人可共。便差一两岁也不打紧。真个多少年纪？"（金，2/51）

(5) 说着，这才问："多少日子了？"（儿，40/651）

(6) 那两个骡夫都问："怎么回事？"（儿，5/60）

(7) 几岁了？

今年才三十七岁。（教朴，305）

3.1.10 兼格浅度问

所谓兼格，是指一个词语在语义结构中兼任双重或多重的语义角色。在句子生成的过程中，为了满足语用上的简洁化或多样化的需求，通过语义成分的移位、删简、隐含、合并等方式可以使某个词在语义结构中身兼两个或多个语义成分。兼格的情况比较复杂，有当事兼施事、受事兼施事、止事兼施事、止事兼涉事、止事兼受事等多种形式，均见于递系结构中。主要出现在"谁"和"甚"充当疑问代词的句子中。

3.1.10.1 受事兼施事

例如：

(1) 文契着谁写？（教老，83）

(2) 咱们留谁看房子？（教老，66）

(3) 可知道好！着谁去讨？（教朴，211）

(4) 今年他东京去了，只顾不见来，却叫谁人看着扎？

（金，78/1154）

（5）如今卜志道兄弟没了，却教谁补？（金，1/17）

（6）金莲问："打发谁去？"（金，25/357）

（7）月娘又问："使了谁请老娘去了？"（金，30/421）

（8）因问来定儿："你家叫了谁在那里唱？"（金，45/604）

（9）又问："明日请谁吃酒？"（金，76/1118）

这类句子前一个动词都含有使令意义，是后一动作发出的原因。"谁"是对兼语提问，既充当了前一动词的受事，又兼任了后一动词的施事。

递系结构在《诗经》时代就已经使用，如："既往既来，使我心疚。"（《大雅·大东》）疑问句中对这一结构中兼语的提问，秦汉时我们已能见到，唐宋以后渐多。例如：

（10）已而吕后问："陛下百岁后，萧相国即死，令谁代之？"（史记·高祖本纪）

（11）今《定国寺碑》当使谁作词也？（北齐书，卷三十九）

（12）韦公子孙虽多，数不满百。汾北筑城，遣谁固守？（周书，卷三十一）

（13）若一旦窃发，陛下遣谁当之？（资治通鉴，卷二百）

（14）布曰："教谁斩？"（续资治通鉴长编，卷四百九十六）

3.1.10.2　止事兼施事

主要出现在"有"字句和"是"字句中。如：

（1）西门庆下来更衣，叫玳安到僻静处问他话："今日花家有谁来？"（金，16/232）

（2）月娘便问："前边有谁来了？"（金，32/443）

（3）因问玳安："他庙里有谁在这里?"（金，39/533）

（4）婆子道："三娘，果然是谁要? 告我说。"（金，24/340）

（5）便叫春梅问道："是谁说他掇起石头来了?"（金，28/393）

（6）金莲问："是谁说话?"（金，33/460）

（7）西门庆正吃酒，忽听见弹的琵琶声，便问："是谁弹琵琶?"（金，38/529）

（8）使下玳安儿来问："是谁笑?"（金，46/608）

（9）因把安童提上来问道："是谁刺死你主人，是谁推你在水中?"（金，47/631）

（10）连忙出来应道："是谁叫老身?"（金，87/1286）

（11）老爷便怪着他道："到底是谁要拜会我?"（儿，36/557）

（12）来旺儿骂道："贼淫妇! 还搗鬼哩! 端的是那个与你的?"（金，25/351）

前3例"谁"既作"有"的止事，又作后一动词的施事，构成"有"字递系结构，也属兼语式的一种。这种结构有表示人或事物存在或出现的语法意义。前面的处所词语往往不出现。《荀子·正论》中如下用例就是早期用法："天子者，执位至尊，无敌于天下，夫有谁与让矣?"唐时已较多见，如"万里休言道路赊，有谁教汝度流沙。"（韩愈《赠译经僧》）"有谁来问法，林杪过残阳。"（顾非熊《寄太白无能禅师》）后9例"谁（那个）"既作"是"的止事，又作后一动词的施事。一般讨论兼语结构的文章都不涉及这类句子。我们觉得，从构成看，这类句子也是递系结构，可以看作兼语式。关于这类结构的成因，吕叔湘（1985a）曾经论及，他说"很早就有一个趋势，在用做叙述句的主语的'谁'字前头加一个'是',让它在形式上变成表语",因为这样使用"更合于由已知到未知的心理顺序"。他最早举了《北齐书》、"唐词"与《景德传灯录》中的例子。"是"的这种用法,是"是"由指示代词发展为判断词并进而语法化为焦点标记过程中产生的新用法,石毓智、李讷(2001)曾经指出:"由判断词向焦点标记发展,再由焦点标记向疑问标记的演化,是人类语言发展的一个共同点。"他们认为在 5 世纪左右,"是"的焦点标记用法已经产生,唐时的"'是'的功能并不是使主语'谁'变成表语,而是表征它的〔+F〕特征"。关于焦点标记的思考确是给人启示,不过,不能因此而否认吕叔湘的观点。我们认为,信息结构由已知到未知的认知过程对于此类结构的产生确实具有内在驱动作用,表语化是一个语法事实,但由于疑问代词始终是疑问句的焦点所在,"是"用于疑问代词之前,在让疑问代词表语化的同时兼有了焦点标记的作用,而这种用法客观上又推动了"是"作为焦点标记用法的发展,因为疑问焦点也是焦点。"是"并未发展为一个纯粹的焦点标记,它始终兼有判断的用法,这也是不能否认吕叔湘说法的一个证明。

3.1.10.3　其他

例如:

(1) 玳安便问他:"拿与谁吃?"(金,97/1417)

(2) 被春梅叫住问道:"拿茶与谁吃?"(金,63/874)

(3) 因说道:"贼囚!你送了这些东西来与谁吃?"(金,34/473)

(4) 问道:"你告我说,两个唱的在后边唱与谁听?"(金,42/569)

(5) 月娘道:"线铺子却交谁开?"(金,51/678)

(6) 动问施主,今日见召,不知有甚分付,……(金,53/

718）

前 5 例是当事兼施事，出现于给予动词句；后 1 例是止事兼受事，出现于"有字句"。

3.1.11 隐含浅度问

特指问不同于其他问句的显著特征是，它是通过疑问代词来传递疑问信息的，疑问代词是特指问句的必有形式。但是，有时候也存在疑问代词不以显性的方式而以隐性的方式出现，这就是所谓隐含用法。这类用法多见于因事问，也见于客事问和动核问等。

3.1.11.1 隐含因事问

这类问句隐含了一个表示原因或目的的疑问代词。例如：

（1）因问："你今日往那里，［e］这咱才来？"（金，78/1153）

（2）不防金莲齁着头，站在东角门首，叫道："哥，你往那去，［e］这咱才出来？"（金，20/284）

（3）月娘见他面色改常，便问："你今日会茶，［e］来家怎早？"（金，14/199）

（4）你每四个在后边做甚么，［e］这半日才来？（金，58/772）

（5）你恁大年纪，前程也在身上，［e］还干这勾当？（金，40/551）

（6）李瓶儿问："［e］今夜吃酒来的早？"西门庆道："夏龙溪因我前日送了他那匹马，今日为我费心，治了一席酒请我，又叫了两个小优儿。和他坐了这一回，见天气下雪，来家早些。"（金，38/528）

（7）金莲道："他是个新人儿，才来头一日，你［e］就空

了他房？"（金，19/272）

（8）我见他且是谦恭，见了人，把头儿只低着。可怜见儿的，你 [e] 这等做作他？（金，19/266）

（9）西门庆见他额上磕伤一道油皮，说道："丫头都在那里，[e] 不看你？"（金，61/827）

（10）陈姐夫，[e] 连你也叫起花大舅来？是那门儿亲，死了的知道罢了。你叫他李大舅才是。（金，39/542）

（11）玳安道："好淫妇，你今日讨了谁口里话，[e] 这等扭手扭脚？"（金，50/665）

（12）孙雪娥在旁说："春梅卖在守备府中多少时儿，[e] 就这等大了？"（金，88/1304）

以上各例中的 [e] 处均隐含了表原因或目的疑问代词"怎么"或"为甚么"。有的也可以是别的句法位置上的隐含，如例（5）也可理解为句首隐含；例（8）也可理解为句末隐含。上文 3.1.5.2 我们指出"怎"系疑问代词可以出现在三个位置上：动词之前主语之后、主语之前和动词之后，而以第一种为最常见。疑问代词隐含的句法位置当与之相应。隐含式因为不出现疑问代词，在形式上很像是非问，有的似乎也可以理解为是非问。我们的判定方法是：句末不能加"吗"，并且，加上一个疑问代词和句末语气词"呢"后，语法上合格且语用上得体，就认定为隐含式，如例（1）"这咱才来？"不能加"吗"，但可以加"怎的……呢"，因此是隐含；句末能加"吗"，但是加上一个疑问代词和句末语气词"呢"后，语法上也合格，是否隐含当视语境而定。如例（7）可以说"你怎的就空了他房呢？"也可以说"你就空了他房吗？"句法不同，语义也略有不同。前者问的是"空了他房"的原因，后者是就"空了他房"的事实加以确认。潘金莲关注的是新人刚进门就被空房这一反常之事的原因，从西门庆的答话中也可看出："你不知，淫妇有些眼里火，待我奈何他两日，慢慢的进去。"因而，这句话当看作特指问的隐含式为宜。有时，联系语境也不易判定，鉴于这类句子的显性形式更接近于是非问，我们在统计时把它归入是非问，如下例：

（13）那蕙莲只顾跪着不起来，说："爹好狠心，你不看僧面看佛面，我怎说着，你就不依依儿？"（金，26/362）

3.1.11.2　隐含客事问

这类问句通常是隐含一个表示位事或止事的疑问代词。例如学界关注较多的"NP＋呢"形式有一部分就是属于位事问。请看例子：

（1）说着便叫："喜儿［e］呢？"（儿，40/671）

（2）便听老爷拿着条沉颠颠的正宫调嗓子，叫了声："长姐儿［e］呢？"（儿，40/666）

（3）说着，便大嚷着叫道："姑爷、姑奶奶［e］呢？"（儿，40/644）

（4）便问丫头们道："两位大奶奶［e］呢？怎么一个儿也不在这里？"（儿，36/549）

（5）因问："张亲母［e］呢？我洗手的那个工夫儿他都等不得，就忙着先跑了来了，这会子又那儿去了？"（儿，35/542）

（6）安太太说着，又叫："玉格［e］呢？"公子答应了一声进来。（儿，12/145）

（7）公子忙着问叶通道："滑稽［e］呢？"叶通只愣愣的站着不言语。（儿，30/434）

（8）公子更不问别的长短，便问："银子［e］呢？"（儿，3/36）

（9）口里说道："我的花儿［e］呢？"（儿，22/297）

（10）说着，他便扭头向安公子道："老贤侄，那把刀［e］

呢？"（儿，31/461）

"NP＋呢"格式有几种不同的语义结构，作位事问是最为常见的。以上各例"NP＋呢"相当于问"NP在那里"，问人或物所处的空间位置。前6例问人，后4例问物。所问的人或物均是具体的、有定的，并一定不在交际现场，或是问话人没发现其在交际现场。

　　汉语中问姓名、年龄等通常直接用疑问代词来询问，例如：

　　（11）又叫过张胜，问他："此人姓甚名谁？"（金，94/1376）

　　（12）未审先生鲽居几时？贵庚多少？（金，17/246）

但是在很多情况下也用隐含的方式来表达，即将充当止事的疑问代词隐去，形成一种询问姓名、年龄等的专用结构。例如：

　　（13）先生贵姓［e］？（教朴，314）

　　（14）哥哥你贵姓［e］？（教老，59）

　　（15）因问："老先生尊号［e］？"（金，70/981）

　　（16）薛内相便道："此位会说话的兄，请问上姓［e］。"（金，64/883）

　　（17）因问："二位老先生仙乡［e］、尊号［e］？"（金，36/504）

　　（18）西门庆动问神仙："高名［e］雅号［e］，仙乡何处？"（金，29/403）

　　（19）因问东家花子虚道："这位姐儿上姓［e］？"（金，11/160）

　　（20）守备便问："贤弟贵庚［e］？"（金，97/1414）

　　（21）伯爵道："他老人家也高寿［e］了？"（金，77/1138）

　　（22）大哥你贵寿［e］？（教老，76）

当然，也有用疑问代词来询问的，如例（22）在《老乞大新释》（127）中就作"阿哥，你多大年纪？"下例也是隐含止事问：

（23）因问："官人行礼日期［e］？奴这里好做预备。"（金，7/112）

3.1.11.3 隐含动核问

这类问句通常是隐含一个表示动作行为的疑问代词。"NP＋呢"的另一用法就是问动核。一般作为后续句承上文的陈述而言。例如：

（1）舅太太听着说完了，便笑道："你们站着，咱们商量商量：这么一对挪，你们行人情的行人情，认亲戚的认亲戚，女儿、女婿给开斋的开斋，这天算都有了吃儿了；我［e］呢？"问的大家连安老爷也不禁大笑起来。（儿，29/423）

（2）他道："第一，上路之后，我只守了母亲的灵，除了内眷，不见一个外人。"安老爷道："这是一。第二［e］呢？"（儿，19/259）

（3）老爷又道："你的头场稿子我看过了，倒难为你。二场便宜了，你本是习《礼记》专经的，五个题目都还容易作。"因问："三场［e］呢？"公子连忙从怀里掏出稿子来送过去。（儿，35/529）

（4）尹先生说："看得亲，自然看得重，据此一说，未免觉得母亲重。"姑娘道："那一说［e］呢？"（儿，17/227）

这些句子中都隐含表示动核的疑问代词"怎样"或"如何"。"VP＋呢"也往往隐含一个表示动核的疑问代词。例如：

（5）说道："你连个'老爷'、'小的'也不会称吗？你要上了法堂［e］呢？"（儿，31/458）

（6）安老爷便道："然则带兵［e］呢？成日里卧不安枕，食不甘味，又将如何？"（儿，35/529）

以上 2 例同样隐含了"怎样"或"如何",均是一种假设说法。后例是谈论科考之苦,安老爷引"带兵"作比较,假设之中有对比。上举"NP＋呢"和"VP＋呢"学界习惯于称为"W＋呢"或"非疑问形式＋呢"。这类句式在唐代就已经产生,只是语气词的写法不同而已,《祖堂集》中作"聻""你""尼"等,如"夹山曰:'只今聻?'"(卷九)"师云:'王老师你?'"(卷十六)"师曰:'那个尼?'"(卷四)等,宋元时才写作"呢"(蒋绍愚 2005)。但直到明时还不很普遍,我们在《金》中未见到"W＋呢"的用法。不用"呢"的"VP?"式隐含用法倒有所见,如:

(7)伯才道:"日色将落,晚了,赶不下山去。倘不弃,在小道方丈权宿一宵[e]?明早下山从容些。"(金,84/1248)

这里也是隐含了动核"怎样"或"如何"。

表三:真性浅度特指问语义功能分布表

项 目	谁 系					甚 系					怎 系				
	老	朴	金	儿	计	老	朴	金	儿	计	老	朴	金	儿	计
主事问	4	3	23	12	42		1		7	8	2	7	4	24	37
客事问	1	3	24	29	57	2	11	99	45	157			6	19	25
与事问			5	2	7										
凭事问						1	1	3		5	1	15	68	55	139
因事问						2	6	35	17	60	15	10	206	175	406
动核问									2	2	2	1	31	49	83
名构问			2	3	5		4	18	4	26			1	1	2
兼格问	2		34	4	40			2	1	3					
合计	7	6	88	50	151	5	23	157	76	261	20	33	316	323	692

续表

项 目	那 系					何 系					多 系				
	老	朴	金	儿	计	老	朴	金	儿	计	老	朴	金	儿	计
主事问	1	2	4	2	9			8	9	17					
客事问	8	22	153	49	232			8	16	24			13		13
凭事问								14	2	16					
因事问							4	67	14	85					
境事问	3	5	17	21	46			4	12	16		1	8	1	10
动核问						17	18	60	24	119					
名构问		1	5	3	9			2	2	4	1	2	3	1	7
兼格问			1		1			1		1					
合计	12	30	180	75	297	17	22	164	79	282	1	3	24	2	30

项 目	几 系					隐 含					其 他				
	老	朴	金	儿	计	老	朴	金	儿	计	老	朴	金	儿	计
主事问			2		2										
客事问		1	7		8	2	1	22	4	29				1	1
因事问								28	4	32					
境事问	5	10	42	5	62										
量度问		1			1										
动核问							1	26		27			2		2
名构问		1			1										
合计	5	13	51	5	74	2	1	51	34	88			2	1	3
总计								1878							

3.2 深度问

根据疑问代词所充当的语义角色的不同，我们对深度问进一步划分为：主事深度问、客事深度问、与事深度问、补事深度问、凭事深度问、因事深度问、境事深度问、量度深度问、名核深度问、兼格深度问等。

3.2.1 主事深度问

3.2.1.1 甚系

先看施事深度问的用例：

（1）月娘问："甚么人家娶去了？"（金，87/1288）

（2）秋菊道："不知甚么人偷了娘的这只鞋去了？"（金，28/390）

（3）王婆道："你家这姐姐，端的百伶百俐，不枉了好个妇女。到明日，不知甚么有福的人受的他起。"（金，6/95）

（4）安老爷听了，忙问："甚么人来了？"（儿，21/280）

（5）你可备细说与我，哥哥和甚人合气？被甚人谋害了？（金，9/137）

（6）这敬济又叫住，因问杨大郎："县前我丈人的小，那潘氏尸首怎不见，被甚人领的去了？"（金，88/1301）

例中"甚么""甚"充当施事之限事。后两例由"被"将施事置于状语位置。

再看系事深度问的用例：

（7）咱们买些甚么回货去时好？（教老，98）

（8）店子待到也，咱们吃些甚么茶饭好？（教老，75）

（9）西门庆道："如今该用甚药才好？"（金，55/732）

（10）玉楼道："咱们今日赌什么好！"（金，23/322）

（11）忙问："他家死了甚么人？"（儿，21/283）

前4例动核均是"好"，例（7）（8）的"甚么"、例（9）的"甚"充当系事中受事的限事。例（10）的"什么"充当系事中的凭事。例（11）的句法结构比较特别，动核"死"是个状态动词，系事

"甚么人"居于宾语位置，"甚么"是系事里的限事。前 3 例均为对第三层次语义成分的提问

3.2.1.2 那系

用于施事中的，如：

(1) 月娘问道："那几个陪他吃饭？"（金，63/864）

(2) 伯爵问道："这遭起身那两位去？"（金，66/907）

"那"就施事之限事提问。

用于系事中的，如：

(3) 咱那个山里去好？（教朴，269）

(4) 咱们到时，那里安下好？（教老，60）

(5) 我纵有天大的本事，我可不会分身法儿。我先护送你们那一头儿好？（儿，9/112）

以上各例的动核都是"好"。前 2 例"那个"和"那里"分别就系事里的位事提问。后 1 例的"那"是就系事里受事的限事提问。再如：

(6) 郓哥道："起动老叔，教我那处寻他的是？"（金，4/78）

(7) 可奈他绝口不谈公事，至要紧的话，问的是淮安膏药那铺子里的好？竹沥涤痰丸那铺子里的真？（儿，13/161）

例 (6) 的动核为"是"，"教我那处寻他"为系事，"那处"是就系事里补事的处所提问。例 (7) 是两个问句，动核分别是"好"与"真"，"那铺子里的"分别属于系事里的限事，而"那"是就系事里限事的限事提问。

用于起事中的，如：

(8) 蔡状元问道："那两个是生旦？"（金，36/505）

(9) 只见一个青衣人走向前问道："那位是山东提刑西门老爷？"（金，70/983）

"那"均为起事之限事。

3.2.1.3 其他

主事深度问中，还有少数其他形式。"谁"系如：

（1）月娘道："他家是孔嫂儿，咱家安上谁好？"西门庆道："一客不烦二主，就安上老冯罢。"（金，42/565）

例中"咱们家安上谁"为主事中的系事，动核是"好"，"谁"充当了系事中的受事。"怎"系如：

（2）因商量道："武二回来，却怎生不与他知道六姐是我娶了才好？"（金，9/132）

本例"好"是动核，"怎生不与他知道六姐是我娶了"是系事，"怎生"就系事中的方式提问。

另有"多少""几""何"等也偶有所见：

（3）一百个钱，与你多少的是？

随你与的是。（教老，72）

（4）应伯爵道："你如今还得多少才勾？"（金，45/597）

（5）这个白斋可吃到多早晚是个了手呢？（儿，21/279）

（6）这们时，我待近日回程，几日好？（教老，99）

（7）又问他："二公贺轴，何人写了？"（金，77/1127）

前2例"多少"就系事中受事的限事提问，"多少"是转指用法（详下）。例（3）动核为"是"，句中的"的"是元时表示"语气间歇"的一个特殊助词，通常也写作"呵"。本例《原本老乞大》（22）就作："与恁多少阿是？"上文例（6）《金》中的用法类此。例（5）"多早晚"对起事中的时间性位事提问；例（6）"几"作系事之限事；例（7）"何"为施事之限事。

3.2.2 客事深度问

3.2.2.1 谁系

"谁"系疑问代词作客事深度问也较多见，其中最多的是止事深度问。例如：

（1）因问："票上还有谁的名字？"（金，51/680）

（2）西门庆叫上唱莺莺的韩家女儿，近前问："你是韩家谁的女儿？"（金，68/946）

（3）九公道："这又来了！倒底是谁二叔啊？你见了得称他老爷。"（儿，15/188）

（4）又问："书童那奴才穿的是谁的衣服？"（金，35/499）

（5）是谁家的牢子？（教朴，280）

（6）西门庆故问王婆道："干娘，不敢动问，这位娘子是谁家宅上的娘子？"（金，3/65）

（7）大姐看见，便问："是谁干的营生？"（金，48/639）

前 3 例是就止事中的领事提问。"领事"是指名核的领有者，包括亲属关系，如"哥哥、弟弟、爸爸、叔叔、姑夫、舅妈"等，例（2）（3）即是；整体与部分关系，如"他的眼睛""鹿角"，名字与本体也是一体的，例（1）就是；本体与属性关系，如"牛的脾气""他的笑"等。（参见陆俭明、沈阳 2003；范晓等 2003）例（4）是就止事中的限事提问。例（5）的"谁"是就止事中的限事的限事提问。例（6）中的"谁家"是"谁"的意思。下文仍是西门庆的话："倒不知是谁宅上娘子？"意思相同。此例也是就止事中限事的限事提问。末例则是就止事中限事的施事提问。再看：

（8）金莲道："这两面是谁的？"（金，58/782）

（9）这张胜便问刘二："那个粉头是谁家的？"（金，94/

1383)

（10）你那金带是谁厢的？（教朴，223）

（11）西门庆进来问："今日茶是谁顿的？"（金，24/343）

以上各例的止事分别由一个"的"字结构充当。根据朱德熙（1983）先生的研究，这类用法可以看成是"转指"用法，表转指的"的"用在谓词性成分后，可实现"语法功能的转化，就是名词化"，用在名词性成分后，可以"从一个名词性成分变为另一个名词性成分"，实现"语义功能的转化"。转指的结构分别可以充当语义结构中的"施事""受事"等不同的语义角色。朱德熙（1984）进一步认为"所有由'的'字结构和量词结构组合充任定语的向心结构都包含两个核心"，"木头房子"与"木头的房子"的不同，在于"木头的"和"木头的房子"功能相同，而"木头"和"木头房子"的功能却不一样。他把这类包含两个核心的结构称为"同位性向心结构"。而这种结构正是形成转指用法的基础。我们认为，出现在转指结构中的谓词性成分或体词性成分的语义角色与加"的"后形成转指结构的语义角色并不相同，不妨把前者看成是转指结构中的限事。① 如例（8）"谁的"是一个转指结构，功能相当于"谁的镜子"，充当止事，疑问代词"谁"在这一结构中属于止事中的限事。例（9）"谁家的"是止事，"谁家"充当限事，"谁"是止事中限事的限事。同样，例（10）和（11）可以分析为止事中限事的施事。下面的例子形式上类似转指用法，但其实不一样：

（12）才要叫门，婆子便问："你是寻谁的？"（金，8/127）

"你是寻谁的？"意为"你寻谁？""的"是个语气助词。

---

① 石定栩（2007）在朱德熙观点的基础上，进一步主张"将'的'和前面的成分归纳为一个向心结构，以'的'为核心。'的'的句法功能是帮助其它成分成为定语，'的'字结构整体充当定语的功能来自'的'，没有必要再去区分'自指'与'转指'"。

以上例子中，有的是对第二层次的句法—语义成分的提问，如例（1）—（4）；有的是对第三层次的句法—语义成分的提问，如例（5）—（7）。

再看受事深度问的例子：

（13）竹山道："曾吃谁的药来？"妇人道："大街上胡先生。"（金，17/245）

（14）西门庆见他戴着白縠髻，问："你戴的谁人孝？"（金，68/946）

（15）我且问爹，听见谁说这个话来？（金，25/356）

前两例是就受事中的限事提问，其中例（14）的结构有些特殊，在句法层面用了结构助词"的"，但在语义上"戴"仍支配着"孝"。例（15）是就受事中的施事提问。

其他情况如：

（16）前日你往何千户家吃酒，他爹也是那咱时分才来，不知在谁家来？（金，79/1182）

（17）春梅道："你对我说，在谁家？"（金，95/1394）

（18）因问："他帖儿上写着谁的名字？"（金，13/189）

（19）又问："你着了谁人恼？你告我说。"（金，12/177）

例（16）（17）是就位事中的限事提问；例（18）是就成事中的领事提问；例（19）则是就涉事中的领事提问。

3.2.2.2 甚系

"甚"系疑问代词作客事深度问的使用频率相当高，共见 189 例。其中七成的例子是止事问。例如：

（1）恰说的是甚么官职？（教朴，315）

（2）你的师傅是甚么人？是汉儿人有。（教老，58）

（3）有甚么勾当？（教朴，215）

(4) 西门庆道："端的有甚妙计?"(金，3/59)

(5) 先问道："那小伙子儿，你叫甚名字?"(金，96/1409)

(6) 因问："你担儿里卖的是甚么生活? 挑进里面，等俺每看一看。"(金，90/1321)

(7) 说了回话，月娘问他："卖的是甚样生活? 拿出来瞧。"(金，90/1324)

(8) 何九一到，便问火家："这武大是甚病死了?"(金，6/93)

(9) 何小姐低头看了看，说："瞧瞧，我昨儿早起才换上的，这是甚么工夫给弄上的?"(儿，38/591)

(10) 你那腮颊上甚么疮?(教朴，220)

(11) 舍人甚么银子?

有细丝官银。(教朴，251)

例(1)—(7)均就止事之限事提问，是对第二层次的句法—语义成分的提问。例(8)是问止事中原因的限事。例(9)是问止事中时间的限事。这 2 例都是对第三层次的句法—语义成分提问。例(10)(11)属于动核省略，是问止事中之限事。

下面是受事问的例子：

(12) 你每日做甚么功课?(教朴，240)

(13) 客人吃些甚么茶饭?(教老，75)

(14) 你将甚么货物来?(教老，80)

(15) 前日李大姐装桿，你每替他穿了甚么衣服在身底下来?(金，67/932)

(16) 因见妇人弹琵琶，戏问道："五娘，你弹的甚曲儿?"(金，18/259)

(17) 便合舅太太说道："我合你说儅话儿来着?"(儿，36/

561）

（18）你待买甚么本事的马？（教朴，246）

（19）那傻狗接着问白脸儿狼："你才说告诉我个甚么巧的儿？"（儿，4/45）

（20）那媳妇子又不懂这句文话儿，说："你老说叫我弄甚么行子？"（儿，38/605）

例（18）是就受事中限事的限事提问；例（19）是就受事中受事之名核之限事提问，例（20）则是就受事中补事里的受事的限事提问，此2例均为就第四层次句法—语义成分的提问；其余均属对受事的限事提问。

其他用法，再如：

（21）姑娘这才转惊为喜，忙问："在甚么地方？"（儿，24/329）

（22）因拉着公子问道："你说说，到底又遇见个甚么救星儿呢？"（儿，12/142）

（23）妇人道："干娘裁甚衣服？"（金，3/61）

（24）你做甚么生活？（教朴，278）

（25）老爷听了，先就有些诧异，忙问他："升了甚么官了？"（儿，40/642）

例（21）是就位事之限事提问；例（22）是就涉事之名核之限事提问；例（23）（24）是就成事之限事提问，例（24）中的"生活"是"活计"之意，指的手工活，此例的答语是"我做袈裟里"，当理解为成事；例（25）是就使事之限事提问。

3.2.2.3 怎系

"怎"系疑问代词用于客事深度问以询问止事居多。请看例子：

（1）不知究竟是怎生一路人？（儿 14/176）

(2) 这是怎的一桩事？（儿，23/321）

(3) 姐姐无端的把我两个强扭作夫妻，这是怎么个意思？
（儿，26/359）

(4) 六姐，你端的怎么缘故？告我说则个。（金，12/175）

(5) 这邓九公被他众人说的那等的难说话，不知到底怎生
一个人物？（儿，15/182）

以上各例均对止事中的限事提问，所问的是事物的限定性说明成分。
后两例属关系动词的隐含用法。下面的例子是对止事中的饰事提问，
所问的是事物的修饰性描写成分，语义指向事物的性状。如：

(6) 不敢请示老师：上头提到放门生这个缺，彼时是怎样
个神情？（儿，40/647）

(7) 太太只问玉格，我上次出场进场，他都看见的，是怎
的个样子？（儿，34/512）

(8) 因问："俺爹到他屋里，怎样个动静儿？"（金，20/
282）

(9) 金莲道："你没见他老婆，怎的模样儿？"（金，58/
782）

(10) 金莲问道："那个娘娘怎么模样？"（金，59/792）

这类用法常在疑问代词后加"个"，说成"怎的个、怎么个、怎样
个"等，"个"的功用类似于结构助词。后3例是动核隐含用法。有
时在上文出现了某个说法，下文用"怎的（个）"等疑问代词提问，
要求对这个说法加以描述，也属同一类型。例如：

(11) 又听的李瓶儿低声叫道："亲达达，奴身上不方便。"
西门庆因问："你怎的身上不方便？"（金，27/379）

(12) 薛嫂道："如今不做小奶奶，倒做了大奶奶了。"月娘
道："他怎的做大奶奶？"（金，95/1391）

（13）奶子道："可是说的，饶叨贴了娘的，还背地不道是。"王姑子道："怎的不道是？"（金，62/839）

（14）（吃孙寡嘴老油嘴把借契写差了）因问："怎的写差了？"（金，42/571）

（15）尹先生沉吟一会，道："'父兮生我，母兮鞠我'，其重一也。这话却又有两讲。"姑娘道："怎的个两讲呢？"（儿，17/227）

以上各例中的"怎的"都是针对特定语句所作的提问，问句中多半是重复上文出现的关键性词语。要求对语句所表现的具体状况进行描述，答语往往具有描述性。如例（11）李瓶儿的回答是："奴身中已怀临月孕。"下面的例子是对止事中其他成分的提问：

（16）妇人道："请问先生，这四桩儿是怎的说？"（金，12/182）

（17）便叫常峙节道："哥，这却是怎的说？"（金，1/21）

（18）我父亲的灵在庙里这话，我合邓、褚两家都不曾谈过，他是怎的知道？（儿，19/255）

（19）心想："这位太太向来没这么大脾气呀，这是怎么讲呢？"（儿，21/278）

（20）合他嚷道："是怎么下不来？你到底说呀！"（儿，8/92）

（21）只听张姑娘问道："我这副腿带儿怎么两根两样儿呀？你昨儿晚上困的糊里糊涂的，是怎么给拉岔了？"（儿，38/591）

（22）请示母亲：这是该当怎样才好？（儿，12/143）

以上各例"是"后联系的是谓词性成分，用法比较特殊。前4例是询问方式；例（20）问的是原因，例（21）前一问是问原因，后一问则是问方式，末例是就止事中之系事提问。

"怎"系疑问代词也有用于其他类型客事问的。例如：

（23）褚大娘子道："只是你老人家方才说的给我那十三妹妹子安身立命这句话，究竟打算怎的给他安身，怎的给他立命？"（儿，16/212）

（24）张姑娘道："姐姐打算怎的个说法？我听听。"（儿，30/433）

（25）这下月便是河台的正寿，可不知老爷打算怎么样个行法？（儿，2/26）

各例均是对涉事中方式的提问。

3.2.2.4　那系

"那"系疑问代词用于客事问较常见，也以止事问居多。例如：

（1）你那参那里参？（教老，79）①

（2）韩道国道："这个是那里大姐？"（金，38/525）

（3）孟玉楼问道："是那里金子？"（金，43/579）

（4）问道："嫂子，是那里酒？打开筛壶来俺每吃。"（金，38/522）

（5）老婆打开看，都是白光光雪花银两，便问："这是那里的？"（金，81/1214）

（6）玉楼道："再有那个孟舅？"（金，92/1348）

以上各例都是对第二层次的句法—语义成分提问。均对止事中的限事提问。在明清汉语中"那里"作限事往往直接置于名词之前，例（1）—（4）在现代汉语中均需加"的"才行。例（1）动核隐含，例（5）用于转指结构。再看：

（7）西门庆因问道："今日唱的是那两个？"（金，16/224）

---

① 你那（nà）参那（nǎ）里参？

（8）还有那几位？（金，61/824）

（9）因便装着糊涂问道："方才说贵老师是那位？"（儿，13/161）

（10）我们这里有三四个姓褚的呢，可不知尊客问的是那一位？（儿，14/171）

这些例子"那"所限定的均是数量成分。这些数量成分之后均未出现中心语，但是它们分别指称含中心语的语义，如（7）"两个"是指"两个人"，后几例的中心语也都指"人"。根据朱德熙的观点，也可把此类现象看作转指，不过形式略有不同。它不借助"的"的帮助，是一种零形式转指。这种形式与带"的"转指形式的共同之处在于也是以修饰语指称中心语，这种转指限于数量结构，也包括"多少""几"一类指代数量的代词。就疑问词所限定的成分而言，以上各例的转指用法并未改变其语义层次，"那两个"与"那两个人"中的"那"均为就"止事中的限事"提问，也属对第二层次的句法—语义成分提问。

（11）吴大妗子因问："是那里请来的僧人？"（金，50/663）

（12）因问："你是那里讨来的药？"（金，50/666）

（13）西门庆问："是那里拾的？"（金，44/591）

（14）那守门官吏问道："你是那里来的？"（金，30/416）

（15）伯爵道："方才那一箱衣服，是那里抬来的？"（金，56/746）

（16）便上前问道："咱们是那儿来的呀？"（儿，39/622）

（17）任医官便动问："府上是那一位贵恙？"（金，54/728）

（18）便问戴勤道："你是那天起的身？"（儿，40/642）

以上各例都是对第三层次的句法—语义成分提问。前6例均就止事中限事里的处所提问；后2例分别就止事中系事的限事和止事中时间的限事提问。下面的例子是对第四层次的句法—语义成分提问：

（19）伯爵道："哥，今日这面，是那位姐儿下的？又好吃，又爽口。"（金，52/700）

是对止事中限事里的施事的限事提问。

"那"系疑问代词还有一些其他用法。请看下面例子：

（20）那个店里去？（教朴，229）

（21）他在那个房子里下？（教老，79）

（22）衙内便问妇人："你兄弟住那里下处？我明日回拜他去。"（金，92/1351）

（23）六娘，你家老公公，当初在皇城内那衙门来？（金，20/287）

（24）西门庆道："真个我通不知。"因问："在那边房里？我看看去。"（金，12/177）

（25）有位安太老爷家眷的公馆，在那条街上？（儿，11/137）

以上各例均属位事问。前4例"那个""那里""那"分别问位事的限事，后2例"那"是问位事里限事的限事。再如：

（26）吴大舅便问："刚才姐夫说收拾那里房子？"（金，58/776）

（27）伯爵因问："今日哥席间请那几位客？"（金，31/435）

（28）咱打那一个窝儿？（教朴，301）

（29）西门庆道："那三个相不着？"（金，29/409）

以上各例均属客事问，均问受事中的限事。末例"相"（相面）的受事"那三个"出现于主语位置。

（30）西门庆道："老仙长会那几家阴阳？"（金，29/404）

例中的"会"是"通晓"之意，"那几家阴阳"为涉事，是对涉事之限事提问。

3.2.2.5 多系

"多"系疑问代词用于客事问的频率与"那"系差不多。使用最多的还是止事问,《老》《朴》中出现频率较高,如:

(1) 离阁有多少近远?(教老,71)

(2) 这里到夏店有多少路?(教老,74)

(3) 这个青马多少岁数?(教老,81)

(4) 你这参多少斤重?(教老,95)

(5) 你那众学生内中,多少汉儿人?多少高丽人?(教老,58)

(6) 那厮多少年纪?(教朴,312)

以上各例均就止事中之限事提问,后4例为动核隐含,这种用法较为常见。《金》《儿》中的形式更见多样:

(7) 问小玉:"这天有多少晚了?"(金,39/544)

(8) 那老婆扒在地下磕了四个头:"请问奶奶多大年纪?"(金,46/619)

(9) 因问道:"有多咱时分了?"(金,62/853)

(10) 又问春梅:"这咱,天有多时分了?"(金,73/1044)

(11) 公子便问那老和尚道:"这里到二十八棵红柳树还有多远?"(儿,5/63)

(12) 舅太太道:"这是多早晚的事?我怎么不知道个影儿啊?"(儿,40/655)

(13) 李瓶儿因问:"是多少银子买的?"(金,62/847)

(14) 我且问你:你们庙里照这等没用的东西还有多少?(儿,6/76)

例(13)问止事中限事里工具之限事,是对第四层次的句法—语义成分的提问。例（14）的"多少"是转指用法，属止事中的限事。

受事问的用例也有不少，以对第二层次句法—语义成分的提问居多，复杂形式较少见。例如：

（15）讨的是虚，还的是实。你与多少？（教老，86）

（16）二人跪下："请问老爹几时上任？官司公用银两动支多少？"（金，72/1014）

（17）邓九公道："哦，哦哦，我听听，也能喝个多少呢？"（儿，15/186）

（18）何太监道："他要许多价值儿？"（金，71/994）

（19）因问："哥你使了多少银子寻的？"（金，31/427）

前3例也是转指用法。后例比较复杂，"哥使了多少银子"与"（哥）寻（犀角带）"构成联合句模，前后有方式与目的的关系。问的是受事中的限事。另有少数涉事问与成事问的例子：

（20）（西门庆）又问："你记得多少唱？"（金61/815）①

（21）因问："两边铺子里卖下多少银两？"（金，67/918）

3.2.2.6　几系

"几"作客事深度问有止事问、受事问、成事问和位事问等几种形式，多见转指用法。例如：

（1）你将来我看。这的几托？（教朴，220）

（2）烧子二两家卖了几串？（教朴，295）

（3）潘金莲有心，便问棋童："你们头里拿几个来？"（金，35/497）

（4）问道："中在第几名？"（儿，35/538）

（5）你打几件儿？（教朴，221）

---

① "唱"指所唱，即曲子。

（6）你要打几个气力的弓？（教朴，244）

以上例子除末例外均为转指用法。例（1）是谈论"买段子"的事，"托"是长度单位，以成人两臂平伸为度，缎匹多以托计。"几托"是指"几托段子"，这是对止事中限事的限事提问。例（2）的"几串"是指"烧子"，例（3）中的"几个"是指"灯笼"，均是对受事中限事的限事提问。例（4）中的"第几名"指乡试"举人"排名，是对位事中的限事提问。例（5）"几件"指的是"刀子"，是对成事中限事的限事提问。例（6）是第四层次的成事问。是对成事中限事之限事之限事提问。

3.2.2.7 何系

"何"系疑问代词用于客事深度问主要作止事问，绝大多数用于止事之限事。作受事问用例不多，一般也是对受事之限事提问。如：

（1）西门庆双手接了，说道："我且问你，这药有何功效？"（金，49/659）

（2）西门庆问道："长官，今日筵何客？"（金，71/992）

（3）因又问："那个顺天王又作如何讲法呢？"（儿，38/602）

例（3）是就止事之方式提问。下例是位事深度问：

（4）乔五太太道："大人居于何官？"（金，43/585）

3.2.3 与事深度问

各系疑问代词均极少用于与事深度问，只见"甚"与"何"几例，列于下：

（1）你可备细说与我，哥哥和甚人合气？（金，9/137）

（2）竹山便道："动问娘子，与何人作亲？"（金，17/245）

（3）在街上访问街坊邻舍："我哥哥怎的死了？嫂嫂嫁得何

人去了?"（金，9/137）

（4）又问道："我的嫂子实嫁与何人去了?"（金，9/137）
前 2 例是就共事之限事提问；后 2 例是就当事之限事提问。与事深度
问在明清时期的其他文献中也很少见到。引 2 例如下：

（5）二员外夫妻说："大爷，姑娘给什么人家?"（小五义，
第 62 回）

（6）（听说是巧姑娘的喜事）林之孝问道："说给谁家?"
（红楼复梦，第 33 回）

3.2.4　补事深度问

各系疑问代词用于补事深度问也很少见。"甚"系的例子：

（1）西门庆故意问道："姐姐请我做什么?"（金，13/188）

（2）伯爵道："哥，你使玳安往庙里做甚么去?"（金，62/836）

（3）便道："贼奴才，你实说，他叫你做甚么?"（金，76/1122）
疑问代词"甚么"均出现在兼语式后一动词"做"的宾语位置上，
是对补事之受事的提问。"怎"系的例子：

（4）心下想道："等人家回来，可叫我怎么见人家呢?"
（儿，27/382）

（5）请问，就这样撂下走了，叫你们两家四个无依无靠的
人怎么处?（儿，9/103）

（6）他那贴身儿的事情，可叫我怎么好哇?（儿，40/652）
前 2 例"怎么"是对补事的方式提问；后 1 例"怎么"是问补事里
的系事。"那"系的例子：

（7）月娘便问："你昨日早辰使他往那里去? 那咱才来。"

（金，33/454）

　　（8）只得问那班人道："有位谈大人在那间房住？"（儿，
39/620）

例中的"往那里去"和"在那间房住"是补事，均就补事中的位事
提问。"几时"的例子：

　　（9）大爷叫奴才就便请示老爷几时可以回家？（儿，40/
642）

"就便请示老爷几时可以回家"是补事，这一问句是就补事中受事的
时间提问。下面的例子比较特殊：

　　（10）又道："姐姐，你分付他拿那里皮袄与他五娘穿？"
（金，46/612）

补事"拿那里皮袄与他五娘穿"内部是连谓兼递系，"那里"分别是
"拿""与"和"穿"的受事的限事，此例属于三重深度兼格问。

3.2.5　凭事深度问

　　在明清汉语中，凭事深度问用例也很少见。例如：

　　（1）着甚么铁头打？（教朴，221）

　　（2）瘦子道："你讲甚么情理弄死他？"女子道："准他弄死
人，就准我弄死他。就是这么个情理。"（儿，6/74）

例（1）是就凭事的材料提问，即问用什么铁来打刀；例（2）"讲"
是介词用法，《现代汉语词典》："④〔介〕就某方面说；论。"是就
依据之限事提问。下面以"多少（小）"提问的例子均是问工具的
限事：

　　（3）你拿着多少银子买？（教朴，246）

　　（4）这段子多小卖？（教朴，271）

　　（5）你那绫绢绵子，就地头多少价钱买来？到王京多少价

钱卖？（教老，60）

(6) 西门庆看了帖子，因问："他拿了多少礼物谢你？"（金，47/628）

例（4）"多小"属转指用法。下面两例用"何"提问：

(7) 何老人道："当用何药治之？"（金，61/831）

(8) 西门庆问："几时祭？用何香纸祭物？"（金，62/849）

两例均就工具的限事提问，后例省略动核。

3.2.6　因事深度问

因事深度问罕见：

(1) 老安因甚么事监在牢里？（教朴，303）

(2) 但不知他的父亲是何等样人？因甚事被这仇家陷害？（儿，16/201）

均就因事的限事提问。明清时期其他作品中也很少见。引几例：

(3) 备问："缘何我宋三郎吃官司，为因甚么事起来？"（水浒传，第39回）

(4) 大家只得出来，问道："你因什么事，大惊小怪？"（二度梅全传，第11回）

(5) 我们在这里说我们的话，你因什么事情挑眼？（小五义，第192回）

3.2.7　境事深度问

境事深度问主要用于问时间和处所。问时间如：

(1) 因问："你们前日多咱时分才散？"（金，1/25）

(2) 因问："爹多咱时分来？我好在屋里伺候。"（金，22/315）

（3）西门庆问道："明日甚时驾出？"（金，71/995）

（4）爹几日来这屋里走一遭儿？（金，44/593）

（5）那穿红的女子道："且住。你们是甚么时候进去的？"（儿，7/87）

（6）因问："你老人家今日甚么时候坐车往这么来的？"（儿，21/275）

（7）便问："那日出去销假？"（儿，13/165）

"多咱""甚""几""甚么""那"等就时间的限事提问。问处所如：

（8）你谁根底学文书来？（教老，56）

（9）负心的贼，如何撇闪了奴？又往那家另续上心甜的了？（金，6/96）

（10）西门庆因问："你常在那几家大人家走跳？"（金，69/959）

（11）月娘因问玳安："你爹昨日坐轿子，往谁家吃酒？"（金，59/791）

（12）说道："你今日在谁家吃酒来？"（金，61/818）

例（8）的"根底"是"身边、跟前"的意思。各例以"谁"和"那"就处所的限事提问。

3.2.8 量度深度问

量度深度问多询问动量。仅见于"多少""几"等疑问代词。例如：

（1）前后住了多少时？（教老，61）

（2）你学了多少时节？（教老，58）

（3）我的嫂子被他娶了多少日子？（金，9/139）

（4）西门庆因问："老先生到家多少时就来了？"（金，49/

650）

（5）伯爵道："哥，今日黄太尉坐了多大一回？"（金，65/904）

（6）妇人问："春梅，你爹睡下多大回了？"（金，73/1042）

以上是用"多"和"多少"的例子，充当动量的限事，询问动作发生时间的久暂或动作持续时间的长短。用"几"的例子：

（7）说几个日头？

说三日三宿。（教朴，252）

（8）金莲便问："贼狗肉，你和我实说，从前已往偷了几遭？"（金，64/880）

询问"说"（开场说法）这一行为持续的时间和"偷"的次数。

3.2.9 名构深度问

名构深度问极为少见，仅4例：

（1）被巡捕的拦住，便问："往那里去的男女？"（金，90/1327）

（2）西门庆又问道："这里民居隔绝，那里来的鼓乐喧嚷？"（金，55/737）

（3）妇人又问："几位哥儿？"（金，4/77）

（4）因见许多下饭酒米装在厅台上，便问道："送谁家的？"（金，72/1012）

例（1）就限事里的位事提问；例（2）就限事里的处所提问；例（3）是对限事的限事提问；例（4）是个转指结构，指的是"送谁家的下饭酒米"之意，因而是对限事里的当事的限事提问。

3.2.10 兼格深度问

兼格深度问有多种情况。首先是递系结构中的兼格，即客事兼主事。例如：

(1) 吴银儿先问月娘："爹今日请那几位官客吃酒？"（金，32/443）

(2) 伯爵因问："哥，你那日叫那两个去？"（金，61/823）

(3) 酒博士保儿筛酒，禀问："二叔，下边叫那几个唱的上来递酒？"（金，94/1383）

以上各例疑问词均出现在受事兼施事的结构里。例（1）的"那"是就兼语中的限事提问。例（2）（3）中的"那两个"和"那几个唱的"均为转指结构，分别也是对兼语中的限事提问。再如：

(4) 月娘问："今日有那几个在那里？"（金，39/542）

(5) 西门庆道："干娘，你这梅汤做得好，有多少在屋里？"（金，2/51）

(6) 是那个嚼舌根的，没空生有，调唆你来欺负老娘？（金，25/351）

(7) 便问道："是甚么人进屋里来？"（金，50/667）

(8) 两位奶奶，一位奶奶有哥儿，一位奶奶无哥儿，不知是那一位奶奶要嫁人？（金，91/1333）

(9) 婆子道："大姐有谁家定了？"（金，3/65）

以上各例疑问词均出现在止事兼施事的结构里。均就兼语中的限事提问。前3例的兼语均为转指结构。

其次是连谓结构中的兼格，即客事兼客事。例如：

(10) 玉箫在旁请问："爹吃酒，筛甚么酒吃？"（金，75/1077）

　　（11）薛嫂故意问："姐夫来有何话说？"（金，86/1264）

　　（12）春梅问道："你有甚话说？"（金，30/415）

　　（13）问道："老爹有甚钧语分付？"（金，39/533）

　　（14）你老人家家里又有些甚么惦着的呀？（儿，29/424）

例（10）是受事兼受事，"甚么酒"既是"筛"的受事，也是"吃"的受事。例（11）－（13）是止事中限事兼受事中限事，如"何话"是"有"的止事，又是"说"的受事。例（14）的"甚么"是止事兼涉事，为转指用法。再如：

　　（15）伯爵便问："黄四那日买了分甚么礼来谢你？"（金，68/940）

此例也是连谓结构。例中"甚么礼"既是买的受事，又是"谢"的方式。

　　下面的例子更为复杂些：

　　（16）你这样好吃好穿，还有甚么重活叫你作呀？（儿，7/88）

　　（17）官人，你叫我有甚话说？（金，49/656）

　　（18）华忠道："老爷找他有甚么话说？"（儿，14/176）

例（16）是连谓式与递系式两项连用。"甚么重活"既是"有"的止事，又作"作"的受事；例（17）递系式与连谓式套用，兼格出现在补事中；例（18）是三段式连谓结构，兼格出现在后两段中。再如：

　　（19）妇人道："你对我说，寻个甚么买卖与他做？"（金，26/360）

　　（20）李娇儿因问："寻双甚么颜色鞋，与他穿了去？"（金，62/855）

以上两例是连谓双及物结构兼递系式的三重兼格。前例"甚么买卖"

既是"寻"的受事，又是"与"和"做"的受事；后例"甚么颜色鞋"既是"寻"的受事，又是"与"和"穿"的受事。

表四：真性深度特指问语义功能分布表

项　目	谁　系					甚　系					怎　系				
	老	朴	金	儿	计	老	朴	金	儿	计	老	朴	金	儿	计
主事问			1		1	2		10	2	14			1	3	4
客事问		3	31	7	41	20	21	79	69	189			18	30	48
与事问								1		1					
补事问								11		11				3	3
凭事问			1		1		1		1	2					
因事问							1		1	2					
境事问	1		10		11			1	4	5					
名构问			1		1										
兼格问			1		1			16	4	20					
合计	1	3	45	7	56	22	23	118	81	244			19	36	55

项　目	那　系					何　系					多　系				
	老	朴	金	儿	计	老	朴	金	儿	计	老	朴	金	儿	计
主事问	1	1	10	3	15			3		3	2		3	1	6
客事问	3	4	72	13	92		2	17	17	36	25	8	38	13	84
与事问								3		3					
补事问			2	4	6										
凭事问								2		2	3	3	3		9
境事问			2	1	3								3		3
量度问											3		10		13
名构问			2		2										
兼格问			6		6			3		3		1	1		2
合计	4	5	94	21	124		2	28	17	47	33	12	58	14	117

续表

项　目	几　系					隐　含					其　他				
	老	朴	金	儿	计	老	朴	金	儿	计	老	朴	金	儿	计
主事问	1	1			2										
客事问	4	12	15	4	35										
补事问				1	1										
境事问			1		1										
量度问		1	5		6										
名构问			1		1										
合计	5	14	22	5	46										
总计	689														

4　假性特指问

4.1　假性特指问的类型

语言学科对于假性问及其类型的研究由来已久。早在 20 世纪初，章士钊（1907）中就对"假疑词以曲写己之信者"的现象作过分类探讨，区分出"有疑问难""无疑反证"和"无疑咏叹"来。之后唐钺（1923）和陈望道（1932）在修辞学中关于"诘问"或"设问"的探讨，奠定了这一问题研究的基础。他们所作的分类影响至今。唐钺所谓"说明的诘问格"与"申重的诘问格"和陈望道所谓"提问"与"激问"，就是后来修辞学界常用的"设问"和"反问"。吕叔湘（1944，1985a）对于问句的非询问用法，除了"反诘"外，还提及"假设""劝令""劝止""感叹"等多种形式。现代语用学，特别是言语行为理论，推动了对这一问题的研究。有学者（徐盛桓1999a）根据疑问句的不同功能区分出如请求、邀请、劝告、命令、设问、礼节性询问等十几种类型来。刘大为（2008，2009）也作了较为细致的分类探讨。从某种意义上说，分类的细化，是对问题研究深化的表现，但过细容易把问题烦琐化、复杂化。以上各种名称和说法，在学界多未形成一致的意见，许多概念在理解上还存在分歧，即使像"设问""反诘"一类概念也还存在不同看法。经过比较分析，我们觉得，以下几种当是假性问的基本类型，即诘问、设问、叹问、责问、祈问、礼问等。下面分别作些说明：

4.1.1 诘问

诘问即唐钺（1923）所谓的"申重的诘问格"，他所作的定义是："要申重语意，只发问而使读者自己心中作答。"陈望道（1932）称作"激问"。认为"这种设问必定有答案在它的反面"，其特点是："以否定的形式表示肯定的意思，肯定的形式表示否定的意思。"吕叔湘（1944，1985a）意见略同。这已为一般学者所接受。反诘语义的实现，是语言的内部形式与外部情境共同作用的结果。不同的问句形式由语表意义向语里意义的反转具有不同的特点。就特指问而言，我们认为，实现语义反转（或言否定）的关键是疑问代词。在上下文语境和情境的制约与作用下通过对疑问代词所表达的疑问点的否定从而实现对整个语句的否定，这是特指诘问句生成的一般规律。例如：

(1) 我丑，你当初瞎了眼，谁交你要我来？（金，91/1341）

(2) 月娘便说："大姊子顾不出轿子来，这驴儿怎么骑？"（金，89/1310）

    （3）但凡大小人家，师尼僧道，乳母牙婆，切记休招惹他，背地什么事不干出来？（金，12/182）

    （4）十三妹道："嗳哟！这乡村地方儿，可那里去找个真读书种子呢？"（儿，9/109）

例（1）玉簪儿一清早伺候衙内吃茶，打搅了衙内的瞌睡而被喝骂，讨了个没趣，嘴里嘟囔着发泄怨气。这里的"谁"，等于"无人"或"没有谁"，进而表达了"我没"的意思。全句"我没交你要我来"的否定意思是通过对主事"谁"的否定来实现的。例（2）月娘等上五里原西门庆坟上祭祀，大妗子顾（雇）不出轿子，只好顾（雇）了驴儿骑将来，迟迟才到。这里的"怎么"是"没法"的意思，这是通过对凭事方式的否定从而实现对全句否定。例（3）中的"什么"是"没什么"的意思，"什么事干不出来"，即"没什么事干不出来"，也即"什么事都干得出来"。通过对受事中限事的否定，从而实现对全句的否定。例（4）中的"那里"是"无处"的意思，通过对境事处所的否定实现对全句的否定。如果问句语义不能实现反转，就不能看作诘问，如下文4.1.2的例（1），就只能看作设问。再如：

    （5）金莲道："我儿！谁养得你恁乖？你拿了来，我方与你这手卷去。"（金，13/196）

此例与例（1）不同，这里的"谁"不表否定，因而不是诘问，当属下文所讨论的叹问。诘问，多认为是只问不答。其实也不绝对，问而不答是一般情况。也存在问而有答的现象，如：

    （6）月娘接过来道："你们里边与外边差甚么？也是一般，一个不愤一个。那一个有些时道儿，就要蹦下去。"（金，74/1053）

    （7）西门庆听了此言，心中大怒，骂道："有你甚么说处？"金莲把脸羞的通红了，抽身走出来说道："谁说这里有我说处？

可知我没说处哩！"（金，41/559）

前例月娘的话先用一个诘问句，紧接着是对这个问句的正面回答；后
例潘金莲的回答用的是诘问句，下面的话是对诘问的回答。这种用法
从修辞上说属于换述，即在诘问句之后用陈述句换一个角度、换一种
说法，起到强化的作用。

4.1.2 设问

设问即唐钺所谓的"说明的诘问格"，其定义"要说明一个事
物，自己先发疑问，然后自己作答"，一直为学术界所沿用。陈望道
（1932）说："这种设问必定有答案在它的下文"，"无疑而问、自问
自答"成了对设问句的一般认识。不过，设问是否一定要自己作答，
还值得探讨，我们认为，运用设问，设问者对所提的问题心中没有疑
问，所以要问，目的在于引起听话者的注意和思考，以强化语义表
达。这种表达的基本形式是有问有答，但是如果答语在言说者的话语
中已经不言自明，那么也可以是只问不答。例如：

（1）月娘道："当初只因潘家那淫妇，一头放火，一头放
水，架的舌，把个好媳妇儿生生逼勒的吊死了，将有作没，把你
垫发了去。今日天也不容，他往那去了！"（金，90/1324）

（2）西门庆道："只怕你家里的嗔是的。"老婆道："那忘
八，七个头八个胆，他敢嗔！他靠着那里过日子哩！"（金，61/
817）

例（1），旧家人来旺归来，月娘提起他媳妇的死因，借机发泄对潘
金莲的憎恶。"今日天也不容，他往那去了！"问话中已蕴含了答语：
还不是死了！例（2），王六儿的问话"他靠着那里过日子哩！"答语
也不言自明：还不是靠你西门大官人！以上例子归入反诘显然是不合
适的，因为语表意义和语里意义并不"反"，比较恰当的处理是归入

设问。这样，设问的定义就需重新调整。

4.1.3　叹问

叹问是用问句的形式抒发感情，也属无疑而问。"叹问"的名称是郑远汉（1982）首先提出来的。他在辨析"设问"格①时发现，像"江畔何人初见月？江月何年初照人?"一类问句都不是有疑而问，不是要别人回答，同属于"胸中早有定见，话中故意设问"的现象，但无法归入"提问"和"激问"，他把这类"用问句形式表现某种悬念，抒发某种感情"的句子称为"叹问"。其实，关于问句的感叹用法，吕叔湘早在 20 世纪 40 年代（1944）就已经注意到，80年代（1985a）又有进一步的讨论。不过，他所指的"用疑问语气表示感叹"的现象，与郑远汉所论并不一样。如他指出不同特指问形式构成的感叹性问句：用"多""何如"的句子往往借疑问语气表感叹；用"怎么这么……"格式表示事物的性状，以及用"怎么"表示愿望等，多是感叹性的问句；"怎么""甚么"独立成句，也常是感叹性问句。我们认为，郑、吕的看法是从不同的角度提出来的，因而可以互补。叹问的语义不能像诘问那样作相反方向的理解，它的特点是问中带有强烈的感情色彩。根据问句语义构成的差异，我们可以把叹问分为虚问和实问两种。虚问，往往是在想象的基础上产生，带有更多的艺术元素，能引起人们的绮思遐想。上文郑远汉所论的主要是这一类。再如：

（1）几处早莺争暖树，谁家新燕啄春泥。（白居易：钱塘湖春行）

---

① 指陈望道所谓的"设问"，包括"提问"和"激问"，相当于本书的"设问"与"诘问"。

（2）不应有恨，何事常向别时圆？（苏轼：水调歌头）

（3）碧云天，黄花地，西风紧。北燕南飞。晓来谁染霜林醉？总是离人泪。（王实甫：西厢记）

（4）谁在这桔林里，/遗下万年火种？/真担心遍山坡，/烧个烈火熊熊。（沙白：洞庭秋声赋·洞庭红）

吕叔湘所论用"怎么（得）"来"表示愿望"的，也属此类，转引几例如下：

（5）怎得身似庄周梦中蝴蝶！（稼轩词12）

（6）雁儿，你却是怎生暂停，听我诉离情！（白雪，后5.97）

（7）怎么得到画儿上逛逛！（红40.4）

实问，没有太多的想象性成分，只是借问句形式来强化情感表达。吕叔湘所论的其他形式主要是属于此类。请看几例：

（8）列公，你看，怎的连安老爷家的家人，也叫人看着这等可爱！（儿，22/301）

（9）说道："妹子你白想想：我们这位二叔在你跟前，心思用的深到甚么分儿上？意思用的厚到甚么分儿上？人家是怎么个样儿的重你？人家是怎么个样儿的疼你？"（儿，19/254）

（10）便说道："四泉，你如何这等爱厚？恐使不得。"（金，49/652）

4.1.4 责问

责问是用责备的口气问，表达说话者对听话者的责备甚或谴责。例如：

（1）玉箫骂道："贼囚根子，又来做甚么？"（金46/614）

（2）月娘道："我说你是个火燎腿行货子！这两三个月，你

早做甚么来?"（金，36/503）

　　（3）玉楼笑道："好奴才，谁家使的你恁没规矩，不进来见你主子磕头!"（金，40/551）

责问句有时表达与字面相反的意思，是与"诘问"的兼用①。说话者有时对责问内容同时存在一定的疑惑，但目的在"责"不在"问"，因而也属假性问。

4.1.5　祈问与礼问

祈问，是以问句的形式表示祈使的意义。例如：

　　（1）便问丫头们："怎么也不会给你大爷倒碗茶儿来呀?"（儿，35/529）

　　（2）八老道："五姐见官人一向不去，心中也不快在那里。多上覆官人，几时下去走走?"（金，98/1434）

　　（3）薛内相看见只顾喝采："好个哥儿!"便叫："小厮在那里?"须臾，两个青衣家人，戴金方盒拿了两盒礼物。（金，32/441）

　　（4）摆忙里说甚么闲话来?（教朴，279）

　　（5）伯爵与西门庆同桌而坐，便问："他姐儿三个还没家去，怎的不叫出来递杯酒儿?"（金，64/886）

　　（6）伯爵道："真个这等好！哥怎的不牵出来俺每瞧瞧? 就唱个儿俺每听。"（金，61/825）

　　（7）站家擂鼓，使臣来也。怎么没一个听事的? 百户都那里死去了? 我们都在这里。（教朴，254）

　　（8）那妇人笑容可掬，满口儿叫："叔叔，怎的肉果儿也不

---

①　凡遇有这种情况本书在统计时计入"诘问"。

拣一箸儿?"拣好的递将过来。(金,1/33)

(9) 何小姐因问张太太说:"妈不是回来还同舅母请公婆吃饭呢么,为甚么不趁早角门儿开着一块儿走呢?省得回来又绕了远儿。"(儿,37/571)

(10) 邓九公道:"慢讲这大江南北,那怕三江两湖、川陕云贵,以至关里关外,但是个有点听头儿的,提起来,大概都知道他个根儿襟儿。你问谁罢?"(儿,15/191)

例(1)意为叫丫头给你大爷倒碗茶来。例(2)意思是请官人在合适的时候下去走走。例(3)从"两个青衣家人"的反应即可看出问话的意图。例(4)是摔跤比赛时的劝诫语,意思是摔跤时别说话。例(5)意为叫三个唱戏的出来递酒。例(6)意思是叫新来的戏子申二姐出来。例(7)二问也均为祈使问,从答话即可看出。例(8)意为叫叔叔吃肉果儿。例(9)是建议"妈"趁早角门儿开着一块儿走。再看例(10),说起英雄,邓九公了然于胸,"你问谁罢?"意思是"你问谁你就问吧",与前几例不同,这里祈使的意思是借助语气词"罢"表现出来的。

礼问,也叫问候问,是一种礼节性的问句,不负载疑问信息。例如:

(11) 见了西门庆,道了万福,说道:"天么,天么!姐夫贵人!那阵风儿刮得你到这里?"西门庆笑道:"一向穷冗,没曾来得,老妈休怪。"(金,11/161)

(12) 官人,贵人难见面,那阵风吹你到俺这里?(金,99/1438)

(13) 忽见迎春打扮着,抱了官哥儿来。……李瓶儿看见说道:"小大官儿,没人请你,来做什么?"一面接过来,放在膝盖上。(金,43/583)

　　　　（14）安进士道："今日相别，何年再得奉接尊颜?"（金，36/507）

例（11）是虔婆与西门庆的一种礼节性的寒暄，问话没有实质性的内容，例（12）的性质类似。例（13）是李瓶儿逗他的不满周岁的儿子的话，情知不懂，故作问询，也当属于假性问。例（14）是安进士与西门庆道别时的客套话。假性特指问的类型及其分布见下表：

表五：假性特指问类型分布表

项目	老	朴	金	儿	合计
诘问句	80	120	1904	1110	3214
设问句	1	2	91	225	319
叹问句	5	7	106	162	280
其他	0	3	57	7	67
合计	86	132	2158	1504	3880

4.2　诘问的构成与分布

　　诘问，是假性问的主体。如前所述，反诘是一种否定的方式。而特指诘问句的否定功能主要是通过疑问代词来实现的。运用特指问，说话人心中预设某人、某物、某事、某时、某处、某原因、某方式等的存在，只是不明确具体地知道是谁人、何物、甚事、几时、哪处、何种原因、甚么方式等，因而通过疑问代词来指称这个疑问点，要求听话者针对疑问点做出具体回答。比如，某甲问："海参崴哪里风景优美?"作为一个真性疑问句，问话者预设"海参崴某个地方风景优美"，期待答话者告知。特指诘问句，主要是在上下文语境和情境的制约与作用下，通过反诘语气否定问句的预设来否定问句的疑问点，从而实现对整句的质的否定的。如上例，如果某乙刚去过海参崴，认为那里并无优美的风景，否认说："哪里风景优美啊，海参崴只是个普通的港口城市罢了。"反诘语气否定预设的"某个地方"，进而否定整个陈述结构，从而表达了"海参崴无处风景优美"之意。需要特别指出的是：这里所谓的"预设"，沈家煊先生用了"先设"的概念，以示跟一般所说的"预设"相区别。一般所谓的"预设"在句子被否定后，仍然保留，而特指疑问词的"预设"（即先设）在句子被否定后不再被保留。（参见沈家煊1999）

本节将以此为基本切入点来进行讨论。

4.2.1 主事否定问

主事否定问是通过否定主事以否定全句的一种诘问句。

4.2.1.1 谁系代词否定

吕叔湘（1985a）曾经指出，在反诘性问句中，"谁＝无人；谁不＝人人"，如"谁都像我心拙口夯的由着人说呢？"（红，30.8）"谁不是你老人家的儿女？"（红，20.3）有时则"谁＝我不、我没"。如"谁叫你跑去讨这没意思？"（红，20.10）这一说法大体概括了"谁"的诘问用法。按我们上文的说法，问"谁"，总预设着"有人"，"无人"实际上就是对预设的否定。"谁不"则预设"有人不"，"人人"就是对此的否定。"谁＝我不、我没"，其实，仍由"谁＝无人"推衍而来。"谁＝无人"是一般的否定，但在具体的情境中，普遍意义上的"人"，可以确指为特定的"人"。如当说话者在具体语境中通过反诘否定自己关涉或参与某事时，其所指对象是确定的，即指说话者本人。比如：

（1）那竹山听了道："气杀我！我和他见官去！谁借他什么钱来！"（金，19/268）

鲁华、张胜受西门庆指使诬陷蒋竹山借钱不还，蒋用反诘予以否定。他的话可解作"没人借他什么钱"，根据语境进一步推衍为"我没借他什么钱"。其理解过程是："谁→无人→我没"。"谁"系代词其他形式的否定方式和过程与"谁"相类。

主事否定问中，"谁"系疑问代词主要用于施事问，也偶见于经事问、起事问和系事问，基本上都用于浅度问。请看例子：

（2）我的是官称，放着印子里，谁敢使私称！（教老，95）

（3）若是叔叔这般雄壮，谁敢道个不字！（金，1/32）

（4）婆子道："奶奶，你看丢下这两个业障在屋里，谁看他？"（金，24/340）

（5）不论三台八位，不论公子王孙，谁敢在老爷府前这等称呼？（金，30/416）

（6）他媳妇子七病八痛，一时病倒了在那里，谁扶侍他？（金，20/285）

（7）金莲道："没廉耻的小妇奴才，别人称你便好，谁家自己称是四娘来。这一家大小，谁兴你，谁数你，谁叫你是四娘？"（金，58/772）

（8）月娘道："原来你是个大诌答子货！谁家愿心是忘记的？"（金，39/533）

（9）嫌人家是房里养的，谁家是房外养的？（金，41/559）

（10）各人寿数到了，谁留的住他！（金，62/854）

（11）天有不测风云，人有暂时祸福。谁人保得无常！（金，81/1214）

（12）世情如纸，只有锦上添花，谁肯雪中送炭？（儿，9/104）

以上各例中的"谁""谁家"或"谁人"均是"无人"的意思，肯定句表示了否定之意。再看下面的例子：

（13）常言：时来谁不来？时不来谁来？（金，30/424）

（14）官禄临门，平地做了千户之职。谁人不来趋附？（金，

30/424）

（15）那两边围看的，挨肩擦膀，不知其数，都说西门大官府在此放烟火，谁人不来观看？（金，42/572）

（16）谁人不吃盐米，等三叔来，教他知遇你们。（金，69/970）

（17）谁人不在他屋里讨茶吃？（金，78/1158）

（18）那条街上，谁人不知。（金，48/636）

（19）他老人家名目，谁不知道！（金，7/112）

（20）那报喜的谁不想这个五魁的头报？（儿，1/14）

以上各例中的"谁（人）不"均是"人人"之意，否定句表示了肯定之意。下面的例子也是否定式：

（21）你想谁无父母？谁非人子？（儿，21/285）

（22）姑太太只想，你我这个样儿的骨肉至亲，谁没用着谁的地方儿？（儿，40/652）

前例"谁无"是"人人有"，"谁非"为"人人是"；后例是"谁"的对举用法，"谁没"中的"谁"是指"你我"（说话双方）之中的任何一个，另一个"谁"则是指双方中剩下的一方，系非疑问用法。"谁"系主事问在四部书中多数是肯定式，否定式的用例比较少见。

再看下面例子：

（23）因问伯爵："你今日没会谢子纯？"伯爵道："我早辰起来时，李三就到我那里，看着打发了礼来，谁得闲去会他。"（金，45/598）

（24）李瓶儿道："他各人作业，随他罢，你休与他争执了。"王姑子道："谁和他争执甚么。"（金，62/838）

（25）骂道："怪短命，谁和你那等调嘴调舌的。"（金，48/639）

（26）月娘道："谁教你只要嘲他来？"（金，18/254）

（27）金莲道："谁见你甚么钥匙！"（金，33/458）

（28）平安道："黑影子坐着轿子来，谁看见他来。"（金，58/782）

（29）金莲道："俺娘要留我住。他又招了俺姨那里一个十二岁的女孩儿在家过活，都挤在一个炕上，谁住他！"（金，34/479）

（30）邓九公道："我只顾做活，谁听见你们说的是甚么。"（儿，17/218）

以上各例中"谁"都指"我不、我没"的意思。在《金》中这种用法特别普遍，其使用频率远比作"无人"用者要高得多。这也许与《金》以特定的女性为主要描写对象和以对话为主的语体特点有关。

"谁"系代词用于深度否定问的例子非常少见：

（31）不是哥这里，谁家有？（金，52/708）

（32）谁家媳妇儿有这个道理！（金，26/370）

（33）无眼难明勾当，如今冤谁的是？（金，43/582）

（34）我连日心中有事，你两家各省一句儿就罢了。你叫我说谁的是？（金，76/1111）

前2例分别是对第二层次和第三层次的句法语义成分的否定，"谁家"是"没有人家"的意思。后2例同样是分别对第二层次和第三层次的句法语义成分的否定，"谁"均指"无人"，意即"冤任何人都不是""说任何人都不是"。

4.2.1.2　那系代词否定

"那"系代词作主事问的基本用法是："那（里）＝无处""那（里）不＝处处""那个＝没有一个、无人""那个不＝个个、人人"。主要用于起事问，也用于系事问和施事问等。例如：

(1) 天下那里有这样的人家？这般的乐事？（儿，28/408）

(2) 谁家女婿戏丈母，世间那里有此事！（金，85/1257）

(3) 南门外只有一个永福寺，是周秀老爷香火院，那里有几个永福寺来！（金，88/1301）

(4) 西门庆道：“傻狗才，那里有一个螃蟹！”（金35/492）

(5) 此是过世老公公御前带出来的，外边那里有这样范？（金，14/208）

(6) 我这嫂子，端的寰中少有，盖世无双。休说德性温良，举止沉重，自这一表人物，普天之下也寻不出来。那里有哥这样大福？（金，20/289）

(7) 那里有猫来谎了他？白眉赤眼的！（金，52/711）

(8) 王婆道：“我自说要，急切便那里有这般中官人意的！”（金，3/68）

(9) 呀！如今世上那有这等的一个出众英雄，来作这等的惊人事业？（儿，7/89）

(10) 世间那有个百年厮守的人家，一步不跌的道路？（儿，40/674）

以上各例中的“那（里）”均用于存在句中作起事，表示“无处”之意。下面“那儿”“那些儿”“那块儿”的用法也一样：

(11) 口里只嚷道：“那儿这么巧事！”（儿，35/541）

(12) 我是破纱帽穷官？叫丫头取我的纱帽来，我这纱帽那块儿破？（金，43/581）

(13) 你看，老娘这脚，那些儿放着挺？你怎骂我是挺刺骨？（金，43/581）

例（11）为动核隐含用法。下面看否定的用法：

(14) 李瓶儿道：“你到明日，也要少捞打人，得将就将就

些儿，那里不是积福处。"（金，34/476）

（15）好兄弟咧，咱们八旗那不是骨肉？没讲究。（儿，34/519）

（16）山上的干树枝子，地下的干草、芦苇叶子、高粱岔子，那不是烧的？（儿，33/502）

（17）有钱时那里没赁的驴？（教朴，314）

前3例"那（里）不"是"处处"的意思，例（16）也可理解为"样样"。例（17）"没"是否定动词，"那里没"为"处处有"之意。再看：

（18）月娘道："他不言语，那个好说他？"（金，76/1103）

（19）到今日，咱不做主，那个做主？咱不出头，那个出头？（金，57/757）

（20）你问声家里这些小厮们，那个敢望着他雌牙笑一笑儿，吊个嘴儿？（金，22/320）

（21）潘金莲便骂："怪尖嘴的贼囚根子，那个晓的你甚么爹在那里！"（金，57/758）

（22）预备下熬的粥儿，又不吃，忽剌八新兴出来要烙饼做汤。那个是肚里蛔虫？（金，11/156）

（23）你只看古往今来那些风雅先生们，那一个是置身通显的？（儿，30/432）

以上各例中的"那（一）个"均是"无人"之意。下面是否定用法：

（24）各人寿数到了，谁留的住他！那个不打这条路儿来？（金，62/854）

（25）这一家子，那个不借他银使？只有借出来，没有个还进去的。（金，64/879）

（26）凡如御前乾清门的那班东三省朋友，那个不羡慕这缺是个发财的利途？便是有等获罪的卿贰督抚，又那个不指望这途作个转机的生路？（儿，40/643）

（27）大娘、孟三儿，这一家子那个没看见。（金，61/820）

（28）妇人道："呸！怪囚根子，那个没个娘老子？"（金，25/351）

以上各例中"那个不"都是"人人"的意思。例（27）的"没"是否定副词，"那个没"也是"人人"之意。例（28）中的"没"是否定动词，"那个没"是"人人有"的意思。

下面的例子都属于深度问，用法略有变化：

（29）金莲道："好秃子，把俺们都说在里头！那个外郎敢恁大胆？"（金，21/308）

（30）雪娥道："那娘与他？到是爷与他的哩！"（金，25/350）

（31）便是张老夫妻那逢山朝顶、见庙磕头，合一年三百六十日的白斋，那天才是个了愿？（儿，25/351）

（32）鲜的干的，那件是居家用不着的？又那件子是不得拿钱买的？（儿，33/501）

（33）那即如东家从北京到此，盘费日用，府上衙门，内外上下，那一处不是用钱的？（儿，2/25）

（34）那一桩不是利息？合在一处，便是一亩地的租子数儿。（儿，33/490）

（35）那一行没有好人哪！就是强盗里，也有不得已而落草的！（儿，11/137）

（36）这等讲起来，我那插金花，饮琼林酒、想封赠个夫人的令，那一句没道理？（儿，30/438）

（37）若是丈夫欢喜，多亦何妨；丈夫若不欢喜，便只奴一个，也难过日子。况且富贵人家，那家没有四五个？（金，7/113）

（38）金莲慌的没口子说道："姐姐宽恕他罢。常言'大人不责小人过'，那个小人没罪过？"（金，51/675）

前4例是肯定用法。"那个外郎"即"没有一个外郎"；"那娘"即"没有一个娘"；"那天"即"无日"；"那件（子）"即"没有一件（子）"。后6例是否定用法。"那一处不"即"处处"；"那一桩不"即"桩桩"；"那一行没"即"行行"；"那一句没"即"句句有"；"那家没"即"家家"；"那个小人没"即"个个小人有"或"小人个个有"。

4.2.1.3　其他代词否定

其他疑问代词用于主事否定问不多见。例如：

（1）这要不用个"敲山振虎"的主意，怎的是个了当？（儿，31/453）

（2）不要你这般胡讨价钱，怎么还你的是？（教老，82）

前例"怎的"是系事，指"没别的做法"；后例为系事深度否定问，"怎么"是指"没有任何方式"。再如：

（3）西门庆道："好奴才，恁大胆，来家就不拜我拜儿？"那金莲接过来道："我拜你？还没修福来哩。奴才不大胆，甚么人大胆！"（金，34/479）

"甚么"充任系事的限事，这是一个假设问句，"甚么人"是"没甚么人"的意思。又如：

（4）可见地灵人杰，何地无才！（儿，14/179）

"何地无"即"处处有"。另如：

（5）清世界，几人见？（金，27/381）

"几人"即"没几人"。

4.2.2 客事否定问

客事否定问是通过否定客事以否定全句的一种诘问句。

4.2.2.1 谁系代词否定

"谁"系代词用于客事否定问数量不多。其否定的方式略同于"主事问",所见主要是"谁＝无人"的用法。主要用于受事问与止事问,基本句法位置是宾语,其他句法位置偶见。主要见于肯定句,极少用于否定句。例如:

（1）李瓶儿道:"你看傻丫头,我死了,你在这屋里伏侍谁?"（金,62/846）

（2）常言道,见面情难尽,一个不见,却告诉谁? （金,56/745）

（3）妇人道:"我这屋里再有谁来?敢是你贼头鼠脑,偷了我这只鞋去了。"（金,28/394）

（4）逼的我急了,我在吊枝干儿上寻个无常,到三秋,我看你倚靠着谁?（金,33/459）

（5）嫂子不去,满园中果子儿,再靠着谁哩! （金,72/1025）

（6）人生虽未有前知,祸福因由更问谁?（金,87/1285）

（7）我今六十以上年纪,自从没了你爹爹,满眼只看着你,若是做出事来,老身靠谁?（金,100/1453）

如例（1）"伏侍谁"即"无人可伏侍"。不过,"谁"用于客事问不能像用于主事问那样,直接以"无人"等代入原句法位置生成,而需要通过移位与转换才能形成合法的句子。如"伏侍谁"不可以说"服侍无人",而应说"无人可伏侍";"告诉谁"不可以说"告诉无人",而要说"无人可告诉","有谁"也不能说是"有无人",而应转换为"没有人/无人","倚靠着谁"同样不能说成"倚靠着无人",而要说成"无人可倚靠",这是因为无论是受事、止事,还是其他语义成分,出现在宾语的位置上,均是动词支配或关涉的客体,否定这个客体的存在,也就意味着失去了语义结构形成的基础。例(1)变成陈述结构时,将这个否定客体移至动核前,加上情态词"可",变成一种情态表达,才能成立;例(3)则由止事否定转换为动核否定,才形成合格的句子。但如果客事居于动词之前的句法位置,实现否定后仍可直接代入原句法位置,尽管这类用法不很多见。例如:

（8）他在背地挑唆汉子,俺们这几个谁没吃他排说过。（金,51/675）

（9）常言:"世财红粉歌楼酒,谁为三般事不迷?"这张胜就把雪娥来爱了。（金,94/1384）

前例"谁"是"排说"的受事,充当句中的小主语;后例"谁"是"迷"的受事,充当全句的主语。其他疑问代词的使用,以及"与事否定"等的情况与以上所述相类。

否定假设条件式诘问句较为多见,如:

（10）不是他却是谁?（金,97/1416）

（11）伯爵道:"我女儿送来,不孝顺我,再孝顺谁?"（金,67/920）

（12）邓九公绰着那一部长髯说:"老弟,不是他还有谁!"（儿,15/196）

（13）张老道:"可不是我,还有谁呢!"（儿,10/122）

（14）那秋菊哭起来,说道:"不是娘的鞋,是谁的鞋?"（金,28/392）

（15）如今听说得这送弹弓的正是个半百老头儿，可不是华奶公是兀谁？（儿，17/219）

例（15）用的是"兀谁"。有学者说元以后这个形式没有了，可见也不绝对。在《水浒传》和"三言二拍"中"兀谁"还比较多见。

4. 2. 2. 2 甚系代词否定

"甚"系疑问代词在客事否定问中占有重要地位。不仅用例多，用法也较多样。主要是受事问、止事问，还有涉事问、成事问和位事问。其基本否定方式是："甚么（X）"＝"没/无甚么（X）"，但否定后形成表层句法结构一般当予以转换，为：V 甚么（X）＝不/没V（X）。例如：

（1）碍甚么事！常言道："逢山开路，遇水迭桥。"（教朴，270）

（2）没羞的忘八！你递甚么银子在我手里？问我要银子！（金，19/269）

（3）我干坏了你甚么事来？你恁是言不是语，丢块砖瓦儿也要个下落。（金，25/351）

（4）金莲道："早是你在旁边听着，我说他甚么歹话来？"（金，41/560）

（5）他曾见过甚么大头面？且比哥那咱的勾当，题起来把他谎杀罢了。（金，52/699）

（6）汉子顶天立地，吃辛受苦，犯了甚么罪来，你拿猪毛绳子套他？（金，75/1086）

（7）我见你家甚么银子来？（金，93/1362）

（8）你肚中吃了些甚么？只顾哭了去。（金，59/802）

（9）奴是个女姐人家，大门边儿也没走，晓得甚么？（金，14/203）

(10) 西门庆道: "你妇人知道些甚么?" (金, 17/242)

(11) 金莲道: "不妨事, 我老人家不怕冰了胎, 怕甚么?" (金, 27/380)

"甚么事", 即 "无事", 转换后 "碍甚么事" 即 "不碍事"; "甚么银子" 即 "没银子", 转换后 "递甚么银子" 即 "没递银子"。其他诸例同理。下面是 "有甚么 X" 的例子, 理解亦同于此:

(12) 你若恼他, 却不难为他了。他小人有甚么大汤水儿? (金, 72/1024)

(13) 随你怎的豪富也要穷了, 还有甚长进的日子? (金, 1/13)

(14) 他本是块顽石, 有甚福抱着我羊脂玉体? (金, 1/30)

(15) 婆子道: "有甚难猜处。" (金, 2/53)

(16) 西门庆道: "俺每说句话儿, 有甚闲勾当!" (金, 68/952)

清时出现了 "有甚么 X 的" 表达格式,《红楼梦》中有例, 在《儿》中已经比较普遍, 举两例如下:

(17) 我白日就提得了来, 夜间又有甚么提不开去的? (儿, 5/57)

(18) 儿子此刻是好好的见着母亲了, 还有甚么急的? (儿, 12/141)

"V 甚么 (X)" 格式还有一些貌似客事问的形式, 应当加以区别。如下面的例子:

(19) 不当家化化的, 磕甚么头? (金, 95/1393)

(20) 月娘道: "请甚么任医官, 随他去。" (金, 75/1092)

(21) 被西门庆带酒骂道: "淫妇们闲的声唤, 平白跳甚么

百索儿！"（金，18/253）

例中的"甚么"显然不是修饰其后成分的。如果说前举各例的"V
甚么（X）"，"甚么"是属后的，是通过对客事的否定来实现对全句
的否定，那么这里的"V 甚么（X）"，"甚么"是属前的，是通过对
动作行为的必要性或理据性的否定来否定全句。因而，此处"V 甚
么（X）"相当于"不必 V（X）"，如例（19）（20），或"不应 V
（X）"，如例（21），当属因事问，而非客事问。我们可用"V + 甚么
（X）"和"V 甚么 +（X）"以示区别。下面的例子"甚么"看上去
似乎是修饰其后成分的，但事实仍属于"V 甚么 +（X）"这种情况：

(22) 月娘骂道："怪贼奴才，还摆甚么酒！"（金，79/
1183）

(23) 月娘道："挨年近节，念甚么经！他爹只好过年念罢
了。"（金，73/1040）

"摆甚么酒"是"不必摆酒"，不是"没甚么酒可摆"。"念甚么经"
是"不必念经"，不是"没甚么经可念"，有时会出现两可的情况，
下例转引自吕叔湘（1985a）：

(24) 如今既知他是假的，还怕他甚么！（侠84.11）

吕氏认为这里的"怕甚么"是问怕做甚么，即为什么怕之意。但仔
细琢磨，"甚么"未尝不可理解为涉事，即"怕"的对象，"怕他甚
么"意即"没甚么可怕他的"或"他没甚么可怕的"，也即不怕他。
遇到这种情况，我们觉得还是把它归入后者为宜，因为客事作宾语出
现在动词之后是常位，符合一般人的语感。以下例子同属于这种
情况：

(25) 要说甚么？如今和小人望他去便了。（教朴，314）

(26) 咱趁热脚儿，不替他穿上衣裳，还等甚么？（金，
62/854）

（27）你又没儿女，守甚么？（金，80/1206）

（28）妇人道："贼猴儿不凿，只管端详甚么？"（金，23/332）

（29）这的弓你还嫌甚么？（教老，88）

（30）伯爵道："我头里不说的，我愁甚么，死了一个女儿会拣泡螺儿孝顺我，如今又钻出个女儿会拣了。"（金，67/926）

如果是不及物动词或是形容词，则只能理解为因事问。如：

（31）老爷道："这又臊甚么？说呀！"（儿，13/155）

上文 2.1 "C" 之所论均属此类。

否定假设条件式诘问句在 "甚" 系代词中也常见：

（32）你不图落，图什么来？（金，64/879）

（33）这里不见的不是金子，却是甚么？（金，43/578）

（34）大官人使钱费物，不图这"一搂儿"，却图些甚的！（金，12/168）

（35）可不是"空由色幻色非空"是甚么呢？（儿，27/383）

（36）不用你这等轻年新进，又用甚么人去？（儿，40/659）

（37）却不道这等地方不用世家旗人去，却用甚么人去？（儿，40/659）

（38）可不是忘了押官韵了是甚么呢！（儿，35/536）

（39）只是生为国家的旗人，不作官又去作甚么？（儿，13/165）

下面是客事居于主语位置的例子，这类句子理解时"甚么"的否定形式可以直接代入原句法位置：

（40）临去娘与他鞋面、衣服、银子，甚么不与他！（金，

62/839）

　　（41）这丫头拣好东好西，甚么不拿出来和玳安吃？（金，95/1387）

　　（42）只有几个惫赖和尚，养老婆，吃烧酒，甚事儿不弄出来！（金，57/756）

　　（43）每日这般勤勤的喂时，甚么脿添不上？（教朴，225）

　　（44）那穿月白的女子道："甚么地方我不敢去？就走！"（儿，7/85）

　　（45）你哥哥四月二十头，猛可地害急心疼起来，病了八九日，求神问卜，什么药不吃到？医治不好，死了。（金，9/135）

　　（46）这西门庆是头上打一下脚底板响的人，积年风月中走，什么事儿不知道？（金，13/187）

　　（47）未曾你汉子死了，相交到如今，甚么话儿没告诉我？（金，19/273）

　　（48）金莲道："你六娘当时和他一个鼻子眼儿里出气，甚么事儿来家不告诉我！你比他差些儿！"（金，23/331）

　　（49）潘姥姥道："他七岁儿上女学，上了三年，字仿也曾写过，甚么诗词歌赋、唱本上字不认的！"（金，78/1162）

前2例是浅度问，其余均为深度问。在"甚"系客事问中，客事居于主位的句法条件是：必须出现于否定句中。以上各例均为否定句。

4.2.2.3　那系代词否定

　　"那"系疑问代词也可用于客事问，主要充当位事、受事，也见止事和涉事等。其否定方式略同于主事问。例如：

　　（1）你在这里，他大妗子那里歇？（金，14/210）

　　（2）你这些东西过去，那里堆放？（金，16/230）

　　（3）你老人家若有些好歹，那里归着？（金，62/845）

　　（4）小媳妇男子汉又没了，那里投奔？（金，59/802）

　　（5）妇人道："没他的主儿，那里着落？"（金，79/1176）

　　（6）他做了一对鱼水团圆、世世夫妻，把姐姐放到那里？（金，20/289）

　　（7）久后你两个愁不会在一答里？对出来，我脸放在那里？（金，85/1259）

　　（8）我的定礼在那里呢？（儿，26/364）

以上例子均属位事问，前5例居于动词之前，后3例居于动词之后。"那里"都是"无处"之意。看下面的例子：

　　（9）象郁大姐在俺家这几年，大大小小，他恶讪了那个来？（金，75/1075）

　　（10）知县大怒，说："他女儿见死了，还推赖那个！"（金，92/1358）

　　（11）武松道："老猪狗，我都知道了，你赖那个？"（金，87/1290）

　　（12）玉楼道："哄那个哩？"（金，76/1101）

　　（13）你做差了，你埋怨那个！（金，18/258）

　　（14）你在外边，那个不吃你嘲过？（金，24/344）

　　（15）那个纸包儿包着，瞒得过人？（金，41/560）

　　（16）他这条性命不是送在你手里，却是送在那个手里？（儿，16/203）

以上例子或为受事问，或为涉事问，例（16）则是问位事里的限事。"那个"均为"无人"之意。下面的例子略有变化：

　　（17）安龙媒！我平日何等待你，亏了你那些儿？（儿，28/400）

(18) 小人家儿干事最苦，从炉台底下，直买到堂屋门首，那些儿不要买？（金，72/1027）

(19) 房中事，那些儿不打我手里过！（金，91/1341）

(20) 你屋里丫头、老婆，管着那一门儿来？（金，43/582）

"那些儿"即"没有一样"，"那些儿不"即"样样"；"那一门"即"没有一门"。

下面的"那里"用法也有些不一样：

(21) 主人家，你说那里话！（教老，72）

(22) 春梅道："娘说的是那里话！"（金，83/1238）

(23) 西门庆道："老公公说那里话！"（金，71/993）

例中的"那里"均充当"话"的限事。这种用法能被修饰的名词极其有限。"那里话"可理解为"无处能有的话（道理）"，下面的说法意思相近：

(24) 女子一听，心里诧异，说："这是那里说起？"（儿，7/81）

(25) 他道："姑娘，你这是那里说起？"（儿，19/246）

《儿》中还出现了一个"那门子"，凡三见：

(26) 姑娘道："这还吃的是那门子的长斋呢，难道今日个还不开吗？"（儿，27/384）

(27) 又与他大家甚么相干，也跟着讲的是那门子的义气？（儿，21/283）

(28) 今日又不是初一十五，又不是甚么三灾呀八难的，可吃的是那一门子的斋呢？（儿，21/278）

关于"那门子"，吕叔湘（1985a）认为"它的作用跟'什么'差不多，而且专用于反诘"，等于"他不饥，吃甚么饭！"中的"甚么"，尽管在形式上是宾语的修饰语，但"问的不是'甚么'，而是'做甚么'"，意思相当于"何必""不必"。他举了例（26）以及老舍等人的例子。据我们观察，"哪门子"自晚清使用开来后，存在三种用法：一是如吕氏所说的，相当于"什么"，意为"不必"，如他所举的例子"干脆要钱就结了，挂哪门子浪号！"这种用法，属于我们所说的因事问。再如：

　　（29）14 岁能杀进大学已够便宜了，考哪门子研究生？（夏欣：一个小保姆和一部未出版的书）

　　（30）一个卖唱的姑娘，读哪门子书？（老舍：方珍珠）

　　（31）您哪，一不是工商税务，二不是治安民警，给人家上哪门子课呢！（陈建功：皇城根）

二是相当于"哪里"或"哪路"，具有指别意义，用于诘问是"无处有"的意思。属于我们所说的客事问，是对客事的限事提问。例如：

　　（32）我犯了哪门子法嘛？（报刊精选，1994 - 12）

　　（33）洪塔山一愣说，你这是说的哪门子话？（刘醒龙：分享艰难）

　　（34）你看看，这算哪门子的事？（报刊精选，1994 - 07）

　　（35）女的可以穿男式的，男的却没有那种兼及异性款式的福分，这叫哪门子规矩呢。（读者）

以上例子中的"哪门子"显然不能安吕氏的说法来解释。三是相当于"哪里"或"哪路"，也具有指别意义，但诘而不反，有感叹的意味。例如：

　　（36）他的确爱写日记，几乎天天如此，雷打不动，不知中了哪门子邪了？（肖复兴：夏日里的最后一朵玫瑰）

　　（37）表哥今天上门说出这般奇怪的话，我倒要问一句，你中了哪门子的魔障，怎么会把这事想到我头上？（电视剧，乔

家大院)

（38）成天打人骂人，吃香的喝辣的，看着谁不顺眼就收拾谁，他得的是哪门子神经病？（张平：十面埋伏）

至于《儿》中的三例，固然可以按照吕氏作第一种解释，但也未尝不可以作第二种理解，而且我们觉得作第二种理解似乎更为恰当。如例（26）何玉凤对"妈"不一块儿吃饭产生疑惑，张金凤道："姐姐是乐糊涂了，你不知道他老人家吃长斋呀？"于是何玉凤说了这话。她的意思不是说不必吃长斋，而是说吃的哪路的长斋，怎么有那么长！再如例（27）如果只就上文看，理解为"不必"没什么不可以，但看下文："海马周三讲的是……，众人讲的是……"这是对"讲的是那门子的义气"所作的具体阐述，因而作"哪路"解似乎更合适。我们觉得，"那门子"刚使用时，主要是偏重于字面所指的意思，进一步使用，则虚化为"不必"意，这也符合语法化的一般规律。

4.2.2.4　其他代词否定

"何"系代词用于诘问的否定方式一般是"何＝没、无"。例如：

（1）状不过三日便告时好，你更有伤，有何愁？（教朴，313）

（2）咱两个永远团圆，做上个夫妻，有何不可！（金，86/1277）

（3）就让他进去灵前一拜何妨？（儿，17/223）

（4）便果真是霍士端的主意，于我何伤？于你又何伤？（儿，31/460）

（5）没有银子，把我的钗梳凑办了去，有何难处！（金，1/31）

（6）来保道："小的主人一介乡民，有何官役？"（金，30/418）

（7）不争为这妇人，你囚死他，往后你年老休官，倚靠何人？（金，92/1354）

以上例子或为止事问，或为受事问。如果是位事问，则"何＝无处"，例如：

（8）这话倘被父母听见，管取大大的教训一场，我看你那时颜面何在！（儿，23/319）

（9）倘然荐上去，他二位老先生倒认作我有意要收这个阔门生，我的清操何在？（儿，35/532）

"多"系疑问代词用于客事问的否定方式是"多（少）＝不多"。

（10）误了你多少功夫！（教老，77）

（11）待亏你多少？肯时成交，不肯时你别处买去。（教老，96）

（12）浑身是铁，打得多少钉儿？（金，14/203）

（13）伯爵道："今日葵轩不济，吃了多少酒儿？就醉了。"（金，67/927）

（14）如今知府知县相公也都来往，好不四海！你老人家能吃他多少！（金，7/109）

（15）只这邓九公，充其量不过一个高阳酒徒，又有多大的福命？（儿，32/473）

"多少"属反义对举，用于疑问句，起初是正反问，大约在东汉时候凝结成词（王敏红2007），例见于《太平经》，如："今师前后所与弟子道书，其价直多少？"（卷四十六/126页）"因为同时有一个几字用于较小的数目，用到多少的时候就暗示数目不太小"。（吕叔湘1985a）因而尽管早期的使用，"多少"是中性的，"多"与"少"没有偏向，但由于其分布特点，逐渐偏向于"多"，唐代出现的感叹用法以及虚指用法，都是极言其多，以至在形式上可缩减为"多"。因而，用于反诘，"多少"也就等于不多。

"几"系代词的否定方式是"几（何）＝无几、不多"。例如：

(16) 人生能有几？不乐是徒然。（金，10/148）

(17) 请看如今世界，你说那坐怀不乱的柳下惠，闭门不纳的鲁男子，与那秉烛达旦的关云长，古今能有几人？（金，1/10）

(18) 无故只是个"破纱帽债壳子——穷官罢了"，能禁的几个人命？（金，43/580）

(19) 邓九公道："那几件衣裳可值得几何呢！"（儿，20/267）

(20) 百年之岁月几何？（儿，4/47）

4.2.3 与事否定问

与事否定问是通过否定与事以否定全句的一种诘问句。与事否定问的使用频率较低。主要见于"谁"系代词，"那"系与"甚"系偶见。

4.2.3.1 谁系代词否定

"谁"系代词的否定方式同于主事问。下面是当事否定问的例子：

(1) 你去了，这位小爷出来进去的交给谁呀？（儿，3/34）

(2) 这清河县同声，我少谁家银子？你说我是债壳子？（金，43/581）

(3) 自古亲儿骨肉，五娘有钱，不孝顺姥姥，再与谁？（金，78/1163）

(4) 当日有母亲在，无论甚么大事，都说："交给我罢。"

我却依然得把我交给母亲。如今我又把我交给谁去？（儿，19/248）

（5）雁杳鱼沉，离愁满怀谁与传？（金，36/505）

以上各例是对交接传递对象的否定，"谁"是"无人"之意。例（2）"少"是"欠"的意思。再如：

（6）漫吐芳心说向谁？欲于何处寄相思？（金，28/398）

（7）不替你老人家说，再替谁说？（金，73/1035）

（8）妇人道："我怎么不想达达。……奴就想死罢了，敢和谁说？"（金，79/1177）

（9）嫂子！将就着些儿罢，对谁说？我晓得你往高枝儿上去了。（金，23/330）

（10）人家连你的门儿都进不来，就有一肚子话，合谁说去？（儿，19/252）

（11）傻孩子，你还不走跳些儿还好？你与谁赌气！（金，72/1023）

以上例子是就动作针对对象的否定，也是"无人"之意。下例是共事否定问：

（12）你去了，撇的奴孤另另独自一个，和谁做伴儿？（金，91/1338）

是对动作协同者的否定。

4.2.3.2 那系代词否定

例如：

（1）不嫁这等人家，再嫁那样人家！（金，7/112）

（2）你们姐姐，比那个不聪明伶俐，愁针指女工不会？（金，37/514）

（3）婆子道："好奶奶，你比那个不聪明！"（金，76/

1114）

"嫁"也是个交接动词，这是个否定假设条件式诘问句，是对给予对象的否定，"那样人家"即"无别的人家"；"那个不"是"人人"之意，这是对所系性状针对者的否定。

另外，"甚"系也偶有所见：

（4）他本是个走江湖的人，甚么不在行的？（儿，14/180）

（5）保山，你就说我说，不嫁这样人家，再嫁甚样人家！（金，7/109）

4.2.4 补事否定问

补事否定问是通过否定补事以否定全句的一种诘问句。主要见于"怎""那""甚"等系疑问代词，多为深度问。

4.2.4.1 怎系代词否定

"怎"系疑问代词在补事问中主要是用于对方式和情理的否定。其否定的方式是：否定方式"怎么＝无法"；否定情理"怎么＝不、没"。（情理否定详4.2.8）例如：

（1）明日差人就来讨回书，你教我怎样回答他？（金，36/502）

（2）（王婆）说："傻才料，你实说了，却叫老身怎的支吾？"（金，87/1290）

（3）我可合他充了这一年的老姐姐了，叫我怎的见他？（儿，28/398）

（4）幸而天从人愿，不然叫我怎么见老师、师母？（儿，40/682）

（5）又叫人家作书的怎的个收场呢？（儿，21/288）

（6）剩了我一个人儿，叫我合他们怎生打这个交道？（儿，

25/348）

（7）但是一个打定主意磨它子的人，不这样一搭赸，叫他怎么下场？又叫那燕北闲人怎生收这一笔？（儿，27/383）

（8）请问这一唬噜串儿，叫安老爷一家怎生见人？邓、褚两家怎的回去？（儿，25/351）

（9）这句话却叫他怎的个答应法？（儿，40/668）

（10）张金凤悄声道："姐姐，你叫我怎样个说法？"（儿，9/109）

以上各例"怎么"等均属补事中的方式，句子是通过对方式的否定来实现反诘的。因而"怎么"等词均表"无法"之意。后两例疑问词用于"V法"一类词前，仍然是对于方式的否定，"叫他怎的个答应法？"即"叫他无法答应。"再如：

（11）你叫我怎生割舍的你去？（金，59/798）

（12）不知他生死存亡，教我老人家怎生吊的下！（金，57/755）

（13）叫人家大爷脸上怎么拉得下来呢？（儿，34/512）

（14）你叫我合你们那个老爷怎么过得到一块子呀？（儿，40/651）

（15）他老人家久归道山，还来默佑这个小子，叫人怎的不感极而泣！（儿，36/548）

（16）到明日，一时半刻想起来，你教我怎不心疼！（金，62/860）

（17）从东京来，通影边儿不进后边歇一夜儿，叫人怎么不恼？（金，75/1080）

以上各例均是对补事的情理进行否定，"怎么"等词均表"不、没"之意。"怎生割舍的"就是"割舍不的"；"怎生吊的下"就是"吊不下"；"怎不心疼"就是"心疼"。这些句子，"怎么"之后的成分多为表可能的动结式或状态动词。

4.2.4.2　那系代词否定

"那"系疑问代词在补事问中以否定处所和位事为常，也有一些其他用法，其否定方式略同于主事问。例如：

　　（1）这早晚日头落也，教我那里寻宿处去？（教老，71）

　　（2）你不接济他这一步儿，交他又问那里借去？（金，51/678）

　　（3）教人还往那里寻你每去？（金，27/384）

　　（4）我一个出家人，不当家花拉的，你叫我那儿养小子去呀？（儿，38/606）

　　（5）这会子可叫我忙忙叨叨的那儿给他现抓人去？（儿，40/654）

　　（6）还叫他从那里"之子于归，宜其室家"？（儿，34/515）

　　（7）你，你，你，你这人叫我走到那里去？（儿，6/71）

　　（8）回来叫我们姑太太坐在那儿呀？（儿，36/563）

前6例是对境事处所的否定，后2例是对位事的否定，均为"无处"之意。再如：

　　（9）你叫他从那一头儿羞、那一头儿劳起？（儿，11/133）

　　（10）都怪香儿的么，叫我丢下那件子呢？（儿，15/188）

　　（11）你不许他走这条路，待叫他走那条路？（儿，19/248）

　　（12）你教人有那眼儿看得上你！（金，12/179）

"那一头"即"没有一头"，也即"无处"，进而表示"无从"。"那件子"即"没有一件子"，"那条路"即"没有一条路"，"那眼"即

"没一眼"。末一例补事问内部还用了兼格，"那"是止事的限事兼施事的限事。

4.2.4.3　甚系代词否定

"甚"系疑问代词构成的补事问，其否定方式略同于客事问。例如：

（1）姐姐不信，不耐烦，不往下听了么，可叫公公有甚么法儿呢！（儿，26/364）

（2）人家婆婆都认过了，你老人家还叫我合他说甚么呀？（儿，27/378）

（3）刚才教玳安甚么不骂出来。（金，51/691）

（4）借个棒槌使使儿，就不肯与将来，替娘洗了这裹脚，教拿甚么搥？（金，72/1006）

（5）却叫我把甚么奉养老母？（儿，25/343）

（6）如今失落在这庙里，叫我拿甚么回老人家的话？（儿，10/126）

（7）自己先弄成个"文而不文正而不正"的贾政，还叫他把甚的去教训儿子？……自己先弄成个"罔之生也幸而免"的王夫人，又叫他把甚的去抚养儿子？（儿，34/514）

例（1）"有甚么法儿"即"没法"；例（2）"说甚么"即"没说的"，也就是"没什么可说的"；例（3）"甚么不骂"即"都骂"；后3例，"甚么"出现在准介词"把""拿"之后，相当于"无以"。例（4）是对工具的否定，其结构为兼语从缺。（5）（6）（7）则可认为是对方式的否定。

"何"系疑问代词否定处所相当于"无处"，否定方式则相当于"无法"。例如：

（8）听说他结茅云外，却叫人何处寻他？（儿，38/610）

（9）姑娘你这番救命恩情叫他何处答报？（儿，17/223）

（10）只是我安骥有数的七尺之躯，你叫我今世如何答报！
（儿，9/105）

另外，也见"谁"系疑问代词用于补事问的个别用例：

（11）不想老太太你先骑鹤西归，叫我向谁说起？（儿，
17/225）

"谁"即"无人"之意。

4.2.5 凭事否定问

凭事否定问是通过否定凭事以否定全句的一种诘问句。主要见于
"怎"系疑问代词，"甚""何"等偶见，多为浅度问。

4.2.5.1 怎系代词否定

"怎"系疑问代词用于凭事问无须借助介词，其否定方式是"怎
么＝无法"。例如：

（1）这般精土坑上怎的睡？（教老，64）

（2）咱男子汉，没马时怎么过？半步也行不得。（教朴，
236）

（3）休这般说。贼们怎知你有钱没钱？小心些还好。（教
老，64）

（4）你分付丫头拿床铺盖，生些火儿，不然，这一冷怎么
当？（金，23/327）

（5）李瓶儿道："我的白袄儿宽大，你怎的穿？"（金，45/
603）

（6）月娘道："你不来说，俺怎得晓的？又无人打听。"
（金，88/1304）

（7）你那哥哥尸首又没了，怎生问理？（金，9/139）

(8) 他两个是他的朋友，若拿来跪在地下，他在上面坐着，怎生相处！（金，69/968）

(9) 那个时候，怎样的结这个案？（儿，11/131）

(10) 这摔了个粉碎的瓦可怎么个整法儿呢？（儿，32/463）

(11) 向月娘说："早时使人去打点，不然怎了！"（金，18/252）

以上各例中的"怎的""怎么"等均为对方式的否定，为"无法"意。

4.2.5.2　甚系代词否定

"甚"系疑问代词用于凭事问须借助介词，其否定意义为"无以"。例如：

(1) 当年我不受他老人家这点渊源，却把甚的来教你？（儿，36/564）

(2) 倒亏了小玉丫头做了个分上，叫他娘拿了两件衣服与他。不是，往人家相去，拿甚么做上盖？（金，86/1265）

(3) 夏大人他出身行伍，起根立地上没有；他不拉些儿，拿甚过日？（金，34/469）

(4) 桂姐道："哥儿，你这一去，没有这物件儿，看你拿甚嘴脸见我！"（金，12/178）

(5) 你不经我这番训诲，又靠甚的去成名？（儿，36/564）

(6) 妇人道："拿什么比他？昨日我拿他的鞋略试了试，还套着我的鞋穿。"（金，23/328）

(7) 明日洗三，嗄的人家知道了，到满月拿甚么使？（金，67/933）

(8) 老婆儿道："好还怕不好喂！只是俺们拿傄赔送呢？"

（儿，9/113）

以上各例是对动作行为所凭借的方式、工具或材料的否定，均为"无以"之意。

4.2.5.3 何系代词否定

"何"系疑问代词用于凭事问主要是对方式的否定。有"何以""如何"等形式，其否定意义为"无以"或"无法"。例如：

（1）西门庆谢道："蒙亲家指教，何以为报？"（金，70/982）

（2）待说不依他这句话罢，慢讲他那性儿不肯干休，又何以全他那片孺慕孝心？圆我那句千金一诺？（儿，24/329）

（3）想起今日这桩事来，公子何以自处？他两个又何以处公子？（儿，31/446）

（4）万一日后父亲有个不然起来，我何以处张金凤姑娘？又何以对姑娘你？（儿，9/115）

（5）林氏道："我女妇人家，如何寻人情去救得？"（金，69/969）

（6）金莲道："他的东西，如何到我家？我又不曾从他手里要将来。"（金，13/196）

各例"何以""如何"均为"无以"之意。

4.2.6 因事否定问

因事否定问是通过否定因事以否定全句的一种诘问句。在假性问中使用频率较高，主要出现于"怎"系和"甚"系疑问代词中，"何"系中也有一些用例。有原因否定和目的否定两种基本形式。其否定的一般方式是：原因否定："怎么、做/为甚么、如何＝无由＝不应"；目的的否定："怎么、做/为甚么＝无需＝不必"。"无由"是指做某事缺乏充足的客观因由，无由，则动作行为缺乏理据或前提，也就不应付诸实施；"无需"是指做某事的主观意愿（预设的目标）无价值或价值不大，无需，则动作行为缺乏意义，也就不必付诸实施。

4.2.6.1　怎系代词否定

原因否定，如：

（1）这的唤做"人不可貌相，海不可斗量"，怎么小看人？（教朴，302）

（2）你做了老林，怎么还恁木木的？（金，21/303）

（3）伯爵道："哥，怎的说这个话？你唤他，他才敢来。"（金，72/1024）

（4）玉楼道："大娘说，请刘婆子来看他看，你怎的不使小厮请去？"（金，58/771）

（5）可可儿只是他好！他死，你怎的不拉住他？（金，73/1037）

（6）教的俺每这些南曲，却不留下自家欢乐，怎地到送与别人？（金，55/742）

（7）姐姐，这事要爹妈作主，怎生的只管问起妹子来？（儿，9/109）

（8）那何玉凤姐姐待你也算不薄，怎生的这等轻薄起他来？（儿，23/319）

（9）怎那般道？实说定了时不要改，"先小人后君子"。（教朴，278）

（10）姑娘，你咱的把他杀了？（儿，7/89）

（11）怎的叫个"走了这条意外的岔路"？我以为正是意中之事。（儿，40/659）

（12）接口说："怎么'马仰人翻'呢？"（儿，4/52）

"怎么"等都是"无由"之意，相当于"不应"。末2例"怎么"用于引述对方的话语之前，意在批驳。例（11）上文安公子说自己"不想忽然走了这条意外的岔路，实在不得主意"，所引是安老爷的话。例（12）隐含了"说是"，是对上文那女子说的"弄这块石头何至于闹的这等马仰人翻呀"一语的批驳。各例"怎么"出现的句法位置为主语之后动词之前（末2例无主语），这是"怎"系疑问代词在原因否定问句中最常见的用法。置于句首的用法在明时还不多见，清时有明显增多的趋势，而且句法也趋于复杂化。例如：

（13）一母所生的兄弟，怎生我家那身不满尺的丁树，三分似人，七分似鬼，奴那世里遭瘟，撞着他来？（金，1/32）

（14）怎的我安伯父、安伯母也作出这样的孟浪事来！（儿，26/371）

（15）同一个人，怎的女子就该从一而终，男子便许大妻小妾？（儿，27/376）

（16）一般儿大的人，怎么姐姐给我作媒就那样霸道，他众位给姐姐作媒就这等烦难？（儿，26/362）

（17）你也是个女孩儿，我也是个女孩儿，怎么在我张金凤，人家有了三妻四妾，姐姐还要把我塞给人家；如今到姐姐身上，便有许多的作难？（儿，26/369）

像以上用法在《金》中极少见到，而在《儿》中则较为常见。以上例（15）—（17）"怎么"统领的是两个语义上对举而言的分句，中间或用逗号，或用分号。有时点校者也有标作问号的，例如：

（18）我只问姐姐：一般儿大的人，怎么姐姐给我说人家儿，这庚帖就可有可无？九公合褚大姐姐给你说人家儿，两头儿合婚，有了庚帖还不依？（儿，26/363）

（19）一般儿大的人，怎么我的红定绝不提起？姐姐这样

天造地设的红定，倒说是我家生作蛮来？（儿，26/367）

从上引例子看，这类句子在功能和语义上具有同一性，如强调对举双方的一体性，就视为一句，间以逗号或分号；如分别强化对举双方，就断为两句。一般句子较短时会倾向于用逗号或分号。不过，即使中间标注问号，由于句子表层共用一个疑问代词，在结构和语气上仍难以截然断开。这种介乎句子和句群（语段）之间的问句带有"语段句"的性质。当然，若强调其相对的独立性，理解为后一问省略一个疑问代词，亦无不可。

"怎么"等用于句末表示原因的例子不多见，例如：

（20）而今没来由偷别人的媳妇怎么？（教朴，232）

（21）月娘道："你们慌怎的？也就要去，还等你爹来家。"（金，44/589）

（22）李桂儿既赌过誓不接他，随他拿乱去，又害怕睡倒怎的？（金，69/975）

（23）西门庆道："我那里做他！揽头以假充真，买官让官。我衙门里搭了事件还要动他。我做他怎的！"（金，38/521）

"怎么""怎的"均用于句末表原因。例（20）是表达不应"偷别人的媳妇"之意；例（21）月娘的意思是没有"慌"的理由，不应"慌"；例（22）上文说李桂儿被"吓的睡倒了"，西门庆此话的意思是无由也即不应"害怕睡倒"。例（23）李智、黄四做香蜡生意，应伯爵问西门庆做不做。这是西门庆的回答。他用诘问句"我那里做他！"作事理否定，意为"我不要做他"；接着两句讲明原因；再以诘问句"我做他怎的"作原因否定，意为"不应做他"。

目的否定，例如：

（24）白赉光笑道："有了银子，要性命怎的！"（金，1/22）

（25）王婆道："他是阎罗大王的妹子，五道将军的女儿。问他怎的！"（金，2/50）

（26）教傅二叔打发他便了，又来请我怎的？（金，16/226）

（27）丢在这冷屋里，随我自生自活的，又来瞅睬我怎的？（金，38/529）

（28）有钱买了称心货，随各人心里所好，你管他怎的！（金，51/692）

（29）张氏道："且叫你舅舅住着，慌搬去怎的？"（金，88/1300）

（30）我又不坐月子，熬这照面汤来与我吃怎么？（金，94/1379）

（31）慌抬他出去怎么的！大妈妈，你伸手摸摸，他身上还热哩。（金，59/798）

"怎的"等都是"无需"之意，相当于"不必"。用于目的否定，疑问词的句法位置通常在句末。不过也不绝对，也有置于动词之前的用例，如：

（32）（李铭）说道："小人没甚，这些微物儿，孝顺二爹赏人。小的有句话，径来央及二爹。"一面跪在地下不起来。伯爵一把手拉起来，说道："傻孩儿，你有话只管说，怎的买礼来？"（金，72/1022）

这里的"怎的"是"无需"，意为"不必"买礼。

原因否定和目的否定存在一定的区别。但是，如前所述，原因和目的原是一事的两面，是相通的，有时不能截然分开。

（33）西门庆道："贼贱淫妇，既嫁汉子，去罢了，又来缠我怎的！既是如此，我也不得闲去，你对他说：甚么下茶下礼？

拣个好日子，抬了那淫妇来罢。"（金，19/271）

　　（34）秋菊道："等我寻不出来，教娘打就是了。你在傍戳舌儿怎的！"（金，28/391）

　　（35）那妇人骂道："贼奴才，还教甚么毡娘哩，他是你家主子前世的娘！不然，怎的把他的鞋，这等收藏的娇贵？到明日好传代！没廉耻的货！"（金，28/397）

首例，已经嫁了汉子，就不应该也没必要再"来缠我"，"怎么"既是对原因的否定，也是对目的的否定。次例，上文秋菊说："等我再往花园里寻一遍，寻不着，随娘打罢。"可春梅却仍在傍"戳舌儿"，火上浇油。秋菊诘问的意思是：我还没有找呢，未必找不到，你不应该戳舌；找不出来，娘自然会打我，你没必要戳舌。是原因和目的双重否定。末例，秋菊错把蕙莲的鞋当成金莲的鞋，遭到了金莲的责骂。骂语前后两句构成一个推断，意含："不是你家主子前世的娘"，就不应"这等收藏的娇贵"；不是为"到明日好传代"，则不必"这等收藏的娇贵"。同样是双重否定。

　　因事否定问中，原因否定和目的否定存在着一个重要的区别，即原因否定除了用于肯定句，也用于否定句，而目的否定则一般只用于肯定句。理由在上文 3.1.5.2 中已经论及，即：做一件事情，往往有做的目的；而不做一件事情一般不会有什么目的可言。原因否定问用于否定句的例子在上文已有所见。这里再举几例：

　　（36）一日九站十站家行，你怎么不肯将头马来？（教朴，256）

　　（37）怎么不与你？又不吃了他的！（教朴，247）

　　（38）怎的不唱个儿我听？（金，33/458）

　　（39）今日席上再无闲杂人，怎的不见了东西？（金，31/433）

（40）兄弟，本县相公抬举你做了巡捕都头，怎不看顾我！（金，1/28）

（41）薛嫂儿怎不先来对我说？（金，40/550）

（42）老冯在这里，怎的不替你拿茶？（金，38/523）

（43）怎的不拿出螃蟹来与应二爹吃？（金，35/492）

（44）这俩老东西，怎么也不先透给我个信儿呢！（儿，40/651）

从语料看，因事否定常附有言语主体对言语对象的责问之意，如（38）（41）（42）等。这是因为说"不应怎样"时，往往带有说话者不满或责怪的评价态度。但如果只是从事理上作评论，就不含责问意，如例（39）。

4.2.6.2　甚系代词否定

原因否定，例如：

（1）不买时害风那？做甚么来这里商量？（教老，82）

（2）李瓶儿道："这囚根子，他做甚么拿进来？"（金，31/433）

（3）一般都是你的老婆，做甚么抬一个，灭一个？（金，73/1040）

（4）贼不逢好死的囚根子！你做甚么来家打我？我干坏了你甚么事来？（金，25/351）

（5）你为甚么省不得，执迷着心？（教老，93）

（6）你为甚么这炕面上灰泥的不平正？（教朴，286）

（7）我和你说的话儿，只放在你心里，放烂了才好，为甚么对人说？（金，23/331）

（8）不是打了象牙，平白为甚么打得小厮这样的！（金，35/488）

（9）贲四道："他便为放人进来，这画童儿却为什么也陪拶了一拶子？"（金，35/491）

（10）两个媳妇究竟好去不好去，倒得斟酌斟酌。为甚么我方才说等慢慢儿商量呢？（儿，40/661）

（11）何小姐道："不然为甚么帽子要分个红里儿蓝里儿呢。"（儿，37/568）

（12）不然为甚么叫作"响马"呢！（儿，11/134）

（13）不然你瞧我来的时候，作吗用带那样一个大包袱来呢！（儿，20/261）

以上例子用"做甚么"等作原因否定，"做甚么"等是"无由"之意，相当于"不应"。其常规的句法位置是在动词之前主语之后，后期出现用于主语前的例子，如例（10）和（11）。后3例是用"不然"来表达的否定假设条件式诘问句，意为"不是这个原因就没有其他原因"。下面是用于句末作原因否定的例子：

（14）当初你那内相一死之时，你每不告，做甚么来？如今事情已往，又来骚扰。（金，14/202）

（15）李瓶儿道："你男子汉，常绊在我房中做甚么！"（金，62/836）

（16）平白拾人家旧皮袄披在身上做甚么！（金，46/615）

（17）到明日他盖这房子，多是入官抄没的数儿。娘子没来由嫁他做甚？（金，17/245）

（18）西门庆道："涩剌剌的，吃他做甚么！"（金，19/265）

"做甚么"均为"不应"之意。用于句末作原因否定的例子不常见。

下面这几例比较特殊：

（19）常言"表壮不如里壮"，嫂嫂把得家定，我哥哥烦恼

做甚么？（金，2/45）

（20）老爷道："这又臊甚么？说呀！"（儿，13/155）

从用法上看，都属原因否定无疑，"烦恼""臊"等词都是表示情绪的非自主性的谓词，此类动词表示的动作或状态很难说显示什么目的。上文所举"慌怎的"也属这种情况。其否定方式自然是"不应"。但用"不必"似乎也可以。在现代汉语中，以"不必"否定表示情绪的非自主性的谓词已为习见（如"不必惊慌，不必紧张，不必脸红，不必焦虑"等），这种用法均出现于对话中，表现言者对听者情绪表现的一种主观态度。

目的否定，例如：

（21）买人的契，保人只管一百日，要做甚么？（教朴，257）

（22）今日再喜得叔叔来家，没事坏钞做甚么！（金，2/45）

（23）金莲道："你也忒不长俊，要这命做甚么？"（金，26/365）

（24）平白放出去做甚么？与人家喂眼！（金，46/618）

（25）你们又送这礼来做甚么？我也不好受的，还教他抬回去。（金，45/598）

（26）有了李铭、吴惠在这里唱罢了，又要这两个小淫妇做什么？（金，42/569）

（27）拿这些银子来做什么！（金，47/628）

（28）我要那东西作甚么呀？（儿，32/472）

（29）横竖我是个局外人，于我无干，去瞎费这心猜他作甚么！（儿，13/156）

"做甚么"等都是"无需"之意，相当于"不必"。目的否定，疑问代词通常出现于句末。明时出现了"要甚么VP"的用法，意思是"要VP做甚么"，也即"无需VP""不必VP"。多见于《老》《朴》，如：

> （30）客人看，这偌多交易，要甚么争竞！（教老，97）

> （31）这段子价钱，谁不知道？要甚么讨价钱？（教老，88）

> （32）你既知道价钱，要甚么多说！（教老，87）

> （33）咱们又没甚么忙勾当，要甚么早行！（教老，65）

> （34）要甚么籴米！我的饭熟了，客人们吃了过去。（教老，68）

> （35）要甚么闲讲！算了价钱，看了银子。（教老，97）

> （36）要甚么多话！（教朴，251）

> （37）要甚么合口！眼下交手便见输赢（赢）。（教朴，225）

"要甚么"作目的否定只用于动词之前。在《原本老乞大》中"要甚么"多作"索甚么"，而在清代的版本中，多改为"何必""为甚么"。

"V甚么 +（X）"结构作因事问主要用于目的否定。有时，这一格式中的X，是重复对方的话语或话语的一部分，以表示不赞成，如：

> （38）西门庆道："他（薛姑子）怎的还不还俗？……"月娘道："你有要没紧，恁毁僧谤佛的。他一个佛家弟子，想必善根还在，他平白还甚么俗？"（金，51/677）

> （39）武大呷了一口，说道："大嫂，这药好难吃！"那妇人道："只要他医得病好，管甚么难吃！"（金，5/87）

> （40）说道："为驴扭棍不打紧，倒没的伤了紫荆树。"……

便道："怪老货，你与我过一边坐着去！不干你事，来劝甚么？甚么紫荆树、驴扭棍，单管外合里应。"（金，58/778）

(41) 西门庆道："……少不得叫温葵轩做两篇文章，买轴子写。"月娘道："还缠甚么温葵轩、乌葵轩哩！"（金，76/1121）

前 3 例仅提出对方话语中的一个（或几个）词，后例则另加上一个陪衬的词，形成配对用法。这种否定格式唐时就已经使用（吕叔湘1985a），陪衬格式的使用，促使了隐含式的产生。大约在明时开始就出现了直接用"甚么"起头的格式，如例（40），以及上文 2.1"D"中的有关例子。这一变式可标示为："（V）甚么 + X"，仍属于因事问。

"甚"系代词因事问同样存在原因否定与目的否定兼及的现象。看一例：孟玉楼夫死再嫁，丈夫母舅百般阻挠，生怕带走家产。临嫁之时，还要拦截搜查箱笼。正不可开交之际，夫家的姑姑出来说话：

(42) 他身边又无出，少女嫩妇的，你拦着不教他嫁人，做甚么？（金，7/116）

"做甚么"首先是对原因的否定，"身边无出"又是"少女嫩妇的"，你没有理由拦着不教他嫁人；同时，也是对目的的否定，你拦着不教他嫁人有何企图！表达了不应阻拦也不必阻拦之意。

原因否定与目的否定兼及，还有一种特殊的表达方式，即使用一种双疑点糅合句式。例如：

(43) 你就打发，两个人都打发了，如何留下我做甚么？（金，26/369）

(44) 娘子，你自家中，如何走来我这里做甚？（金，100/1464）

(45) 我那等分付你，叫小厮进来取，如何又进来寡妇房

里做甚么？没廉耻！（金，85/1254）

例（43）是"如何留下我？"与"留下我做甚么？"两个问句的糅合。前者是原因否定，后者是目的否定。后两例分别是"如何走来我这里？"与"走来我这里做甚？"的糅合和"如何又进来寡妇房里？"与"又进来寡妇房里做甚么？"的糅合，都是原因否定与目的否定兼用。尽管原因与目的大多有明显的区别，但兼用的现象也不少，为避免归类的为难，我们在统计"甚"系因事问的数据时，将原因、目的合在一起统计，只计"因事"一项。

4.2.6.3 何系代词否定

"何"系代词用于因事问最多的形式是"如何"，另有一些其他复合形式。主要用于原因否定。其否定方式是："如何＝无由＝不应"。例如：

（1）他来吊丧，如何叫他递起酒来。（金，63/873）

（2）我又不是你影射的，如何陪你吃茶？（金，2/52）

（3）你家中见放着他亲姑娘，如何推不认的？（金，11/160）

（4）你踢将小厮便罢了，如何连俺们都骂将来？（金，12/170）

（5）好贼搗子！你如何来抢夺我货物？（金，19/268）

"如何"只见于原因否定，以上诸例均是。他如：

（6）你不和他两个有首尾，他的簪子缘何到你手里？（金，82/1231）

（7）你我一家，何出此言！（金，69/965）

（8）老九何故见外？（金，6/92）

（9）叔叔何不搬来家里住？（金，1/32）

（10）非斯文骨肉，何以至此。（金，49/653）

各例也用于原因否定。下面是目的否定：

> （11）你要他何用？（儿，23/321）

> （12）此时要笔砚何用？（儿，10/123）

4.2.7 境事否定问

境事否定问是通过否定境事进一步否定全句的一种诘问句。境事问以处所否定和时间否定为主要形式，多出现于"那"系和"几"系疑问代词中。其主要的否定方式是："那（里）＝无处""几时＝无时"。

4.2.7.1 那系代词否定

例如：

> （1）这的真善智识那里寻去？咱也随喜去来。（教朴，252）

> （2）五岁的小厮，急且那里走？（教朴，257）

> （3）这秋菊三间屋里，床上床下，到处寻了一遍，那里讨那只鞋来？（金，28/390）

> （4）月娘道："这咱晚那里买烧鸭子去。"（金，35/490）

> （5）西门庆道："我那里得香茶来！"（金，52/705）

> （6）文嫂儿道："我那讨个驴子来？"（金，68/956）

> （7）那里没寻你，却在这里。（金，99/1439）

> （8）这店里是住驴的，那儿摸大人去呀！（儿，39/620）

> （9）那太太到了淮安，还那里找甚么公馆去？（儿，2/29）

> （10）何玉凤道："你到底那里来的这些没影儿的话？"（儿，26/360）

例子中的"那（里）"均为处所否定，是"无处"之意。末例句法倒装。下面句子中的"那里"所指比较抽象，处所意味已经不明显：

(11) 我连他的姓字名谁、家乡住处都不知道，从那里认得起？（儿，5/59）

(12) 我若不来，你大家从那里知道起？（儿，16/210）

(13) 这是你奶公、奶娘眼见的。那时姑娘你又从那里不安去？（儿，20/265）

(14) 你方才说不曾见着梁材，自然不曾见着我的谕帖，从那里遵起？（儿，12/148）

(15) 我纵然有话，从那里说起？（儿，16/211）

各例均带表处所的介词"从"，同样可以理解为"无处"，只是不是实指的处所。这种用法与事理否定有些接近。

"那"作深度问也可否定时间。例如：

(16) 西门庆道："事，那日没有！"（金，69/974）

(17) 冯妈妈道："老身那一日没到他那里做伴儿坐。"（金，37/513）

(18) 我那一夜不在屋里睡？（金，23/329）

(19) 妇人道："你去了这半个来月，奴那刻儿放下心来！"（金，72/1019）

(20) 玳安道："娘每不知，爹的好朋友，大小酒席儿，那遭少了他两个？"（金，62/859）

(21) 你们那庙里那一年不请三五回姥姥哇！ （儿，38/606）

"那（一）日"即"无一日"，"那一夜"即"无一夜"，"那刻儿"是"无一刻"，"那遭"是"无一遭"，"那一年"则是"无一年"。

4.2.7.2 几系代词否定

"几时""几曾"等多用于时间否定。例如：

(1) 直到点灯时分恰下马，几时得些闲？（教朴，275）

（2）如今是财帛世界，你不与他一文钱，你道是合理的事，几时倒的了？（教朴，283）

（3）竹山道："我几时借他银子来？"（金，19/268）

（4）月娘道："见鬼的，你爹从早辰出去，再几时进来？"（金，77/1139）

（5）与了我枕顶，茶也没吃就来了，几曾见咱家小大姐面儿来！（金，86/1266）

（6）姐姐每都吃勾来了罢，几曾见长出块儿来？（金，46/617）

"几时"是"无时"，"几曾"是"未曾"，"几时"多用于对过去的否定，大体相当于"何尝"或"几曾"，有时也可用于对未来的否定。

4.2.7.3　其他代词否定

"甚"系代词也能用于境事否定问。如：

（1）月娘便道："师父，你度托了孩儿去了，甚年何日我母子再得见面？"（金，100/1467）

（2）大家一直嘈嘈到此时，甚么工夫儿容他去问这句话、看这两桩东西？（儿，26/365）

（3）这正是：一个圈儿跳不出，人间甚处着虚空？（儿，26/374）

（4）你道这话与这段书甚么相干？（儿，33/484）

（5）你这孩子可是迷了头了，这又与我甚么相干儿呀！（儿，40/669）

例（1）（2）用于时间否定，例（3）用于处所否定，例（4）与（5）则是用于范围否定。

"何"系代词也有用于境事否定的。例如：

(6) 主人冤仇，何时得报？（金，47/631）

(7) 此情此德，何日忘之！（金，36/507）

(8) 他不念咱，咱何曾不念他！（金，8/121）

(9) 方才是性命吸呼之间，何暇及此。（儿，8/92）

(10) 人生何处不风波？（儿，2/30）

(11) 只是果然不走，这祸又从何而来呢？（儿，12/150）

(12) 那厮杀你便该当，与我何干？（金，25/355）

前 4 例是时间否定，接着 2 例是处所否定，末例为范围否定。

4.2.8 情理否定问

情理否定问是从情理上对动作行为的可能性及现实性予以否定进而否定全句的一种诘问句。这里所谓的情理，也包括一般所说的事理。用于情理否定的，主要有"那"系、"怎"系与"何"系疑问代词。它们通常处于状语的句法位置，与凭事、因事等状元相类，但又似一种纯粹的语用否定成分。其否定方式是："那（里）、怎（么、的）、如何 = 不、没"。

4.2.8.1 那系代词否定

"那"问情理（事理）的用法早于问处所出现，这已为学界所证实（吕叔湘 1985a；冯春田 2000）。而问处所的"那里"出现之后，同化了较早出现的"那"，"那里"的用法就显得更为复杂了。因此，唐宋以来，"同样是表示反问的'那'，一部分是近代汉语之前用于反诘的'那'的延续，一部分则是近代汉语里表示询问（即有别择作用）的'那'用于反问"。（冯春田 2000）那么如何鉴别这两种用法呢？我们觉得，可以用我们上文给出的公式加以鉴别：源于近代汉语中出现的指别用法（包括问处所和问事物等）者，适用于"那（里）= 无处""那个 = 没有一个、无人"；源于汉魏时询问事理用法者，适用于"那（里）＝不、没"。关于前者，我们在"主事否定问""客事否定问"和"境事否定问"等节中已经作了讨论，这里着重来分析后者。请看例子：

（1）被鲁华一脚踢过一边。那里再敢上前？（金，19/268）

（2）待要走去阻当，却被这小猴子死力顶住，那里肯放？（金，5/83）

（3）那消一个时辰，把个猪头烧的皮脱肉化，香喷喷五味俱全。（金，23/323）

（4）你主子既爱你，常言船多不碍港，车多不碍路，那好做恶人？（金，74/1049）

（5）踩开房门，向前解卸下来，灌救了半日，那得口气见来？（金，92/1356）

（6）又吃了一回，看看天晚，那西门庆那里坐的住？赶眼错起身走了。（金，16/234）

（7）奴妇人家，那里管得许多？（金，7/114）

（8）武大抢到房门首，用手推那房门时，那里推得开？（金，5/84）

（9）安公子道："姐姐，只是我那里会打这弹弓儿？"（儿，10/124）

（10）便让太太炕上坐，太太那里肯？（儿，20/262）

（11）上头应酬着几位老家儿，又得张罗爷，那儿还能照应到这零碎事儿呢！（儿，38/591）

以上例子中的"那"或"那里"均与指别无关，它们只是一个逻辑词，相当于"不"的意思。句子中的"那（里）"，或用于助动词之前，如例中的"敢、肯、消、好、得、会、能"等，或用于表可能的动结式之前，如例（6）（7）（8）。多数的情理否定问都有这类情态标记。下面的句子没有显性标记，但隐含了一个情态标记：

（12）家中新娘子陪伴，如胶似漆，那里想起奴家来！（金，8/125）

（13）伯爵道："他与我计较来，要买礼谢。我说你大官府那里稀罕你的，休要费心。"（金，35/492）

（14）吴月娘道："没的说。他出家人，那里有老婆！想必是雇人做的。"（金，39/539）

（15）伯爵道："守备府中那里管这闲事！"（金，69/974）

（16）杨大郎说："你不知，他赖我拐了他半船货，量他恁穷样，那有半船货物？"（金，96/1407）

（17）吴月娘道："忙怎的？那里才来乍到就与他吃，教他前边站着，我每就起身。"（金，46/610）

例（12）是久别之后潘金莲说西门庆的话，"那里想起"是"不会想起"之意；例（13）应伯爵向西门庆提起韩道国要买礼答谢的事，"那里稀罕"是"不会稀罕"之意；例（14）上文孟玉楼说："我说他敢有老婆！"所引是吴月娘推断的话，"那里有"是"不会有"或"不可能有"之意；例（15）西门庆推脱他衙门中抓人的事为守备府所为，伯爵话中"那里管"是"不会管"之意。例（16）也是推论之辞，"那有"是"不会有"之意。例（17）"那里"是对一个事件的否定，其后隐含"能"或"该"，意即"不能"或"不该"。上文因事否定问中所引的：西门庆道："我那里做他！"（金，38/521）属同类情况。

如果说以上例子是对动作或事件出现的可能性给予否定的话，那么下面的例子是对动作或事件出现的现实性予以否定：

（18）说道："大姑娘，我那里有个字儿。"（金，51/676）

（19）妇人便说："那里是我兄弟，他是西门庆家女婿。"

（金，92/1351）

（20）西门庆笑道："我那里叫他买丫头来？信那老淫妇，哄你哩！"（金，40/551）

（21）竹山慌道："我那里借你银子来？就借你银子，也有文书保人。"（金，19/267）

（22）西门庆道："敢是想你家老公？"妇人道："我那里想他。"（金，79/1175）

例（18）李瓶儿从西门大姐处得知潘金莲诬陷自己说了吴月娘的坏话，这是他在西门大姐面前为自己分辩，"那里有"就是"没有"。例（19）上文衔内问他"兄弟在那里下处"，孟玉楼对其身份予以否定，"那里是"即"不是"；例（20）玉楼对西门庆戏言他让薛嫂买的丫头已经送来了，这是西门庆的申辩，"那里叫"是"没叫""未曾叫"之意；例（21）两个流氓诬陷蒋竹山借银不还，这是蒋的分辩。"那里借"是"没借"或"未曾借"之意；例（22）"那里想"即"没想"。

有时候，两种不同来源的"那里"很难区分，例如：

（23）你脚踏千家门、万家户，那里一个才屎出来的孩子，拿整绫段尺头裁衣裳与他穿？你家就是王十万，使的使不的？（金，34/477）

这句话中的"那里"既可理解为指别性的处所否定问，"那里"即"无处"之意；但也可理解为情理否定问，"那里"即"没有"或"不可能"。这可看作是两种用法的交融。

4.2.8.2 怎系代词否定

"怎"系代词作情理否定问与"那"系相类。也可分为对动作或事件的可能性的否定和对动作或事件的现实性的否定两种。关于前者，上文2.1"B"讨论"假性特指问的形式标志"时我们曾指出

"怎"系疑问代词用如助动词或表可能的动结式之前以表反诘的用法。这里再举一些例子：

  (1)　休道是偌多钞锭、段子，皇帝人家的一条线，也怎能勾（够）得？（教朴，280）

  (2)　便是凌云志气，分外消磨，怎能勾与人争气！（金，1/9）

  (3)　把这窗孔的纸都扯了，一发着草布糊了，那般却蚊子怎么得入来？（教朴，282）

  (4)　日子不可长算，此后只有再添人的，怎生得够？（儿，30/438）

  (5)　玉楼说："姐姐，你今日不到寺中，咱娘儿们怎得遇在一处相见！"（金，89/1315）

  (6)　金莲道："你的，我怎好要？"（金，35/484）

  (7)　伯爵道："我便说：'哥从十二日起身，到今还未上半个月，怎能来的快？'"（金，72/1012）

  (8)　不然他怎的会生出十三妹这等晃动乾坤的一个女儿来？（儿，18/243）

  (9)　伯爵道："温老先生戴着方巾，我一个小帽儿，怎陪得他坐？"（金，72/1012）

  (10)　他家里事多，怎么来的？（教朴，305）

  (11)　那日天下官员上表朝贺，还要排庆成宴，你每怎等的？（金，70/982）

  (12)　如宅上这样大家，夫人这样柔弱的形躯，怎容得一毫差池。（金，54/729）

  (13)　这火伴，你切的草忒粗，头口们怎生吃的？好生细细的切着。（教老，62）

（14）常言道官官相护，何况又同寮之间，你等怎抵斗的他过！（金，79/1196）

（15）怎禁的鬼混，不一时把西门庆弄醒了。（金，40/548）

（16）亏他那莹白的皮肉儿上，怎么捱得！（金，20/282）

（17）这班蠢材，只会吃酒饭，怎地比的那两个！（金，55/740）

（18）何小姐正当新燕恰来，小桃初卸，怎好叫郎君冷落了他？（儿，31/449）

（19）这班人，你叫他从那里知道你，又怎的配知道呢？（儿，31/459）

（20）世间的人说话要都照这么个说法儿，对面儿那个听话的听着，心里有个不受用的吗？这怎么会得罪得了人？（儿，40/673）

最后 1 例动词前有助动词，后有表可能的动结式，属于叠用格式。下面的例子分别隐含了一个助动词：

（21）苗员外自想道："君子一言，快马一鞭，我既许了他，怎么失信！"（金，55/742）

（22）譬如五谷，你春天不种下，到那有秋之时，怎望收成？（金，50/663）

（23）金莲每日难捱，怎禁绣帏孤冷，画阁凄凉，未免害些木边之目，田下之心。（金，83/1238）

（24）安老爷忙道："大人，此话再休提起。假如当日安学海不作河工知县，怎的有那场事？作河工知县而河工不开口子，怎的有那场事？河工开口子而不开在该管工段上，又怎的有那场事？"（儿，39/621）

例（21）苗员外把两个歌童许给西门庆，不想西门庆中途离开，员外执意要把歌童送去。"怎么失信"意为"不能/不可失信"；例（22）"怎望"即"怎能指望"；例（23）"怎禁"即"怎禁的"，这是表可能的动结式的隐含，可与例（15）相比较。例（24）三问是连贯的对未然事件可能性的推断，均可理解为隐含了"会"等表可能的助动词。

下面的用例是对动作或事件的现实性的否定：

（25）金莲戏道："哥儿，你干上了？"西门庆道："我怎的干上了？"（金，20/285）

（26）王姑子道："我的奶奶，可惜了！怎么来扭着了？还是胎气坐的不牢。"（金，40/546）

（27）伯爵说笑道："我怎不见？只大爹他是有名的潘、驴、邓、小、闲，不少一件。"（金，54/726）

（28）妇人听了此言，便把脸红了，骂道："贼提口拔舌见鬼的囚根子！我那一夜不在屋里睡？怎的不来家？"（金，23/329）

（29）明日老爹摆酒，又是他们四个，倒没小的，小的心里怎么有个不急的？（金，72/1023）

（30）邓九公绰着胡子瞪着眼睛说道："怎的不真？真而又真！"（儿，32/469）

前2例用于肯定句，后4例用于否定句。其中例（26）月娘述说自己上楼梯不小心"把个六七月身扭吊了"，王姑子不以为然。例（27）应伯爵的话是对金钏"怪花子，你见来？"一语的回应。例（28）平安说蕙莲夜不归宿，蕙莲矢口否认。例（30）是对形容词的否定。

吕叔湘（1985a）指出，北宋到现代，大体上完成了"哪里"跟

"怎么"的分工，"哪里以否定为常，怎么以询问为主"。但从明清时的语料来看，"怎么"（包括"怎"和"怎的"）用于否定的例子还不少见，在情理否定问中，它的使用频率比"那里"要高。

4.2.8.3 何系代词否定

"何"系代词也用于情理否定问。"何"独用在明清口语中已不多见，其主要形式是"如何"，用法略同于"那里"与"怎么"。例如：

（1）西门庆道："干娘，这是我的事，如何敢失信！"（金，3/61）

（2）吴典恩大怒，骂道："此奴才真贼，不打如何肯认？"（金，95/1388）

（3）自古道："幼嫁从亲，再嫁由身"，小叔如何管得暗地里事？（金，5/86）

（4）西门庆道："明日如何出得？"（金，59/799）

（5）西门庆道："小人如何猜得着。"（金，3/65）

（6）武大道："小囚儿，倒骂得我好！我的老婆又不偷汉子，我如何是鸭？"（金，5/81）

（7）况且祖宗传流的姓，如何假得？（儿，5/56）

（8）姑娘你想，这如何是咱们这样人家去得的？何况于你！（儿，24/330）

还有一些以"何"构成的复合形式也用于情理否定问，如：

（9）若得娘子肯与老身做时，就是一点福星，何用选日！（金，3/62）

（10）你我原是一家，何消计较？（金，98/1430）

（11）何必撑着头儿来寻趁人！（金，26/373）

（12）入己的赃私何止三四百万。（儿，18/241）

(13) 何须这等狗盗鸡鸣，遮遮掩掩？（儿，17/228）

(14) 太太道："何尝不想答报呢！"（儿，13/166）

(15) 何至于就把这位老先生吓跑了呢？（儿，39/626）

4.2.9 量度否定问

量度否定问是通过否定动量与程度以否定全句的一种诘问句。这类句子数量很少。只见于"几"与"多少"等疑问代词。例如：

(1) 便有个三四万银子，又支持得几年？（儿，30/438）

(2) 你休听那小淫妇儿，他哄你。已是递过一遍酒罢了，递几遍儿？（金，21/304）

(3) 论起来，男子汉死了多少时儿？服也还未满，就嫁人，使不得的。（金，18/254）

(4) 他来了多少时，便这等惯了他。大姐姐好没分晓！（金，9/134）

(5) 你来俺家才走了多少时儿，就敢恁量视人家？（金，75/1074）

"几年"是"没几年"，"几遍"是"不需几遍"；"多少时"则是"不多时"。

4.2.10 动核否定问

动核否定问是通过否定动核以否定全句的一种诘问句。主要见于"怎"系与"何"系疑问代词。所见例子也不多。例如：

(1) 又引逗他恁上头上脸的，一时间挝了人脸，却怎样的？（金，51/686）

(2) 好小身子，一时摔倒了，却怎样儿的！（金，62/858）

(3) 你老人家不吃，恁偌大身量，一家子金山也似靠着

你，却怎么样儿的。（金，79/1187）

　　（4）说那院里小娘儿便怎的，那些唱都听熟了，怎生如他这等滋润？（金，35/493）

　　（5）等武二那厮回来，我自有话说，他敢怎的？（金，8/128）

前3例"怎（么）样"是"怎么办""没办法"之意；例（4）"怎的"是"不怎么样"的意思；例（5）"敢怎的"是"不敢轻举妄动"。

　　下面是动核带了宾语的例子：

　　（6）妇人道："四舅，你老人家差矣。男子汉虽利害，不打那勤谨省事之妻。我到他家，把得家定，里言不出，外言不入，他敢怎的奴？"（金，7/114）

　　（7）是我说的，你如今怎么我？（金，75/1086）

这类用法以往学界注意不多。我们在明清文献中见到了多处同类用例，这里再列几例：

　　（8）我只以理待他，他敢怎么着我？（红65.18）（转引自吕叔湘1985a）

　　（9）知县道："我至不济，到底是一县之主。他敢怎的我？"（儒林外史，第5回）

　　（10）他家里交结钦犯，藏着钦赃，若还首出来，就是杀头充军的罪，他还敢怎样你！（儒林外史，第13回）

　　（11）我本唬吓他一句道：我非私来乍到，迎接包待制大人去。他道：包待制便怎的我？（神奴儿大闹开封府，第4折）

　　（12）若想奈何我们敝掌柜的，他现在是个生员，秀才身有护符，你会怎的他？（歧路灯，第72回）

　　（13）卢大道："我说：'我的篮子摆末已经摆了，收不回

去的了。你待怎么我的?'"（官场现形记，第 54 回）

（14）素姐说："我怎么他来? 我骂了他两句没根基、没后跟的老婆生的，罢呀怎么! 伤着他甚么来?"（醒世姻缘传，第 48 回）

"何"系代词用如动核否定问例子不多，且多为文言用法。这里从略。

4.2.11　名构否定问

名构否定问是以否定名核结构而形成的一种诘问句。此类问句属于名词性非主谓句。主要见于"甚"系疑问代词。其否定方式是："甚（么）= 不是、无"。"甚么 N"的预设是"有 N"或"是 N"，其否定即"无 N"或"不是 N"。例如：

（1）桂姐道："甚么稀罕货，慌的恁个腔儿! 等你家去，我还与你。"（金，12/180）

（2）金莲见了，反说他娘："好恁小眼薄皮的，甚么好的，拿了他的来!"（金，33/456）

以上例子"甚么"直接否定所修饰的成分。下面的例子略有变化：

（3）李瓶儿道："又打他怎的? 打的那雌牙露嘴，甚么模样!"（金，34/476）

（4）强似搬在五娘楼上，荤不荤，素不素，挤在一处，甚么样子?（金，16/230）

（5）一丈青道："四嫂，你到家快来。"贲四嫂道："甚么话，我若不来，惹他大爹就怪死了。"（金，26/370）

（6）又相来旺儿媳妇子，往后教他上头上脸，甚么张致!（金，67/929）

（7）饿眼见瓜皮，甚么行货子，好的歹的揽搭下。（金，

67/929）

"模样""样子""话"等都是中性词语。"甚么模样（样子）"不能说"不是模样（样子）"，只能理解为"不是好模样（样子）"，"甚么话"也不能说"不是话"，而只能理解为"不是好话""不是中听的话"。吕叔湘（1985a）认为，这里否定的是"话"一类词内所隐含的"好""合适"等表示积极意义的性质。"张致""行货子"分别是"模样、姿态"和"家伙、东西"的意思，原也是中性的词，由于这两个词在明清时期经常与消极意义的词语搭配使用，如在《金》中"张致"常与"乔"（"假（扮）"的意思）搭配，"行货子"常与"怪"，以及"没羞、烂桃、不长俊、有口没心、没来头、没尾巴、没脚蟹、不合理、涎脸、火燎腿、贼皮搭、傻、老"等词语配合，受"语用频率效应"（邹韶华 2001）规律的制约，其意义偏向于消极。与现代汉语中的"东西"等的用法相类。这类词前加"甚么"用于诘问，同样隐含一个积极意义。"甚么张致""甚么行货子"意为"不是好张致""不是好行货子"，就如"甚么东西"，即使可转换为"不是东西"，其意义仍为"不是好东西"一样。其实，上文讨论的此类用法不限于名构问，如"我要怪起你来，那还成个僧人咧？"（儿，21/278）"你来雌汉子，你在这屋里是甚么人？"（金，72/1008）

重复对方的话语或话语的一部分，前面加上"甚么"予以否定，且重复的成分是名词性的，这种形式可能有两种理解：A. 看作名构问。即"甚么"直接对名词性成分 X 进行否定。B. 看作因事问。即隐含了"说"或"提"一类的言说动词，属（V）＋甚么＋X 式，"甚么"否定 X 所由发出的言说动作 V 的原因/目的，从而间接否定 X 的正确性。例如：

（8）铺马里去也，长行马去？

甚么长行马，五个铺马去了。(教朴，304)

按前一种理解，"甚么长行马"即"不是长行马"，甚么＝不是；按后一种理解，即"说/提甚么长行马"，意谓不应或不必这样说。又如：

(9) 玉楼抱弄孩子说道："穿着这衣服，就是个小道士儿。"金莲接过来说道："甚么小道士儿，倒好相个小太乙儿!"(金，39/540)

(10) 西门庆道："奶子也不打发他出去，都教他守你的灵。"李瓶儿道："甚么灵，回个神主子，过五七烧了罢了。"(金，62/852)

但是并非所有重复名词性成分的形式都可以有两种理解，如2.1 "D"中所举的例子："甚么瓶姨鸟姨，题那淫妇做甚?"就只能作 B 解。B 式的适用性更普遍，因此我们把上述两可的情况归入 B 式。

其他疑问代词也偶见用于名构否定问的，例如：

(11) 可不是"空由色幻色非空"是甚么呢? ——那里的甚么禅语呀!(儿，27/383)

(12) 又说这东西怎么犯脾湿，又是甚么酒能合欢，也能乱性。那里的话呢? 我喝了八十年了，也没见他乱性。(儿，15/186)

(13) 你这狗官，可恶! 多大官职? 这等欺玩法度，抗违上司!(金，95/1396)

(14) 那李通判一个文官，多大汤水!(金，92/1347)

前2例"那里"意为"无处"，后2例"多大"意为"不大"。

4.2.12　兼格否定问

兼格否定问是通过否定句中兼格语义成分以否定全句的一种诘问

句。兼格否定问有多种多样的兼用情况，均见于递系结构中，主要出现在"谁"和"甚"充当疑问代词的句子里。

4.2.12.1　谁系代词否定

"谁"是"无人"之意。例如：

（1）你却为甚么不跟去？

我这上直着谁当着？

你的伴当着一个替当。（教朴，304）

（2）倘或有些山高水低，丢了孩子，叫谁看管？（金，54/728）

（3）我如今整日不教狗攮，却教谁攮哩？（金，62/858）

这是受事兼施事。再如：

（4）左右你花爹没了，有谁管着你！（金，14/206）

（5）再有谁进他屋里去？（金，43/580）

（6）他死了，家中再有谁会拣他！（金，68/949）

（7）我就来到前边，催他往后边去了，是谁说一句话儿来！（金51/676）

这是止事兼施事。又如：

（8）你见谁提起爸爸、奶奶也害羞来着？（儿，14/169）

（9）奴就想死罢了，敢和谁说？有谁知道？（金，79/1177）

（10）你老人家就是个都根主儿，再有谁大？（金，79/1194）

以上各例分别是受事兼系事、止事兼经事和止事兼系事。

4.2.12.2　甚系代词等否定

例如：

（1）干娘，不要独自吃，也把些汁水与我呷一呷。我有甚

么不理会得！（金，4/78）

(2) 我平白想起甚么来与那奴才？（金，12/173）

(3) 这的时，有甚么话说！（教朴，227）

(4) 我说与你。

那的有甚么话说？（教朴，254）

(5) 你这个混沌东西，有甚言语在别处说来？欺负老娘！（金，2/46）

(6) 我又不是你那心上的人儿，凡事投不着你的机，会有甚良言劝你？（金，21/298）

以上是用"甚（么）"否定的例子。"甚么"即"没甚么"之意。前2 例分别是止事兼涉事与涉事兼受事，接着 3 例均为深度否定问，为止事之限事兼受事之限事。末例是止事之限事兼工具之限事。

(7) 左右到了船上他爷儿两个也要来的，在那里的有多少话说不了呢！（儿，22/291）

这是用"多少"否定的例子，"多少"是"没多少"之意，为止事之限事兼受事之限事。

(8) 在门前站到那更深儿夜晚，到晚来有那个问声我那饱饿？（金 50/668）

(9) 以此今日他不在家，使着那个不替他动？（金，77/1136）

这是用"那个"否定的例子。"那个"是"没有一个、无人"之意。两例分别是止事兼施事和受事兼施事。

(10) 在我，替我算计，此时惟有早早退避，才是个自全的道理，还有何话可说？（儿，10/119）

这是用"何"否定的例子。"何"是"没"的意思。为止事之限事兼受事之限事。

4.2.13　隐含否定问

与以上所讨论的各项显性否定问不同，下面的例子均属于隐含否定问。也即句子表层结构不见疑问代词，但在深层语义结构中却含有疑问代词。句子的否定是由隐含的疑问代词作用于深层语义结构而形成的。如：

（1）金莲接过来道：“早时你说，每常怎的不挞他？可可今日儿［e］就挞起来？”（金，59/794）

（2）妇人道：“你［e］拿这个话儿来哄我？”（金，61/820）

（3）有与没，俺们到前边只说的一声儿，［e］有那些声气的？（金，11/156）

（4）奶奶说：“我肚子里有甚么？［e］拿这药来灌我！”（金，94/1378）

（5）这春梅哕他一口，骂道：“见鬼的奴才，娘来了罢了，［e］平白谎人刺刺的？”（金，73/1042）

（6）如意儿道：“冯妈妈，［e］叫着你还不来！”（金，62/841）

（7）孟玉楼道：“你是他干女儿，他不好了这些时，你［e］就不来看他看儿？”（金，63/869）

（8）我后边看茶，你抱着执壶，在席上与娘斟酒。这回不见了壶儿，你［e］来赖我！（金，31/432）

（9）好娇态，［e］教他在我这里？我是没处安放他！（金，23/327）

（10）望西门庆说道：“你装憨打势，还在上首坐。［e］还不快下来与姐姐递个钟儿，陪不是哩？”西门庆只是笑。（金，

21/303)

（11）李瓶儿便问："你平白拉他怎的？" ……李瓶儿道："小奴才儿，应二爹来，你进来说就是了，巴巴的扯他［e］！"（金，34/467）

（12）西门庆笑道："怪狗才，谁要你多来？你［e］说这话！"（金，1/17）

以上各例均属隐含因事否定问，句中分别隐含了"怎么""为甚么"或其他类似的疑问代词，或为原因否定，或为目的否定。

下面的句子，表层都含有一个疑问代词，但实际上疑问焦点却不在这个疑问代词上，而是隐含在句子深层。所隐含的是一个表示凭事方式的疑问代词，构成凭事否定问：

（13）只说明日后日还我，［e］知他是几个明日？（教朴，231）

（14）［e］知他你是那里来的客人！自来又不曾相识，怎知是好人歹人？便怎么敢容留安下？（教老，71）

（15）伯爵便说："咱等不的他。秀才家有要没紧，望朋友，［e］知多咱来？倒没的误了勾当！"（金，68/942）

（16）西门庆听了，说道："人死如灯灭，这几年［e］知道他往那里去了！"（金，62/836）

（17）月娘道："怪小囚儿，休胡说白道的。那羔子［e］知道流落在那里讨吃？"（金，97/1416）

（18）春梅道："他和小厮两个在书房里，把门儿插着，捏杀蝇子儿的是的，［e］知道干的甚么茧儿，恰是守亲的一般。"（金，35/483）

（19）便骂道："汗邪了那贼老淫妇！我平白在他家做甚么？还是我姨娘在他家紧隔壁住，他家有个花园，俺每小时在俺

姨娘家住，常过去和他家伴姑儿耍子。就说我在他家来，我
[e] 认的他是谁?"（金，79/1183）

以上各例除末例外，动词均为"知（道）"，其前分别隐含"怎么"
等表示方式的疑问代词，通过对方式的否定，以否定全句。"知
（道）＝怎知（道）＝不知（道）"。如例（13）在《朴通事新释谚
解》（351），用陈述句表达此意时就用了"不知"。例（14）在《重
刊老乞大谚解》（173）中作："我知他你是那里来的客人! 向来又不
曾相识，怎知道你们是好人歹人，敢容留你们住呢?"末句"怎么"
隐去，但语义相同。例（19）疑问代词"谁"不是疑问点，隐含的
"怎么"才是疑问点所在。

　　下面的例子属于特指问中的隐含情理否定问，还是是非问中的情
态否定问（详第三章 4.1.3）存在歧解：

　　（20）爹这里是那里? 叫着敢不来!（金，58/768）

　　（21）老婆道："那忘八，七个头八个胆，他敢嗔!"（金，
61/817）

　　（22）老婆道："怪贼黑囚，你还嗔老婆说，一锹就撅了
井? 也等慢慢来。"（金，26/361）

　　（23）你依着我，把这礼儿你还拿回去。你是那里钱儿，
我受你的?（金，72/1023）

例（20）可以理解为"叫着怎敢不来!"这是疑问代词的隐含用法，
但也可以理解为"叫着敢不来么!"这属于是非问情态否定。例
（21）也一样，可以理解为"他怎敢嗔!"也可理解为"他敢嗔么!"
这两例，句中都有助动词。下两例句中没有助动词，但情形也差不
多：例（22）可理解为"怎能一锹就撅了井?"也可理解为"能一锹
就撅了井么?"例（23）可理解为"我怎能受你的?"也可理解为
"我能受你的么?"两种理解基本意思是一样的。鉴于此类问句形式

上更接近是非问，因而我们在统计时把它们归入是非问。

文献中还有一种比较特殊的假性特指问，句中不用疑问代词，在代词的位置用上一个秽词如"腿""大腿""屁""屙"等，例如：

（24）琴童道："我又没偷他的壶。各人当场者乱，隔壁心宽，管我腿事！"（金，31/432）

（25）那怕那吴典恩拷打玳安小厮，供出奸情来，随他那淫妇一条绳子拴去，出丑见官，管咱每大腿事？（金，97/1417）

例中的"腿""大腿"可以用"甚么"替代。

表六：浅度特指诘问句语义功能分布表

项目	谁 系					甚 系					怎 系				
	老	朴	金	儿	计	老	朴	金	儿	计	老	朴	金	儿	计
主事问	2	1	209	54	266			2	1	3				1	1
客事问			23	6	29	7	10	48	25	90					
与事问			12	3	15			1		1					
凭事问								11	5	16	4	10	54	29	97
因事问						13	16	161	55	245	3	17	269	103	392
境事问								3		3					
情理问											17	10	180	167	374
动核问												1	30	5	36
名构问								24	8	32					
兼格问		1	12		13			4		4					
合计	2	2	256	63	323	20	26	250	98	394	24	38	533	305	900

项目	那 系					何 系					多 系				
	老	朴	金	儿	计	老	朴	金	儿	计	老	朴	金	儿	计
主事问		1	40	39	80										
客事问	1		26	6	33				11	11			1		1
与事问			2		2										
凭事问								10	7	17					
因事问						1		148	24	170					
境事问	1	3	65	44	111			13	25	38					

续表

项目	那系					何系					多系				
	老	朴	金	儿	计	老	朴	金	儿	计	老	朴	金	儿	计
量度问														1	1
情理问	6	16	124	80	226		1	80	99	180					
动核问								8	7	15					
兼格问			3	1	4										
合计	8	20	260	170	458		2	259	173	434			1	1	2

项目	几系					隐含					其他				
	老	朴	金	儿	计	老	朴	金	儿	计	老	朴	金	儿	计
主事问															
客事问			1	5	6			7		7				8	8
凭事问						5	2	10	12	29				3	3
因事问								35	7	42			1		1
境事问		4	21	1	26									1	1
情理问													3	16	19
合计		4	22	6	32	5	2	52	19	78			4	28	32
总计	2653														

表七：深度特指诘问句语义功能分布表

项目	谁系					甚系					怎系				
	老	朴	金	儿	计	老	朴	金	儿	计	老	朴	金	儿	计
主事问			8	1	9	2				2	1				1
客事问			2	1	3	16	23	128	85	252					
与事问			1		1			1		1					
补事问				1	1			5	7	12			7	31	38
凭事问								2		2					
因事问							1	2		3					
境事问								1	3	4					
兼格问							1	2	3	6					
合计			11	3	14	18	25	144	95	282	1		7	31	39

续表

项目	那系					何系					多系				
	老	朴	金	儿	计	老	朴	金	儿	计	老	朴	金	儿	计
主事问			6	3	9				2	2					
客事问			19	28	47	1	37		34	72	2		5	6	13
与事问			1		1										
补事问			6	13	19				3	3				1	1
因事问									11	11					
境事问			8	6	14		1		2	3					
量度问													7		7
名构问				2	2								2		2
兼格问									2	2				1	1
合计			40	52	92	1	38		54	93	2		14	8	24

项目	几系					隐含					其他				
	老	朴	金	儿	计	老	朴	金	儿	计	老	朴	金	儿	计
主事问			1		1										
客事问			4	2	6				7	7				1	1
量度问			1	1	2										
合计			6	3	9				7	7				1	1
总计	561														

4.3　其他类型的假性问

4.3.1　设问

　　设问，是为强化语义表达以引起听话者的注意和思考，在述说事物、阐明道理时，故意发问、自作回答，或由情境蕴含回答的一种无疑而问的问句类型。设问与诘问都是假性问，它们的根本区别在于，设问的答案在问句之外，诘问的答案在问句之内。就问句形式而言，如果说诘问句本身具有一些不同于真性问的特点的话，那么设问句则与真性问没什么两样。设问句之所以属于假性问，是因为它的目的不是求取信息，而在给予信息，问与答是一个有机的整体。根据提供答案的方式，可以把设问分为两类：显答型与隐答型。自从唐钺（1923）提出所谓的"说明的诘问格"之后，学界的注意力只集中于"显答型"设问，把是否"自问自答"作为辨析设问的一个充要条件。这实际上把"由情境蕴含回答"的另一种设问排除于设问之外了。根据我们对明清汉语语料的考察，"隐答型"设问句是一个客观存在，因而不可忽视。

4.3.1.1　显答型设问

显答型设问的基本特点是自问自答。也即陈望道所说的"这种设问必定有答案在它的下文"。这里从问与答之关系的角度分"实问实答"和"实问虚答"两种加以讨论。

4.3.1.1.1　实问实答

实问实答是一种"老实"的设问句。正面提问，直接回答；问得具体，答得明确。比如：

（1）看官听说，这人你道是谁？却原来正是那嘲风弄月的班头，拾翠寻香的元帅，开生药铺，复姓西门，单讳一个庆字的西门大官人便是。（金，2/49）

（2）安老爷又道："你大家道他这仇人是谁？真算得个天大地大希大满大无大不大的大脚色！"因又写了几个字指给众人看，道："便是这个人！"（儿，16/209）

（3）为甚俺爹心里疼？不是疼人，是疼钱。（金，64/878）

（4）你道他这是甚么原故？原来姑娘被张金凤一席话，把他久已付之度外的一肚子事由儿给提起魂儿来，一时摆布不开了。（儿，26/363）

（5）这个当儿，只不见了安公子。你道他那里去了？原来他自从听得"大爷高中了"一句话，怔了半天，一个人儿站在屋里旮旯儿里，脸是漆青，手是冰凉，心是乱跳，两泪直流的在那里哭呢！你道他哭的又是甚么？人到乐极了，兜的上心来，都有这番伤感。及至问他伤感的是甚么？他自己也说不出来。（儿，35/539）

（6）大户自从收用金莲之后，不觉身上添了四五件病症。端的那五件？第一腰便添疼，第二眼便添泪，第三耳便添聋，第四鼻便添涕，第五尿便添滴。（金，1/29）

（7）大官人，你听我说：但凡"挨光"的两个字最难。怎的是"挨光"？比如今俗呼"偷情"就是了。要五件事俱全，方才行的。（金，3/58）

（8）这备卷前人还有个譬喻，比得最是好笑。你道他怎的个譬喻法？他把房官荐卷比作"结胎"；主考取中比作"弄璋"；中了副榜比作"弄瓦"；到了留作备卷到头来依然不中，便比个"半产"。（儿，35/535）

（9）那里晓得这奠雁却是个古礼。怎么叫作"奠"？奠，安也。怎么叫作"雁"？鹅的别名叫作"家雁"，又叫作"舒雁"，怎么必定用这"舒雁"？取其"家室安舒"之意。（儿，27/388）

以上各例或就动元设问，或就状元设问，紧接着都作了正面的、明确的回答。这种把一个陈述的语义，用问答方式表达出来的言语策略，能使表达信息得以有效强化，吸引听话者的特别注意，以增强思考、理解和记忆，更能增添语言表现的波澜。实问实答，是汉语中最典型的设问句。

4.3.1.1.2　实问虚答

实问虚答是一种不怎么"老实"的设问句。正面提问，迂曲回答；问得明确，答得模糊。例如：

（1）太太才叫了声"长姐儿"，早听得长姐儿在外间答应了声"嗻"，说："奴才倒了来了！"便见他一只手高高儿的举了一碗熬得透溻、得到不冷不热、温凉适中、可口儿的普洱茶来。只这碗茶他怎的会知道他可口儿？其理却不可解。（儿，35/529）

（2）那长姐儿一旁等接过茶碗来，才退出去。这段神情儿，想来还是那时候的世家子弟、家生女儿的排场，今则不然。今则不然，又是怎的个情形呢？不消提起。（儿，35/530）

（3）这部书究竟传的是些甚么事？一班甚么人？出在那朝那代？列公压静，听说书的慢慢道来。（儿，1/9）

（4）此外只怕还有个人儿帮箱，是谁帮箱，帮的是甚？人家的人情人家会行，此时用不着我告诉。（儿，26/368）

（5）请教：连影儿都没梦见的事，他心里是从甚么时候、怎么一下子就会送到这上头了？其理却不可解。（儿，40/673）

（6）且住！说书的，这位姑娘好容易才安顿了，他心里又神谋魔道的想起甚么来了？列位，这句话说书的可不得知道。（儿，29/415）

（7）照这等说来，何小姐的不悦还不为此。既不为此，为着何来？想来其中定有个道理。他既说了要合张姑娘商量，只好等他们商量的时候你我再听罢。（儿，29/416）

以上各例，有问也有答，符合设问句自问自答的形式要求，问者之意不在求取信息，而在给予信息，也符合设问句的内涵要求。但是，这里表达者的答语却是虚晃一枪，是一个迂曲的回答，模糊的回答。可谓"道是有答似无答"，而其实却又"貌似无答却有答"。如例（1）是写长姐对主子的善解人意。上文道，"那知有这位惯疼儿子的慈母，就有那个善体主人的丫鬟"，说"其理却不可解"之时，实为其理已明。因而清人董恂于此处点评道："皮里阳秋，只好以不解解之。"再如例（2）"今则不然"，如何不然？每个听书者都是"今人"，"不消提起"，各人可以思而得之，这是给听书人留个思考的空间，这可看作是对答案的领起或提示。例（3）如果要说确切的答语，那么整部书就是一个答语。说书人的修辞用意就是：想知道吗？那就好好听着！例（4）的情形类此。这类设问，理解时需要借助于情境，因而有点接近于下文所要讨论的"隐答型"设问，所不同的是，这类问句在形式上有一个显性的答语，因而还是归入"显答型"设问。

从上文的举例我们已经感觉到，无论是实问实答，还是实问虚答，在《儿》中都比较多见。这部书是在说书的基础上形成的，全书以说书人的口吻来讲述故事。说话者为了增添语言的波澜，更加能够吸引听众，就大量运用了设问这种方法。在夹叙夹议的表达中更是多见。下面再看一例：

（8）上回书表得是那凶僧把安公子绑在厅柱上，剥开衣服，手执牛耳尖刀，分心就刺。只听得噗的一声，咕咚倒了一个。这话，听书的列公再没有听不出来的。只怕有等不管书里节目，妄替古人担忧的，听到这里，先哭眼抹泪起来，说书的罪过可也不小！请放心，倒的不是安公子。怎见得不是安公子呢？他在厅柱上绑着，请想，怎的会咕咚一声倒了呢？然则这倒的是谁？是和尚。和尚倒了，就真捷痛快的说和尚倒了，就完了事了，何必闹这许多累赘呢？这可就是说书的一点儿鼓噪。（儿，6/68）

此类用法在《儿》中随处能见，无需多举例。可见设问句的使用，和语体有着密不可分的关系。

4.3.1.2　隐答型设问

隐答型设问的基本特点是问而不答，其事甚明。答案或是常识，无需说出，或是蕴含在语境之中，言者和听着都心知肚明。只问不答的形式与诘问句相同，但它与诘问句却有着根本的区别，诘问句的答案是由问句本身表达出来的，如果问句是肯定性表述，那么答案就是这个表述的否定式；相反亦然。而隐答型设问的答案需借助常识，或从语境中去寻找，问句本身并不提供答案。例如：

（1）惠祥便骂道："贼泼妇，他认定了他是爹娘房里人。俺天生是上灶的来？我这里又做大家伙里饭，又替大妗子炒素菜。几只手？"（金，24/343）

（2）忽然见他把胸脯子一挺，说道："老弟，你这话我听出来咧！放心，这桩事满交给愚兄咧！世街上要朋友是管作甚么的！"（儿，40/644）

（3）桂姐道："爹去吃酒，到多咱晚来家？俺们怎等的他！"（金，44/589）

前2例是基于常识，不言自明。问"几只手"的用意在于说，我忙不过来。是朋友，困难之时就得相互帮助！后1例答案可以借助语境获知。桂姐的话不是问几时来家，而是说一时来不了家，这从后面的话可以推知。

隐答型设问在各系疑问代词中都有使用。下面看用"谁"提问的例子：

（4）你看昨日，生怕气了他，在屋里守着的是谁？请太医的是谁？在跟前撺掇侍奉的是谁？苦恼俺每这阴山背后，就死在这屋里，也没个人儿来偢问。（金，76，1111）

（5）金莲道："贼歪剌骨，雌汉的淫妇，还强说甚么嘴！半夜替爹递茶儿，扶被儿是谁来？讨披袄儿穿是谁来？你背地干

的那茧儿，你说我不知道？就偷出肚子来，我也不怕！"（金，72/1007）

（6）月娘接过来说："他老子是谁？到明日大了，管情也是小嫖头儿。"（金，43/583）

（7）妇人道："我儿，你但行动，瞒不过当方土地。老娘是谁？你来瞒我！"（金，27/383）

（8）这敬济向袖中取出来，提着鞋拽靶儿，笑道："你看这个是谁的？"（金，28/394）

（9）丫头便是我惯了他，是我浪了图汉子喜欢。象这等的却是谁浪？（金，75/1087）

（10）陈敬济道："你二位老人家说，却是谁的不是？"那大姐便骂道："贼囚根子，别要说嘴！"（金，51/691）

（11）因向袖中取出旧时那根金头银簪子，拿在手内说："这个是谁人的？你既不和我有奸，这根簪儿怎落在我手里？上面还刻着玉楼名字。"（金，92/1350）

以上各例中的"谁"听说双方不言自明。例（4）指西门庆，例（5）指如意儿，例（6）指西门庆，例（7）潘金莲自况"当方土地"，例（8）指潘金莲，例（9）指吴月娘，例（10）指西门大姐，例（11）指孟玉楼。

再看用"那里"的例子：

（12）妇人道："想着你和来旺儿媳妇子蜜调油也似的，把我来就不理了。落后李瓶儿生了孩子，见我如同乌眼鸡一般。今日都往那里去了？止是奴老实的还在。"（金，72/1019）

（13）那薛嫂儿道："我靠那里过日子，却不依你说。"（金，94/1381）

（14）又吃纣王水土，又说纣王无道，他靠那里过日子？

（金，25/356）

（15）月娘笑道："你也只是个小孩儿，哄你说耍子儿，你就信了。丽春院是那里？你我送去？"（金，46/616）

前例"往那里去了"不言而喻是"死了"。接着2例"靠那里过日子"，明摆着是靠"你西门大官人"。末例"丽春院是那里？"那是妓院，你我岂可随便去。

再看用"甚么"的例子：

（16）那旁边多口的，认的他有名叫做陶扒灰，一连娶三个媳妇，都吃他扒了，因此插口说道："你老人家深通条律，相这小叔养嫂子的便是绞罪，若是公公养媳妇的，却论甚么罪？"那老者见不是话，低着头一声儿没言语走了。（金，33/463）

（17）过卖，你这饭只要干净，休着冷了。

官人们，这的不消说。我管甚么？（教朴，300）

（18）有人问着一句话也说不得时，别人将咱们做甚么人看？（教老，58）

（19）邓九公道："照姑娘你这么说起来，我们爷儿们今日大远的跑了来干甚么来了？"老头儿这句话来的更乏！（儿，25/349）

（20）伯爵道："他若在外边打哥的旗儿，常没事罢了，若坏了事，要我做甚么？哥，你只顾放心，但有差池，我就来对哥说。"（金，38/521）

例（16）均为乱伦，当同罪乎？例（17）意为我就管这个的，保准没问题。例（18）意思是当视为无知者。例（19）意为说合不成，那不就是无功而返了吗？例（20）意为我的职责是保护哥的利益。

下面是用"怎的"与"何"的例子：

（21）金莲摇头儿道："我是不卜他。常言：算的着命，算

不着行。想前日道士说我短命哩，怎的哩？说的人心里影影的。"（金，46/621）

（22）妇人问："棺材下了葬了？"敬济道："我管何事，不打发他老人家黄金入了柜，我敢来回话！"（金，82/1229）

（23）应伯爵在席上先开言说道："今日哥的喜酒，是兄弟不当斗胆，请新嫂子出来拜见拜见，足见亲厚之情。俺每不打紧，花大尊亲，并二位老舅、沈姨丈在上，今日为何来？"西门庆道："小妾丑陋，不堪拜见，免了罢。"（金，20/288）

（24）刘内相道："咱每去烧了纸罢。"西门庆道："老公公不消多礼，头里已是见过礼了。"刘内相道："此来为何？还当亲祭祭。"（金，64/884）

（25）公子怕痛坏了老人家，只得忍泪劝道："……儿子现在是好端端的见父母来了。母亲请想：假如那时候竟无救星，此时又当如何？"（儿，12/142）

例（21）意为说我短命，我不是仍活的好好儿的么？例（22）意为我就是去做这事（安葬潘母）的。例（23）意为就是为了看嫂子来的，下文："不为嫂子，俺每怎么儿来？"例（24）是说此来就是为了祭祀。例（25）意思是此时就不能"好端端的见父母"了。

有一种旨在提醒的句子，也当属于隐答型设问。例如：

（26）这里张姑娘攒着眉带着笑向何小姐道："我的姐姐，你老人家是怎么了？前日合我说甚么来着？怎么今日又这等高兴起来了呢？"（儿，30/431）

（27）问道："我当日派你们几个人分管这几项地的时候，话是怎么交代的？"（儿，36/550）

（28）我前日交给你老人家那块砚台的时候，怎么说的？（儿，17/219）

(29) 说道："姑娘，这是怎么说？你方才怎么劝我来着？"（儿，18/231）

(30) 我前日怎么说来，今果然有此勾当钻出来。（金，81/1218）

各例皆为说话者提醒听话人回忆曾说过的话。这种提醒式的问句之后，如果重复前面所说的话语，那就属于"显答型"设问了：

(31) 公公方才怎么讲的？'男大须婚，女大须嫁'，是人生一定的大道理。（儿，26/367）

(32) 又听何小姐发作他道："我是怎么样嘱咐你？说你'向来脸软，经不得几句好话儿，这可是主儿家的事情，上上下下大家的吃用，别竟作好好先生，临期自误。'"（儿，36/550）

4.3.2　叹问

叹问是用问句的形式来抒发强烈感情的一种假性问。广义的看，叹问可以包含诘问，因为诘问句同样也附着强烈的感情色彩，学界就有人（石毓智 2006）主张"把'反问'看作感叹的一个小类"。但有鉴于诘问句特有的内涵，我们这里仍把叹问与诘问区分开来，对叹问作狭义的理解。叹问与诘问的不同之处在于，诘问的目的在于否定，其答案在问句的反面；而叹问并无否定之意，旨在强化主观情感的表达。

4.3.2.1　虚问

上文 4.1.3 我们谈到，叹问有虚问和实问的区别。不过两种不同的叹问形式存在明显的语体差异。前者多用于抒情性语体，后者则多用于写实性语体。本书研究所调查的几部书基本上属于后者，因而虚问的用例并不多见。一般只出现在穿插于文中的"诗词""唱词""韵语"之中。例如：

（1）巫山云雨几时就，莫负襄王筑楚台。（金，3/61）

（2）洛阳遥远，几时得上九重金殿？（金，36/505）

（3）何时借得东风便，刮得檀郎到枕边？（金，51/673）

（4）冤家下得忒薄幸。割舍的将人孤另。那世里的恩情，翻成做画饼。（金，52/705）

（5）殿前玉女移香案，云际金人捧露盘。绛节几时还入梦？碧桃何处更骖鸾？（金，39/532）

（6）良人得意正年少，今夜月明何处楼？（金，96/1411）

（7）旧时王谢堂前燕子，飞向谁家？（金，96/1400）

（8）这妇人娇媚不知归何处，芳魂今夜落谁家？（金，87/1291）

（9）满眼风流满眼迷，残花何事滥如泥？（金，78/1148）

（10）何人留下禅空话？留取尼僧化饭粮！（金，39/544）

以上各例或以时地为叹，或以人事为叹，均属想象之辞。叙述和对话中此类用法极其少见：

（11）奴端的那世里悔气，却嫁了他！是好苦也！（金，1/30）

（12）心下思量道："奴那世里遭瘟，撞着他来？"（金，1/32）

4.3.2.2　实问

"实问"是叹问的主要形式。感叹的色彩主要由疑问代词表现出来。从感叹的语义偏向看，或叹性状，或叹量度，或叹人事，或叹时地，或叹行为，或叹方式，或叹原因，或叹情理等等，各有侧重，涉及语义的各个方面。而这种偏向又往往与疑问代词的表意特点相关。下面就不同疑问代词的感叹用法分别举例分析。

4.3.2.2.1 怎系

用于叹问者多为复合词形，单音的"怎"用例不多。通常有三种情况。一是单独用于句中，感叹意味较轻，例如：

（1）想着你从七岁没了老子，我怎的守你到如今？从小儿交你做针指，往余秀才家上女学去，替你怎么缠手缚脚儿的。（金，78/1162）

（2）可惜我东人父子一片诚心，不知要怎生般把你家这位老太太安荣尊养，略尽他答报的心！（儿，17/223）

（3）安老爷连忙道："老哥哥，你这是怎么说！"（儿，27/380）

以上几例是对方式的感叹。例（1）是叹"守你到如今"之艰难；例（2）是对无以答报的喟叹；例（3）则惊叹于老哥哥的"说法"。

（4）姑娘一抬头，舅太太先"哎哟"了一声，说："怎么这姑娘合我们外外姐姐长的象一个人哪？要不是你两个都在一块儿，我可就分不出你们谁是谁来了。"（儿，22/303）

（5）你说饶我四着，我却怎么赢了这三十路棋？（教朴，226）

（6）武松道："老猪狗，我都知道了，你赖那个？你叫西门庆那厮垫发我充军去，今日我怎生又回家了！"（金，87/1290）

以上几例是对原因的感叹。前1例叹两人长得相像的因由；后2例，"怎么"与"怎生"表现了言说者让对方的预期结果落空后的一份自得之情，也是叹原因。

（7）如意儿道："你老人家，怎的有这些和尚？早时没王师父在这里！"（金，62/841）

（8）早辰是妈的生日，晌午是姐姐生日，晚夕是自家生

日。怎的都挤在一块儿？趁着姐夫有钱，撺掇着都生日了罢！（金，52/702）

（9）县官说："这事更糟了，怎么和尚脑袋上会长出辫子来呢？这不是野岔儿吗！"（儿，11/129）

（10）从来造就人材是天下第一件难事，不懂一个北村里的怯闺女，怎的到了安太太手里才得一年，就会把他调理到如此！（儿，25/354）

以上几例是对情理的感叹。例（7）是针对冯婆子"来家，偏有那些张和尚、李和尚、王和尚"的话说的。例（8）是月娘就李桂姐过了姐姐生日又要过娘的生日说的。例（9）众人禀报县官说找到了和尚的尸体，"脑袋上还带着两根辫子"，这是县官审案的话。这类用法跟叹原因的用法距离比较接近。

（11）你说，这娘儿四位这一分手，大爷、大奶奶心里该怎么难受！太太心里该怎么难受！（儿，40/661）

（12）人家是怎么个样儿的重你？人家是怎么个样儿的疼你？（儿，19/254）

以上几例是叹性状的程度。

二是与指示代词配合使用，形成"怎么/怎的/怎生＋这么/这等/这般/恁/恁般/这样/那等＋表性状成分"格式，"这么"等指事物的状态、性质，句式多为叹原因，感叹意味较重。这是特指问典型的感叹用法。例如：

（13）这客人，怎么这般歪厮缠！（教老，71）

（14）这孩儿们怎么这般定害我？（教朴，281）

（15）公子道："你这人怎么这等不会说好话！"（儿，32/480）

（16）便说道："玉格这孩子，真个的，怎么这么拧啊！"

（儿，40/665）

（17）姑娘也从镜里合他说道："你怎么这么讨人嫌哪！"
（儿，27/386）

（18）这位大姐，怎的恁般粗鲁性儿？（金，75/1074）

（19）怎的这等生分，大白日里，借不出个干灯盏来。
（金，72/1006）

（20）西门庆便坐在床上问道："怪小油嘴，你怎的恁个腔
儿？"也不答应。（金，76/1110）

（21）金莲走上来说："三姐，你怎的恁白眉赤眼儿的？那
里讨个猫来！"（金，52/711）

（22）你这妮子，怎的这等不中抬举！（儿，40/668）

（23）那妇人连声叫道："叔叔却怎生这般计较！自家骨
肉，又不服事了别人。"（金，2/39）

（24）孟玉楼道："这蛮子他有老婆，怎生这等没廉耻？"
（金，76/1121）

（25）你怎生这等小器，就多给他些何妨！（儿，38/610）

有时"这么"等之后不出现表性状的词语。例如：

（26）这吴大舅连忙进去，对月娘说："姐姐，你怎么这等
的？快休要舒口！自古人恶礼不恶。"（金，80/1202）

（27）大妗子道："你这孩儿，今日怎的恁样儿的，还不往
前边去罢。"（金，75/1074）

"这等的"后面隐含了"待人"一类的词语，下文"你如何这等待
人"义同；"怎的恁样儿的"后面也有隐含，上文"怎的恁般粗鲁性
儿"义同，可看成是个转指结构。

有时"怎么"和"这么"之间也可插入别的成分，例如：

（28）你们两个枉有这等个聪明样子，怎么也恁般呆气！

（儿，9/103）

（29）老弟，拿着你这么个人，怎么也这么不通！（儿，39/632）

（30）你说话怎么忽然这等糊涂起来了？（儿，36/557）

（31）伯爵道："他怎的前日你生日时，那等不言语，扭扭的，也是个肉佞贼小淫妇儿。"（金，61/823）

（32）张姑娘也道："真亏了你！怎么来的这么巧？"（儿，31/445）

（33）我看你才不过作了一年的新娘子，怎么就学得这样皮赖歪派！（儿，26/370）

（34）你怎么一年老似一年，还是这样忙叨叨疯婆儿似的？（儿，22/302）

前3例中间间以副词状语。例（31）中间插入一个短语作时间状语。例（32）（33）中间间以动核，"这么"等出现于补语之中。后例情况更为复杂一些，中间插入多个成分。

三是独立成句，表示惊异或不以为然。例如：

（35）十三妹听了，说道："怎么，说了半天，我倒有了不是了呢？你倒说说，我倒听听。"（儿，8/101）

（36）我将酒敬人，并无恶意。怎么，你把我的酒也泼了，盅子也摔了！你这个人好不懂交情！（儿，5/65）

（37）怎么着？我今日之下住在我好朋友家里，就你们这么一起子毛蛋蛋子，不说夹着你娘的脑袋滚的远远儿的，倒在我眼皮子底下把人家房上地下糟塌了个土平！（儿，31/459）

（38）舅太太便接声道："怎么着？斗牌会奉了明文咧？好哇！这可是日头打西出来了。"（儿，33/494）

（39）那瘦子一见，说："怎么着，手里有活？这打了我的

叫儿了！你等等儿，咱们爷儿俩较量较量！"（儿，6/74）
此类用法一般与主句配合使用，感叹之后，进一步说出因由，主句往往也是问句。这一用法所见用例较晚，以上诸例均出现于《儿》中，吕叔湘举过《红楼梦》1 例。《老》《朴》与《金》均未见用例。

4.3.2.2.2 甚系

"甚"系代词用于叹问历史较早。吕叔湘（1985a）已有论及。不过他说："早期这种例子常见"，而"后期书面上不大看见这种例子了"。他只举了《儿》中 1 例。据我们观察，明清时这类用例并不少见。《儿》中就有多例：

（1）老爷道："你不可笑他。你只想他那个脾气性格儿，竟能低下头捺着心写这许多字，这是甚么样的至诚！"（儿，38/594）

（2）姐姐只想，公婆这番用心深厚到甚么地位？可见老辈的作事，与你我的小孩子见识毕竟不同。（儿，26/372）

（3）邓九公听，喜出望外，口里却作谦让，说："这可不当！老父母你是甚么样的根基！我邓老九虽然痴长几岁，算得个甚么，也好妄攀起来？"（儿，15/185）

（4）张金凤悄声道："姐姐，你叫我怎样个说法？此时爹妈是甚么样的心绪？妹子是甚么样的时运？"（儿，9/109）

（5）我替你们白出的是甚么苦力呀！叫你们给我多少工钱哪？（儿，24/326）

（6）这还闹的是甚么"果是因缘因结果"呢！（儿，27/383）

（7）怔了半日，倒望着大家道："这便怎样？偏偏的又是个开榜第一人！不但不好将就，而且不便斡旋。"（儿，35/536）

（8）你那踱拉踱拉的踱拉到儋时候才到喂？（儿，21/275）

（9）安太太笑道："亲家，这是作吗呀？你我难道还分彼此么？"（儿，13/165）

对程度的感叹有两种情况比较典型：一是"甚么＋形容词"，显明对性状或程度的感叹，如例（1）；再是"甚么＋名词"，虽字面未出现形容词，但是结构式中暗含了这种由形容词所表示的性状意义，句子正是对此性状程度发出感叹，如例 3，暗含"甚么样（深厚）的根基"，例 4，可解读为"此时爹妈是甚么样（糟糕）的心情，妹子是甚么样（危急）的命运"。

《老》《朴》《金》中也有一些用例，如：

（10）曹大就门前碎盆。送殡的官人们有甚么数目！都系着孝带。（教朴，307）

（11）你这般的价钱不卖，你还要想甚么？（教老，83）

（12）你看，甚时候才起来！老身才催促了几遍，说老爹今日来，你早些起来收拾了罢。他不依，还睡到这咱晚。（金，59/789）

（13）郓哥道："你老大一条汉，元来没些见识。那王婆老狗，什么利害怕人的人，你如何出得他手？"（金，5/82）

例（10）《朴通事新释谚解》（394）作"又见那些送殡亲朋，系着孝带的不可胜数"。"不可胜数"正道出其感叹意味。

"甚么"独立成句的用例也已出现：

（14）早被他一把夺过来，扔在当地，说道："甚吗？你敢打二爷？"（儿，18/234）

（15）邓九公听了，把嘴一撇，道："甚吗？我们这个地方儿会有个有名儿的豪杰？老弟，那可是听了谣言来了！"（儿，15/191）

主要表示惊异。

4.3.2.2.3　何系

"何"系疑问代词用于感叹比较常见。主要有"何等""何况""如何""何如"等形式。单音的"何"偶见：

　　（1）不知安老夫妻何修得此佳妇！安公子何修得此贤妻！何小姐何修得此腻友！（儿，27/377）

"何等"在中古与近代早期主要用于真性问。明清时期真性问用法已不多见，主要用于感叹，有"非同一般"之意。多用于"何等＋N"结构：

　　（2）何九道："小人是何等人，敢对大官人一处坐的！"（金，6/92）

　　（3）姐夫是何等人儿？他眼里见得多，着紧处，金子也估出个成色来。（金，15/219）

　　（4）你那仇人朝廷给他是何等威权！他自己是何等脚色！（儿，18/232）

　　（5）他再不想我大清是何等洪福！当朝圣人是何等神圣文武！（儿，18/241）

　　（6）论材艺，何玉凤比他有无限本领；论家世，何玉凤比他是何等根基！（儿，27/377）

"何况"的用法古今较为一致，只用于假性问。一般认为用于反诘（王海棻 1992；吕叔湘 1980），但反诘是一种否定的方式，"何况"没有否定之意，因而看作反诘不合适。它的作用是表示比较起来更进一层的意思，带有强烈的情感色彩，因而归入叹问比较合理。例如：

　　（7）因看了看作官的尚且这等有冤没处诉，何况我们百姓？（儿，11/136）

（8）便是段小说，也就作的无理，何况是桩实事！（儿，25/345）

（9）他道："爷，甚么话？一笔写不出俩主儿来，主子的亲戚也是主子，'一岁主，百岁奴'，何况还关乎着爷、奶奶呢！"（儿，22/301）

（10）便是个漠不相关的朋友，咱们还要劝他作成这件事，何况我合他呢！（儿，16/202）

"如何"用于感叹，也有三种情况。单独用于句中，例如：

（11）金莲道："贼淫妇，我只道蜜罐儿长年拿的牢牢的，如何今日也打了？"（金，21/302）

（12）西门庆道："说你叫他写状子。告我收着你许多东西；你如何今日也到我家来了？"（金，19/275）

（13）有一日，风声吹到孙雪娥、李娇儿耳朵内，说道："贼淫妇，往常家撇清，如何今日也做出来了？"（金，12/171）

以上几例都表现言说者对当事人出现意外的幸灾乐祸之意，有轻微的感叹。

与指示代词配合使用，形成"如何＋这等/恁"的格式，感叹意味较重。例如：

（14）你有话对我说，如何这等拙智！（金，26/369）

（15）西门庆道："多谢你老爹重礼，如何这等计较？你还把那礼扛将回去，等我明日说成了取家来。"（金，75/1091）

（16）竹山道："我几时借他银子来？就是问你借的，也等慢慢好讲。如何这等撒野？"（金，19/268）

（17）他敢前边吃了酒进来，不然如何恁冲言冲语的！骂的我也不好看的了。（金，75/1074）

"如何"单独成句，多表"不出所料"之意。例如：

（18）这伯爵便向李铭道："如何？刚才不是我这般说着，他甚是恼你。"（金，72/1026）

（19）玳安走至后边，向月娘说："如何？我说娘每不信，怎的应二爹来了，一席话说的爹就吃饭了。"（金，63/864）

（20）如何？我恰似打你肚子里钻过一遭的，果然不受他的。（金，35/492）

（21）月娘道："如何？我说你们不信，恰相我哄你一般。"（金，44/590）

（22）赵先生道："如何？我就说是经水不调么。不打紧处，小人有药。"（金，61/831）

（23）老婆道："怪贼黑囚，你还嗔老婆说，一锹就撅了井？也等慢慢来。如何？今日也做上买卖了。"（金，26/361）

（24）知府道："如何？我说这人声冤叫孟氏，必有缘故。"（金，92/1353）

（25）邓九公道："如何？我说他那等的气度，断不是个民间女子呢！"（儿，16/209）

（26）张姑娘不容他说完，便道："如何，如何！我说我听见的，这话断不是无因。"（儿，23/320）

"何如"也有同样用法：

（27）伯爵向希大道："何如？我说哥要说哩！"（金，1/16）

4.3.2.2.4 其他

"多""几""那"等系疑问代词也有叹问用法，但不多见。各举几例如下：

（1）西门庆笑道："我问你这梅汤，你却说做媒，差了多少！"（金，2/51）

（2）你看这两座架子做的这工夫，硃红彩漆都照依官司里的样范。少说也有四十觔响铜，该值多少银子？（金，45/599）

（3）姐姐替他两个想想：一路服侍这么一位老人家，晓行夜住，渴饮饥餐，人家得悬多少心，费多大神？（儿，26/357）

（4）因问："昨日你每三个，怎的三不知就走了？"伯爵道："昨日甚是深扰哥，本等酒多了，我见哥也有酒了。今日嫂子家中摆酒，已定还等哥说话，俺每不走了，还只顾缠到多咱？"（金，43/577）

以上各例中"多少""多大""多咱"等均是对数量之大或时间之久的感叹。

（5）这铡刀不快，许多草几时切得了！（教老，62）

（6）贼强人，从几时这等变心来！（金，20/290）

（7）金莲道："只嗔俺们不替他戴孝，他又不是婆婆，胡乱带过断七罢了，只顾带几时？"（金，73/1040）

例中的"几时""几许"也是对时间和数量的感叹。再如：

（8）吴银儿道："好娘，这里一个爹娘宅里，是那个去处？就有虚簧放着别处使，敢在这里使！"（金，45/604）

（9）爹这里是那里？叫着敢不来！（金，58/768）

（10）便是张老夫妻那逢山朝顶、见庙磕头，合一年三百六十日的白斋，那天才是个了愿？（儿，25/351）

（11）安太太道："你们可恼坏了人了！这到那一年是个说得清楚啊？等我说罢。"（儿，36/560）

前2例感叹处所，"那个去处""那里"是指"非同寻常之所""何等去处"之意，后2例感叹时间，"那天""那一年"是叹一时半会儿实现不了。

疑问和感叹是两个不同的语法范畴，分别对应于两种基本句类，但是它们又有紧密的联系。石毓智（2006）曾指出："感叹标记大都是来自疑问代词"，如"多""多少""什么""哪里"等。"因为疑问和感叹之间存在着内在的认知关系。"他认为"感叹句的语义结构"是由两部分构成的，即"被焦点化的新信息（信）＋超越以往的认知经验（疑）"，"感叹句的强调作用就是来自这种'信'和'疑'的混合体"。可见"问"和"叹"有着扯不断的关系。往往是问中有叹，叹中有问。不过，它们毕竟是不同的语法范畴，其核心部分区别是清晰的，典型的感叹句，疑问信息是不明显的。本节所讨论的"叹问"属问中有叹，是介乎疑问和感叹之间的现象，疑问语气还比较明显，因而我们赞成吕叔湘（1985a）的观点，把它归于问句范畴来讨论。

5 结 语

本章以表达功能为基本着眼点，从疑问标记在问句中所体现的句法—语义层次及其类型的角度就明清汉语特指问作了全面系统的分析。主要特点归结如下：

5.1 真性问与假性问的分布呈不平衡态

真性问与假性问均为特指问的基本功能，在明清时期，两者的使用频率约为4∶6，在总量上，假性问超过了真性问。两种问句在各书中的分布也呈不平衡态。《老》《朴》中真性问高于假性问，约为6∶4，而在《金》《儿》中则真性问低于假性问，约为3∶5。出现这种状况的原因较为复杂。我们认为，有疑而问，即真性问，是疑问句的本源功能，而由真性问到假性问是疑问句功能扩展的结果。这种扩展，从共时和历时两个层面体现出来。从共时看，主要反映在语体差异上。应用性语体，多用真性问，而艺术性语体，为了传递情感和美感的需要，则常使用假性问，这是促使疑问句功能迁移的重要因素。《老》《朴》是两部教朝鲜人学汉语的会话书，属应用性语体，这是二书真性问高于假性问的重要原因。即使同是艺术语体，有时体裁和表现方法的差异也会反映到疑问句的使用上来。与《金》不同，《儿》以说书人的口吻来表达，为了吸引听众，书中较多地使用设问句。这是《儿》书运用假性问的一个特点。从历时看，假性问句有增多的趋势，尽管我们统计的材料有限，无法全面准确地反映其迁移轨迹，但统计数字的呈递增状态，仍能反映出真性问与假性问消长变化的大致趋势。

5.2 浅度问与深度问的分布呈不平衡态

在四部书中共见真性特指问 2567 句，其中浅度问 1878 句，深度问 689 句，浅度问与深度问之比约为 4∶1。（在假性问中约为 5∶1）可见，特指问中"浅度问"是基本形式，占主导地位，这说明，在汉语中，投射到主句句法平面的动核结构的语义成分是最容易被提问的，体现了语言的共性。但是，深度问尽管使用频率不高，其地位和作用却不容忽视，这不仅说明，汉语主句论元结构成分的内部成分是可以被提问的，而且，这种问句形式在汉语特指问中具有不可替代性，它丰富了汉语特指问的表现力，显示了汉语疑问句句法的灵活性，是体现汉语语言类型个性特点的重要元素。另外还需要指出，汉语深度问内部不同层次被提问的频率分布也是不平衡的。在 1250 个真假深度问句中，二层问 1046 例，占近 84%，三层问 185 例，占近 15%，四层问 19 例，占 2% 不到。层次越高，使用频率越低。如果以浅度问为基层的话，整体分布正好呈宝塔状。这也说明，句法深度越深，越不容易被提问，而且最高以四层为限。

5.3　被提问语义成分的分布呈不平衡态

从附表可以看出，特指问被提问的各语义成分的分布是不平衡的。造成这种差别的原因有多方面，主要有：A. 句子信息结构的影响。比如在动核结构中，主事和客事具有同样重要的地位，但总体看，主事问的使用频率较低，而客事问却占绝对优势。原因主要在于汉语句子的信息结构是"由熟而生""从旧到新"，由于表现在句法平面上，汉语的主事一般作句子的主语，总是位于动词之前，主事问的疑问焦点与常规焦点总不一致，使用上受到一定制约。客事一般充当句子的宾语，在浅度问中，疑问代词一般总是居于句末，疑问焦点与句子的自然焦点相一致，合乎信息传递由已知到未知的常规结构规律；在深度问中，尽管疑问代词因多用于提问限定性语义成分一般不在句末位置，但也多用在动词之后，从"线性增量原则"（刘丹青2005）看，其疑问焦点也比较接近于自然焦点，因而客事问的使用频率就比较高。B. 句子语义角色的影响。在动核结构中，各种语义成分的使用频率本来就存在差异，比如同是动元，与事和补事的使用频率就远不如主事和客事，因而前者被提问的机会就少得多；同是状元，量度的使用频率也远不如因事，这也影响到提问的概率。另外，动核成分，尽管是语义结构的核心成分，其使用频率应该是最高的，但由于动核成分的提问受特指问标记的制约，以及汉语问句系统互补机制的作用（是非问、选择问等更适合于对动核提问），因而使用频率也不高。C. 句法语义深度的影响。有的语义成分不宜于深度问，只可用于或基本用于浅度问，有的则相反。如因事问，主要用于浅度问。因为原因或目的一般总是作为一个整体被问及，而"怎""甚"等疑问代词也往往用于原因或目的的整体表达。前举因事深度问仅见的几例，其疑问代词所限定的均为类概念"事（情）"，如删去而改作浅度问，其意思不变。再如动核问，只用于浅度问，而不能用于深度问，这是由动核在语义结构中的核心地位及其构成的单纯性所决定的。而客事问则较宜于深度问，这是由其句法语义构成的复杂性所决定的。还有，补事问仅见于深度问，不见于浅度问，这也决定于其语义成分的复杂性。D. 语用功能的影响。这主要是体现在真性问与假性问的区别上。数据表明，真性问与假性问被提问语义成分的分布存在较为明显的区别。通过比较可以看出，诘问句被提问的句法语义成分存在"位前性"特点，即用于反诘否定的语义成分倾向于出现于句子的前部。其一，情理否定问是诘问句中的特殊类型，真性特指问中没有相应类型。情理否定在反诘句中约占四分之一，而作为一种逻辑否定，其句法位置总是居于动词之前。其二，客事问在真性特指问中有绝对优势，占四成还要多，这是因为客事一般总是居于句末，合乎上文论及的信息焦点结构规律，而在诘问句中，客事否定的比例要少得多，不到二成，且客事否定的用例，在解读时一般不能直接否定复位，而需要将否定词置于动词前方可理解。其三，主事问在真性特指问中使用频率极低，但在诘问句中主事否定问的使用频率要高得多，差不多高出一倍。这也跟信息结构有关。特指诘问句的这种现象跟否定句否定成分"位前"的规律是相一致的。

5.4　各系疑问代词的分布呈不平衡态

数据表明，各系疑问代词的分布也呈不平衡态。首先是总量分布不平衡，其频率依次是：怎系＞甚系＞那系＞何系＞谁系＞多系＞几系。其用例多寡悬殊，怎系数量最大，多达 1686 例，而多系和几系用量最小，分别仅 100 多例。怎系、甚系、那系等用例较多，主要是由于这几系疑问代词的适用面较广。怎系，既可用于因事问、凭事问，也可用于主事问、客事问和动核问，尤其还较多地用于情理否定问；甚系主要用于客事问、因事问，也用于主事问、凭事问与名构问；那系主要用于客事问、境事问，也用于主事问，尤其还较多地用于情理否定问。其次，是浅度问与深度问的分布不平衡，在浅度问中，疑问代词使用频率最高的是怎系，其次是那、何、甚、谁等系，在深度问中使用频率最高的则是甚系，其次是那、多等系，在浅度问中使用频率最高的怎系在深度问中却很少使用。可见两者在疑问代词分布上的差异。这与各系疑问代词适应于不同的语义成分有关，如甚系多充当限事用于客事问，宜于作深度问，而怎系多用于因事问、凭事问以及动核问等，而这几种语义成分很难作深度问。另外还与疑问代词本身的特点有关。胡建华、潘海华（2003）注意到论元类的疑问代词最容易出现在孤岛中，而附加语类（副词性）的疑问词较难出现在孤岛内，认为出现在"孤岛"中的疑问词必须具备指称性、离散性与集合性的特点。"附加语类疑问词由于不可以指向外部世界的离散个体，所以不容易得到一个离散个体组成的集合的允准"，因而很难出现于孤岛中。尽管本书所说的深度问并不对应于生成语法所谓的孤岛，但这一概括对于认识深度问中疑问代词的使用也富有一定的启示。

5.5 不同语义成分与各系疑问代词呈较强对应性

不同语义成分的提问与各系疑问代词的使用呈现较强的对应性。比如，主事问主要用谁系疑问代词；客事问主要用甚和那系疑问代词；凭事问主要用怎系疑问代词；因事问主要用怎系、甚系与何系疑问代词；境事问主要用那系与几系疑问代词；与事问主要用谁系疑问代词；动核问主要用何系与怎系疑问代词；名构问主要用甚系疑问代词；兼格问主要用谁系疑问代词；情理否定问主要用怎系、那系与何系疑问代词；等等。换个角度，从疑问代词看，谁系疑问代词主要作主事问和客事问；甚系疑问代词主要作客事问和因事问；怎系疑问代词主要作因事问、凭事问和情理问；那系疑问代词主要作客事问、境事问和情理问；何系疑问代词主要作因事问、情理问和动核问；多系疑问代词主要作客事问；几系疑问代词主要作境事问和客事问；等等。

表八：真性特指问语义功能比较表

项目	谁系	甚系	怎系	那系	何系	多系	几系	隐含	其他	合计
主事问	42/1	8/14	37/4	9/15	17/3	0/6	2/2			115/45
客事问	57/41	157/189	25/48	232/92	24/36	13/84	8/36	29/0	1/0	546/526
与事问	7/0	0/1			0/3					7/4
补事问		0/11	0/3	0/6						0/20
凭事问	0/1	5/2	139/0		16/2	0/9				160/14
因事问		60/2	406/0		85/0			32/0		583/2
境事问	0/11	0/5		46/3	16/0	10/3	62/1			134/23
量度问						0/13	1/6			1/19
动核问		2/0	83/0		119/0			27/0	2/0	233/0
名构问	5/1	26/0	2/0	9/2	4/0	7/0	1/1			54/4
兼格问	40/1	3/20		1/6	1/3	0/2				45/32
合计	151/56	261/244	692/55	297/124	282/47	30/117	74/46	88/0	3/0	1878/689
总计	207	505	747	421	329	147	120	88	3	2567

附注：表中数字"/"前为浅度问，后为深度问。下表同。

表九：特指诘问句语义功能比较表

项目	谁系	甚系	怎系	那系	何系	多系	几系	隐含	其他	合计
主事否定问	266/9	3/2	1/1	80/9	0/2		0/1			350/24
客事否定问	29/3	90/252		33/47	11/72	1/13	6/6	7/7	8/1	185/401
与事否定问	15/1	1/1		2/1						18/3
补事否定问	0/1	0/12	0/38	0/19	0/3	0/1				0/74
凭事否定问		16/2	97/0		17/0			29/0	3/0	162/2
因事否定问		245/3	392/0		173/11			42/0	1/0	853/14
境事否定问		3/4		113/14	38/3	26/0			1/0	181/21
情理否定问			374/0	226/0	180/0				19/0	799/0
量度否定问						1/7	1/2			2/9
动核否定问			36/0		15/0					51/0
名构否定问		32/0		0/2		0/2				32/4
兼格否定问	13/0	4/6		4/0	0/2	0/1				21/9
合计	323/14	394/282	900/39	458/92	434/93	2/24	32/9	78/7	32/1	2653/561
总计	337	676	939	550	527	26	41	85	33	3214

三　明清汉语是非问句研究

1　是非问的特点及其地位

在疑问句不同的分类系统中，是非问所指的对象范围各有不同。从前一章第一节的分类概述中就可大略看出。在吕叔湘（1944，1985b）的系统里，是非问有广狭两种理解。他在《中国文法要略》中，把疑问句分为特指问与是非问两类，同时指出"抉择问"和"反复问"为是非问的派生形式，属于是非问，这可理解为广义的是非问；他在20世纪80年代写的《疑问·否定·肯定》一文中，直接指出："问句有四种形式：甲、特指问，乙、是非问，丙、正反问，丁、选择问。"尽管同时说"其中甲和乙是基本，丙和丁是从乙派生的"，但毕竟已把它们并列为四。而且还指出"乙可以用对，不对回答"，这显然不包含正反问和选择问。这个意义上的是非问可理解为狭义的是非问。朱德熙（1982）的三分系统以及林裕文（1985）、陆俭明（1982）的二分系统，尽管分类依据不同，但"是非问"的范围大体与吕叔湘的狭义是非问相同。在范继淹（1982）的二分系统中，是非问"是选择问的一种特殊形式"，其对象实际上大体包含了吕氏的狭义是非问以及正反问。在邵敬敏（1996）的二分系统中，"是非选择问"与范的对象范围相类。其他各家的分类系统亦各有所指。本书对于疑问句的分类采用朱德熙的三分体系，是非问的所指范围亦以此为据，这也是学界的主流意见。

是非问的基本特点是：A. 句子的主体部分是一个陈述结构，赋予其传疑语调就成了是非问，这与特指问和选择问须借助"疑问代词"和"疑问句法结构"来表达疑问的方式有明显的差异；B. 是非问特有的传疑语气词是"么（吗）"（另有助疑语气词"吧（罢）""啊"等），这与特指问和选择问用"呢"也明显不同；C. 除了中确信度的是非问以外一般可以用"是的""对"或"不是""不对"来回答，表示认可或不同意，而特指问和选择问须针对疑问代词和选择项具体回答；D. 是非问的疑问焦点一般是整句焦点，而特指问和选择问的疑问焦点则通常是成分焦点。

是非问的特点决定了是非问在汉语疑问句系统中的独特地位。当需要对一个命题的真假提出疑问时，作为成分焦点问句的特指问和选择问，就不能胜任，而以整句焦点为特点的是非问却是最合适的问句形式；同时，如果是对所问对象有所了解而又不确知的情况下（或限为某种情况），用全量问域的特指问往往显得不够具体或是针对性不强，而限量问域的是非问正好可以弥补这种不足，比较：今天是几号？/今天是 3 号吗？后者显然更具体、针对性更强。可见是非问在汉语疑问句系统中具有不可替代的作用。

从汉语疑问句的形成与发展来看，是非问是问句系统中最先得到发展的一种问句类型。据张玉金（2001，1995）研究，在甲骨文里"卜辞的命辞绝大多数是所谓是非问句"，"有少数是正反问"[①]，"有两条卜辞可能是选择问"，"由于甲骨文中没有出现疑问代词，所以

[①] 裘锡圭（1988）认为甲骨文中没有确凿无疑的正反问句。

甲骨文有疑而问的疑问句中没有特指问"。① 可见是非问在殷商时期
就成为汉语疑问句系统中最基本的问句形式。由于周以来汉语特指问
得到了迅速的发展并以其优势最终成为汉语疑问句的主要形式，是非
问在数量上失去了绝对的优势，但是，在整个汉语史的发展中，作为
疑问句的一个基本类型，它始终占有十分重要的地位。在我们调查的
明清汉语材料里，三种问句类型中是非问的数量位居第二，是汉语传
疑的一种无可替代的基本形式。

2　是非问的信疑度

上文研究特指问时已涉及疑问句的信疑度问题。这里从是非问进
一步讨论。信疑度，是指疑问句确信与疑问的程度，它决定于疑问句
传疑的指数，传疑指数高，疑问度就高，相应地，确信度就低，传疑
指数低，疑问度就低，相应地，确信度就高。不同类型的疑问句，信
疑度不同；相同类型的疑问句，信疑度也可能存在差异。吕叔湘
（1944）较早注意到疑问句信疑度的差异，他还按信疑度给"疑问语
气"定义，并建立起"询问、测度、反问"的问句分类系统。他在
《通过比较研究语法》（1977）一文中，专门比较分析了广义是非问
内部疑问程度的差异："A. 你会说日本话吗？ B. 你会说日本话吧？
C. 你会不会说日本话？三个问句一个内容，但是前两句有倾向，A.
倾向于怀疑，B. 倾向于肯定，只有 C 是实事求是的询问。"赵元任
（1968a）也分析了是非问的信疑度，认为"吗"问句"对于肯定的

---

① 陈年福（2006）认为甲骨文中"何"存在疑问代词用法，但张玉金（2010）予以
否认，仍持己见。

答案抱有或多或少的怀疑，也就是可能性在 50% 以下"。王力（1982）也对是非问的信疑度发表了看法，但他的意见似乎与吕、赵不同，他认为"吗"问句倾向于肯定，他说："我要问你：'昨天他来了吗？'心里假定大概是来了。'昨天他来了没有？'那纯粹是疑问，我不知道，不能假定他来了没有。"

近些年，对于疑问句信疑度的研究有了新的进展。比如对"吗"问句内部疑问程度的研究，就富有成效，也颇有启示。

黄国营（1986）依据"多值逻辑"的方法论，提出了"吗"问句的"五值逻辑系统"，他设 SQ 为"吗"字句（Q 为"吗"字，S 为"吗"字前的成分），以"说话人在潜知（Presupposition）中对命题真假所判断的认定程度"为判定真假的依据，认为"吗"问句"根据已有信息，说话人潜知中 S 的真值可分为五级"。分别是：

SQ_0——根据已有信息，说话人潜知中 S 为假。如：难道我是神仙吗？这事我不干了！

$SQ_{1/4}$——根据已有信息，说话人潜知中 S 为真的概率是 $1/4$。如：这照片里的就是你吗？都认不出来了！

$SQ_{1/2}$——根据已有信息，说话人潜知中 S 为真的概率是 $1/2$。如：他懂英语吗？我必须了解这一点。

$SQ_{3/4}$——根据已有信息，说话人潜知中 S 为真的概率是 $3/4$。如：你到天安门广场去吗？行，我来给你当导游。

SQ_1——根据已有信息，说话人潜知中 S 为真。你来了吗？请屋里坐。

他指出，在 $SQ_{1/2}$ 中，根据前文和语境，说话人无法对 S 的真值的两种可能性作出选择，问话人期待回答，这是真正的有疑而问，是中性询问句；在 SQ_0 和 SQ_1 中，根据前文或语境，说话人对 S 的真值已有明确断定，说话人并不期待回答，这是无疑而问，都是假问句；而

$SQ_{1/4}$是介乎 SQ_0 与 $SQ_{1/2}$ 之间，$SQ_{3/4}$ 是介乎 SQ_1 与 $SQ_{1/2}$ 之间的类型，根据前文或语境提供的信息，说话人对 S 的真值虽尚不能明确断定，但在潜知中对 S 真假的选择已有明显的倾向，这都是表示怀疑和猜测，要求证实的问句。

李小凡（1998）、袁毓林（1993）、郭锐（2000）等从答语的角度也对"吗"问句的内部疑问度的差异提出了看法。一般汉语语法书中讨论是非问和其他问句的区别时多说是非问（包括"吗"问句）可以用"是的""对""不是""不对"等肯定或否定形式来回答，而其他问句则只能具体回答（如朱德熙1982）。李小凡认为是非问虽然有的可以用"是的"回答，但有的与反复问类似，不能用"是的"回答，如"你知道吗?"袁毓林通过对"吗"问句与语调是非问的比较明确指出：（无标记的肯定式"吗"问句）"表示问话人对事情不了解，想通过问别人来获知事实真相"，"问句以 $P \vee \neg P$ 为预设，并不隐含问话人对所问之事的推测，所以答话人无从同意这种不存在的推测，不能用'对'来作答"。

郭锐（2000）在以上各位学者研究的基础上，对这一现象及其成因作了进一步的探讨。他把黄国营（1986）所谓"潜知中的真值"叫做"确信度"（credibility degree，简称 C），即说话人对问句的命题相信为真的程度。参照黄的级分，他把确信度分成相应的五级：

零确信度：$C = 0$，即对所问之事持否定态度，也即反问句；

低确信度：$C \rightarrow 0.25$，即对肯定的答案抱有怀疑（→表示接近于）；

中确信度：$C \rightarrow 0.5$，即对所问之事无所猜测；

高确信度：$C \rightarrow 0.75$，即对肯定的答案有所猜测；

全确信度：$C = 1$，即完全相信所问之事为真。

"确信度"不同于"疑问度"，但两者相关，确信度越接近于 0.5，

疑问度越高，确信度越远离于 0.5，疑问度越低。是非问能否用
"对"回答与确信度有关。确信度为 0 和 1 时，说话人对问句已有肯
定或否定的答案，无需回答；高确信度的"吗"问句可以用"对"
作答；中确信度的"吗"问句不能用"对"作答；低确信度的
"吗"问句能否用"对"作答当视具体情况而定。郭锐（2000）认
为，影响"吗"问句确信度的因素主要有"韵律特征""焦点""否
定式""标记性""语境知识"以及"推测标志词"等方面，最终归
结于"语用"："从根本上说，是语用因素决定了'吗'问句的确信
度和疑问程度。"

　　这就把问题的探讨深入了一步。以此来反观赵元任、吕叔湘与王
力等的意见，也许可以明白其产生分歧的原因所在。吕叔湘所举的
"你会日本话吗？"若通过韵律特征重音来显示，焦点在"日本话"，
说话者对所问之事无所猜测，则属于没有偏向的中确信度的高疑问
句；但如果焦点在"会"，说话者对肯定的答案抱有怀疑，心里推测
为"不会"，只是不敢确定，那就属于有偏向的低确信度的低疑问
句。吕叔湘将"怀疑"与"肯定"对举着说，想来是指前一种理解。
王力所举的"昨天他来了吗？"如果上文的语境使说话人对"他来"
的事实已经有所推测，那么这句话确可以如王力所言，"心里假定大
概是来了"，是高确信度的低疑问句，但如果没有这种语境的规定，
那只能理解为没有偏向的中确信度的高疑问句了。同样的道理，赵元
任所谓的"对肯定答案的怀疑"是基于语言事实的，但并不绝对，
也应该作具体分析。

　　以上关于疑问度的讨论主要集中于"吗"问句，特别是所谓的
"五值逻辑系统"，是建立在对"吗"问句研究的基础之上的。那么，
这种分析方法对于整个是非问是否都能适应呢？这正是我们需要思考
的。下面以"五值逻辑"的方法来检验一下测度问和语调是非问等

问句类型的疑问度。

先看测度问。这类问句经常使用一些表示推测的助疑问标，如助疑语气词"吧（罢）"，助疑副词"莫非""莫不""莫不是""莫是""敢是""别是""想必是""不要""大概""恐怕"等，有时助疑副词也与"么"配合使用。例如：

(1) 月娘对他说："你家蜡梅接你来了。李家桂儿家去了，你莫不也要家去了罢？"（金，45/602）

(2) 西门庆道："莫不是花胒膊刘小二的婆儿？"（金，2/50）

(3) 伯爵道："莫非是糖肥皂？"（金，67/926）

(4) 张金凤也接口道："不要这位姑娘就是我十三妹姐姐罢？"（儿，14/169）

(5) 路上撞着谢希大，笑道："哥们敢是来看打虎的么？"（金，1/26）

(6) 老者想了半日，说："你莫不是陈大宽的令郎么？"（金，93/1363）

正如吕叔湘所说，测度问是"倾向于肯定"的是非问，可认为是对"肯定的答案有所猜测"的问句。当是高确信度的低疑问句。但与同级"吗"问句相比，由于表测度的助疑问标的使用，使测度语意得以显性化、明确化。以上例（5）（6）去了"敢是"和"莫不"，测度之意基本不变，但确信度略有降低；上文黄国营（1986）例"你到天安门广场去吗？"若改作"你莫非到天安门广场去？"基本意义相同，但由于用了测度标记，确信度略有强化。需要指出的是，使用测度助疑问标的问句，其测度语意的表达对语境不具有依赖性，离开特定的语境不影响它是高确信度的低疑问句；而同级的"吗"问句往往对语境有一定的依赖性。如"你到天安门广场去吗？"离开特定的语境，很难说一定表测度意，可能会被认为是"实事求是的询问"；而"你莫非到天安门广场去？"则不借助语境测度意依然确定。上文（5）（6）两例去了"敢是"和"莫不"仍表测度之意，是决定于特定的语境。当然，"吗"问句如果有一些辅助的形式标记，如用肯定或否定副词等，往往会减少对语境的依赖性。如说"你真的到天安门广场去吗？""你不到天安门广场去吗？"

再看语调是非问。袁毓林（1993）通过对"姥姥起床了？/他知道这事？"与"姥姥起床了吗？"/"他知道这事吗？"的比较指出，语调是非问"由一个命题（P）和一个升调构成"，"问句以 P 为预设，对所问之事已有一定的推测"，"但还不能确定，问一下是为了求得证实"，"所以这种问句是信大于疑，问话人对肯定的回答抱有或多或少的希望"，"答话人可以用'对'作答，表示同意问话人的推测"。黄文没有具体讨论语调是非问的疑度，但他在讨论"吗"问句引入比较时指出："SØ 和 S 啊在句法上和语用上都不同于 SQ，在确定的上下文中它们不能互换。SØ 和 S 啊不是中性询问，而是对 S 所载的已有信息表示怀疑、猜测，要求证实。它们也是 B 类问句（即非中性问句——笔者注）。"他们的意见是以语言事实为依据的。我们调查了《老》《朴》《金》《儿》的全部用例，无论是肯定问句还是否定问句，语调是非问都属于有倾向性的问句，或者说，都不是中性问句。举数例如下：

（7）妇人就问："角儿蒸熟了？拿来我看。"迎儿连忙拿到房中。（金，8/121）

（8）月娘便问："你没见你姐？"（金，97/1416）

（9）到了临近，那骡夫便问道："少爷，咱们就在这里歇了？"（儿，4/43）

以上各例均属高确信度问句。

    （10）李瓶儿问道："真个你只用一根柴禾儿？"（金，23/323）

    （11）西门庆问道："我儿，外边没人欺负你？"那小厮乘机就说："小的有桩事，不是爹问，小的不敢说。"（金，35/483）

    （12）瓶儿因问："你大娘没骂你？"（金，37/518）

以上各例均属低确信度问句。另外，"啊""那""哩""来"等助疑语气词构成的是非问句，同样存在疑问度的差异，也同样可以用多值逻辑的方法来进行分析。

    在确信度的五级分类中，零确信度和全确信度属于假性问；高确信度、中确信度和低确信度问句属于真性问。

    下表是我们重点调查的文献中是非问功能分布的具体数据：

表十：是非问功能分布表

项目	老	朴	金	儿	合计
真性	39	75	356	245	715
假性	18	38	661	766	1483
合计	57	113	1017	1011	2198

3 真性是非问

    我们把中确信度问句叫高疑问句，高确信度和低确信度问句叫低疑问句，下面分别讨论。

3.1 高疑是非问

    高疑是非问是对所问之事无所猜测的问句，属于"强发问"，主要见于"吗（么）"问句。为便于讨论，现将四书中真性"吗"问句的功能分布列表如下：

表十一：真性"吗"问句功能分布表

项目			老	朴	金	儿	合计	总计
高疑	中确信	肯定	16	48	28	5	97	97
		否定	0	0	0	0	0	
低疑	高确信	肯定	9	3	11	11	34	70
		否定	0	1	4	4	9	
	低确信	肯定	2	2	3	11	18	
		否定	0	1	4	4	9	
合计			27	55	50	35	167	167

从表十一可以看出，四部书的真性"吗"问句中，高疑问句与低疑问句的比是 97:70，约为 6:4，高疑问句略占优势。高疑"吗"问句的分布有以下几个特点：

A. 多为无标记句

"语言中的标记现象（markedness）是指一个范畴内部存在的某种不对称现象。"（沈家煊 1997）标记现象体现在语言的各个层面。"句法上像肯定句和否定句的对立就是无标记和有标记的对立"，"在语义上反义形容词'大'和'小'、'长'和'短'，'深'和'浅'的对立也一样，一般只说'有多深?'和'三尺深'，不说'有多浅?'和'三尺浅'，'深'相对于'浅'是无标记项或中和项。"（同上）句法、语义层面的标记性与疑问度表达的关系十分密切。甚至可以说，疑问句的确信度和疑问度在某种程度上决定于某些句法、语义的标记性。郭锐（2000）所谓的"正面表达原则"正是从标记性的角度来揭示疑问度的表现规律的。"所谓正面表达原则是一条语用原则，指在一般情况下（无标记的情况下），说话人从正面提问，只有在已知具有反面的情况条件下，才从反面提问。"也就是说，一

般情况下，无标记句适用于没有偏向的问句，而有标记句则适用于有
偏向的问句。我们所调查的材料正支持这种解释。先就句法看，四部
书里 97 例高疑"吗"问句（即中确信问）均为肯定句，没有一例是
否定句。例如：

（1）你有好丝么？（教老，87）

（2）你猜的么？（教朴，220）

（3）王婆因望妇人说道："娘子，你认得这位官人么？"
（金，3/65）

（4）进到书院门首，摇的门环儿响，说道："蔡轩老先生
在家么？"（金，72/1023）

（5）见了安公子，便问："老师这一向有信么？"（儿，3/
32）

再就语义看，在调查材料中，所有以形容词为核心的高疑问句，都从
正面提问。例如：

（6）我父母都身巴（己）安乐么？（教朴，240）

（7）各样帐房、室车、席筐、马槽都壮么？（教朴，258）

（8）西门庆醉中道："你二娘在家好么？我明日和他说话
去。"（金，18/253）

（9）西门庆因问："令堂老夫人起居康健么？"（金，49/
650）

（10）何小姐便问："拉的重吗？"（儿，31/448）

B. 多为动核焦点句

上文我们指出"是非问的疑问焦点一般是整句焦点"，但是，如
果要突出疑问点，是非问也可以通过重音来显示句中的焦点信息。袁
毓林（1993）曾从预设和焦点的角度比较了"语调是非问"和
"吗"问句（中确信度）的区别，指出前者"表示问话人对事情已有

一定的猜测，但还不能确定，问一下是为了求得证实，所以这种问句没有疑问焦点"；后者"表示问话人对事情不了解，想通过问别人来获知事实真相。这种问句有疑问焦点，一般是句子重音落在哪个成分上，哪个成分就成为疑问焦点"。我们比较赞成作者对于后者的认定，但关于语调是非问和有偏向的"吗"问句是否有焦点，似需进一步讨论。袁文所举的"你知道这事?"确是"表示问话人对事情已有一定的猜测"，但似乎不能因此认为不可以有焦点。这话，重音不同，推测的内容就有区别，重音在"你"，推测的是"你知道"，不是别人知道；重音在"知道"，推测的是"你知道"，你不是不知道。带重音的句子，用肯定或否定来回答，是同时就整句焦点和成分焦点的回答，两者是统一的。"表示问话人对事情已有一定的猜测"的"吗"问句也存在同样的情况，如"你刚从校长那里知道这事吗?"这话把重音落在"刚"上，"刚"是焦点，落在"校长"上，则"校长"是焦点。因此，我们觉得，问句有无倾向性，并非体现在焦点的有无上。那么，问句的倾向性与焦点有没有关系呢? 郭锐（2000）的研究发现，"焦点的位置与'吗'问句的确信度有很强的相关性。如果焦点在状语、补语或主语、宾语、定语上，而不是在整个谓语或主要动词上，'吗'问句都是高确信度的"；而"如果焦点是整个谓语或主要动词"，"则一般是中确信度的"。他认为："这与焦点和背景的关系有关。如果焦点是整个谓语或主要动词，句子没有背景或背景很小，而背景就是事先假定的事实，这就意味着事先假定的事实很少或根本没有，确信度当然就不高。而如果焦点在其他位置，背景部分相当大，句子大部分信息都成了背景，这就是说句子的大部分信息实际上已经事先假定了，因而确信度相当高。"这是比较富有说服力的分析。如说：你刚知道这事吗? 背景是"你知道这事"，就是说，说话人已经知道"你知道这事"，对句子的大部分信息已经确信了，所以确信度高，若说：你知道这事吗？背景很小，说话人对疑问对象所知不多，自然是疑问度高了。考察高疑"吗"问句的语料，可知这种分析是合乎语言事实的。上举各例的疑问焦点就都在谓语或主要动词之上。再如：

(11) 他出去了，看家的有么？（教老，79）

(12) 开诏后头，高丽地面里去么？（教朴，216）

(13) 圣旨领了么？（教朴，217）

(14) 雨住了么？（教朴，279）

(15) 月娘道："命又不好，请问先生还有解么？"（金，79/1189）

这些句子，焦点都在动核上。

C. 不能用"对、不对"来回答

使用中确信度的"吗"问句，问话人对所问之事并不知晓，意在通过问话获取事实真相，不隐含问话人对所问之事的推测，所以，答话人不能使用"对""不对"或"是""不是"等肯定或否定形式来作答，只能针对具体问题具体回答。如例（11），回答是："有个后生来，这里不见，敢出去了。"例（14），回答是："雨晴了也。"再如：

(16) 今日开仓么？

今日开。（教朴，218）

(17) 街上有路么？

那里见路！一划淅泥曲膝盖深。（教朴，279）

所调查的例子概无例外。

高疑是非问主要见于"吗"问句，这与语气词"吗"的来源有关。关于"吗"的来源以及形音流变，前辈和时贤已经作了比较充分的讨论，其发展的脉络已大体显现出来（见吕叔湘1944、王力

1958、太田辰夫 1958、蒋绍愚 2005、孙锡信 1995，1999、吴福祥 1997、伍华 1987、钟兆华 1997、杨永龙 2003、冯春田 2000 等）。"吗"来源于唐代置于正反问句末的"无"，在唐时虚化为句末语气词，成为是非问的传疑标记，先后出现了"磨、摩、麽、嘛、末、吗、么"等多种写法。其中"麽"的写法始见于唐时，宋以后成为主要形式，清中期以后"吗"的写法逐渐流行，直至现代成为基本写法。可见，"吗"问句是从正反问发展而来的，而正反问就事物的正反两面发问，是没有偏向的中性问句。当"吗（么）"虚化为语气词后，正反问的这种特点仍在"吗"问句中留存，这就是"吗"问句高疑是非问用法形成的主要原因。

3.2　低疑是非问

低疑是非问是对肯定的答案有所猜测或抱有怀疑的是非问句，属于"弱发问"，包括高确信度问句和低确信度问句。

3.2.1　低疑"吗（么）"问句

低疑"吗（么）"问句的使用主要有以下几个特点：

A. 多为有标记句

a. 使用否定式。其中高确信度的如：

（1）孩儿道："娘你不信么？"一直卸下衣包，取出平安家信，果然是他哥儿手笔。（金，57/756）

（2）这妇人连忙系上裙子，走到窗下问道："原来你在屋里，这咱才起来，好自在。大姐没在房里么？"（金，82/1227）

（3）他便问："二位奶奶都没起来呢么？"（儿，38/590）

（4）叶通只愣愣的站着不言语。公子道："你没带进来吗？"（儿，30/434）

（5）安太太道："不用甚么了。你没跟大爷去吗？"（儿，20/271）

否定性"吗"问句的高确信度是由"正面表达原则"决定的，从反面提问，意味着提问者已知具有反面的情况。

低确信度的如：

（6）布袋不漏么？（教朴，219）

（7）婆子道："我每说个傻话儿，你家官人不在，前后怾空落落的，你晚夕一个人儿不害怕么？"（金，37/514）

（8）一只手拿着注子，一只手便去武松肩上只一捏，说道："叔叔只穿这些衣服，不寒冷么？"（金，2/42）

（9）褚一官道："你老人家才没听见说吗？"（儿，17/218）

（10）一时完事，因向十三妹道："姐姐不方便方便么？"（儿，9/108）

这类问句是对肯定的答案抱有怀疑，带有准反诘句性质，也就是用否定的方式表示肯定的意思，但主观上又对这肯定不十分确信，持有怀疑。

b. 使用能愿式。句中有"能、够、敢、该、会、肯"等助动词或可能式补语时，倾向于对肯定答案的怀疑。

（11）安太太先就说："你小人儿家可有多大能耐呢？要作这么大事！你能吗？"（儿，25/352）

（12）众人再问和尚："你再敢偷别人媳妇么？"那和尚说："再也不敢。"（教朴，232）

（13）这个柳青纻丝，有多少尺头？勾（够）做一个袄子么？（教老，87）

（14）安老爷道："他？我平日只看他认得两个字，使着比个寻常小厮清楚些，这些事他竟弄得来吗？"（儿，33/492）

（15）那个新来的崔舍，你也打的么？

　　我怎么打不的？（教朴，301）

（16）老爷忽然想起问道："那刘住儿你也派他在园里，中用吗？"（儿，22/300）

（17）他才接着说道："你想，咱们配么？"（儿，7/88）

前3例用"能""敢""勾（够）"，例（14）（15）分别是一个可能式。例（15）《朴通事新释谚解》（391）作："那个新来的崔哥，你也会打么？/我怎么不会打？"后2例则分别隐含一个助动词。

c. 使用强调式。句中带有"是、就、真的、真个、端的"等强调标记时，也倾向于对肯定答案的怀疑。例如：

（18）这蔘是好么？将些样蔘来我看。（教老，95）

（19）武二听了，便道："你这话却是实么？"（金，9/137）

（20）是真个么？你却休瞒我。（教老，62）

（21）他道："咱儿着，他依了？真的吗？"（儿，27/378）

（22）褚大娘子道："二叔真个的还拿外人待我吗？"（儿，29/423）

（23）外边有个保山媒人，说是县中小衙内，清明那日，曾见你一面，说你要往前进，端的有此话么？（金，91/1333）

B. 多为非动核焦点句

如上所言，高疑"吗"问句多动核焦点句，相反，低疑"吗"问句则多为非动核焦点句。如上文各式，在通常的情况下，"否定式"焦点在否定副词；"能愿式"焦点在助动词；"强调式"焦点在强调标记词。再如：

（24）邓九公道："姑奶奶，你当我说的是醉话吗？"（儿，15/195）

（25）白赉光道："哥这衙门中也日日去么？"（金，35/

485）

前例焦点在宾语"醉话"；后例焦点在状语"日日"，上文：西门庆道："……我也常不在家，日逐衙门中有事。"

C. 多可用"对、不对"来回答

这是由低疑"吗"问句本身的倾向性所决定的。不过，考察现实语用情境中的答句情况，答话人的回答往往是鲜活而多样化的。如上一例，对于白赉光的问话，西门庆用"对"或"是的"来回答，是合乎语法的，但西门庆的回答却是具体的："日日去两次，每日坐厅问事。……"再如：

　　（26）且说王婆看着西门庆道："好手段么？"西门庆道："端的亏了干娘，真好手段！"（金，4/75）

这话完全可用"对""是的"来回答，但重复问话中的词语并用感叹句方式来表达，更强化了这种肯定。郭锐（2000）注意到，现代汉语中低确信度"吗"问句有的不能用"对"作答，这种情况在我们调查的明清汉语材料中也存在。上文所举"强调式"用"对""是的"回答比较自然，但"能愿式"就比较勉强，这似与"能愿式"表达可能和意愿的语义有关。

上文表十一的数据显示，从总体看，高疑"吗"问句略占优势，但就发展看，明清时期，高疑"吗"问句由强到弱，低疑"吗"问句则由弱到强，成反比例关系。《老》《朴》高疑问与低疑问的比为84∶18，约4∶1，高疑问占明显优势；《金》为28∶22，两者数量相差不多；《儿》为5∶30，是1∶6，低疑问占绝对优势。以上数据只是限于真性问，若加上假性问，"吗"问句功能变化的比差会更大。当然这不能排除语体因素的影响，但大体反映了"吗"问句发展的趋势。应该说，这是疑问句功能迁移的结果。无论从"吗"问句的来源还是从疑问句的一般规律看，高疑问都应是"吗"问句的本源功能，而低疑问和假性问是"吗"问句的功能拓展。

3.2.2　语调是非问

刘月华（1988）把语调是非问分作两类，一类是"重复性问句"，"是由重复对方刚说过的话形成的"；一类是"接引性问句"，"是由上文、语境等引发的"。并指出，这种问句大都离不开一定的语境，是一种具有依赖性的句子，通常不作始发句使用。语调是非问的这一语用特点，与这类问句具有表意的倾向性密切相关。

3.2.2.1　语调是非问与"吗（么）"问句

语调是非问与"吗（么）"问句在形式上的差异，主要在于后者有传疑语气词"吗"，而前者没有。"吗"问句可以有"吗"和高升语调双重传疑手段。语调是非问则主要借助语调传疑，句末升调是提示这是问句的唯一标示，若不用升调，而用降调或平调，就是毫无疑问的合格的陈述句。有学者把这类问句称作"陈述疑问句"，对所陈述的内容，发问者心中已有认定，只是希望得到被问者的证实，因而在形式上采用传疑语法形式最弱的格式，以适应这种存疑程度低、发问强度弱的表达内容。语调是非问与"吗"问句在功能上的区别主要在于"吗"问句有高疑问和低疑问双重功能，而语调是非问则只有低疑用法。一个语调是非问，无论是孤立句还是语境句，也无论是有标记句还是无标记句（如否定句或肯定句），都是富有倾向性的，而"吗"问句有无倾向性则决定于问句形式或语境。比如：

　　　　(1a)　爹在家？

　　　　(1b)　爹在家么？

　　　　(2a)　爹不在家？

　　　　(2b)　爹不在家么？

(1a) 和 (2a) 无论在何种情况下都是有倾向性的，前者倾向于肯定，后者倾向于否定；（1b）作为孤立句，显然是没有偏向的中确信度问句，而作为语境句，因为是无标记形式，通常用作无偏向的询问，但如果上文有迹象表明"爹"可能在家，问话者这样问是为了求证，也就有了偏向；（2b）是有标记"吗"问句，具有倾向性。

语调是非问与低疑"吗"问句一样，其倾向性也表现为高确信和低确信两方面。四部书中高确信度问193句，低确信度问51句，高确信度问比低确信度问的使用频率高得多。主要集中在《金》《儿》二书；《老》《朴》二书无论是高确信度问还是低确信度问，都极其少见，这与二书是应用性的对话体不无关系。

3.2.2.2　高确信度语调是非问

高确信度语调是非问肯定式占明显优势，约为否定式的4倍，这与高确信"吗"问句不同。在"吗"问句中，否定形式是一种倾向性的标记，而在语调是非问中，肯定是表达倾向的基本形式，只是在否定的情况是问话者所确信的时候才用否定式。请看肯定式的用例：

（1）西门庆道："就是那日在门首叉竿打了我的?"（金，3/65）

（2）西门庆饮酒中间想起，问李瓶儿："头里书童拿的那帖儿是你与他的?"（金，34/476）

（3）潘金莲问："你爹来了?"（金，39/541）

（4）李瓶儿问他："金子你收了一锭去了?"（金，43/579）

（5）陶妈妈在路上问薛嫂儿："你就是这位娘子的原媒?"（金，91/1335）

以上各例，根据具体情境，问话者对所问情况都有一个肯定的基本推定，所以用肯定式来求证于听话人。下面是否定式的用例：

（6）西门庆道："你没说我在这里?"（金，16/226）

（7）玉楼道："可惜了! 他爹不知道?"（金，33/461）

（8）伯爵便问："你爹衙门里还没来家？"（金，34/472）

（9）张金凤道："姐姐没了主意了？"（儿，26/373）

以上各例，问话者对否定形式的情况有所推定，因而用否定式提问。

高确信度语调是非问中，"重复性问句"在话语结构上比较特殊。它是由问话者重复对方刚说过的话（包括提过的问题）而形成的问句①，通常表达问话者的怀疑与惊异，或要求证实，或表示否认，或引发答案。问句表达的是："你是说（问）……吗？"的意思。由于问话中的内容来自对方的话语，因而当属于高确信度问句。这里问话人"潜知中的真值"是就问话本身与对方的表述的吻合度而言的，而不是就问话人对话语肯定程度而言的。《金》《儿》中有不少此类用例，形式也较为多样，例如：

（10）安老爷笑道："亲家，你这一句话就不知京城吃饭之难了，京里仗的是南粮。"张老道："仗南粮？"（儿，33/501）

（11）便吩咐道："且把他们松开，大约也跑不到那里去。"邓九公嚷道："跑？那算他交了运了！"（儿，31/457）

以上2例是重复对方陈述话语中的某些关键性词语来发问的；而下面各例则是重复对方刚问过的话语来发问的。

（12）那长姐儿见了他，便先问道："华大爷，大爷那文章作上几篇儿来了？"华忠道："几篇儿？只怕全得了。"（儿，34/507）

（13）公子道："你这话那里说起？"他道："那里说起？就从昨日里说起。"（儿，23/319）

（14）他女儿望着他娘，又是呆笑，又是心疼，说道："……这个白斋可吃到多早晚是个了手呢？"他向他女儿道："多

---

① 我们这里所谓的重复性问句，比上文刘月华（1988）所说的范围要大，包括了回声问在内，因为回声问，实质上也是一种重复性问句。回声问有不同的理解，这里据王志（1990）。

早晚是了手？我告诉给你：我等他那天有了婆家，齐家得过了，我才开这斋呢！"（儿，21/279）

（15）因问道："是谁家女子？问他讨个庚帖儿来我瞧瞧。"冯妈妈道："谁家的？我教你老人家知道了罢，远不一千，近只在一砖。不是别人，是你家开绒线韩伙计的女孩儿。"（金，37/509）

（16）程相公便叫住他，问道："你早上说的天齐庙有得凤凰看，怎的吾们看不着？"跑堂儿的一愣，说："看不着？没有的话！"（儿，38/611）

对方的问话都是特指问，重复的问话则是是非问。前4例中，重复的话里含有疑问代词，末例不含。

3.2.2.3　低确信度语调是非问

低确信度语调是非问，多用强调式，偶见能愿式。例如：

（1）武大道："真个有这等事？"（金，5/82）

（2）妇人向他汉子说："真个叫我去？"（金，42/566）

（3）（褚大娘子）说道："大爷，你真把这两件东西带上了？"（儿，16/206）

（4）便叫过郑奉问："怎的你妹子，我这里叫他不来？果系是被王皇亲家拦了去？"（金，58/767）

（5）又拿了泡螺儿来，问郑春："这泡螺儿果然是你家月姐亲手拣的？"（金，67/926）

（6）西门庆道："你敢与我排手？"那桂姐道："我和你排一百个手。"（金，12/178）

"真个""真""果""果然"强化了对肯定答案的怀疑。末例是能愿式，西门庆的表达倾向于"（你）不敢与我排手"之意。

使用否定式的比例较高。问句用否定的方式表示肯定的意思，但主观上对这肯定又不十分确信，因而带有准反诘句性质。例如：

（7）只见奶子如意儿问李瓶儿道："娘没曾收哥哥儿耍的那锭金子？怎只三锭，少了一锭了？"（金，43/578）

（8）大姐道："有桩事儿，我也不是舌头，敢来告你说：你没曾恼着五娘？他对着俺娘如此这般说了你一篇是非。"（金，51/675）

（9）孟玉楼道："姐姐，你身上穿的不单薄？我倒带了个绵披袄子来了。"（金，46/611）

否定式中常用一种特殊形式，即句中含有疑问代词。例如：

（10）西门庆因问："家中没甚事？"（金，72/1013）

（11）金莲问："大姐姐没说甚么？"（金，29/402）

（12）玉箫道："我且问你，没听见爹今日往那去？"（金，31/431）

（13）因向平安儿道："你就不知往那里去了？"（金，51/690）

（14）玉楼便问："姐姐，怎么上来滑了脚；不曾扭着那里？"（金，33/461）

（15）伯爵道："李日新在那里来？你没曾打听得他每的事怎么样儿了？"（金，52/707）

出现在这类句子中的疑问代词有"甚""甚么""那""那里""怎么样"等，而以"甚么"居多（例14两个问句，指的是后一句）。它们都"不表示疑问而表示虚指"[1]。值得注意的是：这类用法在

---

[1] 吕叔湘（1985b）曾指出："是非问句里有时出现疑问代词或指别词，但只要句末有'吗'，就可以断定这些称代词或指别词不表示疑问而表示虚指。"邢福义（1987）认为"特指性是非问句中的疑问代词，跟一般特指问句中的疑问代词相比较，程度不同地接近虚指，但是，仍然或多或少地具有特指求代作用。"他认为，"特指性是非问总是肯定形式，不能用否定形式"，在否定形式中的"疑问代词全然是任指的"。

《金》中不见于"吗"问句，只见于语调是非问；不见于肯定句①，只见于否定句。个中原因有待于进一步探讨。

3.2.3 测度问

关于"测度问"，学界有过不少探讨，吕叔湘（1944）的意见较早而且较有影响。他认为"测度和拟议的语气，表示将信将疑，可算是介乎直陈和询问二者之间。白话里表示这种语气的语气词是'吧'（罢），句中又往往有表测度的词语，如'大概''别是''只怕'之类。""这种问句和普通问句不同，不是纯然的不知而问，而是已有一种估计，一种测度，只要对方加以证实，所预期的答案是'是'。"他指出，"别是""不要是""莫非"等词语，"是测度语气所特有的，用了这些词，不用'吧'字仍不失为测度语气"。其范围大体是指"吧（罢）"问句以及不带"吧（罢）"但带有"别是""莫非"一类测度词语的问句。这代表了学界对于测度问的主流意见。不过，近年来人们对是非问内部信疑度的进一步研究发现，"介乎直陈和询问二者之间"、对所问之事"已有一种估计，一种测度"的句子，其实不限于此。上文所讨论的低疑"吗（么）问句"和语调是非问等富有倾向性的问句，多含问话人的"测度"之意，广义地看，也应属于测度问。不过鉴于学术传统，同时也便于讨论，这里将"测度问"限定在吕叔湘所论述的范围。

在我们重点调查的四部书中，共见测度问 144 例，主要见于《金》（53 例）、《儿》（81 例）。表测度方式主要有三种情况：单用表测度的副词、单用语气词"罢"、兼用表测度的副词和语气词"罢"。我们把前者叫做"测度词问句"，共 105 例，把后两者合而称

---

① 重复性问句中见到少量肯定形式，已在上文引用。

为"'吧（罢）'问句"，共39例。下面分别讨论。

3.2.3.1　测度词问句

使用频率最高的是"莫"系疑问副词，有46例（不含兼用）。主要有"莫不""莫非""莫不是"等形式。"莫"作为"疑辞"的用法始见于先秦，是从"莫"的"隐蔽不现"之意引申而来的（香坂顺一1997）。早期多独立使用，用于表肯定或否定的判断句，经过重新分析，就形成了"莫是""莫非"的用法，后"非"又被"不是"置换，于是又出现了"莫不是"的用法。这些词形在"敦煌变文"中都已见使用。如：孩童虽生宫内，以世绝伦，莫非鬼魅妖神？莫是化生菩萨？/还有甚人？莫不是诸方菩萨各门舍利弗等游此会中？（吴福祥1996；2004a）"莫不"自先秦以降均用作"无不"之意，表测度意是后起用法，当是"莫不是"的省略，始见于宋①，《三朝北盟汇编》中已见用例，如：莫不相应么？（刘坚、蒋绍愚1995）。元时已普遍使用。"莫"系副词多有反诘用法，当是后起的。

先看"莫非"的例子：

（1）唱毕，应伯爵见西门庆眼里酸酸的，便道："哥教唱此曲，莫非想起过世嫂子来？"（金，65/905）

（2）（姑娘）心里说道："他说这两个匣子就是红定，莫非那长些的匣子里装的是尺头，短些的匣子里放的是钗钏？说明之后，他们竟硬放起插戴来？"（儿，26/364）

"莫非"一般用于谓语前作状语，例（2）比较复杂，"莫非"管辖其后的整个结构。可以有两种理解：一是看作一个语段句，"莫非"统领全句；一是看作两个问句，后一句省略了"莫非"。似以前一种理解更为合适。还经常与"么（吗）"配合使用，例如：

---

① 此引吴福祥（2004a）中"莫不是"例，吴氏归入"莫不"，当属"莫不是"。

　　(3) 便问道："莫非是当初卖炊饼的武大郎那老婆么？"（金，80/1209）

　　(4) 那长挑身材中年妇人，也定睛看着敬济，说道："官人，你莫非是西门老爹家陈姑夫么？"（金，98/1429）

　　(5) 只见他两眼一怔，"哈"了一声，说："你叫安学海？你莫非是作过南河知县被谈尔音那厮冤枉参了一本的安青天安太老爷吗？"（儿，15/184）

配合使用有强化测度之意。下面是"莫非"与"不成"配合使用的例子：

　　(6) 只是大家方才问姐姐你的住处，你只说在云端里住，如今这词儿里又是甚么"云中相见"，莫非你真个在云端里不成？（儿，10/123）

"莫不是"和"莫不"的用法与"莫非"基本相同，请看例子：

　　(7) 西门庆问："那人是谁？莫不是大街坊张大户侄儿张二官儿？"（金，68/951）

　　(8) 玉楼道："再有那个孟舅？莫不是我二哥孟锐来家了，千山万水来看我？"（金，92/1348）

　　(9) 莫不死了么？（教朴，294）

　　(10)（妇人）心中自思："莫不这厮思想我了？"（金，2/45）

　　(11) 西门庆听了，跌脚笑道："莫不是人叫他三寸丁谷树皮的武大么？"（金，2/50）

"莫是"在我们重点调查的四部书中不见用于测度的例子，《金》中有用于诘问的。但在宋元以来，特别是明清时期却不乏用于测度之例。如：

　　(12) 旧盟都在，新来莫是，别有说话？（稼轩长短句，卷

六)

(13) 又问:"莫是人自兴妖?"(二程遗书,卷二二)

(14) 张客见说言语蹺蹊,口中不道,心下思量:"莫是此人收得我之物?"(清平山堂话本,卷三)

(15) 三藏欠身道:"你莫是魑魅妖魅,神怪邪魔,至夜深时来此戏我?"(西游记,第37回)

(16) 王伦道:"你莫是绰号唤做青面兽的?"(水浒传,第12回)

(17) 张旭学草书,见担夫与公主争道,又公孙大娘舞剑,而后悟笔法,莫是心常思念至此而感发否?(二程遗书,卷十八)

(18) 布曰:"莫是荐士否?"(续资治通鉴长编,卷五百一十五)

(19) 夫人暗地问道:"孩儿,你莫是与那个成这等事么?可对我实说。"(喻世明言,卷四)

(20) 谏议道:"你两人莫是来说亲么?"(喻世明言,卷三十三)

宋元时"莫是"句的句末常带"否",形成"莫是……否?"的格式,如例(17)和(18),明清时则句末多见"么",如末2例。

"莫"系疑问副词,还有"莫成""莫不成""莫敢""敢莫"等形式,但明清时除《西游记》之外,其他文献比较少见。如:

(21) 行者喝道:"我老孙生的是这个笑容儿,莫成为你不见了甚么果子,就不容我笑?"(西游记,第25回)

(22) 那呆子连忙只是磕头道:"师兄,我去巡山,你莫成跟我去听的?"(西游记,第32回)

(23) 莫不成这些人意儿也没有了?(西游记,第27回)

（24）那怪道："你这猴子，……你怎么来到这里上门子欺我？莫敢是我丈人去那里请你来的？"（西游记，第19回）

（25）三藏道："袈裟何在？敢莫是烧坏了也？"（西游记，第16回）

（26）不拘葫芦净瓶，把人装在里面，只消一时三刻，就化为脓了，敢莫化了我么？（西游记，第34回）

唯"莫不成"的使用范围广一些。例如：

（27）我看看他去，看他见了我傻不傻。莫不成今儿还装傻么！（红楼梦，第97回）

（28）邵华风说："莫不成这些人，就没有一位敢去的么？"（济公全传，第192回）

（29）莫不成牛驴子死了，你心疼他吗？（七侠五义，第37回）

（30）卢珍此时瞧见九尾仙狐，不大很认识，自己回思，莫不成是天齐庙那个姑娘？（小五义，第185回）

（31）（丽卿）便道："怎好？莫不成真个把女儿丢入粪窖里？"（荡寇志，第72回）

"莫成"在唐代的《祖堂集》中已见使用。有学者（如钟兆华1991）认为"莫成"就是"不成"。香坂顺一（1997）认为，出现在句末位置上的"不成"不能换作"莫成"，这一事实跟"莫成"等于"不成"的看法相抵触。他认为："跟'莫成'相对儿存在着'莫不成'，这同'莫不是'跟'莫是'相对一样，都是平行的关系。就是说，'莫成'从肯定方面进行推测，而'莫不成'从否定的方面进行推测。'莫'不是否定副词，而是'疑辞'。理由是，'莫成'不能像'不成'那样用于句末，说明它在这种场合不是否定词，而是'疑辞'。"香坂氏的意见值得重视。

"敢"系疑问副词也较常见，有 30 例。有"敢""敢是""敢不是""敢怕"等形式。关于"敢"用于测度语气，王力（1945）曾经有过论述："'敢'字用于轻说语气，字源上很难推究，因为它和'勇敢'的'敢'在意义上相差太远了。大约是借音字，和'勇敢'的'敢'毫无关系。它的产生时代很近，据我们现在所知，该是在元代以后。例如元曲《陈州粜米》：'这个髭须的老儿，敢是包待制？'"刘坚等（1992，1995）讨论了"敢"的反诘用法产生的过程，并指出，"敢"做疑问副词，最初以及多数场合下都表反诘，但也有表推度或中性询问的用法，不过"比较少见"。关于这一用法产生的理据，该书在分析了"岂""宁""可""敢"的共性（均有反诘和推度两种用法，都是表示反诘在先，表示推度在后）后指出："反诘是用疑问的形式表示否定，疑问是虚，否定为实，当这种疑问形式不表示否定时，疑问就成了真性的，这样就由反诘引申为推度。"[①] 他们找到的较早例子是北宋词人柳永的《锦堂春》词："待伊要，尤云殢雨，缠绣衾，不与同欢，尽更深，款款问伊：今后敢更无端？"这种用法在宋代确不多见，但在元明时期还是较为常见的。在《老》《朴》中，除了 1 例"莫不"，用于测度问的只有"敢"系副词，《金》中仍较常用，且在形式上有所发展，但《儿》中就很少使用，呈衰微之势。

《老》《朴》中主要用"敢"，别的形式只见"敢是"1 例，如：

（32）我看了也，上下衙都没有，十分老了。你敢不理会

---

① 不过，这个问题如果放到更大的系统中去看似乎还有继续探讨的必要，因为汉语中有不少副词兼有反诘和测度两种用法，其中有的发展路径明显是由测度而至反诘。袁宾《疑问副词"可"字探源》一文曾指出《庄子》《战国策》中就有"岂"表询问的用法（"君岂有斗升之水而活我哉？"[庄]；"将军岂有意乎？"[战]），这种用法与反诘的关系值得进一步思考。不过"敢"的反诘用法在先秦即已出现，而测度用法目前只见于宋代，其发展的先后顺序似无甚疑义。

的马岁？（教老，81）

（33）这火伴，你敢不会煮了（料）？（教老，62）

（34）咱们都去了时，这房子里没人，敢不中？（教老，66）①

（35）王说："将军你搭去，行者敢死了也？"（教朴，294）

（36）敢是这矬汉吃来？（教朴，278）

《金》中形式较为多样：

（37）伯爵道："你敢没吃饭？"（金，52/707）

（38）秋菊道："敢是你昨日开花园门，放了那个，拾了娘的鞋去了？"（金，28/390）

（39）西门庆道："傻狗才，谁对你说来？你敢错听了，敢不是我衙门里，敢是周守备府里？"（金，69/974）

（40）应伯爵拍着手道："敢就是在院中包着吴银儿的花子虚么？"（金，1/17）

（41）月娘道："大雪里，你错走了门儿了，敢不是这屋里？"（金，21/297）

（42）常峙节便指着下首温元帅道："二哥，这个通身蓝的，却也古怪，敢怕是卢杞的祖宗？"（金，1/21）

"敢""敢是""敢不是""敢怕"等各种形式均见使用。例（39）三个分句分别用了"敢""敢不是""敢是"，前两处为表测度的陈述用法应无争议。后一处梅节校订的梦梅馆本句末用的是叹号，不作疑问句处理，但仔细琢磨，似不妥当。西门庆刚审讯了小张闲等人，应伯爵则正为此事替李桂儿来说情，西门庆因有隐情故意回避话头，不想应伯爵却有意点明。三个"敢"字句，表达了此时西门庆之"混

---

① 此例在李泰洙（2003）标作陈述句："敢不中。"

赖"。说"周守备府里"实是莫须有之辞，用测度问句，把话说得有些余地，这就"赖"得更为圆融了。崇眉评曰："混赖得奇，恐伤应二之心。"当是的评。

《儿》中则仅见"敢是"3例。"敢"系词语测度句的减少，与"罢"问句的兴起不无关系。

"难道"也可用于测度问。一般认为，"难道"是近代产生的"反诘副词"（王力 1943；吕叔湘 1980），但事实上，在近代，"难道"既用于反诘，也用于测度。从词的构成来看，"难道"当是由短语经过重新分析语法化为一个疑问副词的。就字面说，"'难道'是难以言说之意"。（太田辰夫 1958）"难以言说"表明说话者对所言之事的不能确定，因而带有或然之意。其词汇意义直接影响到虚化为副词后的用法。"测度"之意正是由此而发生的。下面是杨荣祥（2005）所引早期用例："怎么这里水滚，那海水也滚起来？难道这锅儿是应着海的？"（元曲，九八，三，1710）这里的"难道"显然表示测度之意。据杨永龙（2000）的研究，"难道"与"莫、不成"等否定性副词都是从测度副词发展为反诘副词的，这是值得重视的说法。在《金》中，也见"难道"用于测度的例子：

> （43）王姑子道："这个就是薛家老淫妇的鬼。他对着我说，咱家挪了日子，到初六念经。难道经钱他都拿的去了，一些儿不留下？"（金，68/941）

薛姑子瞒着王姑子独揽了西门庆家的经去，王姑子获知后，以她们原说是合作念经为由去找月娘要经钱，薛姑子推测王姑子十有八九已经独吞经钱，但仍存几分怀疑，所以这样问，下文月娘的答话正是针对问句说的。"难道"显然是测度之意。上文例（27）《红楼梦》的例子，据人民文学出版社版，作"莫不成"，但浙江古籍出版社和上海古籍出版社版均作"难道"，其意义是一样的，均表测度。《儿》中此类用法比较多见：

（44）安老爷道："难道他家就连一壶茶都不肯拿出来不
成？"（儿，14/176）

（45）虽安老爷的镇静，也不免惊疑。心里说："难道真个
的钦差来催官项来了不成？"（儿，13/159）

（46）说着，又问："梁材他难道这样快就到了家了吗？"
（儿，12/140）

（47）怎的此时又把那混账东西拉了去，难道是又去请那
个和尚去了不成？（儿，7/85）

在近代汉语中"没的"也是个测度兼反诘的副词。下面的例子
用于测度：

（48）狄希陈道："我只见他那带，一个囫囵圈子，我心里
想：'这个怎么弄在腰里？没的从头上往下套？没的从脚底下往
腰里来？'"（醒世姻缘传，第83回）

《金》中有：

（49）（金莲）又道："仰着合着，没的狗咬尿胞虚欢喜？"
（金，30/422）

此例梅节校订的梦梅馆本标作感叹句：仰着合着，没的狗咬尿胞虚欢
喜！马荣尧（1990）也认为句中"没的"是"加重感叹语气"，"表
示幸灾乐祸"。中华书局本则标作问句。潘金莲对吴月娘和李瓶儿怀
上孩子心生妒恨，而此时正逢李瓶儿临盆，她说了以上这话，透露出
一种阴暗的心理期待。所言之事并未发生，很难说是"幸灾乐祸"
之叹。揣摩说话的口气应是测度之辞，"没的"为"不要是"之意。
因而标作问句更为合适。

明清时期用于测度问的词语还有其他一些形式。如"不是""想
是""想必""只怕"等。例如：

（50）守备道："不是我刚才打了你兄弟，你心内恼么？"（金，94/1377）

（51）早惊醒了南屋里的张太太，问道："偺儿响哪？蓝嫂，你听听，不是猫把瓦登下来了哇？"（儿，31/453）

（52）恰巧张姑娘忍着笑过来要合何小姐说话，见他把只手拄着肋叉窝，便问："姐姐，不是岔了气了？"（儿，33/497）

（53）十三妹纳了半天的闷儿，忽然明白了，说："我的姑奶奶！你不是要撒尿哇？"（儿，9/108）

（54）又自言自语的道："且住，我想起来了，记得在青云山庄见着我家奶公的那日，他曾说过，当日送父亲的灵到这德州地方，曾梦见父亲成神，说的那衣冠可就合我梦中见的一样，再合上这村婆儿的话，这事不竟是有的了吗？"（儿，22/297）

以上例中的"不是""不"都是"莫非"的意思，当是"莫不是""莫不"的省略用法。再如：

（55）（李瓶儿）又道："贼囚！你想必问他起发些东西了？"（金，34/474）

（56）你来，想是六姐寻我？（金，8/125）

（57）十三妹道："既不为此，想来是你嫌我这妹妹穷？"（儿，9/114）

（58）姑娘道："吼，那纪贼就被你说的这等利害，想就因你讲的他那等威权、那等脚色，觉得我动不得他？"（儿，18/232）

（59）（老爷）先问道："九兄，你府上今日一定有件甚么大喜的事？"（儿，39/623）

（60）王婆道："大官人先头娘子须也好？"（金，3/68）

（61）西门庆道："只怕是京中提人？"（金，69/974）

（62）便叫春梅问道："是谁说他掇起石头来了？干净这奴才没顶着？"（金，28/393）

例中的"想必""想是""想来""想""一定""须""只怕""干净"等词语，在具体语境中配合语调均表达了测度之意。这些词语与"莫不是""敢是"等不一样，不是有了这些词语就一定是测度语气，但它们可以起到助疑的作用。

3.2.3.2 "罢（吧）"问句

关于"罢（吧）"的助疑性质，我们在"绪论"2.2.1.1.2 A 节已经作过讨论。"'吧'这个字是民国以后使用的，清代以前写作'罢'。"（太田辰夫1958）"罢"的较早用法是"命令"和"酌定"，太田氏指出，这两种用法在可信的宋代资料中找不到例证，但在较早的话本中已见使用。"用于推测的例子在明代以前可以说几乎没有。就是在清代，一般也和'大概''许'以及其他副词相配合，不带副词的大概是稍晚才发展起来的。"孙锡信（1999）在元刊杂剧中发现了用于表示估测语气的"罢"：

（1）这等人直化生做十二相属分，敢翻生到六道轮回罢。（元刊杂剧·看钱奴，第1折）

他说："《看钱奴》剧中'敢'与'罢'配合使用，相当于今之'大概……罢'。可见'罢'用于推测语气，似可上溯至元代。"这应该是可信的，不过此例不是问句。

在我们调查的文献中，《老》《朴》中未见"罢"用于测度的例子。《金》中有3例，列举如下：

（2）正说着，只见吴银儿前边唱了进来。月娘对他说："你家蜡梅接你来了。李家桂儿家去了，你莫不也要家去了罢？"（金，45/602）

（3）书童道："早是这个罢了，觉要是个汉子儿，你也爱

他罢?"(金，31/431)

(4)（玉箫）就说道："你与我这个银红的罢?"书童道："人家个爱物儿，你就要。"(金。31/431)

例（2）是"莫不"与"罢"配合使用。例（3）则是"罢"独用为测度的例子。例（4）梅节校订的梦梅馆本把"就说道"改作"问他要"，并在"罢"后用句号。按此标点，"罢"是命令的语气，系非问句。这话是玉箫看见书童身上穿的汗褂儿上"系着一个银红的纱香袋儿，一个绿纱香袋儿"想问他要时说的，标作问号，带有商量兼测度的语气，祈求的口气更委婉些。由《金》的例子可见，太田所说的"罢"不带副词表示测度在清代以后才发展起来的结论似也需修正。

不过，在明时"罢"问句的使用频率还不高，到了清代才有了较大的发展。在《儿》中，"罢"问句使用频率已相当高，共见 36 例。既有配合副词使用的，也有独用的。配合副词使用的更为常见，通常使用的副词有"莫非""只怕""别是""不要""大概""大约""一定"等。例如：

(5) 又参详了半日，说："呀，不妙了！莫非他改了三甲了罢?"(36/556)

(6) 老爷便恼恼九公道："这样听起来，只怕还有位大如嫂呢罢?"(15/188)

(7) 不禁笑着问何小姐："姐姐，你老人家别是把我那件抓了去穿上了罢?"(38/592)

(8) 姑娘，你不要真是个菩萨转世罢?(9/105)

(9)（何玉凤）问道："你这话大概也够着'万言书'了罢?"(26/368)

(10) 你瞧瞧，门户儿、模样儿、人品儿、心地儿，大约

也还配得上妹妹你罢？（9/109）

（11）想了半日，忽然想起说："是了，这一定就是我嬷嬷爹说的那个给强盗作眼线看道路的甚么娘子罢？"（4/50）

"罢"不须副词配合独立表测度的，例如：

（12）傻狗说："叫他娘子到这店里来，人家是个娘儿们，那不行罢？"（4/44）

（13）老爷因向褚一官道："这一路不通车道罢？"（16/206）

（14）公子就问："你看着，明日上得路了罢？"（3/39）

（15）你要不愿意，就把那"愿意"两个字抹了去，留"不愿意"三个字。这没甚么为难的了罢？（9/110）

"罢"有时兼有测度和祈使的语气，吕叔湘（1944）把这种语气叫做"商量"，是指"有所主张而不敢肯定，要征求对方同意"，它一方面是祈使，和行动有关，一方面又是测度，是"定而不定之辞"，两者兼而有之。例如：

（16）还在那里让着老爷，说："你老也得一张罢？好齐整白面哪。"（14/170）

（17）又听跑堂儿的接了牲口，随即问了一声说："这牲口拉到槽上喂上罢？"那女子说："不用，你就给我拴在这窗根儿底下。"（4/49）

下面的例子同样是测度兼祈使，但同时含有假设意味：

（18）打了两个哈欠，说道："要不咱睡罢？"（12/151）

（19）老爷说："我是不会吃烟。"他便说："一袋烟，可惜了的！不姑奶奶抽罢？"（15/189）

（20）邓九公道："明日人来的必多，我已就告诉宰了两只羊、两口猪，够吃的了，姑奶奶放心罢。倒是这杠怎么样？不就

卸了他罢?"（20/269）

（21）（张太太）说道:"亲家太太,我看你们这里都是这大盘头,大高的鞋底子。俺姑娘这打扮可不随溜儿,不咱也给他放了脚罢?"（12/146）

（22）早听程相公笑嘻嘻的说道:"老伯,不么我们今日就在此地歇下,也去望望凤凰罢?"（38/600）

例（18）有假设词"要不"。后几例中的"不"同样也是"要不"的意思。当是"要不"的省略。

由上文可知,"罢"的各种用法中,测度用法是后起的。太田氏曾经推测助词"罢"来自动词"罢",是用于句末的"便罢"或者"也罢"的省略。省略之后的"罢"丧失了陈述的功能,只表单纯语气。太田氏的说法应该是有依据的,较早出现的表"命令"和"酌定"的用法与动词义的联系还隐约可感。"罢"的推测义的获得,与"罢"经常出现于由推测副词形成的测度句中有直接关系,当是语境的浸染使然。早期用例中"罢"多和表测度的语气副词共现,以及"罢"独立表测度义晚出的事实就是对这种推测的支持。

3.2.4 "啊"问句及其他

低疑是非问除了以上各类外,还有一些带有助疑语气词的问句。相关语气词主要有"啊""呀""哩""那""来"等。在明清时期,这些语气词均处在变化之中,功能也较为复杂。比如"啊",在现代汉语中因出现的语音环境不同,会有"呀""哪""哇"等不同的变体,规律性比较强,但在明清时期,这几个语气词之间并不具有整齐的对应规律,如"哪",一部分符合"啊"的音变规律,出现于－n音之后,一部分则不符合。太田辰夫（1973）调查了满洲旗人松龄的短篇小说《小额》,"哪"用于句末共89例,前音是－n的仅37

例。他认为多数为非"啊"系统的"呢"的音变。"呀"也不具有严格的对应规律，"不能认为'呀'全都是从'啊'产生出来的"（太田辰夫 1958）。本节不打算全面讨论这些语气词的演变与用法，仅从疑问度的角度就出现于是非问中的用法作分析。部分出现频率较低的不作讨论，如"哩""咧"等。

3.2.4.1 "啊"问句

"啊"的前身是"呵（阿）"，宋元时期多见"呵"，"呵"在明清时期仍见使用。"啊"的字形是在明代出现的（孙锡信 1999）。"啊"可出现于各类句子中。作为助疑问标可出现于各种不同问句之后。"啊"的助疑功能主要是"弱化"疑问口气，以使语气和缓些。在是非问中，"啊"问句总是具有倾向的。《老》《朴》《金》，不见"啊"用于是非问的例子。《红楼梦》有例（如"你要死啊？"[第9回]）。《儿》中仅见数例。可见，尽管"啊"出现于明时，但用于疑问句中明清时期还不常见。例如：

（1）褚大娘子站在一旁说道："你问那把刀啊？是我见你方才闹得不象，怕伤了这位尹先生，给你拿开了！"（儿，19/246）

（2）张太太问道："咱又走不动咧？脚疼啊？"（儿，27/382）

（3）便笑嘻嘻的道："请示二位奶奶，再给爷满满的斟上这么一盅啊？"（儿，31/447）

（4）太太迎着门儿便问道："没钻狗洞啊？"（儿，34/510）

以上各例都是高确信度问句，问话者对所问的内容已有基本的推定，问话的目的只在于求证。变体"哇"《儿》中也已见用：

（5）褚大娘子那边早望着张金凤说道："听见了哇？我可不管你本人肯不肯，我先肯。"（儿，32/475）

（6）公子道："……所以谓之《滑稽列传》。明白了哇?"
（儿，30/434）

功能同于"啊"。

3.2.4.2 "呀"问句

"呀"出现于元代，其前身是来自"也"的"哑"和"耶"。明清时期这几种形式都见使用。在《西游记》中"呀（哑、耶）"的使用不受"啊"变体规律的制约，"这种分布表明明代时'呀'仍是一个独立的语气词，而不是'啊'的变体。'呀'是在经过一段独立运用的历史之后才与'啊'归并，成为'啊'的语音变体"。（孙锡信1999）《老》《朴》《金》中均未见"呀"用于是非问。《红楼梦》中有例（如"姑娘，喝水呀?"［第90回］）。《儿》中已比较多见。有用于高确信度问和低确信度问两种情况。高确信度问的如：

（1）安太太看了半日，便合老爷说道："老爷瞧，他打扮起来也还象样儿呀?"（儿，40/671）

（2）公子连忙问："你肚子疼呀?"（儿，3/38）

（3）（柳条儿）隔着帘儿说："奶奶叫奴才呀?"（儿，38/591）

（4）张太太道："我俩不在这儿睡呀?"（儿，22/292）

（5）十三妹出了一回神，问着张老道："我方才在马圈里看见一辆席棚儿车，想来就是他娘儿两个坐的，一定是你老人家赶了来的呀?"张老道："可不是我，还有谁呢!"（儿，10/122）

低确信度问的如：

（6）安太太见他一幅正经面孔，便问："大姐姐，你这说的是真话呀?"（儿，40/652）

（7）安太太只尽着问戴勤说："你瞧大爷那光景，还没受累呀? 没着凉啊?"（儿，34/522）

（8）梅公子又问说："也没听见甚么别的事呀？"（儿，3/32）

（9）说着，便问安公子道："会骑驴呀？"安公子道："马也会骑，何况于驴。"（儿，10/122）

无论是高确信度问还是低确信度问，都有肯定和否定的形式。

3.2.4.3　"哪"问句

"哪"原写作"那"。关于其来源已有许多学者作过探讨。有"唐代说"（朱庆之1991）、"中古说"（王力1958；柳士镇1992；蒋冀骋、龙国富2004）、"宋代说"（刘坚等1992）等多种观点。"中古说"有比较多的支持者。"那"可以用于是非问、特指问和选择问等各种问句。清时开始使用"哪"。孙锡信（1999）指出：《红楼梦》中未见"哪"用于非－n收音之后的例证，与"啊""呀"处于互补的地位，似乎"哪"已融于"啊"，成为其变体，但他发现清末《官话指南》中用"哪"78例，其中25例用在－n后，53例用在非－n之后。多数"哪"不属于"啊"系，倒是同"呢"非常相似。看来"哪"真正成为"啊"的变体，是在现代汉语。

"那"在《老》《朴》中用于真性是非问有5例：

（1）那杂货铺儿是你的那？（教老，71）

（2）咱们后头不修理那？（教老，90）

（3）黄豆来大的、血点也似好颜色圆净的，价钱大，你要那？（教朴，296）

（4）你家里没猫儿那？（教朴，281）

（5）这般黑地里，东厕里难去，咱们只这后园里去净手不好那？（教老，68）

前4例是高确信度问，后1例则是低确信度问。其功能接近于"要求证实"的"啊"，也略同于低疑问中的"么"。例（2）在刊行于清代的两个版本分别作：

(2′) 咱们后头不修理么？（老乞大新释，142）

(2″) 后头不修理么？（重刊老乞大谚解，193）

"那"改作"么"。低疑问中的"么"带有倾向性，在这一点上与"那"问句所表示的语法意义是一致的。在元代版《原本老乞大》中有多处用"那"的是非问，在明清的版本中均有改动。例如：

(6a) 这般的，你更待悔交那？／我是索不要。（原本老乞大，34）

(6b) 这们的你要番悔？／我委实不要。（教老，85）

(6c) 这么说，你是要反悔了么？／我真个不要。（老乞大新释，136）

(6d) 这么说，你是要反悔了么？／我委实不要。（重刊老乞大谚解，187）

(7a) 小人拙妇和小孩儿每都安乐那？（原本老乞大，30）

(7b) 小人拙妇和小孩儿们都安乐么？（教老，80）

(7c) 我的贱内与小儿们，都平安么？（老乞大新释，131）

(7d) 我的贱内与小儿们都平安么？（重刊老乞大谚解，182）

(8a) 你这般大人家，量俺两三个客人，恰便下不得那？（原本老乞大，21）

(8b) 你这般大人家，量我两三个客人，却怎么说下不得？（教老，71）

(8c) 你这般大人家，量我两三个人，却怎么说房窄下不得呢？（老乞大新释，122）

(8d) 你这般大人家，量我两三个人，却怎么说房窄下不得？（重刊老乞大谚解，173）

各种版本中我们未见晚近的版本改用为"那"的，从这里我们看到"那"衰微的迹象。孙锡信（1999）指出："元明以后'呢''哩'普遍用来表达疑问语气，所以表疑问的'那'越来越少，'那'主要用于表示感叹语气，这种使用上的分工到明代以后更加明朗。"当然"那"的渐少，和"呢"的使用有关，不仅在特指问和选择问中，"呢"取代了"那"，就是在是非问中，"那"的用法也被"呢"部分取代，如：

（9）平儿听说，便说道："这话是说我呢?"凤姐笑道："不说你说谁?"（红楼梦，第21回）

（10）"这不是景琦么? 等我呢?"（郭宝昌：大宅门）

这类用法就与上文的"那"的用法相近；另外，还与"么"的功能拓展有关，明清以后"么"更多地用于带有倾向性的问句中，也与"那"的功能比较接近，上面对比的例子就是明证。不过取代"那"的，最主要的还是"哪"。清代文献中"哪"逐渐使用开来。《儿》中"哪"用于真性是非问的如：

（11）你走后交给我给你归着还不放心哪?（17/216）

（12）又问何玉凤道："姐姐，这不是妹子造谣言哪?"（26/370）

（13）那小子说："你老吃潮烟哪?"（4/47）

各例均为高确信度问句。

3.2.4.4 "来"问句

助词"来"无疑是由动词"来"发展而来的，从唐五代就有。下面就是渐变中的例子（转引自太田辰夫1958）：

（1）今日斋时何处食来?（旌异记，广记99）

（2）阿父何处饮来?（谈薮，广记173）

宋元明时一直使用。俞光中在《元明白话里的助词"来"》一文中分析了"来"的多种功能，他把"来"分作四个。指出，"表示语气"的"来₄""也可在疑问句里协助表达疑问语气。但'来₄'不用于是非问句，极少有例外。"我们觉得，俞氏关于"来"字"助疑"功能的认定是合理的，"助疑"的"来"也确实在特指问等疑问句中更为多见，但他认为"不用于是非问句"的论断则过于绝对，与语言事实不符。我们在《老》《朴》和《金》中共觅得"来"用于是非问的例子26例（其中《金》22例），可见使用频率还不低。例如：

(3) 西门庆问道："说你等着我洗澡来？"（金，29/411）

(4) （薛嫂）又道："前日你老人家好日子，说那头他大娘来做生日来？"（金，97/1420）

(5) 杏庵道："我闻得你在丈人家住来？"（金，93/1364）

(6) 月娘又道："小厮说，陈家种子今日在你家和丫头吃酒来？"（金，86/1266）

(7) 妇人问道："我稍来的那物件儿，爹看见来？"（金，79/1177）

用于是非问中的"来"多表对已经发生的事情的确认，功能近于"来着"①。通常表明问话者对发生的事实已有认定，希望通过问话得到证实。问话中有时出现表明信息来源的词语，如以上例中的"说""闻"等。这类问句多为高确信度问句，如上举各例。再如：

(8) 妇人道："说昨日爹家中请堂客来？"（金，79/1176）

(9) 月娘问道："云伙计留你坐来？"（金，76/1121）

(10) 下马到于厅上，叙礼说道："长官今日往宝庄去来？"（金，48/640）

(11) （吴银儿）和西门庆攀话道："娘前日断七念经来？"

---

① 太田辰夫（1958）推测"'来着'恐怕是由'来'产生的"。

（金，68/946）

也有用于低确信度问的，往往句中带有"真个"一类词语作强调标记。例如：

(12) 西门庆便道："他真个这等说来？"（金，78/1149）

(13) 金莲道："真个是因孩子哭接他来？"（金，35/499）

(14) 玉箫道："三娘，真个教他脱了衣裳跪着，打了他五马鞭子来？"（金，20/282）

下面《朴通事》中的例子有些特别：

(15) 你与多少脚钱？

五十个铜钱一担家去来？（教朴，219）

这是雇主和挑夫在商量脚钱的事。"来"是一种商讨语气，不用于对已然事件的确认。这句话在《朴通事新释谚解》（344）中作："每担给你五十大钱罢。"用"罢"表达一种商度语气，这与原句传达的语义大体相当。这种用法的"来"不多见。

4　假性是非问

假性是非问同样存在诘问、设问、叹问、责问、祈问、礼问等不同的形式，但主体则是诘问，其他形式相对较少。本节重点讨论诘问。

4.1　是非诘问句的否定方式

4.1.1　关于否定方式的分类模式

诘问"是一种否定的方式"的说法，已为学界普遍认可。诘问的语义表达"以否定的形式表示肯定的意思，肯定的形式表示否定的意思"。由于诘问句内部构成形式不同，其否定的方式也有差别。在第二章里，我们已经全面讨论了特指诘问句的否定方式，那么，是非诘问句的否定方式如何呢？本节从命题否定和情态否定的角度予以讨论。

　　模态逻辑把一个语句分成命题和命题态度两部分。语言学界有不少学者沿着这一路径来探讨汉语的句子构造。于康（1996）"从言语主体的表达意图和目的来考察汉语的句子构成"，提出"命题成分和命题外成分"的概念，他认为"任何一个句子都必定有言语使用者所要传递的信息和表现言语使用者对所要传递的信息的态度"两部分。前一部分为"命题"（proposition 或 prolopositional content），"命题是一个客观的存在（包括假设的存在）"，"它是言语主体（即言语使用者）在不加入任何主观态度的前提下向言语对象（即言语信息接收者）提供的一个客观信息的部分"，"它是作为句子最后成立之前的、尚未添加任何言语主体的主观色彩的一种素材"；后一部分为"主体表现"（modality），"主体表现是一个主观的存在"，"表达言语主体对命题的判断和传递该信息时的某种态度"。他的所谓"主体表现"即一般所说的"情态"。他把构成命题内容的成分称之为"命题内成分"，把构成主体表现的成分称之为"命题外成分"。比如，"明天肯定下雨。"一句，"明天下雨"是命题部分，"明天""下雨"分别是命题内成分；"肯定"表现言语主体的主观判断，属于"主体表现"部分，为命题外成分。疑问句可以对命题成分提问，也可以对情态成分提问，比如"哪天下雨了？""明天肯定下雨吗？"前一句"哪天"是就命题内容向对方发问，答话者必须选择与该命题成分相应的内容与方式来回答；后一句已预设"明天下雨"这一内容，疑问者是在要求言语对象就这一命题进行判断，答话者必须选择与表现言语主体主观判断有关的内容和方式来回答。我们可以用"命题问句"和"情态问句"来分别指称这两种不同的疑问句。如上所说，诘问句的实质在于否定，这种否定可以是对命题的否定，也可以是对"主体表现"也即情态的否定。比如，"难道他没帮过你吗？""你们这么铁，他能不帮你吗？"前一句是就"他没帮过你"的命题进行否定，表达"他帮过你"的命题内容，属于命题否定问；后一句是就"他能不帮你"这种可能性的否定，表达"他能帮你"这一主观认定，属于情态否定问。再如，"难道昨天下雨了吗？""难道明天会下雨吗？"前一句是就"昨天下雨"的命题进行否定，属于命题否定问；后一句是就明天"会"下雨这种可能性的否定，表达明天不会下雨这一主观认定，问句的焦点在于"会与不会"这一情态成分的判定上，因而属于情态否定问。

　　助动词是情态问句的主要形式标记，也是实现情态否定的主要手段，如上文例子中的"能"和"会"。因而要区分命题否定和情态否定，首先必须对助动词在情态表达中的作用有一个明确认定。关于助动词与情态表达的对应关系，学界的意见还不一致。如 Tsang（1981）认为汉语中存在情态助动词和非情态助动词的区分。他以情态句（modalized clause）的取向（orientation）为标准来界定情态概念，认为"说话人取向"（speaker-oriented）是确定情态范畴的依据，他把情态助动词表达的意义分为认识情态和道义情态；而把能力（ability）、意愿（volition）等（即一般认为的"动力情态"）意义排除在情态概念之外，因为这些语义要素是语法主语取向（grammatical subject oriented）的。（彭利贞 2007）这样，表能力、意愿等意义的助动词就属于非情态成分了。有的学者同样持说话人取向标准，但具体认识也不尽相同。于康将朱德熙在《语法讲义》中所列举的助动词分为专门用于构成命题外成分的、专门用于构成命题内成分的和既可充当命题内成分也可充当命题外成分的三类。他认为"愿意"等"都是用于限定动作主体的心理动作的","不表现言语主体对命题的主观判断";而"能"等助动词则具有两重性,如"他能说英语。"可以有两层意思:一是动作主体"他"具有说英语的能力,一是言语主体对"他"是否能说英语所作出的一种肯定性判断。他认为前者用于命题,后者表现情态。

　　我们认为,对于情态的认定,坚持说话人取向是应该肯定的。否则,就很难分辨出一个句子何为命题,何为情态。但即使这样,一般认为的所谓主语取向的"动力情态"也不应被排除出情态范畴。因为当说话人说出一个带有动力意义的句子时,其实已经包含了说话人对这种动力的认定。如上举"他能说英语。"即使是动作主体"他"事实上具有说英语的能力,但是当言者说出这句话时,还是与说话人的态度有关,是他对这一事实的认定或"评议"①。同理,对于表达"意愿"(还有"勇气")的句子,也可作同样的认定。另外,从情态动词本身来看,某些情态动词的多义性特征及其历史演变的内在关联性也支持以上判定。(彭利贞 2007)因而,我们认为带有表达"能力""意愿"和"勇气"一类助动词的问句,亦当属于情态问句,其反诘形式则应归入情态否定诘问句②。

　　在语言事实中我们注意到,情态动词有时可以不出现在句中,而是一种隐含用法。表现在诘问句,即不用情态动词,但事实上是对于某种情态的否定。例如:

　　　(1)他不来我家来,我没的请他去?(金,72/1014)

----

　　① 鲁川(2003)把情态的"能力"项定义为"表达者对事件主体的潜在能力的'估计'",归入情态的"评议"范畴。

　　② 宋永圭(2007)认为,认识情态是"情态意义"的核心(典型)成员,而动力情态是边缘(非典型)成员,其说似可接受。

　　（2）难道我扯住他不成？（金，3/59）

这两句都表现情理上的不应该，因而当属情态否定问句。

　　可能式述补结构也可用于情态否定问句。如：

　　（3）你看他那性子脾气，你二叔人生面不熟的，就拦得住他了？（儿，16/204）

　　（4）今日之下我说句实话罢：乌里雅苏台那个地方儿去得吗？（儿，40/678）

　　情态副词如上文论及的"肯定"，还有"一定""必须""可能"等也可用于情态否定①。

　　要之，汉语的是非问有命题问和情态问的区别，相应地，其反诘形式则有命题否定和情态否定两种。有学者（李宇明 1990）认为，"反问句的理解可以概括为'命题＋否定'"。这个说法似乎还不够精确，我们觉得，区分命题否定与情态否定是必要的，也是从语言事实出发的。认识这一点，对于加深是非诘问句的理解是很有必要的。下文分别论述。

4.1.2　命题否定

　　命题否定是一种客观否定，是诘问否定的主要方式。它通过特定的反诘手段来实现对命题内容的否定。例如：

　　（1）妇人道："你看胡说！我没穿鞋进来，莫不我精着脚进来了？"（金，28/390）

　　（2）（太太）说："这难道不是老爷讲给我们听的吗？"（儿，33/493）

例（1）"我精着脚进来"是句子的命题内容，句子以"莫不＋↗?"

---

　　① 汉语的情态还有一些其他表现形式，本书重点讨论上文论及的范围。

这一反诘手段实现对这一命题内容的否定，意为"我不是精着脚进来"；例（2）"这不是老爷讲给我们听"是句子的命题内容，句子以"难道＋吗？"这一反诘手段来实现对这一命题内容的否定，意为"这并非不是老爷讲给我们听＝这是老爷讲给我们听"，通过否定命题谓项以实现命题否定。

4.1.2.1　肯定命题否定与否定命题否定

根据命题的质的不同，可以区分出肯定命题和否定命题。前者是肯定命题的主项所反映的对象具有谓项所表明的某种性质的命题，后者则是否定命题的主项所反映的对象具有谓项所表明的某种性质的命题。无论是肯定命题还是否定命题，其断定的对象都是命题内部词项间的关系。诘问句可以就肯定命题做出否定，也可以就否定命题做出否定。前者如上文 4.1.2 例（1）"我精着脚进来"是肯定命题，通过反诘予以否定。再如：

（1）月娘道："他是比你没心？他一团儿心机。"（金，76/1100）

（2）月娘道："我和他合气？是我偏生好斗，寻趁他来？"（金，75/1091）

（3）妇人道："你与了张三、李四的老婆穿了？左右是你的老婆，替你装门面，没的有这些声儿气儿的。"（金，74/1047）

（4）（妇人）骂道："我难道醉了？你偷吃了，一径里鬼混我。"（金，73/1043）

以上各例都是对肯定命题的否定。"他是比你没心"，反诘后意为"他不是比你没心"；"我和他合气"，反诘后意为"我不是和他合气"。后者如上文 4.1.2 例（2）句子以"难道……吗？"这一反诘手段实现对"这不是老爷讲给我们听的"这一否定命题内容的否定。

再如：

（5）西门庆道："你性命不值钱么？"（金，1/22）.

（6）这金莲一面低着头，把脚尖儿踢着，笑道："这不是你的箸儿？"（金，4/73）

（7）姑娘开口道："列位高邻在上，我是他的亲姑娘，又不隔从，莫不没我说处？"（金，7/115）

（8）伯爵道："你这胖大身子，日逐吃了这等厚味，岂无痰火。"（金，67/917）

以上各例都是对否定命题的否定。"你的性命不值钱""这不是你的箸儿"，反诘后的意思是"并非你的性命不值钱"（值钱）、"这并非不是你的箸儿"（是你的箸儿）；"没我说处""无痰火"，反诘后的意思是"并非没我说处"（有我说处）"并非无痰火"（有痰火）。

否定辖域的问题，是汉语否定范畴研究的一个焦点问题，许多学者都发表过意见。吕叔湘（1985b）认为否定句否定的范围是否定词"以后的全部词语"；徐杰、李英哲（1993）则认为否定是非线性的语法范畴，它的作用范围是全句；袁毓林（2000）则对此表示怀疑，认为否定在表层结构是一种线性结构，否定有独立的辖域，否定词的位置有特定的语序效用；而郎大地（2006）又对袁文提出质疑，部分支持徐、李的意见。看来一时还不能形成一致的认识。以上这些讨论是仅就一般否定句也即用否定词否定的句子而言，没有对诘问否定做深入讨论。我们认为，与一般否定相比，诘问否定有其特殊性，它不以否定词实施否定，而是借助于疑问语气来实施否定的，因而，说这种否定是一种非线性否定，其作用的范围是全句，该是比较合适的。也就是说，诘问句中，非线性的反诘语气蕴含一个否定算子，而这个否定算子是作用于全句的。如果用逻辑式 P 表示肯定命题，¬ P表示否定命题，那么，通过诘问语气分别予以否定，其结果则是前者为¬ P, 后者为¬［¬ P］⇔P（⇔表示等值于）。通过反诘否定，所得到的是该命题的负命题。如 4.1.2 例（1）的意思是"并非我精着脚进来"⇔"我不是精着脚进来"；4.1.2 例（2）的意思是"并非这不是老爷讲给我们听的"⇔"这是老爷讲给我们听的"。无论实施反诘用的是什么形式以及这个形式出现于一个命题的什么位置，都不改变"其否定作用于全句"的结果，如上两例，前例用"莫不……↗?"表示反诘否定，"莫不"置于整个命题之前，后例则用"难道……吗?"表示反诘否定，"难道"用于命题主项之后。

　　文献表明，肯定命题的否定和否定命题的否定在不同时期的分布并不均衡，在《金》中，肯定命题的否定是基本的否定方式，否定命题的否定的使用频率要远远低于对肯定命题的否定；而到了《儿》中则是否定命题的否定的使用频率有明显增加。这一现象表明，诘问句中否定命题的否定有增长的趋势。上文我们讨论"真性是非问"时曾指出，使用否定的方式是"低疑是非问"的重要形式标记。可见，否定是促成是非问功能迁移的重要途径。诘问是疑问句功能迁移的极性表现，在是非诘问句中，否定形式使用频率的由少到多，是问句功能迁移的发展趋势和重要路径。语言的形式和功能互相依存互相影响，功能的拓展往往引起形式上的变化，而这种形式上的变化又强化了其功能的表现。否定命题反诘问句的发展正是这种相互影响的结果。

4.1.2.2　全称命题否定与特称命题否定

　　全称命题和特称命题表现为命题的量的不同，前者是对一类对象的全体做出断定的命题，其谓项断定的是主项的全部外延；后者是对某类中的部分对象有所断定的命题，其谓项断定的是主项的部分外延。传统逻辑中的 A、E 命题属于全称命题，I、O 命题属于特称命题。全称量词主要有"凡是""所有""一切""全部"等，特称量词主要有"有些""存在一个""有一个""至少有一个""至多有一个"等。现代符号逻辑中通常用∀和∃来表示这两个量词。诘问句以反诘语气对一个命题进行否定，不仅涉及命题的质，也涉及命题的量。

先看全称命题否定。全称命题否定的结果是特称命题。可用符号逻辑公式表示：

$$\neg\ [\forall xp\ (x)] \Leftrightarrow \exists x\neg p\ (x)$$

就是说，命题"对所有 x，p（x）都成立"的否定命题是"对有的 x，p（x）不成立"（p（x）可解读为："x 有 p 性质"，或"x 是 p"）。例如：

（1）你想，难道你这些话都是肺腑里掏出来的真话不成？（儿，5/57）

（2）难道那些督抚提镇、道府参游都是不管闲事的不成？（儿，21/281）

这两句话都是对全称肯定命题予以反诘否定。"这些话"和"那些督抚提镇、道府参游"都是周延的。前一句是对"你这些话都是肺腑里掏出来的真话"进行否定，相当于说"并非你这些话都是肺腑里掏出来的真话"，也就是"你这些话有的不是肺腑里掏出来的真话"。后一句是对"那些督抚提镇、道府参游都是不管闲事的"进行否定，意为"并非那些督抚提镇、道府参游都是不管闲事的"，也即"有些督抚提镇、道府参游不是不管闲事的"。通过反诘，既否定了命题的质，也否定了命题的量。

单称命题的谓项是对主项全部外延的断定，在这一点上它与全称命题是一样的。因此，在逻辑上一般都把单称命题当做全称命题来看待。单称肯定命题的否定是单称否定命题，单称否定命题的否定是单称肯定命题。如：

(3) 我莫不胳膊往外撇？（金，81/1217）

(4) 难道他不是人不成？（儿，6/79）

以上两例反诘语气分别是对单称肯定命题和单称否定命题的否定。意思分别是："并非我胳膊往外撇"⇔"我不是胳膊往外撇"；"并非他不是人"⇔"他是人"。

再看特称命题的否定。特称命题否定的结果是全称命题。可用符号逻辑公式表示：

¬ [∃xp（x）] ⇔ ∀x¬ p（x）

就是说，命题"存在 x 使 p（x）成立"的否定命题是："对一切 x，p（x）都不成立"。例如：

(5) 难道有人欠我及第的债不成？（初刻拍案惊奇，卷四十）

本句通过诘问表明"并非有人欠我及第的债"，也即"任何人都不欠我及第的债"。再如：

(6) 拿别人当他，借汁儿下面，也喜欢的你要不的，只他那屋里水好吃么？（金，73/1037）

(7) 没廉耻的货，只你是他的老婆，别人不是他的老婆？（金，75/1079）

此 2 例主项前有"只"表"唯一"，是"至多有一个"之意，此类命题可认为是特殊的特称命题，也有人把它称为"至多命题"，独立为一类。可记作：∀$_{k+1}$xp（x）。读作"至多有 k 个 x 有性质 p"。其否定式是：¬ [∀$_{k+1}$xp（x）] ⇔ ∃$_{k+1}$xp（x）。语义为"至少有 k+1 个 x 有性质 p"。如例（6）是说"并非只他那屋里水好吃"，也即"别人屋里水也有好吃的"。例（7）是联言命题否定，意为"并非只你是他的老婆，别人不是他的老婆"，也即"别人也是他老婆"。需要注意的是，在分析至多命题的否定时，只要改变量词即可，判断词是不需要改变的。如例（6）都是肯定式，例（7）就前一联言肢而言，也都是肯定式。

在我们调查的明清时期语料中，单称命题否定问的使用频率占有绝对优势，而特称命题和典型全称命题否定问，很少使用。这和诘问句多用于个体对话并表达言说主体强烈的主观感情不无关系。

4.1.2.3　简单命题否定与复合命题否定

根据其构成，命题可以有简单命题和复合命题之分。简单命题也称原子命题，是在命题中不含逻辑连接词的单一的命题，主要是直言命题，也包括关系命题，通常由单句形式构成。上文所论多为简单命题否定问。再如：

> （1）我莫不哄你？（金，69/976）

> （2）这个不是文嫂？（金，68/956）

复合命题是由两个或多个简单命题复合而成的命题，有联言、选言、假言以及负命题等，除了负命题，通常由复句形式构成。由于形式和语义的制约，选言式一般不能用于是非诘问句，其他各式则均可使用。

联言否定问，如：

> （3）你二叔不知道他，难道你也不知道他吗？（儿，16/204）

> （4）我不好说的，他不是房里，是大老婆？（金，41/560）

> （5）难道俩奶奶都去，不留一个在家里伺候老人家吗？（儿，40/683）

> （6）怪磣货，我是你房里丫头，在你跟前服软？（金，74/1047）

由联言命题构成的反诘，其否定方式可表示为¬［P∧q］（∧表合取，读为"且"），根据德摩根律：¬［P∧q］⇔P∨¬q（∨表析取，读为"或"）。因而联言命题诘问句，或否定选言肢 P，或否定选言肢 q，也不排斥全部否定。如例（3）两个联言肢都是否定肢命题，反诘否定的是后一联言肢；例（4）前一个是否定肢命题，后一个是肯定肢命题，例（5）前一个是肯定肢命题，后一个是否定肢命题，例（6）两个联言肢都是肯定肢命题，通过反诘，分别同时否定两个肢命题。

假言否定问，如：

（7）若不是大姐姐带携你，俺们今日与你磕头？（金，21/303）

（8）那箱笼东西，若从大门里来，教两边街坊看着不惹眼？（金，14/201）

（9）早是奴没生下儿长下女，若是生下儿女，教贼奴才揭条着好听？（金，25/355）

（10）不争你们和他合气，惹得孟三姐不怪？（金，12/171）

由假言式命题构成的反诘，除了充要条件式以外，其否定方式可表示为 ¬［P→q］（→表蕴含，意为"若 P 则 q"），根据命题演算定律：¬［P→q］⇔P∧¬q"［P→q］"的逻辑式表明：如果这个命题是真的，P 就是 q 的充分条件，有 P 一定有 q，由 P 能推出 q。因此，否定一个充分条件或必要条件假言命题，就是否定有 P 一定有 q，就等于由 P 推出非 q，有 P 但是没有 q。这就是说"非［若 P 则 q］"⇔"若 P 则非 q"。可见作为诘问句，其否定语义主要是由结果肢命题来实现的。如例（7）通过反诘语气，形成以 P 为前提，以 q 的否定为结论的充分条件假言命题，也即："若不是大姐姐带携你，俺们今日不与你磕头。"其余诸例类此。

负命题否定问。负命题是一种特殊形式的复合命题，是由否定一个命题而构成的命题。其逻辑式可以表述为¬P。简单命题和各种复合命题均可构成负命题。在明清汉语中，负命题用于诘问句的并不多见。例如：

(11) 岂非我家不幸中之一大幸乎？（儿，33/494）

"非我家不幸中之大幸"是一个负命题，句子用"岂……乎？"的构式予以反诘，表示"并非非我家不幸中之大幸"⇔"是我家不幸中之大幸"。不过，"岂非"经常连用，已有较高程度的词汇化，似可重新分析为一个双重否定反诘词。此句如作"难道不是我家不幸中之大幸吗？"就是一个典型的负命题反诘句。下例性质相类：

(12) 岂不是好人也不得好报，恶人也不得好报，天下人都不必苦苦的作好人了？（儿，3/31）

此例"不是……"是个联言负命题，用"岂……↗？"予以反诘，表示"并非不是好人不得好报……"⇔"好人不得好报……"，不过，与"岂非"相似，"岂"与"不是"也经常连用，同样已有相当程度的词汇化，也可重新分析为一个双重否定反诘词。

在明清时期，命题否定问中简单命题否定问是主体形式。复合命题否定问相对较为少见，晚清时略有增多，显示了诘问形式复杂化的走向。

4.1.3　情态否定

汉语情态通常分为"认识情态""道义情态"和"动力情态"等类型，是非诘问句的情态否定也体现在这些不同的类型之中。因此，我们可以将情态否定分为"认识情态否定""道义情态否定"和"动力情态否定"三种。诘问句情态否定的机制除特殊情况之外一般可以表述为（F指反诘否定算子；M指情态词）：F + M + V⇔不 M + V，F + 不 M + V⇔M + V；动补结构的可能式则为：F + V 得 C⇔V 不

C，F＋V 不 C⇔V 得 C。不过需要指出，在明清时期，情态否定，多数是肯定形式的否定，否定形式的否定较少。根据标记理论，肯定形式是无标记的，肯定形式之否定的使用频率更高是情理之中的。

4.1.3.1　认识情态否定

认识情态表达说话人对命题为真的可能性与必然性的看法或态度，或者说，它表达说话人对一个情境出现的可能性的判断。（彭利贞 2007）认识情态主要表现为说话人在表达命题时体现在语句中的一种推测、推断或以常识为基础的假设。在明清汉语中表现此类情态概念的情态词主要有"会""可能""可""能"等。例如：

（1）这么一拉，就会把姑娘的胳膊拉疼了？（儿，27/383）

（2）妈，这是怎么了？人家姐姐一个人么，也有会转了腰子的？（儿，33/497）

（3）姑娘，你别着急呀！难道那么大个人会丢了？（儿，35/543）

（4）这"昼日三接"，不消说是个承恩之意，我心里却卜得是他的名次，难道会名列第三不成？（儿，36/556）

（5）想他恁在外边做买卖，有钱，他不会养老婆的？（金，79/1177）

以上各例中的"会"都表现认识情态。前 4 例为肯定用法，后 1 例为否定用法。例（1）的意思是"不会把姑娘的胳膊拉疼"，例（5）的意思是"他会养老婆的"。"会"的这种用法《老》《朴》中不见用例，《金》中也很少见，《儿》中明显增多。再看：

（6）那时无论我心里怎样的孝顺，难道还能派定了人家褚家子弟，永远接续邓家香烟不成？（儿，21/277）

（7）本命灯已灭，岂可复救乎？只在旦夕之间而已。（金，62/850）

"能"和"可"均表示"可能"之意，也属认识情态。

有时句子表层没有情态动词，但句中隐含一个情态动词。例如：

（8）你聪明一场，这些儿就不知道了？（金，63/876）

（9）爹这里是那里？叫着敢不来！就是来了，亏了你？（金，58/768）

前例是说不会不知道；后例是说不会亏了你。均隐含一个表现认识情态的情态动词。

4.1.3.2　道义情态否定

道义情态表达说话人对事件成真的可能性与必然性的观点或态度，涉及许可与必要等概念。道义情态关注的是负有道义责任的施事施行某些行为的必要性与可行性，与将来事件有内在联系，一般有某种来源或原因，如"权威的个人或组织""道德法律准则"或"某种内在的动力"等。（彭利贞2007）主要表现为说话人在表达命题时体现在语句中的一种许可、义务与承诺。在明清汉语中表现此类情态概念的情态词主要有"可（以）""必须""应（该）""会"等，还有"许""能""好""容"等也可使用。

在所调查的文献中，道义情态的使用比认识情态更普遍，表达形式也更多样。表示许可的反诘否定，如：

（1）不敢，相公，岂可望赏？小人奉承的便是。（教朴，245）

（2）老公公，这个断然使不得，同僚之间，岂可旁坐。（金，71/992）

（3）我想："既到灵山，岂可不朝我佛？"（儿，15/190）

（4）这是何等恩情！岂可一笔抹倒？（儿，25/348）

各例用"可"表示许可。

（5）你既做道士，便该习学经典，许你在外宿娼饮酒喧

嚷？（金，94/1375）

　　（6）你是那里来的无名少姓私窠子？不来老爷手里报过，许你在这酒店内趁熟？（金，99/1439）

　　（7）贼囚根子！他不揪不采，也是你爹的表子，许你骂他？（金，21/302）

用"许"表示许可。

　　（8）背后之言，岂能全信？你不可一时造次。（金，9/139）

　　（9）就是作天的，也不过奉着气运而行，又岂能合那气运相扭？（儿，缘起/3）

用"能"表示许可。

　　（10）他若肯放和气些，我好骂他？他小量人家！（金，76/1112）

　　（11）大娘不分付俺们，好掉揽替爹整理的？（金，72/1007）

　　（12）（邓九公）嚷起来道："岂有此理！难道我好欺老弟你不成？"（儿，16/202）

用"好"表示许可。

　　（13）况且父母跟前，便是自己作错了事，岂容有一字欺隐？（儿，12/149）

　　（14）至于为亲报仇，所谓"父仇不共戴天"，岂容片刻隐忍？（儿，17/228）

用"容"表示许可。

　　表示义务的反诘否定，如：

　　（15）我也是个带气儿的活人，难道叫人定了我去我会不知道？（儿，26/364）

　　　　（16）我恰寻思来：这几个羊也当走一遭？（教老，86）
前例意为"叫人定了我去我不应不知道"。后例意为"不应走一遭"，
此例在本文所据材料中汪维辉标为句号，而刘坚、蒋绍愚主编《汇
编·元明卷》则是问号。断作问句为是。《老乞大新释》（138）作：
"这几个羊也不值得走一遭。"正表达了反问句的意思。"应""应
该"在现代汉语中是表示义务反诘否定的重要形式，但在所调查的
文献中未见此类用法，许是一种后起用法。下面是表示义务的隐含
用例：

　　　　（17）就譬如世兄孝敬老师万金，难道老师也合他让再让
　　　三不成？（儿，13/160）

　　　　（18）如今年程，三岁小孩儿也哄不动，何况风月中子弟。
　　　你和他认真？（金，52/703）
前例是说"老师不应合他让再让三"，后例意为"你不应和他认真"。

　　　表示"承诺"的反诘否定用例比较少见：

　　　　（19）贤契，这些事儿，我不替你处？（金，34/466）
此例意为"我会替你处"，表达说话人的承诺，也是情态动词的隐含
用法。

4.1.3.3 动力情态否定

　　　关于动力情态，学界的意见还不很一致。谢佳玲（2002）认为，
它是"表达说话者对一个事件成真的可能性或必要性的观点或态度，
与能力或意愿的意义相关，例如'能够''愿意'"。彭利贞（2007）
指出，汉语的"敢"表达的"勇气"也可归入动力情态。根据我们
的理解，动力情态主要表现为说话人在表达命题时体现在语句中的对
动作主体实施某事的能力、意愿及勇气的估测。在明清汉语中表现此
类情态概念的情态动词主要有"能""会""可以""想""要"
"肯""敢"等。（于康认为"想""愿意""肯"限定命题内容，不

限定主体表现，似值得商榷。）如"你能学好""他会说两种语言""他饭量大，可以吃半斤米饭""我估计他想去北京工作""他要出国了""他肯出面调解就没问题""我敢保证，他已经走了"。需要特别指出的是，汉语中不少情态动词都是多功能的，如"能"既可用于表示认识情态、道义情态，也可用于表示动力情态。其他如"会""可以""敢"等，也是多功能的，需加以区别。

表示能力的情态。如：

（1）真个的，作贼的还会变戏法儿吗？（儿，32/463）

（2）难道这个甚么"左传""右传"的，你们也会转转清楚了吗？（儿，33/496）

（3）十三妹道："你看人家，那样大年纪，都在那里张罗，你难到连剥个蒜也不会么？"（儿，9/107）

例中的"会"均表示能力。尽管学者们注意到，"能力表达言者对事件主体的潜在能力的'估计'"（鲁川2003），但由于"能力"是就事件主体而言的，它为句子主语所控制，会与命题的真值有关涉，表达事件主体的人称不同，言者的主观评价意味会有差别。一般说来，反诘句中，且用于第二、第三人称的，其能力情态的主观评估意味会更明显一些。下面是动补结构的可能式表现能力的句子：

（4）瞧这家伙，不这么弄，问得动他吗？（儿，4/52）

（5）难道这里真是一个两条腿的畜生、一个四条腿的畜生作得来的不成？这是个天！（儿，8/101）

有时能力情态也可通过隐含的方式来表现，如：

（6）西门庆道："春花儿那成精奴才，也打扮出来见人？"（金，75/1077）

句中隐含情态动词"能"，意为"打扮不出"。

表现意愿情态的有"想""要""肯""怕""愁"等。例如：

　　（7）你不理我，我想求你？一日不少我三顿饭，我只当没汉子，守寡在这里。（金，20/286）

　　（8）头里骗嘴说一百个、二百个，才唱一个曲儿就要腾翅子？（金，33/459）

2 例分别以"想"和"要"表现意愿。这类用法明清时期不多见。较多的是"肯"：

　　（9）他好闲人儿，不留心在你时，他昨日巴巴的肯到我房子里说？（金，37/514）

　　（10）恁个大节，他肯只顾在人家住着？（金，45/601）

　　（11）我从十二岁用起，至今不曾离手，难道我也肯丢下他不成？（儿，9/104）

　　（12）想有他在时，似这样官员来到，肯空放去了？又不知吃酒到多咱晚。（金，80/1208）

　　（13）他平白在那府里做甚么？守备认的他甚么毛片儿，春梅儿肯招揽下他？（金，97/1416）

"肯"用于情态否定在《金》中使用频率很高，见 37 例；《儿》中则较少使用。下面是"肯"和"要"合用的例子：

　　（14）伯爵一把手拉着春鸿说："傻孩儿，你起来，我无有个不作成人的，肯要你谢？"（金，87/1282）

　　（15）妇人听了，微笑说道："他宅里神道相似的几房娘子，他肯要俺这丑货儿？"（金，37/514）

"怕"和"愁"表示担忧，可认为是一种消极的意愿。例如：

　　（16）贼野囚奴，我有了五分银子，雇你一日，怕寻不出人来！（金，81/1212）

　　（17）这边是我的女儿，那边儿是我的外甥媳妇，还怕你不孝顺我吗！（儿，27/384）

（18）金莲道："你明日夹着那老毴走。怕他家拿长锅煮吃了我?"（金，58/778）

（19）因说道："一直往东去，逢人便问，还怕找不着东庄儿么!"（儿，14/171）

（20）三只脚蟾便没处寻，两脚老婆愁寻不出来!（金，87/1285）

（21）你又会银行手艺，愁过不得日子?（金，90/1326）

（22）常言先亲后不改，亲家每又不老，往后愁没子孙?（金，59/803）

（23）李铭道："爹每不消了。到明日事情毕了，三婶和桂姐愁不请爹每坐坐?"（金，52/707）

（24）久后你两个愁不会在一答里?对出来，我脸放在那里?（金，85/1259）

末例"愁"与"会"兼用。"愁"的这种用法在《金》中比较多见，《儿》中就很少使用。

表现勇气情态的主要是"敢"。如：

（25）他若在家，那武松有七个头八个胆，敢往你家来杀他?（金，92/1349）

（26）西门庆道："此是好事，你我相厚，敢不领命!"（金，75/1071）

（27）这弟子孩儿! 你敢骂我?（教朴，282）

（28）你当初在西门庆家，也曾做第三个小老婆来，你小名儿叫玉楼，敢说老娘不知道?（金，91/1342）

（29）如今像大娘心里恁不好，他爹敢往那屋里去么?（金，76/1101）

"敢"的这一用法在《金》中大量使用，达69例之多。

综上所述，汉语是非诘问句可分为命题否定问与情态否定问两类。前者属于客观否定问，后者属于主观否定问。自然语言中，命题成分在句法结构中属于基础层，情态成分则属于外围层，吕叔湘（1979）称之为"高一级的谓语"①，可见，命题否定问与情态否定问是属于不同语义层次而又相互关联的两类问句。

4.2　是非诘问句的否定方法

是非诘问句的否定方法，根据有无显性的标记我们可以分为两类。一类是有显性标记的，其反诘否定通过标记来显示，不借助语境即能判断；一类是没有显性标记的，其反诘否定必须借助语境，没有语境帮助便无从判断。有显性标记的还可以进一步区分为两种，一种是以独立的词语形式来表示，它是自足的，无需借助别的形式，如"岂、难道"等；另一种是单一词语不是反诘的充足条件，但词语的同现形成某种框架，或曰构式，就能表示反诘，如"不是……吗（么）""有个不……的"等。前者可叫"词语否定"，后者可叫"构式否定"；而没有显性标记的，则可以叫做"语境否定"。下面分别讨论。

4.2.1　词语否定

能独立构成反诘的词语主要有"岂、难道、不成、莫、没的、可、却"等。

4.2.1.1　岂

"岂"是使用历史最为悠久的一个反诘副词，自先秦始一直沿

---

① 吕叔湘（1979）根据转换生成语法的"深层结构"理论提出"高一级的谓语"的概念，他认为"他会忘了这件事""他不能不知道"中的"会""能"等属于高一级谓语，或者说是"前谓语"。

用。关于"岂"的用法，王力（1943）曾指出，"在现代往往只用于否定语里"，"只有成语'岂有此理'是例外"。王力所言大体是实，我们调查了老舍的《四世同堂》，共见带有"岂"的反诘句 42 句，其中 41 句是否定句，一句为肯定句，是"岂有此理！"但在近代，肯定式的使用频率却不低，李思明（1989）曾经调查了《水浒全传》，其结论："用'岂'构成的反问句的特点是：多数（66%）用于字面肯定的句子，少数（34%）用于字面否定的句子。"下面是我们调查的材料中的分布情况，肯否比例约为 6:4。

表十二：带"岂"诘问句用法分布表

项目	老/朴	金	儿	合计
肯定	2（100%）	57（76%）	117（55.5%）	176（61.1%）
否定	0（0）	18（24%）	94（44.5%）	112（38.9%）
合计	2	75	211	288

附注：括号内百分比为肯定、否定形式占该书总用例的比率。

可见，明清时期"岂"用于肯定句的比率要比用于否定句的高。在否定句中，主要用于以"不"否定的句子，构成"岂不"用法。如：

（1）小人也有与相公效劳用力之处，相公岂不怜悯？（金，10/144）

（2）学生亦托赖老公公馀光，岂不同力相助！（金，71/993）

（3）岂不是暗指咱们家么！（儿，23/320）

也有用于以"非""无""没（有）"否定的句中，但很少见。如：

（4）这样弄法，岂非误会吾夫子"攻乎异端，斯害也已"两句话的本旨了！（儿，40/677）

（5）老公公处于高堂广厦，岂无一动其心哉？（金，64/884）

（6）便让他得个机会下手，他那仇家岂没个羽翼牙爪？（儿，16/203）

（7）安水心先生的世兄，既有乃翁的那等酒量，岂没有乃翁那等胸襟？（儿，30/442）

肯定句中一般只用于助动词、存在动词、判断动词等非行为动词之前。构成"岂敢""岂肯""岂能""岂可""岂容""岂有""岂是"等形式。例如：

（8）小人岂敢有违！（教朴，260）

（9）君在家自有娇妻美爱，又岂肯动念于妾？（金，98/1435）

（10）妇人道："一家儿莫大之恩，岂有抱怨之理。"（金，37/515）

（11）你们试想，我岂有拿着你两家若干条性命当儿戏的？（儿，10/124）

（12）老爷道："这岂是劝得转的？"（儿，16/212）

有时用于"但""止"等副词前构成"岂但""岂止"：

（13）老爷道："岂但猜着！"（儿，13/156）

（14）岂止见过一个汉子儿？有一拿小米数儿。（金，25/354）

少数用于认知动词前：

（15）将谓自己长存，岂信无常易到。（金，66/911）

（16）维摩昏乱，诵经言岂顾高低？（金，8/128）

（17）息壤在彼，"七月七日长生殿"的话，岂忘之乎？（儿，缘起/6）

极少用于行为动词前：

（18）吾虎女岂配犬子？（儿，18/242）

其实"配"的动作性并不强。

关于"岂"在句中的位置,萧国政(1993)指出,"岂"不同于"难道","'岂'是唯主语后状位副词,'难道'是可主语前状位副词"。这一观察大体是准确的,不过在明清时期,"岂"也见用于主语之前的,但用例很少。例如:

(19)况四海皆可兄弟,岂异姓不如骨肉?(金,1/23)

用"岂"表示反诘的有时配合语气词"呢"使用,例如:

(20)如今我倒有个主意:莫若就把方才你说的名花美人旨酒作个令牌子,想个方儿行起来,岂不风雅些呢?(儿,30/435)

(21)姑娘笑道:"'礼无不答',岂有我倒不磕头的礼呢!"(儿,24/339)

也可使用语气词"吗(么)",如上举例(3)。"绪论"2.2.1.1.2B助疑副词一节中我们指出王力(1943)"岂"字只能和"呢"字相应,不能和"吗"字相应的说法与语言事实不合,于此也可得到证明。不过在明清时期,"岂"字表示反诘,以不用语气词为常。

4.2.1.2 不成、难道

先看"不成"。"不成"是近代汉语中出现的一个重要的反诘词。已有不少学者(钟兆华1991;徐时仪1993;杨永龙2000)作过探讨。在近代汉语中,"不成"在句子中处在三种不同的句法位置,即句首、句中和句尾。其发展方向是由句首移至句尾。"不成"在唐以前是一个词组,表示否定的意思,其发展路径是由词组到否定副词,反诘副词,再到句末助词。"作为表疑问或反诘的'不成'在北宋已开始由句首经由句中而向句末助词的位置转移的过程"(徐时仪1993)。杨永龙指出,出现在主语前和谓语前的否定副词的不成$_1$发展为反诘副词的不成$_2$,中间经历了一个表测度的过程,其路径略同于"难道"（见 3.2.3.1 "测度词问句"节），"用反诘副词所表示的测度问句成了架在否定句和反诘问句之间的一座桥梁"。他举例：

　　（1）拥衾思旧约，无情风透幕。惟有梅花相伴，不成是、也吹落？（刘过：霜天晓角）

　　（2）问："横渠说内外宾主之辨。若以颜子为内为主，不成其他门人之所学便都只在外？"（朱子，786）

杨说似可接受。宋元以后，作为反诘副词的不成₁被"难道"所取代，用例罕见，杨调查了《三国演义》《金瓶梅》《红楼梦》未见用例，《水浒传》3 例，《西游记》1 例，《三言》2 例。我们在《金》见到 1 例"终不成"，功能同于"不成"：

　　（3）他若起身走了家去，我终不成阻当他？此事便休了。（金，3/60）

不过此例中的"终不成"在万历"词话本"中作"难道"。在同一语境中，同样意思的话王婆说了三次，另两次是：

　　（4）他若见你，便起身来走了归去，难道我扯住他不成？此事便休了。（金，3/59）

　　（5）若是他便走时，难道我扯住他？此事便休了。（金，3/60）

例（5）的"难道"在万历词话本中则作"不成"。可见此时这两个词可以替换使用。"（终）不成"的反诘副词用法在我们调查的文献中未见其他用例，可见，在明清时期，这种用法已经退出口语。

　　在明清时期，"不成"主要用于句末，可看成是句末助词（钟兆华1991），具有独立表示反诘的作用。主要用于否定过去。请看《金》中的用例：

　　（6）冯妈妈道："你当家不恁的说，我来哄你不成！"（37/510）

（7）西门庆道："论起来我也难管你，这丽春院拿烧饼砌着门不成？"（74/1052）

（8）我把拦他，我拿绳子拴着他腿儿不成！（75/1072）

（9）我拿进来就放在拣妆内，那个害馋痨烂了口吃他不成！（73/1043）

其否定方式可以表述为"没 VP"。也有用于未然的例子，往往属情态否定：

（10）只不干碍着我的事，随他去，我管他怎的？我不真是他老子，管他不成！（72/1026）

（11）月娘道："你头里话出来的忒紧了，他有酒的人，一时急得恼了，不打你，打狗不成？"（73/1039）

前例意为"不会管他"。后例是谈论刚才发生的事情，是用于过去的未然态，意为"他会打你"。下面是用于特指性是非问的例子：

（12）月娘道："那个怕你不成！"（金，75/1090）

（13）会那等乔张致，呼张唤李，谁是你买到的，属你管辖不成？（金，91/1342）

前例的意思：S = 没有那个怕你 = 我不怕你；后例的意思：S = 没有谁是你买到的，（因而/并且）属你管辖 = 我不是你买到的，（因而/并且）不属你管辖。

"不成"在《儿》中用例仍不少见，用于对未然的否定的例子似有增加的迹象，例如：

（14）再看这三个孩子的居心行事，还会胡乱挥霍不成？（33/494）

（15）安公子道："不然，他有爷儿三个，还怕路上没照应不成？"（9/112）

（16）便对十三妹道："即或有事，这也是命中造定，真个

的，叫姐姐管我们一辈子不成?"（9/113）

 （17）乌大人道："然则你一个出去不成?"（40/683）

"不成"多用于肯定句，偶见用于否定句，如：

 （18）然则这两件东西在案上放了这半日，他也不曾开口问问，打开瞧瞧不成?（26/365）

 再看"难道"。"难道"是大约产生于宋元时期的一个反诘副词，其功能和"不成"相近，"不成"逐渐从口语中退出，与"难道"的兴起有着密切的关系。目前所见到的宋元时的例子非常有限。太田辰夫举了辛弃疾词"今夜酒肠难道窄，多情，纱笼蜡炬明"为最早的例，但此例似不是典型的反诘句。曹广顺（2003）认为元代顾德辉《青玉案》："可恨狂风空自恶。晓来一阵，晚来一阵，难道都吹落?"为反诘例，仔细琢磨，此例当属测度用法。杨荣祥（2005）所举元代杂剧中的例子当是目前所见较早的反诘用法：

 （19）那多情媚脸儿，那鹘渌老儿，难道不清雅?（董西厢，卷一）

明时，"难道"的反诘用法就多起来了。《朴》中有 1 例："难道不要工钱?"（教朴，305）在《金》中独立用"不成"和"难道"表示诘问的句子分别是 13 例和 12 例，使用频率大体相当。例如：

 （20）妇人又问道："我的哥，难道你便怨了我?"（56/748）

 （21）伯爵道："哥，你这等就不是了，难道他来说人情，哥你到陪出礼去谢人?"（67/923）

 （22）玉楼道："就是后婚老婆，也不是趁将来的，当初也有个三媒六证，难道只恁就跟了往你家来!"（76/1102）

 （23）武二道："若恁的说时，小人哥哥的冤仇，难道终不能报便罢了?"（9/139）

例（20）和（21）"难道"用于主语之前，前例为简单命题，后例为复合命题；例（22）"难道"用于主语之后。例（23）比较特殊，句子的谓语是"罢"，主语是"小人哥哥的冤仇终不能报"，因而实际上"难道"出现于主语之中。

在《金》中，凡出现"难道"的句子，句末一般不用"吗（么）"，仅1处较特殊：

> （24）白赉光指着道："哥，你看这老虎，难道是吃素的，随着人不妨事么？"（1/22）

此句可有两种理解，一是如标点所示，为"难道……么？"；二是断作两句，"难道"仅辖"是吃素的"，后面是另一个问句。两种理解似都可成立。此句含有测度之意，尤其是作后一种理解时。在《儿》中"难道"与"吗（么）"配合使用就很普遍了。《儿》中"难道"句（不含与"不成"配合使用者）共62句，其中与"吗（么）"配合使用的就有36句，占58%，例如：

> （25）难道就穿这么一身棉花桃儿吗？（33/502）
>
> （26）我同张家妹子俩人跟着你，难道还怕吗？（27/387）
>
> （27）难道咱们还管给他打扫地面么！（9/107）
>
> （28）难道还让到别处住去吗？（15/186）

我们在本章3.2.1中曾讨论了高疑"吗"问句与低疑"吗"问句的消长，指出"吗"问句在明清时期，有明显的功能迁移趋向，高疑问渐少，低疑问渐多。而无疑的反诘，是功能迁移的极致，"难道"句中，"吗"的使用增多，正是这种迁移的重要表现。

李思明（1989）在研究《水浒全传》的反问句时发现，"难道"句"只用于字面肯定的动词谓语句"，《金》中的情况也差不多，只见1例否定式：

> （29）应伯爵笑道："哥，你不知道，佛经上第一重的是心施，第二法施，第三才是财施。难道我从旁撺掇的，不当个心

施?"（57/761）

但在《儿》中的情况便大不一样，62 例中，肯定式 18 例，而否定式达 44 例，占 71%，由此我们看到诘问句中否定式的扩张。理由我们在上文讨论低疑问句时已经涉及。略举数例于下：

（30）瞧这妹妹！你难道不知道我坐不得车吗？（40/650）

（31）没修积个儿子来罢了，难道连个女儿的命也没有？（22/303）

（32）难道你还算不得个念书的？（23/320）

下面看"难道"与"不成"的兼用。从上文可以看到，"难道"与"不成"这对功能相近的反诘词在语法化进程中，是此长彼消的交替关系。"不成"渐渐消失，"难道"慢慢兴起，直至最后，一个完全取代另一个。语法的历史表明，在新旧交替的过程中，一般会有一个两种形式并存的时期，两者相互竞争，在时间的选择中，适者生存。这是语法化的一般规律。"难道"和"不成"的交替中也存在这样一个阶段，这个阶段就在明清时期。在《金》和《儿》中"难道"句和"不成"句作为独立的形式共现于两部作品中。曹广顺（2003）注意到，在汉语语法史中这种并存有时还以一种特殊的形式出现，就是把新旧两种格式或虚词重叠起来，在一个句子里重复使用，构成一对语法意义重复表达的格式，然后同样经过时间的选择，实现归一。他把这种新旧交替中出现的，通过在一个句子中重复使用意义相同或相近的语法手段的中间过程，最后实现交替的现象，叫作"重叠和归一"。这是语法化的特殊规律。在"难道"和"不成"的交替中就出现了这种现象。请看《金》中出现的 3 例：

（33）难道他娘家陪的东西，也留下他的不成？（金，7/116）

（34）难道我扯住他不成？（金，3/59）

(35) 难道我哄你不成？（金，5/82）

"难道……不成"这种用法在《儿》中普遍使用，多达93例，远远超过"难道"独用的数量。这种功能重叠的语法形式，之所以能被接受，它有两点长处：一是可以强化语义，如以上3例，如果二者删去其一，语义强度便有所削弱；二是可以扩大句子容量，这种形式使用开来之后，句子有明显的复杂化的趋势。例如：

(36) 各人有各人的穿衣吃饭正经营生，难道也照燕北闲人这等睡里梦里吃着自己的清水老米饭，去管安家这些有要没紧的闲事不成？（儿，23/306）

(37) 难道我收了这个状元门生合一榜的新进士，还算不得"得天下英才而教育之"，占全了"君子有三乐"不成？（儿，38/598）

《儿》中这类长句数量不少。以上例子如果只用一个反诘标记来表达，似乎很难管住整个句子，这样首尾呼应，客观上能使问句浑然一体，使表意更为明确。正是由于形式上的这个特点，使问句可以加大容量，一般形式很难有这样长的诘问句。

"难道……不成"的复叠形式晚于单用形式出现，个中原因曹广顺曾作过探讨。他认为："不成"和"难道"表达的是相同的语法意义，前期的"不成"位置在句首，与"难道"一样是表示反诘的副词，这种双音节的虚词，基本上没有重叠使用的情况，所以句首的"不成"没有和"难道"重叠的条件。元明以后，"不成"出现了类似语气词的用法，出现在句尾。"难道S"和"S不成"同是反诘句，一个用反诘副词，一个用反诘语气词，重叠使用就变成了"难道S不成"。这是比较合理的一个说法。至于晚清以后，"难道S不成"这个形式最终不再使用，其原因是多方面的，我们觉得以下两点应是重要原因：一是这毕竟是一个冗余表达，不符合语言的"经济原则"，一般说来，"说话人总想在取得精确传递信息的效益时尽量减少自己说话的付出"（沈家煊 1999），这个形式与这一要求是相悖的。二是由于"吗"的功能拓展，"难道"与"吗"的结合形成的构式具有很大的优越性，是表示反诘的一个强势形式，上文讲到的"难道……不成"的两点长处，在这一构式中都能得到比较好的体现。"S 不成"在晚清以后也不再使用，和"吗"的功能拓展也许有一定的关系，作为具有反诘功能的"吗"，其语法化程度远远高于"不成"，具有较强竞争力，更容易被系统所接受。

4.2.1.3 莫、莫不、莫非

"莫"系副词的反诘用法当是在测度用法的基础上产生的，是后起用法。《老》《朴》中未见用例。《金》中使用频率比较高。其形式有"莫""莫非""莫不""莫是"等。先看"莫"的例子：

（1）他卖与守备多少时，就有了半肚孩子，那守备身边少说也有几房头，莫就兴起他来，这等大道？（88/1305）

（2）月娘道："翟亲家也亏咱家替他保亲，莫不看些分上儿。"（81/1216）

例（2）的"莫"是莫不之意，这句在梅节校注的"梦梅馆"本中作：

月娘道："翟亲家也亏咱家替他保亲，莫不不看些分上儿？"（81/1150）

"莫非"和"莫是"例如：

（3）娘子，你女儿项上已有绳痕，如何问他殴杀条律？人情莫非忒偏向么？（92/1359）

（4）又问玳安，"你爹真个怎说来？"玳安道："莫是小的敢哄娘？"（21/302）

前例是说"人情不会忒偏向"，后例是说"小的不敢哄娘"，均为情态否定问。

"莫不"最为多见。常与情态动词结合使用：

（5）西门庆便道："他真个这等说来？"玳安道："莫不小的敢说谎！"（78/1149）

（6）小的还是娘抬举多，莫不敢在娘面前欺心？（23/330）

（7）好大娘子，莫不俺做媒，敢这等捣谎？（7/112）

有时句子中没有出现情态动词，但也是对某种情态的否定，例如：

（8）（武松）叫声哥哥也不应，叫声嫂嫂也不应，道："我莫不耳聋了？如何不见哥嫂声音？"（9/134）

（9）来昭便说："大门每日上锁，莫不他飞出去！"（90/1328）

这是表现事理上的不可能。再如：

（10）春梅道："他既送了礼，莫不白受他的？他还等着我这里人请他去哩！"（97/1417）

（11）西门庆向伯爵道："他既叫将来了，莫不又打发他？不如请他两个来坐坐罢。"（45/598）

这是表现情理上的不应该。有时，"莫不"也可表现对过去的否定，例如：

（12）伯爵失惊道："真个他来和哥陪不是来了？"西门庆道："我莫不哄你？"（69/975）

是说"我没哄你"，为了证明，西门庆还叫王经"拿王三官拜帖儿与应二爹瞧"。

"莫"系反诘副词用于否定句比较少见，上举例（2）是用于否定句，再如：

（13）他既是小叔，王氏也是有服之亲，莫不不许上门行走？（34/471）

与"难道"同,"莫"系反诘副词也有与"不成"复叠兼用的现象。例如:

(14)一个砂子,那里发落?莫不放在眼里不成? (83/1241)

(15)你只顾住着,只当替他看房儿,他莫不就攮你不成! (62/845)

(16)你若肯时,他还等我回话去。"典田卖地,你两家愿意",我莫非说谎不成! (37/515)

"莫"系副词用于反诘,清时渐少,《儿》中已经消失。"莫"用于反诘的衰微,与"难道"强势格式的形成不无关系。

4.2.1.4　可

张相(1955)指出:"可,犹岂也;那也。"是一个反诘副词。唐宋时常见。在我们调查的文献中也时有出现,《金》中如:

(1)应伯爵道:"可见的俺们只是白嚼你家孤老,就还不起个东道?"(金,12/169)

(2)刘公公是出入紫禁,日觐龙颜,可不是贵臣? (金,53/713)

(3)原来西门庆是山东第一个财主,却被伯爵说了贼形,可不骂他了。(金,54/725)

《儿》中使用得更为普遍,有60例,如:

(4)(十三妹)说道:"你不曾生得眼睛,须是生着耳朵,也要打听打听你姑娘可是怕你来探的,可是你说得动的?"(儿,17/229)

(5)你敢打二爷?二爷可是你打得的? (儿,18/234)

(6)安老爷听了,便正色道:"不然,你只看'道千乘之国,使民以时'的那个'时'字,可是四体不勤、五谷不分的

人说的出来的?"（儿，33/493）

（7）请问，发甲发科这件事可是先赌下誓后作得来的?（儿，31/446）

（8）那师爷道："东家是位高明不过的，请想想，可是'据实'两个字行得去的?"（儿，2/25）

（9）守着那油纸号帘，点上盏灯，一时睡着了，刮起风来，可是顽得的?（儿，34/521）

以上《儿》中各例均用于肯定形式的否定。这种用法多有限制，如以上例子其后均为一个"是……的"结构，且多包含一个可能式动补结构。"可"更多用于否定形式的否定，如上举例（2）（3），再如：

（10）这个年纪，倘然经不得辛苦，有点儿头疼脑热，可不误了大事了吗?（儿，3/34）

（11）自己说道："那安乐窝里面的话，可不正合着个'安'字? 那安公子的名，便叫作安骥，表字又叫作千里，号又叫作龙媒，可不都合着个'马'字? 那枝黄凤仙花岂不合着张姑娘的名字? 那枝白凤仙花岂不又正合着我的名字?"（儿，22/297）

（12）今日之下，你我合他三个人费了公婆无限的精神气力，千难万难，聚在一处，既然彼此一心，要不看破些枕席私情，认定了伦常至性，把他激成一个当代人物，可不可惜他这副人才? 可不辜负公婆这番甘苦? 可不枉结了你我这段因缘?（儿，30/432）

例（11）用了两个"可"字反诘句，与"岂"字反诘句配合使用；例（12）则一连用了3个"可"字反诘句。

4.2.1.5 其他

用于反诘的词语还有"却、还、偏、没的"等。

"却"用于反诘。张相（1955）指出："却，犹岂也。"唐宋以来普遍使用。例如：

(1) 且着干饭、肉汤，慢慢的将息却不好？（教朴，233）

(2) 五十个铜钱一担时，却不亏着我？（教朴，219）

(3) 今又请黄真人主行，却不难为他？（金，65/900）

(4) 娘把长幺搭在纯六，却不是天地分？还赢了五娘。（金，23/326）

(5) 那时娶你过去，却不齐备些？（金，16/230）

清时"却"用于反诘渐少，《儿》中基本不用。

"还"用于反诘。有学者（张平2004）指出："'还'表反问语气的用法在汉代就已形成了。"乐府诗中"以我应他人，君还何所望？"中的"还"已有反诘义。明清时，"还"的反诘用法比较常见，这种用法一直沿用到现代汉语。例如：

(6) 你看没分晓，一个人形也脱了，关口都锁住，勺水也不进，还指望好？（金，62/843）

(7) 郓哥道："你这时候还寻何九？他三日前，听见你回，便走的不知去向了。"（金，9/138）

在《儿》中"还"表反诘经常句末用"吗"，例如：

(8) 碰见这个样儿的手，还不值得爬下磕个头拜老师吗！（儿，39/638）

(9) 那时我短甚么要甚么，还怕你老人家不给我弄吗？（儿，17/217）

(10) 有跑堂儿的呢！店里还怕短人使吗？（儿，4/45）

(11) 我要拿得动那个，我也端头号石头考武举去了，我还在这儿跑堂儿吗？（儿，4/51）

(12) 那豆子、高粱、谷子还用说吗？（儿，33/501）

（13）那时你自己顾自己也顾不来，还想"好待干云垂荫

日，护他比翼效双栖"吗？（儿，30/440）

"没的"用于反诘。例如：

（14）（春梅）骂道："趁早儿与我走，不要来了。"申二姐

道："我没的赖在你家！"（金，75/1074）

（15）玳安道："爹没往人家去，在狮子街房里算账哩。"月

娘道："算账？没的算怎一日！"（金，50/664）

（16）妇人道："眼见得三拳敌不得四手，到明日，没的把

这些东西儿吃人暗算了去，坑闪得奴三不归？"（金，14/201）

"没的"用于反诘，明时已不多见，清时更是很少见到了，《儿》中

未见用例。

4.2.2　构式否定

构式否定是相对于词语否定而言的。其实，上文所论词语否定有

时因相关词语的同现往往会形成某种构式，如"难道"与"不成"

或"吗"呼应。不过在讨论词语否定时，我们重点强调的是词语表

示反诘的自足性。但是，很多情况是某些词语具有一定的反诘功能，

但不专用于反诘，或者说，用于反诘是不自足的，而当其与其他形式

配合使用，形成某种特定构式时，就能自足地表示反诘。下面讨论此

类构式用于反诘的否定功能。

4.2.2.1　不是……吗/么？

"不是"并非专用的反诘词语，但否定与反诘有着某种天然的联

系[1]，由于"不是"出现的句子常用于反诘句，使之具有了一定的反

诘功能，当其与同样具有一定反诘功能的"吗"结合形成特定的构

---

[1]　陈妹金（1992）指出："否定句生成反问句的能力强于肯定句。"

式时，这种反诘的功能就进一步得到了强化。以至有的学者（陈妹金 1992）说："'不是……吗？'差不多已成了汉语反问句的一种格式标记。"在我们所调查的文献中，《老》《朴》《金》中均不见"不是……吗"的用例，《儿》中大量使用，达 61 例（不包含"难道"句中出现的用例），可见这种格式大约是清时才使用开来的。例如：

（1）褚大娘子道："姑娘，你这不是撑糊涂了吗？"（19/246）

（2）这屋里又剩了我跟着嬷嬷了，我这不是自己作冤吗？（30/442）

（3）这一来，不是才如了你的愿，一辈子不离开我了吗？（40/669）

（4）华忠急了，说："这不是丢了吗！"（38/606）

（5）褚大娘子笑道："都不是你老人家甚么'英雄'咧，'豪杰'咧，又是甚么'大丈夫烈烈轰轰作一场'咧，闹出来的吗？"（16/210）

这一构式的反诘意义就是除了格式标记外命题所陈述内容，如例（1）即"撑糊涂了"的意思。构式的使用十分灵活，由于是前后标记，因此具有比较大的容量，如例（5）。

与这一构式相关的形式还有"不……吗""没……吗"等。例如：

（6）你老人家青春少小，没了爹，你自家守着这点孩子儿，不害孤另么？（金，81/1217）

（7）便问公子说："少爷，昨日不说有封信要送吗？"（儿，4/44）

（8）就从这里打发人去约他来，再见见你，不更妥当吗？（儿，3/40）

(9) 你没看见我手里做着活呢吗？（儿，17/217）

4.2.2.2 有个不……（的）？

这是一个典型的反诘构式，其构式意义是"没有个不……（的）"。在我们调查的明清时期的文献中，《老》《朴》不见使用，《金》《儿》已比较常用。例如：

(1) 俺娘这屋里分明听见，有个不恼的！（金，62/839）

(2) 一个热突突人儿，指头儿似的少了一个，有个不想不疼不题念的！（金，73/1040）

这是对现实的情况做出断定。下面的例子是据因推果的推论式用法：

(3) 镇日在外边替他做牵头，有个拿不住他性儿的！（金，63/864）

(4) 他娘母儿生的这般人物，女儿有个不好的？（金，37/511）

(5) 你想，人家既诚心诚意的找咱们来，咱们有个不说实话的吗？（儿，19/251）

前2例是说明因果，后例是推论因果。下面的例子用于假设句：

(6) 六姐，你我姐妹都是一个人，我听见的话儿，有个不对你说？（金，29/403）

(7) 我若知道爹没了，有个不来的？（金，80/1204）

(8) 若是我在那里，恐怕嫂子忧心，有个不催促哥早早来家的？（金，13/188）

(9) 他那日本等心中不自在，他若好时，有个不出来见你的？（金，12/178）

除了例（6）外都在句末用"的"。《儿》中使用这一构式时句末多有"吗"，如例（5），再如：

(10) 在官场上讲，实在是天恩，我有个不感激报效的吗？

（儿，2/19）

（11）凭他怎的聪明，有个不落圈套的么？（儿，17/218）

（12）一个人有个不怕砍脑袋的吗？（儿，26/360）

（13）不然，姐姐只想，也有个八字儿没见一撇儿，我就敢冒冒失失把姐姐合他画在一幅画儿上的理吗？（儿，29/420）

（14）扣儿算解了，场儿算圆了，一欣一感，有个不不禁不由替他念出声佛来的吗？（儿，31/446）

以上各例句末均用"吗（么）"。末例用于否定句中。下面 2 例是与"岂"和"可"兼用：

（15）假如姑娘说日头从西出来，他都信得及，岂有个不谨遵台命的？（儿，8/93）

（16）只是你不曾自己想想，世间可有个行囊里装着两三千银子，去找馆地当师爷的么？（儿，5/57）

兼用的反诘语气要重一些。

4.2.2.3 （也）有这么……的（吗/么）？

这一构式明清时也常用以表示反诘。出现在"这么"的位置上还有"这等""这样""那些"等。例如：

（1）西门庆笑道："怪狗才，不吃便说不曾吃，有这等张致的？"（金，1/25）

（2）西门庆道："怪奴才！'八十岁妈妈没牙——有那些唇说的'？"（金，38/529）

（3）再者，也得瞅个好日子。也有就这么个样儿带了去的？（儿，40/670）

（4）也有娘儿三个尽着这么围着哭的？（儿，40/650）

（5）你瞧瞧！你们这俩人，也有这么个大喜的信儿，会憋着不早告诉我一声儿，直到这时候，憋得十分十沿儿了，才说出

来的？（儿，40/651）

（6）罢了，老爷子！可是这话，也有你老人家养活了我半辈子，这会子瞧着你老这么大年纪了，我倒扔下，跑这么远去自己找官儿作的？（儿，40/645）

这一构式也具有大容量的特点，能构成超长的句子，如后 2 例。《儿》也有些出现带"吗"的用法：

（7）就说媳妇儿也罢，也有这样"当面鼓，对面锣"的说亲的吗？（儿，9/114）

（8）何小姐道："我何曾知道他？你只看他送人副对子，也有这么淘气的么？"（儿，29/413）

4.2.2.4　不就/也……（吗/么）？

徐思益（1986）专门讨论"就"类副词（包括"就""也""都"等）与"不"构成的反诘格式，认为"S 就不 P？""S 不就 P？"都具有反诘功能，前者为弱式反问句，需要借助语境才能构成反问，后者为强式，是反问句特有的构式。在《金》中我们只见到"S 就不 P？"，例如：

（1）金莲道："他就不让你吃些？"（34/478）

（2）金莲道："你爹来家，就不说一句儿？"（34/479）

（3）西门庆道："好奴才，恁大胆，来家就不拜我拜儿？"（34/479）

（4）这些人站着，只打两个问讯儿，就不与我打一个儿？（88/1302）

（5）人人有面，树树有皮，俺每脸上就没些血儿？（76/1102）

末例是"没"。《儿》中出现了"S 不就 P？"式，可见两式的出现有先后的差异。例如：

（6）褚一官便故意把那庄客的话，又向他说了一遍。他道："不就是马三爸来了？"（17/218）

（7）照姑老爷这么说起来，这不就是咱们如今带的那个"密鸦密罕丰库"？叫白了，叫他妈妈儿手巾上的那分东西吗？（28/407）

（8）我们那个大铁锤陆老大，老弟你不也见过他吗？（40/645）

不过，在《儿》中，此类用例还很少见，仅见上引几例。到了现代汉语，这种反诘构式就普遍地使用开来了。例如：

（9）我就说：莲姑娘，你要跳下去一个时辰，我才赶到，不就太晚了吗？（老舍：骆驼祥子）

（10）那里不就是兵车？（老舍：骆驼祥子）

（11）你娶了苏小姐，这体面差使不就是你的？（钱锺书：围城）

（12）只要想个方法引诱他到王家也去打一次牌，这不就完了么？（钱锺书：围城）

（13）要是真这样，不就证明小孩子的居心本来欠好吗？（钱锺书：围城）

是非问用于反诘的构式远不止这些，另如"能/敢不……（吗/么）？""V 得/不（补）？""不 VN$_1$，VN$_2$？"等都是具有反诘意味的构式，这里不具体展开讨论。

4.2.3 语境否定

上文我们着重从形式标记的角度讨论了是非诘问句的否定方法。事实上，很多时候不用特定的形式标记，也能表示反诘。这主要是借助于语境。语境的因素非常复杂，很难进行形式化的概括。不过，从具体材料出发，也可见出一些具有规律性的特点。

4.2.3.1　回声否定

"回声否定"也可叫"重复否定"。这是依赖于特定语境的一种反诘方法。说话者针对交际对象刚说出的话语，运用重复的方式，进行反诘，从而达到否定对方话语的语用目的。这种反诘，可以是重复对方的整句话，也可以重复对方话语中的某个关键性的词语，而以后者更为常见。例如：

（1）（贲四）说道："二叔，甚么话！小人出于无心。"伯爵道："甚么话？檀木靶！没了刀儿只有刀鞘儿了。"（金，35/496）

（2）月娘道："论起来，这金子也不该拿与孩子，沉甸甸冰着他，一时砸了他手脚怎了！"潘金莲在旁接过来说道："不该拿与孩子耍？只恨拿不到他屋里！"（金，43/580）

前例中，贲四的"甚么话！"是反诘，意思"不是合适的话"。伯爵的"甚么话？"是对贲四的话的否定，意思是"并非不合适的话"，表明自己并无恶意。类似的表达在第78回中也有。后例金莲通过重复的方式否定了月娘的话，意为"并非不该拿与孩子耍"。再如：

（3）画童儿道："爹在后边，就出来了。"伯爵道："就出来？有些古怪！"（金，52/705）

（4）玳安道："爹没往人家去，在狮子街房里算账哩。"月娘道："算账？没的算怎一日！"（金，50/664）

（5）大师父道："我的奶奶，恁四个上画儿的姐姐，还说是小鬼。"月娘道："上画儿？只画的半边儿！平白放出去做甚么？与人家喂眼！"（金，46/618）

（6）张川儿接过来道："休怪小的说，倒是泼丢泼养的还好。"金莲道："泼丢泼养？恨不得成日金子儿裹着他哩！"（金，

34/478）

（7）金莲道："你爹想必衙门里没来家。"平安道："没来家？门外拜了人，从后晌就来家了。在六娘房里，吃的好酒儿。"（金，34/477）

（8）宋蕙莲道："照顾你一个钱，也是养身父母，休说一日三茶六饭儿扶侍着。"金莲道："扶侍着？临了还要钱儿去了，按月儿一个月与他五两银子。"（金，22/320）

（9）安老爷道："不可！擅伤罪人，你我是要耽不是的，有王法呢。"他又道："王法？有王法也不闹贼了！"（儿，31/457）

各例都是重复对方话语中的关键性词语以否定对方的说法。再看下面的例子：

（10）（西门庆）说道："平白和他合甚么气？"月娘道："我和他合气？是我偏生好斗，寻趁他来？"（金，75/1091）

（11）爱月儿便递西门庆，那伯爵连忙用手去接，说："我错接，只说你递与我来。"爱月儿道："我递与你？没修这样福来。"（金，68/944）

（12）金莲就叫平安儿问道："是你爹使你来接我？谁使你来？"平安道："是爹使我来？倒少！是姐使了小的接娘来了。"（金，34/477）

（13）西门大姐在房内又骂敬济："……你还要在这里雌饭吃！"敬济骂道："淫妇，你家收着我银子，我雌你家饭吃？"（金，85/1255）

以上各例也是部分重复对方的话语以表示否定之意，重复时在人称上作了变化。

4.2.3.2　推论否定

依据常理、常情或者事实的推断以表示否定之意。例如：

（1）一锹就撅了井？也等慢慢来。（金，26/361）

（2）花麻痘疹还没见，好容易就能养活的大？（金，34/478）

（3）人教你杀那个人，你就杀那个人？（金，25/351）

（4）爹你也要个主张，好把丑名儿顶在头上，传出外边去好听？（金，12/174）

（5）妇人道："汗邪的油嘴，他可可看人家老婆的脚？我不信。他一个文墨人儿，也干这个营生？"（金，19/266）

（6）老婆道："你看货才料，自古能者多劳。你不会做买卖，那老爹托你么！"（金，59/787）

（7）薛嫂道："一个亲女婿不托他，倒托小厮，有这个道理？"（金，85/1259）

（8）心内暗道："虽是陈敬济许下一百两，上东京去取，不知几时到来。仰着合着，我见钟不打，去打铸钟？"（金，87/1288）

以上各例依据常理推论否定。如例（1）按常识，一锹不可能挖出一口井来。例（2），那个时代，花麻痘疹很容易夺走小孩儿的性命，可知孩子不易养大。再如：

（9）褚大娘子便道："人家二叔、二婶儿既这么留，咱们就多住两天不好？"（儿，29/424）

（10）但是我也受了他会子好处，一点儿没答报他，我这心里也得过的去？（儿，20/267）

以上例子根据常情推论否定。前例，盛情之下却之不恭，因而多住两天才好；后例，知恩图报人之常情，没报答就心里过不去。再如：

（11）舍字在边，旁立着官字，不是个"馆"字？（金，56/752）

　　（12）玳安出来，被金莲骂了几句：“他一顶轿子倒占了两个灯笼。俺们四顶轿子反打着一个灯笼。俺们不是爹的老婆？”（金，35/498）

　　（13）伯爵道：“我没有个不替你说的。我从前已往不知替人完美了多少勾当，你央及我这些事儿，我不替你说？”（金，72/1023）

　　（14）薛嫂道：“我是三岁小孩儿？岂可恁些事儿不知道？”（金，86/1266）

　　（15）弄的我鼻儿乌，嘴儿黑，相个人模样？（金，37/514）

以上各例凭靠事实推论否定。如例（11），舍字在边，旁立着官字，不可能是别的字。例（12），潘金莲不可能不是西门庆的老婆。例（13）以事实来证明“我会替你说的”。例（14）“三岁小孩儿”显然不是说话人的真实身份。例（15）“鼻儿乌，嘴儿黑”乃非常人的形象，因而是“不相个人模样”。

　　推论否定具有独立的否定功能，但为了强化表达，往往与“词语否定”和“构式否定”兼用。

四　明清汉语选择问句研究

1　选择问的特点及其地位

如前所述，在汉语的问句系统中，特指问、是非问和选择问是三足鼎立的三类问句。但是它们在使用频率上并不均衡，在问句系统中所占的比重差距甚大。在我们重点调查的四部书中，选择问仅占疑问句总数的 7.5%。但是，这种分布状况，并不意味着选择问不重要，作为问句类型之一，它具有其他问句类型所不可替代的重要作用。

特指问的特点和优势在于它有一整套可以用于多角度询问又与疑问焦点相统一的传疑标记，且作为"全量问域"问句，其问域项是开放性的，具有极大的适应面，因而在问句系统中独占鳌头；是非问的特点和优势在于它适宜于就作为问句出发点的陈述句的命题的真假或情态的是非提出疑问，且作为"限量问域"问句，其问域项是唯一的，疑问目标明确而具体，因而也有比较大的使用量。那么，选择问的特点和优势在哪里呢？选择问的特点和优势主要体现在它的"选择性"表意功能上。选择问通常在问话者对疑问对象的范围有大致的认定，唯是甲还是乙没有明确把握之时使用。它和特指问的主要区别在于：特指问句里所询问的事项（也就是疑问词所代表的未知数 X）可能牵涉的范围由谈话者双方的"言谈宇宙"（the universe of discourse）来决定，而选择问句则把可能的事项一一列举出来，能确保疑问范围集中而具体，不像特指问那么笼统；它和是非问的主要区别在于：选择问句提出两个或两个以上的命题要求答话者从中选择一个，是非问则只提出一个命题要求答话者表示接受或拒绝。（参见汤廷池 1981）因此选择问多体现一种中性选择，不像是非问那么多偏向一边。吕叔湘先生说正反问是"很老实的询问句"，其实选择问的另一类"列项问"与是非问相比也是比较"老实"的。调查材料表明，选择问主要用于真性问，也正好说明这一点。四部书选择问的真性问与假性问之比约为 4∶1。这与特指问、是非问比较更能看出：特指问的真性问与假性问之比约为 4∶6；是非问约为 3∶7。（具体分布见表十三）

再从结构看，选择问中的正反问由一正一反构成疑问焦点，而汉语中没有一个综合的疑问形式可以指称它，如"你去?""我去?"均可转换成"谁去?"而"你去不去?"却没有相应的替换形式。这也说明这类问句在系统中存在的价值。

另外，从汉语疑问句发展的历史看，部分选择问句发展为是非问，而又有新的选择问形式接替它，这本身表明选择问句在系统中具有不可替代的作用。

由于我们没有对汉语各个历史时期的疑问句进行全面调查，无法充分反映汉语各类疑问句在不同历史时期的比例与消长。但据明清时期几个阶段的调查，也能看出个概貌。《老》《朴》《金》《儿》分别代表明代初期、明代中晚期和清代后期的口语面貌，《老》《朴》中选择问占问句总数的 5.7%，《金》占 7%，《儿》占 7.6%，它们基本保持平衡，略呈递增趋势。可见这类问句，尽管数量不大，但在系统中始终占有一席之地。

　　从语言研究本身来看，凡是一种语言中富有个性的现象，它就最具研究价值，也最容易引起研究者的兴趣。汉语的选择问句就是汉语问句系统中最富特色的一类问句，具有类型学的意义，有着十分重要的研究价值。我国学术界对这类问句的关注也是最多的。从普通话到方言，从现状到历史，都有过不少探讨。但由于这类问句本身的特殊性，至今仍有一些问题没有形成一致的看法，还有一些现象尚认识不清。因而，无论是现代汉语的横向研究，还是联系历史的纵向研究，都有进一步加强的必要。明清时期是选择问句发展的一个承上启下的关键时期。认清这一时期的面貌，有利于全面揭示这类问句的一般规律。

表十三：各类问句功能比较表

项目	真 性 问			假 性 问			合计	真/假 (%)
	老/朴	金	儿	老/朴	金	儿		
特指问句	324	1417	826	218	2158	1504	6447	39.8/60.2
是非问句	114	356	245	56	661	766	2198	32.5/67.5
选择问句	47	305	184	2	77	88	703	76.2/23.8
合 计	485	2078	1255	276	2896	2358	9348	40.8/59.2

2　真性选择问

　　明清汉语选择问的功能分布，可以从下表得到概貌反映：

表十四：选择问句功能分布表

项目		真 性 问				假 性 问			
		老/朴	金	儿	小计	老/朴	金	儿	小计
正反问	VPneg 式	11	113	25	149	0	10	8	18
	VPnegVP 式	12	137	95	244	0	29	42	71
	K·VP 式	0	17	47	64	0	1	6	7
列项问	结构可比	19	22	15	56	0	7	16	23
	结构不可比	5	16	2	23	2	30	16	48
合 计		47	305	184	536	2	77	88	167

数据表明，除了真性问与假性问在整体分布上呈现不平衡之外，其内部的正反问和列项问也存在着功能差异，正反问的真假比约为5:1，列项问则接近于2:1，这与两种问句的结构差异密切相关，与正反问一正一反对举设问相比，列项问的结构相对灵活，因而"不老实"的机会要多一些。各书的分布同样呈不平衡态。《老》《朴》真性问占九成还要多，《金》约占八成，而《儿》则不到七成，其原因，我们在"特指问"一章的"小结"中已经论及。

下面具体讨论真性问的类型及其分布规律。

2.1 正反选择问

正反问与列项问作为选择问句的两个次类，从上古时期就已产生。但它们在问句系统中的地位在不同历史时期并不一样。正反问的使用呈由弱到强的发展趋势（详本章4.3）。在明清时期，正反问无论从适用性还是使用频度看在选择问句中都已占有明显的优势。其主要形式有"VPnegVP""VPneg"和"K·VP"三类。每个小类，在这一阶段中，都各有其自身的特点与发展轨迹。

2.1.1　VPnegVP 式

此式可分"VP 不 VP""VP 没 VP""VP 无 VP"以及"V 否 O"等小类。

2.1.1.1　VP 不 VP

此式始用于先秦,是正反问最主要也是最基本的格式。根据结构可分为全式和略式两种。

2.1.1.1.1　全式

例如:

(1) 因叫夏花儿过来,问他:"你出去不出去?"(金,44/592)

(2) 我举保个人儿来与你做伴儿,肯不肯?(金,37/514)

(3) 今日黄太尉坐了多大一回?欢喜不欢喜?(金,65/904)

(4) 因问春梅:"我醉不醉?"(金,73/1043)

(5) 他昨日来家醉不醉?再没曾吃酒?(金,79/1181)

(6) 姑太太在家里招护媳妇,我跟了外甥去,这放心不放心呢?(儿,40/652)

(7) 你上来,我问你要桩物儿,你与我不与我?(金,12/179)

(8) 你且莫问我怎么晓得他是你的仇家,你先说他倒底可是你的仇家不是你的仇家?(儿,18/232)

(9) 耐繁教那不耐繁教?(教老,58)

此式 VP 可以是动词性的也可以是形容词性的。动词性的,学界一般认为只用来询问现在和将来。其实,也可用于询问过去,如例(5)的"醉不醉"问的是"昨日",显然不同于问现在的例(4)。语言事实表明，明清时此式中充当 VP 的，形容词和短语的数量趋于增多，音节也有加长的趋势。

这一格式中，动补结构充当 VP 的一种可能式"VP 不 VP"现象尤值得注意。它的结构较为特殊，这主要表现为否定词不出现在后项 VP 之前，而是出现在中间，如：

(10) 省的那省不的？（教老，58）

(11) 你家就是王十万，使的使不的？（金，34/477）

(12) 倒是程师老爷替想想，行得行不得。（儿，3/33）

(13) 先生，我学得会学不会？（儿，18/238）

(14) 可不知你们四位信得及信不及？（儿，9/106）

这类用法是受 VP 本身结构制约的结果。前项 VP 总是带有表示可能、可以或允许的助词"得（的）"，否定的重心不在动词，而在"得"或"得"后的成分。若 V 后只有"得"，否定词用于后项 VP"得"前，如例（10）（11）（12）；若 VP 为动结式和动趋式结构，用以表示可能不可能等，则前项用"得"，后项以"不"替换"得"，如例（13）（14）。这类表可能、可以、允许的"动 + 得 + （补）"结构在宋代已见使用，如《古尊宿语录》中就有用例，但直到明代还不多见，《老》《朴》两书中出现在正反问仅见 2 例，《金》4 例，《红楼梦》中也不多。而在《儿》中却大量出现。再举数例：

(15) 我这里倒有个主意，姑老爷、姑太太听听使得使不得？（23/314）

(16) 可还不知媳妇们合婆婆讨得讨不得？（40/654）

(17) 你们俩先别磕头啊，知道我这个媒人作得成作不成呢？（40/656）

(18) 只不知这话大爷听得进去听不进去？（30/441）

(19) 不知这日究竟办得成办不成！（28/402）

（20）老弟，你瞧着行得行不得？（32/473）

（21）婆婆想着使得使不得？（12/151）

而且还有带了宾语的：

（22）可还不知我们这位老佛爷舍得放我舍不得放我呢？（40/669）

（23）你只说这人究竟算得个豪杰算不得个豪杰？（15/191）

从《老》不同时期的版本，我们也注意到这种变化，请看下面的例子：

（24a）那伴当如今赶上来那不曾？（原本老乞大，6）

（24b）那火伴如今赶上来了不曾？（教老，56）

（24c）那朋友如今赶的上啊赶不上啊？（老乞大新释，教老，107）

（24d）那朋友如今赶上赶不上啊？（重刊老乞大谚解，158）

在"古本"和"谚解"中都用"VP 不曾"式，刊行于清的两个版本均改作了动补可能式"VP 不 VP"结构，这一方面与"VP 不曾"在清时特别是中叶以后迅速走向衰微有关，另一方面，也可看出此时动补可能式"VP 不 VP"结构的使用已比较常见。不过两者在表意上存在一定的区别，前者关注的是动作行为是否实现，后者侧重于动作行为能否实现。总之，这一现象是动补结构发展过程中值得注意的现象。

另有"好不好""是不是"问句也值得注意。请看例子：

（25）我主张的好不好？（金，23/324）

（26）娘们试尝这猪头，今日烧的好不好？（金，23/323）

（27）我老人家了，使羊皮金绉的云头子罢，周围拿纱绿线锁，好不好？（金，29/401）

（28）我安你主人在你那山东提刑所，做个理刑副千户，顶

补千户贺金的员缺，好不好？（金，30/418）

　　（29）等他问你，只说是我的大儿子，好不好？（金，72/1013）

　　（30）咱安排一席酒儿，请他爹和大姐姐坐坐儿，好不好？（金，21/301）

前2例与后4例在用法上有明显的差异。从结构上看，例（25）"好不好"直接充当谓语，例（26）"好不好"作"烧"的补语，它们在句中是基本成分，构成疑问焦点，如删去"好不好"句子便不能成立；而后4例则是，先用一个陈述句，再加上"好不好"，构成疑问句，如删去"好不好"，仍然是一个完整的句子，不过意思稍有不同罢了。从语义上看，前2例的"好"是"好坏之好"，陈述义十分明显；而后4例的"好不好"，作用相当于"行不行"，不具有陈述义，旨在征询对方是否同意自己的意见或建议。关于后4例的归属，学术界有不同的看法，据吕叔湘（1985b），还是归入正反问。《金》中16例"好不好"问句，后一用法占12例，可见这种用法在明代已较常见。"是不是"问句的此类用法，最早在《祖堂集》中就已见到：

　　（31）充天布纳到韶山。韶山勘曰："闻你有充天之气，是不是？"（卷九）

但之后的文献中所见并不多。明清时期才逐渐使用开来。例如：

　　（32）听的今年水贼广，是那不是？（教朴，259）

　　（33）金桂也觉得脸飞红了，因说道："你这个丫头就不是个好货！想来你心里看上了，却拿我作筷子，是不是呢？"（红楼梦，第91回）

　　（34）舅太太道："'不打'甚么？我替你说罢：'老了么？不打卖馄饨的！'是不是呀？"（儿，22/302）

2.1.1.1.2　略式

略式可以分为 VP 不 V 和 V 不 VP 两种形式，前者为右省式，后者为左省式（详 4.2 "正反问的省略规则"节）。

A. VP 不 V 式

（1）良久，妇人进房，问西门庆："你吃茶不吃？"（金，59/791）

（2）因口呼道："淫妇，你想我不想？"（金，79/1177）

（3）应伯爵叫过来分付："你两个会唱'雪月风花共裁剪'不会？"（金，46/607）

（4）说到这里，老爷忙问道："这姓褚的可是人称褚一官的不是？"（儿，14/173）

（5）你这月尽头到的北京么到不得？（教老，56）

（6）这个人儿在那里？我见得着他见不着？（儿，29/414）

（7）如今酒是开了，可还用我们俩一个人背上根荆条棍儿赔个不是不用呢？（儿，37/587）

此式 VP 均由动词性成分充当。后项 VP 保留动词，省略了后面部分。V 有行为动词如例（1），心理动词如例（2），助动词如例（3），判断词如例（4）等。例（5）（6）VP 由"动 + 得 +（补）"结构带上宾语构成。例（7）较为复杂，宾语是一个由连动短语充当谓语的主谓短语，且长达 17 个音节。此式由于后项 VP 的省略，简化了结构，给了前项 VP 拉长音节的空间。《金》50 例略式中，VP 三音节以上的 29 例，最长达 9 个音节；《儿》20 例略式中，VP 三音节以上的 19 例，最长达 18 个音节。与同书全式相比，略式中的 VP，音节显然要多一些。《儿》与《金》纵向相比，VP 音节同样有明显加长的趋势。

V 由"是"充当的形式值得注意。这种形式在晚唐五代已见用例，之后的文献中却不多见。《老》《朴》《金》中偶见，而在《儿》

中却明显增多。这一形式在用法上也有些特殊。"是"的宾语，可以是名词性的成分，如例（4），也可以是别的形式。如：

　　（8）贼奴才，这个柑子是你偷吃了不是？（金，73/1043）

　　（9）姑娘，你想这话是这么说不是？（儿，24/339）

　　（10）这姑娘可是左右鬓角儿上有米心大必正的两颗朱砂痣不是？（儿，13/155）

例（8）"是"的宾语是一个主谓短语，例（9）是一个动词性偏正短语，例（10）也是一个动词性短语，但结构更为复杂。

　　下面《儿》中的这个例子有些特殊：

　　（11）只不晓得老翁任所打算得出许多银子来不能？（3/33）

前项由一表示可能的复杂动趋式短语充当，后项是一个助动词。形式不同，但语义相当。我们把它转换成下面的表达便不难看出：

　　能打算出许多银子来不能？

　　《金》中略式还有一些较为特殊的例子。详见"正反问的省略规则"的有关章节。

B. V 不 VP 式

　　关于此式，学界一般认为在近代汉语中已经出现，但对于材料的发掘却极其有限。仅有的几个例子还多有误判。这里需要先做些澄清。如王海棻、邹晓丽（1992）举出元杂剧中 2 例，其中 1 例是：

　　*（1）夫人使来为（当作"问"）小姐亲事，相公许不许燕燕回去？（元刊杂剧三十种·诈妮子调风月）

而此例断句有分歧。刘坚、蒋绍愚主编的《汇编·元明卷》断作：

　　夫人使来问小姐亲事，相公许不许？燕燕回去。（111）

联系上下文可知，小千户硬要燕燕到莺莺家去替他说亲，燕燕推辞不脱只好前去。所引科白是燕燕对莺莺父亲说的话，问小姐是否答应婚事，她可以回话去。因此，"许不许"的是"小姐亲事"，不是"燕燕回去",张敏(1990)引作"……相公许不许?"是符合原意的。因而此例归如"VnegVP"正反问似不妥当。又如,有学者把《醒世姻缘传》中的以下例子也看作"VnegVP"正反问:

　　*(2)是不是护在头里!(第52回)

　　*(3)是不是穿了一领明青布大袖夹袄。(第77回)

我们觉得也不妥当。前例,素姐惩治狄希陈,狄婆子则一心护着他,这是素姐说给狄婆子听的话,"是不是"是"动不动、总是"的意思;后例,这句话没有引完整,全句是讲再冬陪素姐寻找狄希陈的事:

　　　　是不是穿了一领明青布大袖夹袄,缀了条粉糰白绢护领,一双长脸深跟明青布鞋,沙绿绢线锁了云头琴面,哭丧着个狻脸,走到人跟前,劈头子就是呃的一声:"这里有个狄监生在那里住?"

这是对再冬寻找狄希陈时的穿着及其行为的描写。"是不是"是"总是"之意。此类用法在《醒世姻缘传》中有多处,如:

　　　　你是不是跑到街上来,这是做女人的事么?快着进去!(第10回)

可见这两例也不是"V不VP"正反问。

　　在我们重点调查的四部书中,V不VP式正反问确实极其罕见。为了深入考察此类问句的使用面貌,我们特别扩大材料搜集的范围。发现了不少有效例证。材料证明,V不VP式正反问最初是从"是不是np"使用开来的,继而逐渐扩展到其他动词。

　　"是不是np"① 的用法在元杂剧中已见用例,如:

---

　　① 这里的 np 以及下文相关格式中的 vp 等用小写字体,以示与"VPnegVP"中"VP"的区别,两者属于不同层次。

(4)（带云:）是不是我的仙鹤？若是我的呵则不它①来。（新校元刊杂剧三十种·严子陵垂钓七里滩）

(5)〔忒忒令〕是不是山精野猫？观模样定然为豹。（邯郸记，第 22 出）

明清时期使用已较普遍，尤其在白话小说中出现频率相当高。例如：

(6)那树林子里一遍瓦房，是不是张家湾么？到那里打尖去罢。（华音启蒙谚解）

(7)到底被里的是不是她呢？（孽海花，第 4 回）

(8)永清问道："那一位姑娘是谁？是不是那日在飞楼上的刘慧娘？"（荡寇志，第 88 回）

(9)笑著说道："你的名字我都知道，是不是丽春两字？"（春闺秘史，第 1 回）

(10)口里一面说道："老爷子，你老方才时候是不是在月台上拣那字纸的吗？"（儿女英雄传［聚珍堂本］，第 38 回）

以上例子中，"是不是 np"中的 np 有名词、代词、名词性偏正短语、复指短语、的字短语等，形式已非常丰富。

继之，"是不是 vp"② 在清时也开始使用。例如：

(11)正说着话，就听外面一声"无量佛"。张士芳说："是不是来了？"（济公全传，第 141 回）

(12)又转身形对林土佩说道："你杀了黎民，洗了村庄，是不是反叛？"（三侠剑，第 7 回）

---

① 一作"肯"。

② 我们在南宋别史中见到一个"是不是 vp"的用例：上批付韩缜等："……未知上项弓箭手因何又有起遣，及添展地土有何道理？是不是庆历中拨与，后来却有侵过之处？疾速勘会闻奏。"（续资治通鉴长编·第 19 册·卷 264·神宗熙宁八年，中华书局，1986 年第 1 版）但这是个孤例。元明两朝均未见此类用法。因而未敢直接采信，录此存疑。

（13）说道："郑都老爷，今天是不是照顾小店的生意？"（九尾龟，第 154 回）

（14）和尚说："对不对？我猜着了。是不是不叫进去？"（济公全传，第 63 回）

（15）差人道："是不是也要进去见见。"（李笠翁小说 15 种）

（16）唐半偈道："是不是可寻一个土人问问？"（后西游记，第 15 回）

以上各例"是不是 vp"中 vp 有动词、动宾短语、偏正短语，也有连动短语。下面两例则是主谓短语：

（17）和尚说："是不是我和尚偷你的？"（济公全传，第 55 回）

（18）伯琴笑道："你说这个是不是意大利人叫密士低司么？"（海上尘天影，第 20 回）

下例形式更为复杂一些，是一个复句形式：

（19）李纨就笑道："是不是这个小哥儿大起来，你也要狠狠地打呢？"（后红楼梦，第 25 回）

受"是不是 np"用法的类化影响，晚清时这一格式里也出现了一些其他的动词，但不多见。列举如下：

（20）丰儿道："他没有说起，奶奶要不要传他上来问问？"（红楼真梦，第 14 回）

（21）只听那妇人忽开言道："要不要收？"（荡寇志，第 140 回）

（22）但不知你敢不敢去？（施公案，四）

例中的"要""敢"是助动词。但同类的"肯不肯、应不应、能不能、愿不愿"等均未见用例。

　　(23) 玉山郎在不在上面？（荡寇志，第 105 回）

　　(24) 我们既到此地，未知大人究竟在不在薛家窝呢？（施公案，二）

"在" 是存在动词。

　　(25) 小孩子，我者像貌骇不骇人？（绣云阁，上）

"骇" 等是心理动词。

　　(26) 你再细想想去，我姓姚的够不够朋友？（红楼真梦，第 13 回）

　　(27) 他假传圣旨，还值不值得一打吗？（续济公传，中）

"够""值（得）" 属关系动词。

　　(28) （丽卿）道："玉郎认认看，不知杀不杀错。"（荡寇志，第 89 回）

　　(29) 老爷哈不哈酒呢？（华音启蒙谚解）

　　(30) 别惹我说出她的私事来，看我爹打不打死她！（八仙得道，下）

　　(31) 他问贵友来不来话，到絮聒了二十余次。（绿野仙踪，第 11 回）

"杀""哈（喝）""打""来" 等则是行为动词。这些动词尽管数目不多，但却显示了发展的端倪。

2.1.1.2　VP 没 VP

　　VP 没 VP 式是晚于 "VP 不 VP" 式出现的形式。"没" 作为否定词，大约出现于唐代（太田辰夫 1958），例如：暗中头白没人知。（王建宫词）船头一去没回期。（白居易诗）相见作先拜，膝下没黄金。（王梵志诗）其用法是和 "有" 相应的一个否定动词。其副词用法稍后出现，《朱子语类》中就有多处 "没理会" 的用法。VP 没 VP 式正反问在宋代文献中我们已能见到用例。下面是《宋四公大闹禁魂张》中的例子：

　　　　宋四公道："二哥，几时有道路也没？"（汇编·宋代卷，
　　484）

元明时逐渐使用开来。

　　根据其构成，可以分为两类：一是综合式，"没（有）"既是否定词，本身又是 V，后项 VP 与否定词是综合一体的；一是分析式，"没（有）"为否定副词，与 V 是分离的。下面分别讨论。

2.1.1.2.1　综合式

　　这一格式中，充当 V 的只有一个词，即"有"。其结构式为："有 O 没（有）（O）"。用于询问人与事物或情况是否存在。上文所举就属于这类。《金》中比较多见。例如：

　　（1）妇人道："但不知房里有人没有人？"（金，7/112）

　　（2）刚才这等掠制着你，你娘脸上有光没光？　（金，44/592）

真性问中这是仅见的全式。其他均为略式，主要是省略后项 VP 宾语的一类，即所谓"右省式"。例如：

　　（3）有辘轳那没？（教老，66）

　　（4）春梅先问薛嫂儿："他家那里有陪床使女没有？"（金，97/1422）

　　（5）玳安问："有灯笼、伞没有？"（金，77/1134）

　　（6）因叫过春梅，搂在怀中，问他："淫妇果然与小厮有首尾没有？"（金，12/174）

　　（7）问张姑娘道："奶奶有甚么止疼的药没有？"（儿，31/448）

以上各例"有"的宾语均为名词性的。我们注意到，非名词性成分也能进入这一格式，但不多见。如：

（8）西门庆问："有人看没有？"（金，42/571）

（9）西门庆到了大门首，因问琴童儿："温师父有头口在这里没有？"（金，68/954）

此 2 例由"有"构成的兼语结构充当 VP。前例"看"后不带宾语，后例"在"后还带了宾语。

下面几例比较特殊，前项 VP 的宾语前置充当话题，或承前句某一部分省略，出现前后项 VP 均不带宾语的情况，例如：

（10）你这店里草料都有阿没？（教老，61）

（11）那埋的妇人、婆子尸首还有也没有。（金，88/1299）

（12）我问你求些滋补的药儿，你有也没有？（金，49/656）

如果说，前举例（3）—（9）都是典型的 VP 没 VP 右省式的话，那么这 3 例情况就有点不明。我们认为这一用法对于的左省式出现或许是个诱因。（详4.2"正反问的省略规则"节）

关于 VP 没 VP 左省式，太田辰夫（1958）曾指出《降魔变文》中的 1 例：

佛是谁家种？先代有没家门？

他认为这种用法尽管极其少见，但却是"相当早的"。志村良治（1983）也曾作为"罕见的例子"引用，不过误为"先代有没有家门"。此后学界辗转引用，认为是这一用法的最早例证。不过，也有学者认为，敦煌变文中的"没"多作疑问代词。张相（1955）言："没，与麽同"，"可解为'甚麽'之省文。"如"缘没事漫语？"句中的"没"字就是这种用法。蒋礼鸿（1997）明确认为上引例中的"没"是个疑问代词，"'有没'就是'有什么'"。冯春田（2000）、吴福祥（1996）等也持这种观点。我们觉得这是有道理的，此例应属特指问，而不是"V 没 VP"正反问。正反问省略的一般规律也说明这一点（详后）。

在我们重点调查的四部书中没有见到 VP 没 VP 左省式的用例，但在晚清的其他文献中可以看到少量用例，"有没有 np" 如：

（13）说是等着贵国人再来的时候儿，教我咳要买两幅呢，不定有没有那样的么？（华音启蒙谚解）

（14）吴用变色道："……兄长快派精细头目四面巡察，现在二关内并四面隘道山谷，再有没有这样漏洞？"（荡寇志，第122回）

（15）畹香问道："这里有没有笔店颜料店？"（海上尘天影，第12回）

（16）那屋里有没有被你们拿住的彭钦差那里的差官？（彭公案，二）

"有没有 vp" 用法也见萌芽：

（17）不知狄青有没有被搜查捕捉？（狄青演义）

（18）殷强道："你且将埋伏说明，由此上去，还有没有埋伏？"（施公案，四）

（19）你们铺子里有没有穷和尚进来？（续济公传，上）

民国初年的用例就明显增多，如：

（20）劳动者把工厂，矿山弄到手的时候，有没有做出各种错误呢？（先驱）

（21）有没有想像天空是一个陆地？（民俗，第1期）

在这一格式中 "有"、"没有" 的动词性弱化，已是助动词化了①。

关于此式中 neg 是 "没" 还是 "没有"，在我们重点调查的四部书中的情况是这样的：《老》2 例均为 "没"；《金》33 例中 "没有"

---

① "有没有 vp" 的用法，石毓智（2001）认为 "最早的用例始见于茅盾的小说《虹》" 显然是说迟了。

31 例，"没" 2 例；《儿》11 例中，"没有" 10 例，"没" 1 例。《金》和《儿》中的 3 例 "没" 均用于全式，这似与对称结构的音节制约有关，例（2）词话本作 "有灾没有" 似可为证。《红楼梦》中均用 "没有"（李思明 1983）；《醒世姻缘传》中 35 例（含 "VP 没有" 式），"没有" 22 例，"没" 13 例；《水浒传》中均作 "没"。上述情况表明，早期的白话中多用 "没"，明中叶以后便主要用 "没有" 了。《醒》中 "没" 还有一定的量，这恐与这部作品所反映的山东中部的方言有关。上文例（3）明初的版本用 "没"，在清代的两个版本《老乞大新释》（117）和《重刊老乞大谚解》（167）均作 "有辘轳没有？" 也是一个证明。由于这一格式全式极少，因而主要反映的是句末的情况。可以说，现代汉语此式句末多用 "没有" 的格局在明代就已经形成。

早期白话多用 "没" 这恐与 "没" 早于 "没有" 出现有关。否定义的 "没" 在唐时即已出现，"没有" 的出现显然要晚一些。太田估计是 "宋元之际"，但因找不到确切的例子无法证明。我们还是在上文所引的《宋四公大闹禁魂张》中见到 "没有" 的用例：

（22）小的情愿眼同张富到彼搜寻，如若没有，甘当认罪。（汇编·宋代卷，484）

恰可证明太田的推测。"没有" 用于正反问晚于 "没" 也就不难理解了。但 "没有" 为什么会取代 "没" 在正反问句末的地位呢，原因恐怕是多方面的，不过，汉语词汇的双音化趋势想来是原因之一。

2.1.1.2.2　分析式

分析式 "VP 没 VP" 与综合式不同，"没（有）" 只是一个否定副词，不兼动词，用于询问过去。这与 "VP 没有" 恰好一致，不过此式极少使用，我们调查的四部书中仅见《金》中 1 例，为略式：

（1）不知他还在那里没在。（13/188）

而且，此例是否疑问句，还值得怀疑。现把学界发现仅有几例引述如下。张敏在北大图书馆善本丛书《新刻绣像批评金瓶梅》中见到 1 例：

(2) 问来安道："你爹来没有来？"（11 回，74）

这是典型的用法。不过此例词话本、张评本以及《李渔全集·新刻绣像批评金瓶梅》中均不见。《醒世姻缘传》中仅有 1 例（罗福腾 1996）：

(3) 问："做中了饭没做？中了拿来吃。"（40/310）

《三侠五义》中见 1 例（徐正考 1996）：

(4) 到底是上了吊了，不知是死了没死？（三，74 回）

此式最早见于宋代文献，《古本白话小说集·钟馗平鬼传》中有例（王海棻、邹晓丽 1992）：

(5) 你果然得了没得？

尽管此式较早出现，但却没能广泛使用开来，这恐与"VP 不曾""VP 没有"的普遍使用有关，因为它们的功能基本相同，而后二式更为简洁。

2.1.1.3 VP 无 VP

"VP 无 VP"在近代只有综合式，没有分析式。"无"既是否定词，本身又是 V，后项 VP 与否定词是综合一体的。此式在明清时极少使用。例如：

(1) 且说你衙内今年多大年纪？原娶过妻小没有？房中有人也无？姓甚名谁？有官身无官身？从实说来，休要捣谎。（金，91/1334）

"有官身无官身"是全式，"有人也无"是略式。上文 2.1.1.2.1 的例（3）"有辖轳那没？"在古本中作：

(2) 有辖轳那无？（原本老乞大，16）

用的也是略式。

　　尽管明清时期的用例不多见，但是"VP 无 VP"这种问式是较早就产生的。张敏（1990）曾经指出战国后期的《庄子·至乐》中有如下用法：

　　　　（3）天下有至乐无有哉？

　　　　（4）诚有善无有哉？

　　　　（5）有可以活身者无有哉？

　　　　（6）果有乐无有哉？

这里的"无有"是分析式的用法。在先秦"无"一般用作综合式的否定词，但也有分析性的用法。太田辰夫（1958）指出"无有"在中古、近古用得较多。认为"没有"，就是"用'没'代替这种用法的'无'"而产生的。我们再看《史记》同样用法的 1 例（转引自魏培泉 2007）：

　　　　（7）诏问故太仓长臣意："方伎所长，及所能治病者？有其书无有？皆安受学？受学几何岁？……"（扁鹊仓公列传）

不过此类分析式的正反问用法很少见到。《史记》及中古时期所见不多的例子主要还是综合式的，如：

　　　　（8）卜：岁中有兵无兵？（史记·龟策列传）

　　　　（9）问估客曰：世间可畏，有过我者无？（贤愚经，卷一）

　　　　（10）问诸人曰："世间羸瘦，有剧我者无？"（贤愚经，卷一）

　　　　（11）问诸商客："人之美妙，有与我等者无？"（贤愚经，卷一）

"VP 无 VP"无论是分析式的还是综合式，后世一直未能普遍使用开来。分析式的未能进一步发展恐与太田所谓的"没"与"无"的替换不无关系，如上文论及的《老乞大》中"有辘轳那没？"对于"有辘轳那无?"的替换，而综合式的未能成为强式，则与此式中略式里的"无"在唐以后逐渐虚化为疑问语气词有关。

以上所分析的是"右省式"的例子。至于"左省式"，据我们观察是很晚才见使用的形式。但有学者认为在甲骨文时代已有用例。张玉金（2001）讨论正反问时举有《甲骨文合集》1例：

（12）癸酉卜，出贞：旬有亡祸在入（内）?（41228）

他认为，这一句意为："这十日在邑内有还是没有祸咎发生?"根据释义应属于一个左省式的例子。但是从目前发现的材料看，甲骨文中仅见此例，而且从上古到近代汉语前期文献中也均不见用例。这不得不让我们产生怀疑。这是一条来自摹本的语料，我们推测可能有误摹之处，据陈年福告知，"亡"字也有可能是"囧"字误摹。这一问题还有待于进一步的研究，录此存疑。我们所见的左省式的例子均见于清代文献。有两种情况：一是"有无np"，例如：

（13）此次失败，与机械不具有无关系?（孽海花，第27回）

（14）这人有无家属?（官场现形记，第57回）

（15）问希真道："泰山处有无魏老密信?"（荡寇志，第110回）

下例较特殊，为"有无np"与"VP否"套叠使用，这是一种功能重复的冗余用法。

（16）徐将军前去探阵，误入妖阵之中，某正为忧虑，尚不知有无妨碍否?（七剑十三侠，第133回）

二是"有无vp"，例如：

（17）凤姐近来有无出入?（绣鞋记，第17回）

（18）宫中有无畜养?（野叟曝言，第106回）

（19）一早开城时，有无此等人出城?（荡寇志，第75回）

（20）又传了左右邻铺户，问起蒋琪官平日有无凌虐学徒？
（红楼真梦，第25回）

此类中vp往往具有指称性，如例（17）（18）的"出入""畜养"，或是一个陈述结构，如例（19），紧跟在"有无"后的名词充当兼语，像例（20）这类动作性较强的及物动词带宾语的结构很少见到。

2.1.1.4　V否O

太田辰夫（1958）曾指出过"尺牍和法律文书"中有"有否困难""曾否知情"一类用法，并认为这是"否"的误用。据我们观察，这类用法在近代汉语后期使用相当普遍，形式也丰富多样，可以说已是"习非成是"了。主要有"是否""可否""应否""曾否""果否"等形式。尽管与上文讨论的三种"VPnegVP"相比，有一定的特殊性，但从结构和表意看，与"左省式"一类有较大的共性，因而归入"VPnegVP"式讨论。为简便起见，我们把这类问句形式称作"V否O"问句。这一格式的用例在我们重点调查的四部书中所见不多，为了进一步观察这类特殊用法，我们扩大了语料搜索范围。这个位置上的V与处在句末位置上的"V否"之V不一样，有诸多的限制，主要是判断动词、情态动词、存在动词等非行为动词。

2.1.1.4.1　是否式

"是否"的用法和"是不是"接近，但也不尽相同。两者在语体色彩上有明显差异，"是否"带有文言色彩，尽管也在口头使用，但书卷气较浓，"是不是"更为口语化。功能上也有区别，近代汉语中，"是不是"后跟名词性成分居多，非名词性成分相对较少；而"是否"则相反。这与"否"的性质有关，"否"原本只用于谓词性成分之后，大多出现在句末，通过对前面的谓词性成分的否定以形成选择问句。"否"出现于前面组成"是否"问句时，仍然带有这种功能特性。所以"是否"问句中，"是否vp"居多。例如：

（1）问："二十四号住客何名？是否认识？"（清稗类钞·狱讼类）

（2）白公道："差你往齐东村明查暗访这十三条命案是否服毒？有甚么别样案情？"（老残游记，第18回）

（3）禅让之事，恐不易期。南北相持既久，是否能保国中秩序？秩序既破，干涉是否能免？（梁启超集，文集之27）

（4）于是伊乃云："停战之议，中堂是否搁起不提？"（马关议和中日谈话录）

（5）问左右道："这厮粮草往那条道路运解，是否由长城岭？"（荡寇志，第91回）

（6）行者忙道："老猪，老猪，你又发了什么毛病了？是否你害了腹痛？"（新西游记，第4回）

以上各例紧接"是否"的主要是动词或动词短语。例（5）"是否"后是一个介宾结构，当属省略用法，承上文省却了"运解"。例（6）是主谓结构，也是谓词性的。

也有"是否np"的例子：

（7）因触起昨日所见的人，"不知是否此君？"（花月痕，第2回）

（8）伊云："不能担当，是否不允之说？"（马关议和中日谈话录）

（9）秦尤赶紧问道："张德福是否张德寿之兄？"（三侠剑，第4回）

但"是否np"的使用频率远不如"是不是np"高。我们觉得"是否np"的用法是受"是不是np"的影响而产生的。有的作者或许因为在"是否"后接名词性成分感到不适，有意无意地在"是否"后再加一个"是"，出现了"是否是"的用法，例如：

(10) 众人说道："闻达这个人是否是六朝人？"（海上尘天影，第 42 回）

这种用法在现代汉语中还偶能见到。例如：

(11) 社会科学是否是生产力？（人民日报，1994 年 8 月 10 日）

(12) 有记者问：据报道，中国最近宣布降低二百种进口商品的关税，这是否是中国为复关所做的最新的努力？（人民日报，1995 年 1 月 20 日）

"是否"带宾语出现在陈述结构中，清代以前的文献中是常见的；"是否"独立使用或出现在句末构成的正反问，在古代文献中也常能见到，如《五灯会元》中出现 60 多例均属此类。但无论"是否 vp"或"是否 np"正反问，都是较晚才出现的，以上所举均为清代用例。

2.1.1.4.2 可否式

"可"是个助动词，"可否"相连一般只出现在动词性成分之前。因此，其构成相对单纯一些，只有"可否 vp"一种类型。在近代汉语中"可否"问句使用的频率很高，其构成形式也相当丰富。例如：

(1) 兄弟今日特来与阁下商议，可否今日同到里面见宫保一见？（老残游记，第 3 回）

(2) 我道："抄的是甚么诗，可否给我看看？"（二十年目睹之怪现状，第 25 回）

(3) 如此就拜托同年，可否就在贵衙门里书办当中检老成练达的赏荐一位，以便兄弟朝夕领教？（官场现形记，第 56 回）

(4) 伏乞皇上敕下廷臣杂议，主客之兵可否久戍？本折之饷可否久输？关外之土地人民可否捐弃？屯筑战守可否兴举？（牧斋集·初学集，卷四十七上）

(5) 狄爷又道："元帅，五云汛上还缺一千总官，可否命李

继英补了此缺?"（万花楼演义，第39回）

　　（6）尚秋道："剑云兄于公羊学，更为精邃，可否叨教叨教?"（孽海花，第11回）

　　（7）贾兰奏道："若蒙圣上鉴赏，可否求御笔赐题数字，永为家宝?"（红楼真梦，第48回）

　　（8）回声太郡王妃处，可否何时进掖庭?（再生缘，第41回）

以上所举除例（4）为明代用例外，其余均为清时用例，未见更早的例子，《朱子语类》中有许多独用的"可否"问句，但不见一例"可否vp"问句。

2.1.1.4.3　应否式

"应否"的性质与用法和"可否"相类似，但使用频率不高，所见也均在明清文献。例如：

　　（1）旋问："两国敕书，应否彼此存留?"（马关议和中日谈话录）

　　（2）是否满意，尚未得复，应否等一等?（孽海花，第27回）

　　（3）云南所产之铜，应否运至京师?（康熙起居注，康熙十年）

　　（4）今有左给事中臣魏大中见署科事，应否入坛陪祀?（天府广记，卷十）

　　（5）魏杞奏："监司人应否除授?"（续资治通鉴，卷一百三十九）

2.1.1.4.4　曾否式

"曾否"式表示过去时态。也只有"曾否vp"一种形式。在明清时期使用频率很高，仅《野叟曝言》一书就见30多例，偶尔也见元代用例，如例（1）。请看：

（1）现放着斫桂的吴刚巨斧风般快，只问他奔月的嫦娥曾否下妆台？（张天师断风花雪月，第4折）

（2）无聊且就问鹦哥，薄幸儿夫曾否识？（花影集·玉楼春·闺意）

（3）其户部所发及河工银十万两曾否支用？（天府广记，卷二十一）

（4）上问："所刻满文《四书解义》，曾否刻完？"（康熙起居注·康熙十年）

（5）不知闺阁梦，曾否见归人？（清诗别裁集，卷二十三）

（6）古心复问："璇姑之事曾否禀知母亲？"（野叟曝言，第9回）

下面这个例子比较特殊：

（7）山西抚台得了他这笔银子，究竟拿去做了什么用度？曾否有一文好处到百姓没有？无人查考，不得而知。（官场现形记，第35回）

这是"曾否"式与"有……没有"式正反问套叠使用。"有……没有"已表示过去，再用"曾否"旨在进一步强调，突出对"究竟拿去做了什么用度"的疑问。

2.1.1.4.5　果否式

"果否"式是用于对结果的证实性询问，已知某种情况或信息，但又将信将疑，就用它来询问，目的在于证实。"果否"后也只出现谓词性成分。例如：

（1）〔皂莺儿〕〔旦〕为尔复愁含，一胞儿我独耽。你春深不免还凄惨，空房那堪！我双栖自惭，问娇花果否甘清淡？（东郭记，第7出）

（2）多材多艺，能事鬼神者，果否侍泉台之侧？（钟惺集·祭文，卷四十五）

（3）前此果否悉行停止？近来是否重复兴工？（王阳明集，卷三十一）

（4）我军遇贼，果否败走？（康熙起居注·康熙十年）

（5）费仲曰："请问贤侯，仲常闻贤侯能演先天数，其应果否无差？"（封神演义，第 11 回）

此外，还有"能否""肯否""有否""知否"等形式，但都很少见。①

2.1.2　VPneg 式

此式可分"VP 不曾""VP 没有""VP 不是""VP 不""VP 未""VP 否"等小类。下面分别讨论。

2.1.2.1　VP 不曾

此式询问此前某事、某动作行为是否已经完成，属过去时、完成时的表达式。例如：

（1）你的货要（物）都卖了不曾？（教老，98）

（2）你那告状的勾当，发落了不曾？（教朴，283）

（3）你这店西约二十里来地有一坐桥塌了来，如今修起了不曾？（教老，64）

（4）讨酒的都回来了。勘合有了不曾？（教朴，211）

---

①　本节讨论的现象，太田辰夫（1958）后学界未见有人做过专题研究。本书完稿之后，蒙中国社会科学院吴福祥先生惠寄台湾学者魏培泉先生刚发表的论文《是否－V（N）P 句式的由来》（刊于 *LANGUAGE AND LINGUISTICS* 11.2：335–392，2010），这是一篇专门讨论这一问题的论文，他把这类现象统称为"M–neg–V（N）P"句式，考察的语料兼及普方古代，尤其是对方言中的语料作了深入挖掘，在现象考察的同时还对其成因作了解释，值得参看。

　　　（5）解由得了不曾？（教朴，276）

　　　（6）角门子关上了不曾？（金，27/385）

　　　（7）你都听明白了不曾？（儿，8/93）

　　诚如有的学者（刘镜芙1994）已经注意到的，"VP 不曾"式动词前后常有表已然的形式标志。这种标志以动词后加"了"为最多见，四部书95 例中，有65 例，占68%强。也有一些其他形式，但占的比例较小。一般而言，VP 本身若已表示动作完成的意思，就无须加"了"，如：

　　　（8）爹看见不曾？（金，74/1051）

　　　（9）爹起身不曾？（金，72/1021）

　　　（10）你关上门不曾？（金，17/243）

　　　（11）姑娘听明白不曾？（儿，23/314）

不过，VP 本身已表示动作完成，还加"了"的例子也屡有所见，如例（6）（7）。这其实是一种羡余表达，稍有强化意味。

　　动词前加"曾"，构成"曾……不曾"格式，如：

　　　（12）带的那三七药，曾吃了不曾？（金，62/840）

　　　（13）不知官人曾会见他来不曾？（金，13/188）

　　　（14）乔大户道："也曾请人来看不曾？"（金，61/829）

　　　（15）前日钱龙野书到，说那孙文相乃是贵伙计，学生已并他除开了，曾来相告不曾？（金，77/1128）

"曾"表动作已完成，若动词后还加"了"，同样是羡余表达。

　　有个别例子较为特殊，如：

　　　（16）你吃饭不曾？（金，25/349）

"吃饭"并不表示动作已经完成，完成意由格式本身赋予。用此式表达同样的意思，《金》中还有 5 处，不过均作："吃了饭不曾？"

　　下面的例子两个版本表达不一样，比较之下可以让我们进一步认识"VP 不曾"在用法上的特点：

> （17a）徐家银子讨了来了？（金，词话本，52/1381）
>
> （17b）徐家银子讨来了不曾？（金，52/698）
>
> （18a）祭奠桌面儿都摆上了？（金，词话本，64/1801）
>
> （18b）祭奠桌面儿都摆上了不曾？（金，64/884）

表达同样的内容，词话本用是非问，张评本用正反问。仔细体味，两者效果略有不同，前者明显倾向于肯定，而后者则趋于中性。

> （19a）我不在家，你想我不曾？（金，词话本，72/2082）
>
> （19b）我不在家，你想我不想？（金，72/1019）

同是反正问，格式不一样，表达的语意也略有差异。用"VP 不曾"，注意点在动词的事变性，即"想"的行为是否已经发生，用"VP 不V"，注意点在动词的动作性，即"想"的行为本身。

"VP 不曾"最早见于宋代文献。《清平山堂话本·简贴和尚》中有例：

> （20）山前行问道："你曾杀人也不曾？"静山大王应道："曾杀人。"又问："曾放火不曾？"应道："曾放火。"（汇编·宋代卷，404）

但这种用法在宋元时期极少出现。刘坚、蒋绍愚主编《汇编·宋代卷》，43 万字，仅见此例。

"VP 不曾"的用例在元代略有增加，但数量仍不大，多见于杂剧之中。明初大体保持这种状况，《老》《朴》中"VP 不曾"仅见 9 例，《水浒传》这种格式仅占正反问的 4%（李思明 1983）。到了明代中叶，"VP 不曾"才广泛使用开来，《金》中有 80 例，占正反问的 30%，这种状况一直维持到清初，《醒世姻缘传》有 69 例，占全书正反问的 41.3%（罗福腾 1996）。清代中叶以后，这种句式逐渐减少，《红楼梦》中已不多见，《儿》中只见 9 例，占正反问的 5.5%。

"VP 不曾"的兴起与唐宋以后"VP 无""VP 否（不）"中否定词的迅速虚化不无关系，而它的衰落则又与"VP 没有"的竞争有关。

2.1.2.2　VP 没有

"VP 没有"（不含动词为"有"的形式）与"VP 不曾"功能大体相当，也是过去时、完成时的表达式。在我们调查的材料中共见 31 例，均见于《金》（16 例）、《儿》（15 例）。例如：

（1）文嫂因问："你大姐生了孩儿没有？"（金，68/956）

（2）玉楼笑道："妈妈休得乱说。且说你衙内今年多大年纪？原娶过妻小没有？"（金，91/1334）

（3）月娘道："你曾吃饭没有？"（金，55/740）

（4）他又说，孩子事多累了爹，问我："爹曾与你些辛苦钱儿没有？"（金，37/513）

（5）妇人道："你吃饭来没有？"（金，56/749）

（6）金莲又问："那没廉耻货进他屋里去来没有？"（金，35/499）

（7）（太太）因问："吃了点儿东西没有？"（儿，27/388）

（8）公子连忙问说："怎么样？见着他没有？"（儿，5/60）

（9）太太听如此说，忙问道："他走了，可回来了没有？"（儿，12/141）

与前式相同，多数用例在动词前或动词后有表已然的形式标志，如"曾""了""过""着""来"等。没有此类标志的已然意由 VP 本身表示，但所见很少。如：

（10）（月娘）问来安道："你爹来没有？"（金，74/1056）

（11）（金莲）因问："姥姥睡没有？"（金，73/1038）

（12）老爷问道："路上没甚么人儿，你又跑在头里来作甚么？你来的时候太太动身没有？"（儿，17/214）

下面的例子比较特殊：

（13）因大声的喊道："你们褚当家的在家里没有？"（儿，14/173）

（14）（长姐儿）又问道："大爷在屋里没有？"（儿，33/485）

（15）便先问了他一声，说："你可是褚家庄的？你们当家的在家里没有？"（儿，14/173）

不是对动作行为是否已然提出疑问，而是对人或事物是否存在提出疑问。这种用法在《醒世姻缘传》《红楼梦》等书中曾偶有所见：

（16）我想起一个人来，他不知还在京里没，我寻他一寻去。（醒，第84回）

（17）姐姐在屋里没有？（红，第26回）

（18）奶奶在这里把块绢子忘了去，不知可在这里没有？（红，第26回）

以上6例的动词均为"在"。这种表达现代汉语已经不用。同样的意思，在明清时期也以别的表达方式为常，如：

（19）西门庆故意问道："姐姐请我做什么？你爹在家里不在？"（金，13/188）

（20）这敬济三不知，走进角门就叫："可意人在家不在？"（金，82/1223）

（21）（敬济）问："薛妈在家不在？"（金，85/1256）

（22）拴了驴子，掀帘便问："薛妈在家？"（金，85/1256）

（23）老爷道："这里自然就是你那妹夫褚一官的家了。他在家不在家？"（儿，14/175）

（24）公子道："闲话休提。我且问你：褚一官在家也不？"（儿，14/174）

《金》《儿》两书表达上述意思共 14 处，用 "VP 没有" 仅 3 处。上述情况表明，"VP 没有" 与 "VP 不曾" 在用法上也存在一定的差异。下面的例子也有些特殊：

> （25）金莲道："也与了你些甚么儿没有？"（金，74/1049）

> （26）因问月娘："你如今心内怎么的？吃了些甚么儿没有？"（金，75/1092）

两例中均出现了疑问代词。一般认为，出现于是非问或正反问中的疑问代词属虚指用法，不是疑问焦点之所在。但邢福义（1987）认为出现于肯定式是非问中的疑问代词也兼表疑问，他把这样的句子称作 "特指性是非问"。我们觉得，邢氏的分析是有根据的。正反问的情况也是这样，就例（25）看，"甚么" 不能说不负一点疑问信息，从语境看，如意儿给金莲送皮袄，金莲问了这话，如意儿的回答是："爹赏了我两件绸绢衣裳年下穿。" 既回答了 "与没与"，也回答了与了 "甚么"。因此我们也可称以上例子为 "特指性正反问"。太田辰夫（1958）认为："这种形式大概是时代较晚才产生的。" 正反问的例子他只举了《儿》中的 2 例：

> （27）姐姐还吃点儿甚么不吃？（儿，28/398）

> （28）奶奶有甚么止疼的药没有？（儿，31/448）

事实上这种用法较早就出现了。不仅在《儿女英雄传》《红楼梦》《金瓶梅》等书中屡有使用，在唐五代文献中便已有用例，如：

> （29）武帝问法师曰："朕造寺度人，造像写经，有何功德不？" 达摩答："无功德。"（神会语录，汇编·唐五代卷，46）

需要指出的是，"VP 没有" 中的 "没有" 与肯否相叠的 "有 O 没有（O）" 中的 "没有" 性质是不一样的。前者是一个否定副词，意思较虚，太田辰夫认为置于句末表示疑问的 "没有" 可看成是一个 "准句末助词"；后者是一个否定性动词，必要时可以补上宾语，如：

（30）奴明日若嫁得恁样个人也罢了。不知他有妻室没有？（金，17/246）

"有妻室没有"可说成"有妻室没有妻室"。另外，两者表示的时态也不一样。

作为否定性动词的"没有（没）"出现得较早，而用作副词，是动词"没有"语法化的结果，时间要晚得多，据太田辰夫的研究，大约在元明时期。《元曲》《水浒传》中已见用例。不过均出现在动词之前。置于句末构成"VP没有（没）"的生成过程估计与"VP不曾"相类，但始于何时还有待于进一步考证。《金》中的用例已不少，想必此前已见于其他文献。孙锡信在《〈老乞大〉〈朴通事〉中的一些语法现象》一文中举了《老乞大》中的1例：

（31）与客人们铺席子没？

但此例在断句上有分歧，刘坚、蒋绍愚主编《汇编·元明卷》中作如下断法（白维国校点）：

（31'）大嫂，将藁荐席子来，与客人们铺。

席子没，这的三个藁荐与你铺。

最近汪维辉先生编纂校点的《朝鲜时代汉语教科书丛刊》中《老乞大谚解》也作同样的断法。联系上下文看，这种断法应该是合理可信的。因而孙锡信此例还不足为据。

"VP没有"的用例明代后期逐渐多起来，但在一些作品中使用的频率还没有"VP不曾"高。《醒世姻缘传》中"VP没有"18例，另有"有O没有"15例，两项合计占全书正反问句的20.4%（罗福滕1996）。清中叶以后"VP没有"已占优势，《红楼梦》中"VP没有"与"有O没有"两项合计占全书正反问的41%（李思明1983），《儿》尽管数量不是很大，但与"VP不曾"相比，显然已是强式。

从功能上看，"VP没有"在替换"VP不曾"的同时，也承担了"VP未"的角色。

2.1.2.3 VP不是

"VP不是"（不含动词为"是"的形式）主要对行为、状况然否提出询问。例如：

(1) 我们姑爷今儿个这就算八府巡按了不是呀？（儿，35/544）

这一形式常表反诘语气，多用于假性问，用于真性问的，两书中仅见此例。"不是"的否定针对前面的整个陈述。需要指出的是，"VP不是"中的"不是"与肯否相叠的"是……不是"（如："这里是安宅不是?"［儿，36/557］）中的"不是"性质并不一样。这一点太田辰夫（1958）已经注意到，史金生（1997）也有论及。"是……不是"中的"不是"是否定副词加动词，必要时可以补上宾语，如括号中的例子也可说成"这里是安宅不是安宅?""VP不是"中的"不是"其语法功能与"VP不曾""VP没有"中的"不曾""没有"相近。太田辰夫称之为"准句末助词"。"VP不是"的较早用例见于《朱子语类》：

(2) 这个唤作性邪不是？（卷四）

此例转引自俞光中、植田均（1999），书中还引有更早的《祖堂集》1例：

(3) 师云："桃榔树不是?"（祖堂集·索引）

但查原文，此句的前一句是："困山云：'不是桃榔树。'"联系语境仔细体会，"桃榔树不是"并不表示疑问，与前一句只是变换一下结构，意思是一样的。这种表达在佛典中常有所见。正因此，刘坚、蒋绍愚主编《汇编·唐五代卷》此句句末用的是句号。

"VP不是"是从"是……不是"这一重叠形式演化过来的。时

间大约在唐宋之间。（参看下文 3.1.2"VPneg 式"节）

　　"VP 不是"在明清其他白话文献，如《红楼梦》《醒世姻缘传》中也有所见，但使用的频率同样不高。

2.1.2.4　VP 不

　　此式属弱式。在元代已罕用，明初《水浒传》中有少量用例，但"不"前多带"已"或"也"。《红楼梦》中未见用例（李思明 1983）。我们调查的四部书中仅见 2 例。《醒世姻缘传》是个特例，有 17 例（罗福滕 1996）。此式尽管用例不多，但用法却较灵活。可以表现不同的时态。先看《金》中的 1 例：

　　　　（1）因向韩道国道："你和老爹说了不？"道国道："我还不
　　　　　曾说哩。"（金，61/814）

此例询问过去某时是否做完某事。从答语中也可看出。万历词话本"不"作"不曾"，可见此处的"不"，功能相当于"不曾"。这种用法，从字面上看，不能改用全式，因而可能不是来源于省略。除非先把"不"理解为"不曾"的省略。不过，我们更乐意接受是源于称代的"VP 不（否）"的残存用法（详下文 4.1 节），这种用法还存活于现代汉语，如："我去瞅瞅孙少爷背完了不？"（《曹禺选集》）（邵敬敏 1996）再看《儿》中的 1 例：

　　　　（2）我且问你：褚一官在家也不？（儿，14/174）

此例是询问现在某情况是否存在，属现在时。下面是《醒世姻缘传》中的例子：

　　　　（3）他去了这半个多月，咱还赶的上他不？（醒，86/661）

此例询问此时之后可能发生的事，属将来时。"赶的上他不"是由"赶的上他赶不上他"省略而来。

2.1.2.5　VP 未

　　"VP 未"式始见于汉代文献。《史记》和《汉书》中有例，如：

（1）君除吏已尽未？吾亦欲除吏。（史记·魏其武安侯列传）

（2）后三日，客待诏记与武，问："儿死未？"（汉书·外戚传下）

其后各代一直沿用，而且使用频率并不低。例如：

（3）卿家痴叔死未？（世说新语，卷八）

（4）母问之曰：今得胜未？（贤愚经，卷十一）

（5）师云："东湖水满也未？"（祖堂集，卷十四）

（6）灵树果子熟也未？（五灯会元，卷十五）

（7）嫂嫂，嗜坟园到那未哩？（新校元刊杂剧三十种·张千替杀妻）

但在元明以后，"VP 未"却很少使用。《水浒传》中仅见少量用例，《红楼梦》中已不见（李）。《醒世姻缘传》中有 1 例（罗）。我们调查的四部书中，也仅见《金》中 3 例，引于下：

（8）王婆问道："了也未？"（金，5/88）

（9）（妇人）问："你儿子有了亲事未？"（金，76/1113）

（10）进来放下锹镢，便问道："老娘，有饭也未？"（金，100/1458）

前例沿用《水浒传》。次例万历词话本作"你儿子有了亲事？"属语调是非问，语意倾向于肯定，用"VP 未"的心理预设也略有肯定倾向，但没有是非问强。末例有些特殊。看上去是对某事物现时是否存在提出疑问，而这又与"未"的功能不符。联系语境可知，几个汉子是问那"老娘"饭烧好了没有，问的是"有"的动态义，"有"后省去了"了"。我们以为，"VP 未"的衰减直至消亡，与"VP 没有"的兴起是密切相关的，因为两者的功能相近。

2.1.2.6 VP 否

此式对动作行为或存在、判断然否提出询问。四书中仅见 15 例，如：

> （1）前者姐夫去时，稍一个水禍段匹与父亲用来之后，未见回书，不知得否？（教朴，289）

> （2）宋御史道："学生同两司作东，三十日敢借尊府置杯酒奉饯，初二日就起行上京去了，未审四泉允否？"（金，74/1053）

> （3）西门庆道："命中还有败否？"（金，29/405）

分别是询问过去、现在和将来。

"VP 否"是否属于正反问，学界有不同看法。俞光中、植田均（1999）把它归入是非问，理由主要有二：一是不能构成"VP 否 VP"，"饮酒否"不是由"饮酒否饮酒"变来的；二是正反问的回答多为正或反一方面，"VP 否"常不限于正反。我们认为，省略并非正反问的唯一来源，"VP 否"不是源于省略而是源于称代（详后 4.1 节），因此不能用省略来检验；而回答确可以帮助我们识别问句类型，但它毕竟不是问句本身，因而只能作为一个参考条件，事实上，从语用的角度看，答语超出问话的范围，这是常有的事，俞书中所举之例就属这种情况。我们认为"VP 否"是汉语中最古老的一类正反问句，不过，由于语言的发展，到了宋元时期它已逐渐退出口语。明清文献中出现的少量的"VP 否"，显然已不是当时的口语。

2.1.3 K · VP 式

关于"K · VP"是不是正反问，学界有不同的看法。赵元任（1928）认为它属于是非问。吕叔湘（1944）尽管没有正面论及，但从他的用例与分析中可以看出他是赞同赵的观点的。但他同时指出，就意义而论，正反问与 K·VP 问句没有什么区别。在 20 世纪 80 年代（1985b）他还持这一主张，没有把 K·VP 问句列入正反问。朱德熙（1985）在方言调查的基础上，依据答话方式、语气词的分布以及在系统中的地位，把它归入正反问。他的观点尽管也有学者提出商榷，但多数表示认可。我们觉得，这类问句有其本身的特殊性。因它与正反问有更多的相同点，把它归入正反问是合适的，但也不能忽视它与是非问的联系，比如，从语气词的分布看，其他正反问一般不用语气词，如用，只出现"呢"或"啊"，不出现"么"，但"K·VP"问句中却使用语气词"么"，朱先生文中引自文献的 32 个 K·VP 问句中，就有 12 句用了"么"，看来出现的频率还不低，而"么"正是学界公认的是非问的重要标记。我们认为，重要的是认清句式本身的结构与功能，至于归到哪一类，有时却显得并不十分重要，更何况，客观事物有时候往往并不是非此即彼的，以是非问句而论，本身就与正反问有扯不断的联系，其中的"吗（么）"问句就是从历史上的正反问演变而来的。

K·VP 在历史文献和方言中有多种表现形式。但在明清白话中，主要就是"可 VP"。在我们调查的四部书中，共 71 例（其中真性问 64 例，假性问 7 例），占正反问的 12.8%。① 均见于《金》和《儿》，请看例子：

　　（1）（姑娘）叫声："母亲！你可曾听见？"（儿，19/260）

　　（2）问公子道："你可知我今日这个用意？"（儿，36/564）

　　（3）来保又说："翟爹见小的去，好不欢喜，问爹明日可与老爷去上寿？"（金，55/733）

　　（4）何小姐便说第三句，道："对美人，美人可得作夫人？"

---

① 与其他正反问形式结合的，统计时不计入"可 VP"式。

（儿，30/436）

　　（5）姑娘，你看我给你安的这个家可还合宜？（儿，24/332）

　　（6）安老爷道："借问一声，这里可是邓府上？"（儿，14/170）

　　（7）西门庆道："法官可解禳得么？"（金，62/849）

　　（8）你可记得你我在能仁寺庙内初会的时候，我待你也有小小一点人情？（儿，26/358）

由上面的例子可以看出，可 VP 可以表现不同的时态，如前 3 例分别是过去时、现在时和将来时。"可 VP"的结构也较自由，可以是简单的谓词，也可以是复杂的谓词性短语。例（8）较特殊，"可"后是很长的复杂结构。由于此式疑问标记之后是敞开的，因而 VP 的结构与长度比其他格式更富有灵活性和自由度。《儿》中 VP 超过 20 个音节的就有 7 例。纵向看，复杂化的趋势也是很明显的。

　　"可 VP"的构成还有一个特点，即句中不出现否定的一面，用"可"加肯定的一面提问。"可还合宜？"意即"还合宜不合宜？"由于问句中只出现肯定的一面，答案往往偏于肯定，或者提问者主观上倾向于肯定。如例（5），安老爷对自己给姑娘安的家，自以为是合宜的，事实上姑娘也认为是合宜的。不过，这种偏向体现在问句上并不明显，答问者不能用"是"或"不是"予以肯定或否定，还需针对疑问焦点作出回答。而这一点正是"可 VP"问句接近于是非问又不同于是非问的所在。试比较下面句子：

　　（9a）不知那边可有人觉道么？（金［词话本］，16/427）

　　（9b）你那边没人知道么？（金，16/234）

　　（10a）刘二那厮可曾走动？（金，99/1441）

　　（10b）刘二那厮不曾走动？（金［词话本］，99/2926）

（11a）长官可曾委人那里看守门户去？（金，77/1128）

（11b）长官没曾委人那里看守锁门户去？（金［词话本］，77/2299）

以上例句，a 是"可 VP"问句，问话者的预设是中性略偏于肯定，答话者或从正面，或从反面作出回答，不用，也不可能用"是"或"不是"作答。b 为否定式是非问句，问话者的预设是否定的，从可能性讲，它们均可用"是"或"不是"作出回答。不过，《金》的两个版本，问句不同，而答语则基本未变。这里需要说明，是非问句可以用"是""不是"或"对""不对"来回答，但并非一定要如此回答，因而上述问话不同、答语一样的现象便并非不可理解了。

我们在《儿》中见到 1 例，似乎与上述看法不一致：

（12）（安老爷）第一句便问他道："你可知子事父母合妇事舅姑这桩事，是不得相提并论的？"公子听了，一时摸不着这话从那里说起，只得含糊答应了个"是"。（40/665）

安老爷用的是"可 VP"问句，按理安公子应该针对疑问焦点回答"知"或"不知"，结果却用了"是"。从下文看，安老爷是在责怪儿子：媳妇有了喜，自然不好和我说，你怎么也不预先告诉我！但安公子不知安老爷的真正用意，"听了一时摸不着这话从那里说起"，用"知"或"不知"来回答都觉不妥，"只得含糊答应了个'是'"以示对老爷的遵从。可以说，这里的答话是一种语用偏离。

"可 VP"还常与别的正反问形式套叠使用。例如：

（13）太师又道："前日那沧州客人王四等之事，我已差人下书，与你巡抚侯爷说了。可见了分上不曾？"（金，30/417）

（14）太太听如此说，忙问道："他走了，可回来了没有？"（儿，12/141）

（15）两位舍亲，一受义官，一受祖职，见任管事，欲求两

篇轴文奉贺。不知老翁可有相知否？（金，77/1126）

（16）太太久闻老爹执掌刑名，敢使小媳妇请老爹来，央烦桩事儿，未知老爹可依允不依。（金，69/965）

（17）安老爷道："你可认识他不认识他？"（儿，15/191）

（18）没见过的，必先问问："这个可是某人不是？"（儿，37/574）

（19）何小姐道："只不知这老圈地，我家可有个甚么执照儿没有？"（儿，33/490）

以上例子，分别是"可 VP"与"VP 不曾""VP 没有""VP 否""VP 不 VP"和"VP 没 VP"等套叠。例（16）特别值得注意，有学者认为清代才出现"可 VP 不 VP"形式，此例表明，明代中叶已有这种用法。"可 VP"与别的正反问形式套叠使用，这其实是一种羡余表达。取其一方，完全不影响信息传达，如例（17）说成"你可认识他？"或"你认识他不认识他？"意思一样。不过套叠使用，稍有强化疑问的意味。这也应看作发展过程中的一种现象。（曹广顺 2003）

"可 VP"问句也可出现疑问代词，如：

（20）你主人身上可有甚官役？（金，30/418）

（21）十三妹姑娘可有甚么交代？（儿，11/135）

上文例（19）也是。此类例子宜归入正反问，疑问代词一般看作非疑问用法，但似乎也可兼表疑问，是比较特殊的用法。参照邢福义（1987）也可称为"特指性正反问"。刘丹青《苏州方言的发问词与可 VP 句式》，也有论及。不过要注意与"可怎么 VP"（如"可怎么好？"）特指问相区别。

根据江蓝生（1992）的考察，"可 VP"问句最早见于唐五代文献。唐诗和禅宗语录中有例，如：

（22）堪叹故君成杜宇，可能先主是真龙。（李商隐：井络）

（23）不可断他众生，善恶二根，可是菩提耶？（祖堂集，卷三）

（24）相公此行何为也？可记得河南府解头？（唐语林·方正）

但唐宋元时期，这一句式的使用频率都很低，真正广泛使用是始于明代。

这种句式在明清白话文献中的分布呈不平衡状态。对此，朱德熙（1985，1991）、张敏（1990）等从语言类型学的角度已有令人信服的分析，此不赘述。

2.2　列项选择问

我们调查的四部书中，列项问约占选择问总数的21%（含假性问），其比例远低于正反问。若仅就真性问计，列项问比例更低，仅占7%。下面简要分析它的结构类型和传疑特点。

2.2.1　结构类型

根据有无关联词和关联词的不同，列项问可分为如下几种格式：

2.2.1.1　A，B

（1）你船路里来那，旱路里来？（教朴，258）

（2）客人你要南京的那？杭州的那？苏州的那？（教老，86）

（3）虚灸那实灸？（教朴，233）

（4）客人们，热吃那凉吃？（教老，76）

（5）这契写时，一总写么？分开着写？（教老，83）

（6）带着衣服打来？去了衣裳打来？（金，20/282）

（7）京里吃食贵贱？（教老，59）

（8）兄弟，你吃面吃饭？（金，96/1408）

（9）薛嫂道："你那等分付了我，我长吃好，短吃好？"（金，86/1266）

　　（10）大人，先到公馆？先到河院？（儿，13/158）

此式不用关联词，选择的含义主要通过结构本身来体现，选择肢多用具有对立意义的对称结构。语气词可用可不用，从总体看不用语气词的居多。由于没有形式化标记的优势，"A，B式"的使用呈递减趋势。《老》《朴》真性列项选择问有 24 例，此式占了 18 例；《金》中的比例也还较高，约占一半；《儿》中就很少使用了。《老》《朴》中此式的用例，到清代的版本往往改为别的表达方式，或改用强势形式标记，或改为其他问句类型，如前 4 例：

　　（1′）你是水路来还是旱路来？（朴通事新释谚解，367）

　　（2′）客官，你要南京的，还是那杭州的、苏州的呢？（老乞大新释，138）

　　（3′）那太医把艾怎么灸法呢？（朴通事新释谚解，352）

　　（4′）那酒要热吃么？（重刊老乞大谚解，178）

（1′）用了后起的"是 A，还是 B"式，（2′）用了"A，还是 B"式，将原来 3 个分句，合为两个分句来表达，（3′）（4′）则分别改用为特指问和是非问。语气词使用的变化也很值得注意，如（2′）（3′）增加了语气词"呢"。在各个版本的对比中我们注意到，元代"古本"见"那"不见"呢"，且使用频率很低，而清代版中"呢"就大量使用了。许多对应的句子，元代版不用语气词而清代版都用了"呢"，仅《老》就达 40 多处。

2.2.1.2　是 A，是 B

　　（1）你这马是一个主儿的那？是各自的？（教老，83）

(2) 是女招的，是后婚儿来？（金，23/328）

(3) 老爷是在上房里，是在书房里呢？（儿，36/549）

(4) 这人还不知是有哇是没了呢！（儿，17/218）

(5) 姑娘，你这话是真话，是顽儿话？（儿，22/304）

(6) 是还想我能去钻营升官呢？是还想我能去谋干发财

呢？（儿，39/618）

"是"的语法性质较为复杂，这里我们只着眼于它的关联作用。上举例中，(1)(2)(5) 等因没有出现其他动词，"是"充当了主要动词。但尽管如此，"是"仍兼有关联作用，因而归入此式。语气词出现的频率较前式高，形式也更多样，不少是两项均用的。此式在《祖堂集》中已见用例，如：

(7) 是举扬？是不举扬？（卷十）

(8) 是混岭？是劈破？（卷十三）

(9) 是道底语？是嗟底语？（卷十八）

但总的来看唐宋时期使用频率不高。在我们调查的材料中，此式的使用呈递增趋势。

2.2.1.3 还是 A，还是 B

(1) 咱每还是先与本主老爹进礼，还是先领割付？（金，70/986）

(2) 请问姐姐：此时还是抹了这几个字去，你一人去作何府祠堂扫地焚香的侍儿？还是存着这几行字，我两个同作安家门里侍膳问安的媳妇？（儿，26/371）

(3) 不然叫你们大家看着我这个样儿，还是《平妖传》的胡永儿？还是《锁云囊》的梅花娘？还真个的照方才那秃孽障说的，我是个"女筋斗"呢？（儿，8/95）

如果说"是"的关联词性质还有争议的话，那么"还是"则是一个典型的关联词。由于"还是"的配合使用，此式选择肢的结构不受太多的限制，因而句法显得较为灵活，选择肢有的较长。语气词的使用略同于前式。末例有三个选择肢，是变式。此式较早的用例见于《朱子语类》（梅祖麟 1978），如：

（4）且如人而今做事，还是做目前事，还是做后面事？（29/1249）

《老》《朴》中不见用例，《金》仅见例（1），《儿》则有10例，递增的趋势较为明显。在《红楼梦》中此式是列项问中使用的最强式（李）。例如：

（5）你的媳妇也在这里，你们两个也商量商量，还是要宝玉好呢，还是随他去呢？（红楼梦，第96回）

2.2.1.4　是A，还是B

（1）替他细想去，他是沽名？还是图利？（儿，8/91）

（2）是算叫他合赵色空凑对儿去，还是合陈妙常比个上下高低呢？（儿，23/307）

（3）如今我倒要请教：倒底是要他呢，还是不要他呢？（儿，23/322）

（4）公子是出场就动身了啊，还是不曾上路呢？（儿，12/147）

（5）姐姐如今只剩了孤鬼儿似的一个人儿，连个"彼此"都讲不到，是算有"靠"啊？是不算"末路穷途"啊？还是姐姐当日给我两个作合是"一片好心、一团热念"，我公婆今日给你两个作合是"一片歹心、一团冷念"呢？（儿，26/359）

前4例是此式的典型用法；后1例与"是A，是B式"配合使用。此式的结构特点和语气词的使用情况略同于前式。这是现代汉语最典型的列项选择问格式。与前面诸式比较，"A，B式"选择意味最弱，其选择性主要通过结构来体现；"是 A，是 B 式"选择意味有所加强，但后项用"是"，选择性显得不够突出；"还是 A，还是 B 式"选择性突出，但前项用"还是"，有羡余意味。"是 A，还是 B 式"，不仅选择性突出，而且呼应感强，在现代汉语中成为最强式，不是偶然的。不过，此式尽管已见于宋代，但元明时期并不发达，《话本选》、《新校元刊杂剧三十种》、《元人杂剧选》（李）、《水浒传》（黄）、《老》、《朴》、《金》等书中均不见用例。《红楼梦》中才初显势头，略举数例如下：

(6) 一句话又把宝玉说急了，赶上来问道："你还说这话，到底是咒我还是气我呢?"（第 32 回）

(7) 但他不知是作总花神去了，还是单管一样花的神?（第 78 回）

(8) 黛玉便在椅子上怔怔的瞅着他，一会子问道："到底是别人和你怄了气了，还是我得罪了你呢?"（第 81 回）

《红楼梦》中此式的使用频率仅次于"是 A，是 B 式"和"A，B 式"（李）。《儿》中已是强式。

2.2.1.5　是 A，B

(1) 你的马是家生的那? 元买的?（教老，83）

(2) 你这般学汉儿文书时，是你自心里学来，你的爷娘教你学来?（教老，58）

(3) 将历头来我看，这月是大尽那小尽?（教朴，280）

(4) 是你爹使你来接我? 谁使你来?（金，34/477）

(5) 骡夫究竟是步行去的、骑了牲口去的?（儿，4/49）

(6) 知道你此去咱们是一个月两个月才见?（儿，17/216）

此式"是"冠于两个选择肢之首。用例不多。《老》《朴》中的此类用例在清代的版本中往往改为别的表达方式，如前 3 例：

(1′) 你的马是家中养的么？还是买来的啊？（老乞大新释，135）

(2′) 你这样学中国人的书，是你自己要去学来啊，还是你的父母教你去学的么？（老乞大新释，108）

(3′) 把历头来我看，这月是大尽是小尽？（朴通事新释谚解，380）

前 2 例改作"是 A，还是 B"式，后例改作"是 A，是 B"式。上举诸例中例（4）较为特殊。其后项是一个特指问，这是特指问与选择问结合的另一种形式，这种结合式通常是带疑问代词的选择肢排列在后，又如：

(7) 板阎门那甚么门？（教朴，244）

例（6）也有些特别，选择肢不充当分句或句子的谓语，而是出现在状语的位置上，这是极为少见的。

2.2.1.6 A，却是 B 等

在明清时期用于选择问还有其他一些形式，如"A，却是 B"式、"却 A，B"式、"还是 A，B"式、"A，还是 B"式、"A，还 B"式、"还 A，是还 B"式、"A，是 B"式、"或 A，或 B"式、"或者是 A，或者是 B"式等。例如：

(1) 你要回去，却是同我在此过活？（金，47/625）

(2) 你们却要长做夫妻，短做夫妻？（金，5/85）

(3) 还是本地用，远路用？（儿，9/105）

(4) 算一群逃难的，还是算一群拍花的呢？（儿，9/112）

(5) 客人吃饭哪，还等人啊？（儿，4/44）

(6) 还在哥这里，是还在寺院里好？（金，1/17）

(7) 你爹在家里，是衙门中去了？（金，72/1024）

(8) 请问老爹，明日出去，或埋或化？（金，59/799）

（9）或者是你家中那娘使了你来？或者是里边十八子那里？

（金，16/232）

以上各式在明清时均为弱式，有的在现代汉语中继续使用，如"A，还是 B"式、"A，是 B"式等，有的已基本不用，如"A，却是 B"式、"却 A，B"式等。

《水浒传》有些特别。此书共 14 例列项选择问（见黄伯荣1958），却用了 10 种选择问格式。其中"A，B"、"是 A，是 B"和"A，却是 B"3 式已见于上。另外 7 式均为《水浒传》所特有，列于次："却是 A，却是 B""却 A，却 B""还是 A，却是 B""A，却 B""还是 A，只是 B""或是 A，也是 B""A，也是 B"。可见该书语言的特殊性。

2.2.1.7　A 也怎的

这是选择问与特指问相结合的一种特殊形式。"也"的位置上也可出现"那""阿"，"怎的"的位置上也可出现"怎么""甚么"。《老》《朴》中有例，如：

（1）你高丽地面里没井阿怎么？（教老，67）

（2）尸首实葬了那怎的？（教朴，307）

（3）那般散了时，便到家里那怎的？（教朴，291）

这类问句的特点是，前一选择肢是一个确定的表述，而后一选择肢则用一个疑问代词。一般认为这种句式是用于反诘的，但从我们调查的材料看，并不是一种纯粹的反诘句式，也有真性问的用法，如上举各例。说话者对所问情形已有一个大概的认定，因而先提出一个选择项，表明一种基本估计，但并不排除其他选择项可能性的存在，而说话者心中的其他选择对象却又是模糊的、不确定的，因而用一个疑问代词来指称。这种表达方式本身就体现信大于疑的特点。因而，作为真性问也是一种低疑用法。

"A 也怎的"句式在《金》中大量使用，共见 43 例①，其中真性问用法如：

(4)（西门庆）说道："这两日不知酒多了也怎的，只害腰疼，懒待动旦。"（78/1155）

(5) 西门庆道："这两日春气发也怎的，只害这腰腿疼。"（78/1154）

(6) 贲四嫂说道："大姑和三姑怎的这半日酒也不上，菜儿也不拣一箸儿？嫌俺小家儿人家整治的不好吃也怎的？"（46/613）

(7) 那玳安走的睁睁的，只顾搧扇子："今日造化低也怎的？平白爹交我领了这贼秃囚来！"（49/657）

(8) 因见衙内打盹，在根前只顾叫不应，说道："老花子，你黑夜做夜作使乏了也怎的？大白日打盹瞌睡，起来吃茶！"（91/1340）

(9)（金莲）骂道："叫你煎煎粥儿，就把锅来打破了。你敢'屁股大——吊了心'也怎的？我这几日没曾打你这奴才，骨朵痒了！"（83/1236）

与《老》《朴》中语气词用"那""阿"等不同，《金》中用的是"也"。关于这一句式的来源，学界已有一些探讨。曹广顺（1998）认为这种句式是由唐五代时的"～那，作摩？"句式演变而来的。他在《祖堂集》中发现了 7 例"～那，作摩？"，如：

---

① 吴慧颖（1990）论及这一现象，并称《金瓶梅》中有 19 例"VP₁ 也怎的"，显然统计有遗漏。另外又有个别同形异构的例子，误以为是选择问的，如吴文把"是我的丫头也怎的"一句也看作"这样还是怎样"的意思显然有误。这是在月娘指责金莲"一个丫头，和她猫鼠同眠，惯的有些褶儿！不管好歹就骂人"后说的话，紧接着一句是"你每打不是！"显然这里说的是春梅，这句话的意思当是：是我的丫头又怎么样！表现了潘金莲的强硬态度。

　　（10）师云：“岂是有纹彩那，作摩？”（3.111.14）

　　（11）僧问西堂：“有问有答则不问，不问不答时如何？”答
曰：“怕烂却那？作摩？”（4.057.05）

曹广顺认为7例均为反诘用法。但我们觉得，其中带有“何”“岂”
“可”等反诘副词的4例（如例10），反诘语气自然较强，但不带反
诘副词的3例反诘意味显然不明显。我们以为当是有疑而问的选择问
句式，只是属于低疑问，如例（11）。这一句式在宋代文献中消失
了。到了元代以后又以新的形式重新出现在史料里。句中的疑问代词
是与“作摩”相应的由宋代的“作么”演变而来的“怎么”或“怎
的”，还有由唐五代的“什摩”演变而来的“甚么”。如前引例（1）
（2）（3），用的是“怎么”和“怎的”。例（1）在元代的《原本老
乞大》（17）作：“你高丽田地里无井那怎么！”也有用“怎生”的
例子。而在元代更多见的是用“甚么”的例子，如：

　　（12）俺不打火喝风那甚么？你疾快做著五个人的饭者。
（原本老乞大，12）

　　（13）若不救呵，傍人不唾骂那甚么？（原本老乞大，42）

　　（14）三两装勾当呵，着一个使臣来呵，偏不了也甚么？
（元典章·兵部二·纳钱物起站船）

　　（15）他每不怕那？不有罪过那甚么？（元代白话碑集录）

“甚么”多见于假性问。

　　入明以后“A那甚么”的用法逐渐退出，如上引例（12）和
（13）在《老乞大谚解》中分别作：

　　（12′）我不打火喝风那？你疾快做着五个人的饭着。（教
老，62）

　　（13′）若不救时，傍人要唾骂。（教老，93）。

取而代之的是“A也怎的（么）”。在《老》中只见1例“A那甚

么"，而在《金》中则仅见"A 也怎的"，而不见"A 那甚么"。

从用法看，明代的"A 也怎的（么）"与《祖堂集》中的"～那，作摩？"显而易见具有渊源关系，但是，在元代为什么会出现一个"A 那甚么"，而元以后又渐渐销声匿迹呢？这是个饶有趣味而又有些棘手的问题。曹广顺（1998）、祖生利（2001）都认为与语言的接触与融合有关。曹广顺（1998）指出这一句式的分布限于"元白话（诏书、敕令、奏疏）"。而"元白话是元代很接近口语的语体，明显地带有少数民族语影响的痕迹（特别是在语法方面），应当是当时汉语与外族语融合的产物"。祖生利（2001）指出，一方面宋元时疑问代词"甚么"的用法有所扩大，兼有了"怎么"的某些功能，两者用法上有所混同；另一方面元代蒙古语里，"甚么"和"怎么"也有混同的情形。两股力量的结合，促使了以"甚么"代替"怎么"用法的出现。应该说这是现阶段较可接受的一种说法。不过，目前我们对于这一句式历史发展的了解还很有限，比如宋代为什么不见延续？[①] 元代复出的激活因子是什么？明代文献中的分布为何不平衡？[②] 什么原因导致明以后的衰微？在方言中的分布规律如何？[③] 等等，都有待于进一步考察。

---

① 曹广顺（1998）推测，"这个句式很可能在唐五代以后一直在使用，只是由于某种原因没有被反映到现存的宋代文献中而已。"若果如此，那原因何在？

② 《金》中用例较多，而据吴慧颖（1990）调查，《水浒传》《西游记》中都没有"VP 也怎的？"这种句式。

③ 有学者注意到甘肃临夏方言、内蒙古西部方言、丰城赣方言、江西高安方言、孝感方言等有类似用法，笔者的母语"汤溪方言"也有类似用法，但还缺乏更为全面的调查材料，与文献验证研究也还不够，甚至还不清楚这些方言中的用法是否与《祖堂集》的用例有渊源关系等等。分别参见兰州大学中文系语言研究室（1991）、邢向东 、张永胜（1997）、陈小荷（1989）、吴慧颖（1990）、定勇（2007）、张美兰（2003）等。

2.2.2　疑问焦点

正反选择问的疑问点从一正一反的对比中显示出来，单纯而鲜明；相比之下，列项选择问的疑问点要显得复杂一些。列项选择问的疑问点与选择肢的结构形式和关联词语的位置密切相关。

2.2.2.1　结构形式与疑问焦点

AB 选择肢间在结构上的联系可分为两种情况，即可比与不可比。AB 选择肢的结构成分和结构关系相互对应，为可比结构，如 2.2.1.1 中的例（1），A 项"船路里来"，B 项"旱路里来"，例（3），A 项"虚灸"，B 项"实灸"，例（6），A 项"带着衣服打"，B 项"去了衣裳打"，例（9），A 项"长吃好"，B 项"短吃好"；2.2.1.2 中的例（3），A 项"在上房里"，B 项"在书房里"；2.2.1.6 例（3），A 项"本地用"，B 项"远路用"。此类结构的选择肢或是单词，或是短语，它们在结构上都是对应的。可比结构的选择问，其疑问点在结构成分的相异处，如上面的例子，疑问点分别在"船路"和"旱路"、"虚"和"实"、"带着"和"去了"、"长"和"短"、"上房"和"书房"、"本地"和"远路"。所列的选择项通常是同一疑问域中相互对立的两项（或三项），要求选其一，且必居其一，其焦点是集中分明的，是实的；不过，有的因为语用上的特殊要求，尽管有明确的疑问域，也有形式上的问焦，但却不求或不能几项选一，其问焦是虚拟的，此类选择问句通常是假性问句。如：

（1）是这样的门第我不愿意哟？是这样的公婆我不愿意哟？（儿，26/370）

张金凤对所提亲事内心是非常愿意的，但让她从自己口中说出却是很"为难"的事。所引是虚拟的问句，"门第""公婆"只是形式上的问焦，并非要选择其中的一项。

AB 选择肢在结构成分和结构关系上不相对应，则为不可比结构。例如：

(2) 伯爵问：“你爹在家里，是衙门中去了？”（金，72/1024）

(3) 何小姐道：“若不早为筹画，到了那展转不开的时候，还是请公公重作出山之计，再去奔波来养活你我呢？还是请婆婆摒挡薪水，受老米的艰窘呢？”（儿，30/439）

不可比结构选择问的疑问点由整个选择肢构成的命题来体现。相比之下可以看出，不可比结构的疑问点不如可比结构的疑问点显得更为集中鲜明。

我们调查的四部书中，总体上看可比结构列项选择问居多，但比例却不一样，如《金》中可比结构与不可比结构的比为 29∶4≈7∶1，《儿》为 33∶16≈2∶1。不可比结构选择问呈递增趋势。

2.2.2.2 关联词语与疑问焦点

可比结构类，如果疑问点在谓语部分，关联词多用于主语之后，谓语之前，如 2.2.1.4 的例（1），主语是“他”。疑问点在“沽名”和“图利”，关联词“是”“还是”出现在 AB 两项的谓语动词之前。疑问点在主语部分，关联词只能用于主语之前，如 2.2.1.5 的例（4），疑问点在主语“你爹”和“谁”，关联词“是”在前项主语之前。谓语因为相同，有时也可省略，如 2.2.1.6 中的例（9）：

或者是你家中那娘使了你来？或者是里边十八子那里？（金，16/232）

后项省略“使了你来”。再如：

是李锦送来，是黄宁儿？（金，52/700）

不可比结构类，多数是主谓均不相同的，关联词只能用于主语之前，如 2.2.1.4 中的例（8）；也有少数主语相同的，关联词一般用于主语之后，如2.2.1.3 的例（1）。

由上可见，关联词总是出现在疑问点之前，它有显示和突出疑问点的作用，并使表意精密化。在我们调查的材料中，用关联词和不用关联词的比例为：《老》《朴》约为1:2；《金》约为1:1；《儿》约为6:1。使用关联词的比例明显增加，这是列项选择问发展的一个显著特点。

3   假性选择问

3.1   正反选择问

3.1.1   VPnegVP 式

"VP 不 VP"四书中有假性问 66 例。有三点特别值得注意。其一，多肯定前项。例如：

（1）你说他偏心不偏心？（金，39/540）

（2）你瞧他歹毒不歹毒！（儿，7/88）

（3）姐姐只想，我心疼不心疼？（儿，26/357）

（4）你道糟也不糟？（儿，25/351）

（5）你只看这娄公浑不浑！（儿，35/533）

（6）老爷白想想，这难不难？（儿，14/180）

（7）听听人家二叔这话，说的透亮不透亮？（儿，16/204）

（8）等爹来家，看我说不说！（金，34/472）

（9）二叔，听我们是没心眼儿不是？（儿，15/188）

（10）你想，这个过节儿得让那位十三妹姑娘首座不得？（儿，16/200）

"偏心不偏心"，旨在肯定"偏心"，"歹毒不歹毒"则是肯定"歹毒"，"心疼不心疼""糟也不糟"也一样，在于肯定"心疼""糟"。上举诸例均为肯定前项。66 例假性问中有 54 例肯定前项，肯定后项的仅 8 例，如：

（11）你道我说的错也不错？（儿，17/229）

（12）你看我依你不依？（金，73/1044）

（13）假如我如今不叫你"人"，叫你个"老物儿"，你答应不答应？（儿，18/234）

例（11）肯定"不错"，（12）肯定"不依"，（13）则肯定"不答应"。究竟是肯定前项还是肯定后项，这与前面叙述的事实（或假设的情况）有关，如果是肯定性的则肯定前项，如例（1），上文讲吴道官送来的"经疏"上有李瓶儿的名字，却没有潘金莲的，潘金莲心中"气不忿"，所以说了这话，肯定"偏心"无疑；如果是否定性的，则肯定后项，如例（13），上文假设的情况是让人无法接受的，所以肯定是"不答应"。如果 VP 是极性形容词，如"歹毒""透亮""精彩""惨"等则一般是肯定前项。

另有一个现象较特殊，既不肯定前项，也不肯定后项，而是把一个两难的情况摆出来，让人觉得无法选择，从情境看，说话者只叙述一个事实，并不要求回答，因而也是假性问。如：

（14）老婆见了他，站起来是，不站起来是？（金，26/366）

其二，前面多有提示性话语成分。上举诸例依次是："你说""你瞧""姐姐只想""你道""你只看""老爷白想想""听听""看""听""你想""你道""你看"。不用此类成分的较为少见。从这些提示性成分就可以看出，下面的问句，言说者是有倾向性看法的。

其三，形容词充当 VP 呈明显增多的趋势。《金》中 15 例全式假性问中，VP 由形容词充当的仅 2 例。《儿》32 例中则有 25 例。前举例（1）—（7）及例（11）均是，形容词占有明显的优势。而这一点与真性问正形成鲜明的对照。《儿》中 71 例全式真性问，除 14 例"好不好"外，剩下的 57 例有 53 例 VP 是由动词性成分充当的。考察"好不好"的用例，尽管它们都有询问的意思，但都是低疑问，且说话者基本上是倾向于肯定的。真假正反问在构成材料上的这种选择，与它们各自的表达功能有一定的关系，假性问多用于表现说话者的主观评价和情感态度，而形容词的特点正适合于这种需求。

"VP 没 VP"共 47 例，假性问仅见 4 例。如：

（15）姐姐只说这话有溜儿没溜儿？（儿，29/421）

（16）你见过有个爹娘死儿女跟了去的没有？（儿，19/246）

（17）你是甚么头口，有这么打自得儿的没有？（儿，6/73）

均肯定后项。

另有，"VP 无 VP"1 例假性问：

（18）因此我方才说完了话，便站起来要走，作个收场。好让那作书的借此歇歇笔墨，说书的借此润润喉咙。你们听听，有理无理？（儿，9/104）

肯定前项。

3.1.2 VPneg 式

"VP 不曾"四书中共 95 例，均为真性问。下面的这个假性问句尽管句中出现了"VP 不曾"疑问格式，但不属正反选择问句：

（1）邓九公听了，便嚷起来道："可是！只顾一阵闹孩子，我怎的也不曾问老弟你吃饭不曾？"（儿，39/628）

这是个特指问句，句中"怎的"是疑问焦点。"吃饭不曾"只是宾语内部的一个成分，不是句子平面上的疑问形式。

"VP 没有" 31 例，仅《金》中 1 例假性问：

(2) 谁信那棉花嘴儿，可可儿的就是普天下妇人，选遍了没有来！不说俺们皮肉儿粗糙，你拿左话儿右说着哩。 （75/1083）

西门庆说："就是普天下妇人选遍了，也没你这等柔嫩可爱。"上引就是孟玉楼的对话。并非真的问他选遍了没有，而是说他没有选遍，是左话右说。"VP 没有"假性问《红楼梦》中见到 1 例：

(3) 你也大了，看见我曾经沾染过你们没有！（第 114 回）

"VP 不""VP 未""VP 否"诸式均未见假性问。

"VP 不是"较为特殊。共见 18 例，真性问仅 1 例，即 2.1.2.3 中的例（1），其余均为假性问。先看《儿》中的例子：

(4) 老弟，看我说我的事，都得我们这姑奶奶不是？ （16/206）

(5) 他这一开脸，瞧着也还不算黑不是？（40/671）

(6) 我的话再不错不是？（37/582）

上面的例子都是：说话人认为某一情况已经或必然发生，用"不是"表反问予以确认。"VP 不是"较早的用例真性问、假性问都有所见。史金生（1997）所举《红楼梦》中的两例尽管略有肯定的倾向，但我以为还应看作真性问为宜。史文把它看成是表反问的"不是₂"的"最初萌芽"，似不妥当。其实表反问的"不是"较早就已使用。《金》中便见 9 例。如：

(7) 皮袄在描金箱子里不是？（46/613）

(8) 爹来家不耐烦了，在六娘房里吃酒的不是？（38/528）

(9) 我没看见，在乐星堂儿里不是？（52/704）

　　用在句末表反问的"不是"是怎么来的，尚待探讨，不过，《祖堂集》中下面的例子，似可给我们以启示：

　　　　（10）德山问："阇梨是昨晚新到，岂不是？"对云："不敢。"（卷七）

这里用的是"是……岂不是？"的格式，表反问。《祖堂集》中有31例"岂不是"，置于句末的有5例。上例与"是"配合使用，也有独用的。我们推测，上例这类用法，"是"的省略便成了"VP岂不是"，"岂"进一步省略便成了表反问的"VP不是"了。

　　需指出的是，假性问句有情境型和非情境型之别。"VP不是"表反问，起初也是临时的，因常用于反问，后就逐渐成为语言中的一种表反问的固定格式，由情境型变为非情境型了。这里再提一下《金》中的另一个"不是"，例如：

　　　　（11）房里无人，爹进来坐坐不是？（26/364）

　　　　（12）你不信，瞧去不是！（44/590）

　　　　（13）慌去怎的，再住一日儿不是？（75/1070）

不同于表反问的"不是"，例中的"不是"用于祈使句末，表祈使略带商量的语气，意近于"吧"，用"不是"有弱化、舒缓祈使的意味，试比较：

　　　　（14a）陈姐夫，楼上没人，你上来不是。（金，词话本，28/730）

　　　　（14b）陈姐夫，楼上没人，你上来。（金，28/393）

《金》中此类用法有27例。不能与假性正反问"VP不是"混为一谈。下面这个例子是此类用法中的一个较为特殊的用例：

　　　　（15）月娘就恼了，说道："你头里何不叫他连我踢不是？"（金，18/254）

这是特指问句，句末"不是"表示祈使义，由于用于特指反诘句中，语气较重。

3.1.3　K·VP 式

"K·VP" 主要用于真性问。71 例问句中假性问仅见 7 例。如：

　　（1）你这狗才，可成个人？（金，54/726）

　　（2）老弟，你只听听，十三妹这本领，可是脂粉队里的一个英雄，英雄队里的一个领袖？（儿，15/197）

　　（3）你们大家听听，可是我的所见不差？（儿，19/248）

例（1）是西门庆"笑骂"应伯爵的话，是说他"不成个人"；例（2）的意思则明显是肯定；例（3）也一样。再比较下面的例子：

　　（4a）（爱月儿）骂道："贼花子，再可敢无礼伤犯月姨了？高声儿答应，你不答应，我也不吃。"（金，68/948）

　　（4b）骂道："贼花子，再敢无礼伤犯月姨儿？'再不敢！'高声儿答应，你不答应，我也不吃。"（金［词话本］，68/1927）

a 用"可 VP"假性问，b 用是非假性问，大意相当，都倾向于"不敢"，但仔细体味，却有细微的差别。前者语意略显得轻一些，婉转一些，而后者则重一些，直一些。

这里我们还须提一下另一个"可"，即张相（1955）释为"岂也，那也"的"可"。这个"可"，早于"可 VP"的"可"出现，在近代汉语中使用得非常普遍，《金》与《儿》中都有不少用例。有时与假性问"可 VP"中的"可"几乎难以区分。如下例：

　　（5）李瓶儿道："这样怪行货，歪剌骨，可是有槽道的？"（金［词话本］，53/1431）

朱德熙（1985）把它归入"可 VP"问句，刘镜芙（1994）则认为"可"为"岂"义，把它排除在外。我们觉得，这是一个语境歧义句。两种理解均可成立，且大意相当，只是把"可"作"岂"解，语意显得重些，而看成"可 VP"假性问，语意略轻。因而朱先生把它归入"可 VP"问句未尝不可。其实，上引例（1）也属这种情况。

当然在多数情况下两者的区分还是明显的。我们发现两种用法分布上有一定的特点，比如"岂"义的"可"后常出现否定词，而"可 VP"则排斥这种用法。上举例（2）（3）若"可"之后加否定词"不"，那么这个"可"就是"岂"义了。不过，"岂"义的"可"后并非都出现否定词，这只能根据语境来区别了。从历史上看，作为正反问标记的"可"是从"岂"义的"可"分化出来的。上述这种两歧的用法是否与分化有关，这是值得进一步研究的。

3.2　列项选择问

表中的数字表明，真性问中结构可比类远远高于结构不可比类，而假性问中，结构不可比类则远远高于结构可比类。这显示出问句的功能差异对于句法结构的选择性。真性问的目的在于求取信息，要求问有所答，往往采取较为单纯的表达方式，可比结构，形式对应，焦点突出，正适应这种需求；假性问的目的在于给予信息，表明自己的观点态度，不求回答，因而在表达上允许有更大的自由度，较多地选用不可比结构，这是很自然的。

假性列项选择问在内容表达上有如下几种情况：

3.2.1　肯定前项

例如：

（1）就是我这把刀！要问问你这事倒底是"可"哟，是"不可"？还是"断断不可"？（儿，9/115）

刀架在脖子上，只有选择"可"，没有任何其他余地。又如：

（2）人命要紧，你那货物要紧？（金，93/1361）

当然是人命要紧!

3.2.2　肯定后项

例如:

(1) 碓磨也有个先来后到,先有你娘来,先有我来? (金,91/1341)

玉簪对后到却得宠于衙内的玉楼颇不服气,冲着玉楼的丫头表示不满,显然是肯定后项。再如:

(2) 我倒底算姐姐聘的,算和尚聘的呀? (儿,26/368)

既然是和尚的银子,那自然是和尚聘的!

3.2.3　两项均肯定

例如:

你们不信,只闻他这身香味儿,也不知是惹的花香,是沾的人气? (儿,28/396)

乌大爷令弟的意思在于调侃,显然是说安公子双美兼得,"惹得花香"又"沾得人气"。

3.2.4　否定前项

这主要见于"A也(那、阿)怎的(怎么、甚么)"格式中。说话者提出一个选择项,而用疑问代词作为另一选择项,由特定情境可知,前一选择项客观上并非事实或说话者主观上不认为是事实,从而表达了否定的意思。例如:

(1) 你进门几日,就题名道姓叫我,我是你手里使的人也怎的? (金,91/1341)

(2) 左右有他家冯妈妈子,再派一个没老婆的小厮,同在

那里就是了，怕走了房子也怎的？（金，20/285）

（3）他好小胆儿，你想他怕也怎的？（金，83/1236）

（4）从来忘恩背义，才一个儿也怎的？（金，95/1391）

（5）春梅道："也有玉箫他们，你推我，我打你，顽成一块，对着忘八，龇牙露嘴的，狂的有些褦儿也怎的！"（金，22/319）

以上各例均是对肯定形式的否定。如例（1）是玉簪骂兰香的话，事实上玉簪不可能是兰香手里使的人，"怎的"强化了否定之意。下面各例是对否定形式的否定：

（6）今后再厮见时，不是好弟兄那甚么！（教老，100）

（7）薛嫂儿道："我不知道他也怎的？不消你老人家分付。"（金，97/1419）

（8）六月日头没打你门前过也怎的？大家的事，你不出罢。（金，21/301）

（9）他好胆子，恒是杀不了人，难道世间没王法管他也怎的！（金，89/1309）

有时前项中也出现任指用法的疑问代词，例如：

（10）饶费了心，那个道个是也怎的？（金，75/1083）

（11）等爹来家说了，把贼忘八撵了去就是了。那里紧等着供唱撰钱哩怎的？（金，22/319）

（12）这一家人，只是我好欺负的。一般三个人在这里，只踢我一个儿，那个偏受用着甚么也怎的？（金，18/254）

前例"那个道个是也怎的"是"没人道个是"的意思；次例"那里紧等着供唱撰钱哩怎的"是"无处紧等着供唱撰钱"之意，此例中出现了语气词"哩"，是一个特殊的用法；后例前项有两个疑问代词，即"那个"和"甚么"，"那个偏受用着甚么也怎的"是指"没有那个偏受用着甚么"。

3.2.5 两项均否定

例如上文 2.2.2.1 "结构形式与疑问焦点" 节的例 (1)，再如：

（1）是还想我能去钻营升官呢？是还想我能去谋干发财呢？（儿，39/618）

（2）还是我这话嘱咐多余了？还是你是我的嬷嬷爹，众人只管交齐了，你交的齐不齐就下的去呢？（儿，36/550）

（3）他还是射鹄子呢，还是射帽子呢？（儿，11/134）

前例意谓别想我去钻营升官，也别想我去谋干发财。次例是说，既不是我的话多余，也不是你可以搞特殊；后例原文紧接着是"列公，不然"。这一类的例子最多，有 18 例。

3.2.6 既不肯定也不否定

例如：

我安骥此刻还是活着呢，还是死了？这地方还是阳世啊，还是阴司？我这眼前见的这光景，还是人境啊，还是……（儿，6/70）

例中写的是经受巨吓的安公子从昏迷中醒来这一刹那的亦真亦幻的感觉。只是发问，不求回答。对所问的内容亦不置肯否。这实际上是修辞上的"疑离"用法。

3.2.7 难以径作肯定与否定

选择肢本身无法作出肯定或否定，需联系上下文才能明确。这主要指"特指选择问"一类的情况。如：

就论一报一施，你道孰轻孰重？（儿，20/265）

"孰轻孰重"，说话者显然已有所选择，联系上文才知"报轻施重"，如就选择肢本身无法确定，因为其主项用的都是疑问代词。

上述各种情况的识别主要依赖语境，但有一点是明确的，即选择肢之间若是矛盾对立的，则只能确定一边，不可能是"均肯定"或"均否定"类。

4　关于正反问历史发展的几个问题

4.1　正反问的来源：省略与称代

作为汉语发展的一个阶段，明清时期不仅是由近代汉语向现代汉语过渡的关键时期，也是早期近代汉语乃至古代汉语的重要承续期，它是汉语发展链中的重要一环。研究疑问句，不仅要仔细观察、描写这一时期的现象和规律，对一些重要问题我们还须作必要的上溯与下探，以利于更有效地解释现象、说明规律。在分析探讨这一时期选择问句的一些现象时，廓清一下这一问句的来源问题是非常有必要的。

关于现代汉语选择问句法的来源，梅祖麟（1978）首先作了系统的考察，在这个问题的研究上具有发凡之功。20世纪90年代以来学界对于这个问题的进一步探讨，使研究有了新的进展。学界的研究主要集中在正反问上，关于列项问的来源讨论不多。

对于正反问的来源有种种见解。我们认为，归纳为源于省略和源于称代两类是较为合理的。省略说是梅祖麟首先提出来的。尽管由于材料的限制，他把起源的时间说迟了——出土文献的发掘，把正反问起源的时间由唐代提到了先秦——但是他的省略说仍然能够解释新发现的材料。

我们先看关于甲骨文研究。对于甲骨文中有无正反问学界存在较大争议，陈梦家（1956）认为甲骨文中已有"雨不雨？""雨不？"两种格式的正反问。裘锡圭（1988）认为"在殷代语言里，这两种问句，有可能都已经出现了。70 年代岐山董家村出土了西周中期的五祀卫鼎，铭文中有'正乃讯厉曰：汝贾田不'之语（《文物》1976年 5 期 38 页）。这里的训辞显然是'V 不'式问句。这对殷代已有这种问句的想法是一个有力的支持。"但他考察大量卜辞后得出的结论却是：现在被人们看作正反问"VP 不 VP"和"VP 不"式卜辞实际上是由命辞和验辞两部分组成的，没有确凿无疑的正反问句。尽管仍有学者提出例证肯定甲骨刻辞中存在正反问，但也并非确凿无疑，如下例：

（1）癸卯卜：乙巳雨不雨？允雨。癸丑卜：乙卯雨不雨？允不雨。（粹，665）

王海棻（1992）、郭锡良（1994）认为是正反问，周生亚（2004）通过对读原甲片，指出两处的"雨"和"不雨"都"既不刻在一处，也不连书"，作为命辞实际上应该分别断为两个问句。总之，就目前的研究看，我们暂且同意裘先生的意见。不过，甲骨文中带有疑问语气词的选择问句一般能得到学术界认可，如下面的例子：

（2）丙寅卜，□贞：衣今月虎其网抑，不网执。旬六日壬午网。（合 40819＋21390）

（3）□唯□咎执，不抑。（合 19785）

尽管我们还没有充分的证据证明甲骨文时代存在正反问句，但"省略说"提示我们，这类选择问句蕴含着两种正反问生成的可能途径。裘锡圭在文中曾分析说："如果去掉句尾的语气词，就变成'V 不V'和'V 不'式反复问句了。"可见，省略的原理具有一般性特点。

如果说甲骨文还缺乏现实的语料来证明这个过程的话，那么"睡虎地秦墓竹简"的语料该足以为这个过程做出说明。这里列出数例来进一步观察"VP 不 VP""VP 不"这两种典型正反问句式的生成轨迹：

（4）人奴妾盗其主之父母，为盗主，且不为？（睡虎地秦墓竹简·法律答问）

（5）甲贼伤人，吏论以为斗伤人，吏当论不当？当谇。（同上）

（6）免老告人以为不孝，谒杀，当三环之不？不当环，亟执勿失。（同上）

例（4）为列项问，省去分句的关联词"且"，便成了例（5）的格式，即正反问"VP 不 VP"式；而进一步省略就是例（6）的格式，即"VP 不"式。

不妨再看一下"VP 不曾"的生成途径。上文 2.1.2.1 节已经指出，"VP 不曾"的早期用例见于宋代文献，如：

（7）你曾杀人也不曾？（清平山堂话本·简贴和尚）

但我们知道，"不曾"在宋元前主要用作状语。这个一直置于动词之前的"不曾"怎么会跑到句末成为正反向的标记呢？省略说可以为我们提供解释。请看《朱子语类》的例子：

（8）只管在尘俗里面衮，还曾见四端头面，还不曾见四端头面？（卷一百二十一）

（9）公且自看平日是曾去学，不曾去学？曾去习，不曾去习？（同上）

（10）莫依傍他底说，只问取自家是真实见得不曾？（卷一百一十六）

例（8）为列项问。省去"还"，便是例（9）的结构，这是介于列项问与正反问之间的形式。两例中的"曾"与"不曾"均作状语。例（9）这种形式，"不曾"后省略，"不曾"前靠，就成了"曾 VP 不曾"式，再省去"曾"便是例（10）的形式"VP 不曾"式了。例（10）是目前所见最早的一例"VP 不曾"式。《金》的例子可进一步说明这个过程：

> （11a）你吃饭不曾吃？（词话本，25/460）
>
> （11b）你吃饭不曾？（张竹坡评本）

语言事实表明，当"VP 不曾"形成并使用开来以后，上引 a 式这类用例便销声匿迹了。或许在张竹坡时代，"不曾"后带有动词，语感上已不怎么舒服，所以把"词话"中仅有的两例均作了省改。可以说，例中 a 式只是由列项问到"VP 不曾"的一个过渡形式。这种格式没有像"VP 不 VP"那样流行开来，与"neg"是双音节似有关系。"VP 没有""VP 不是"等的生成途径类此。

"省略说"富有较大的解释力，得到学界多数学者的认可，但它仍有解释不了的现象。如"VP 否"学界多认为是正反问，但显然不能用省略作出合理解释，"饮酒否"，并不是由"饮酒否饮酒"省略而来。但如据此而断定"VP 否"不是正反问显然又与语言事实不符。尤其是，秦简以后，"VPnegVP"句式"突然在文献中消失，在长达千年的时间里，连一点痕迹也看不到"（朱德熙 1991），而汉魏六朝文献，特别是东汉佛典中，却有不少"VPneg"式，如上文 2.1.1.3 所引诸例。再如（转引自张敏 1990）：

> （12）王言善哉，佛当来不？何日能至？（中本起经，155）
>
> （13）不知彼有法无？（佛说义足经，下，182）
>
> （14）弟子问："成应真未？"答曰："未得。"（杂譬喻经，499）

用省略来解释似缺乏语料上的支撑。为此，张敏（1990）从类型学的角度提出源于称代的说法。其实，"称代说"的源头可追溯到吕叔湘（1944），他在《中国文法要略》中讨论"否"字的用法时举例：

（15）晋人侵郑以观其可攻与否。（左传·僖公三十年）

他指出："'否'字以否定词而兼含动词或形容词于其内，所以是称代性"；这里的"否"等于"不可攻"，反复问句末尾的"否"即由此变化而来。

张敏据此认为："汉代大量出现的'VPneg'型反复问句的来源正是先秦的这种'VP否'式动词并列词组，而不是来源于选择问的删除。"但是，正如他自己所说的，"汉代反复问的'neg'形式是'不'和'未'，看上去不是表示称代性否定概念的'否'，因此从逻辑上讲，这类问句似乎是有可能经选择问删除而得出的。"对此，他从汉代否定词系统的简化和"VPneg"形式的重新分析并经历了"词汇替换"过程，来论证这种可能性的不存在。

我们觉得，"称代说"的提出是有积极意义的，它合理地解释了VPneg中"VP否"以及部分"VP不"（同"否"者）句式的产生，对于"省略说"是一个必要的补充。至于VPneg中neg不具有称代性的部分，根据目前发现的材料，我们以为源于省略的可能性是存在的。《史记·龟策列传》中有不少"VP不VP"式的用例，略举数例于下：

（16）卜：系者出不出？不出，横吉安；若出，足开首仰有外。

（17）卜：请谒于人得不得？得，首仰足开，内自桥；不得，首仰足肐有外。

（18）卜：岁中禾稼孰不孰？

（19）卜：居室家吉不吉？

（20）卜：行遇盗不遇？

(21) 卜：迁徙去官不去？

(22) 卜：居官尚吉不？

(23) 卜：岁中有兵无兵？

另有，"往击盗，当见不见？""岁中民疫不疫？""天雨不雨？""见贵人吉不吉？""天雨霁不霁？"等。以上句子的标点有不同的处理。中华书局本《史记》不用问号，标作陈述句。如例（16）标为"卜：系者出不出"。我们这里标为问号，出于如下几点考虑：首先，从结构上看是可能的。这里涉及间接问的问题。汉语中"问""猜"一类动词带疑问形式作宾语，有时是陈述语气，但有时却是询问。判定这类句子当从上下文活看，来定语气。用作疑问时这类动词有点类似于"发问词"。"卜"的性质与之相当。通常翻译为"卜问"，以"卜"引起的句子无疑均具有传疑的性质，只是直接传疑还是间接传疑的问题，本组记录卜问的句子一共21句，有18句用的是"VP 不 VP"传疑句法结构，即使以其他形式出现的句子，也同样具有传疑性质，如：

(24) 卜：求财物，其所当得？得，首仰足开，内外相应；即不得，呈兆首仰足肣。

传递的是"求财物当得不得"之意。因此，标为句号是间接问句，而标为问号则是直接问句。就句子结构看，这两种可能性都是存在的。但与例（16）等相比，例（22）这种形式疑问语气显得更为明显一些[①]。作为一组相互联系的句子，语气是一致的，我们觉得，理解为疑问语气似更合适。其次，从"VP 不 VP"正反问的发展看也是可能的。如果说，认定甲骨文时代"VP 不 VP"正反问的存在学

[①] 据魏培泉（2007），《史记》中"VP 不"结构出现 14 次，除个别用于间接疑问句外，主要作直接疑问句用。而此前"秦简"中此类用法已多见。

界还存在较大争议的话，那么秦简之后对于汉语中存在这类问句不应有什么争议了。秦简中，"VP 不 VP"结构的几种基本形式用作问句都已经出现，在《史记》中的应用当是合理的沿用与发展。再次，从和甲骨卜辞的关系来看也是可能的。据史料记载，司马迁的《龟策列传》已亡佚，目前所见为西汉史学家褚少孙所补。褚氏自称，这些卜辞是他"往来长安中，求《龟策列传》不能得，故之大卜官，问掌故文学长老习事者，写取龟策卜事"而成的，传中所记卜辞与甲骨卜辞在内容和表现形式上均有某种关联性。关于甲骨卜辞的命辞是不是问句，学术界尚有争论。近年的讨论中，有学者持明确的肯定意见，如王宇信（1989）称："卜辞的命辞应该是确定无疑的问句。"陈年福（2001）也认为："命辞应为问句才比较符合卜辞的实际。"即使持慎重态度的学者（如裘锡圭1988），对有显性疑问标记（如语气词"抑"、"执"等）的句子自是断然肯定的。这也是对本书标点的一个支持①。

《史记》中的正反问显然是承秦简而来的。从格式和 V 的多样化可以看到这一句式在汉代的发展。《史记》中的格式有 VP 不 VP、VP 不 V、VP 不、有 O 无 O 等。秦简这一句式的 V 比较单纯，主要是"当、得、为"三个，动作动词仅见 1 例。《史记》中的"V"就比较丰富了，动作动词占了大多数，还首次出现了形容词。从格式和 V 的多样化，可以看到这一句式在汉代的发展。需指出的是，褚少孙为颍川（今河南禹县）人，这一句式很可能带有河南方言色彩，但能为"正史"所接受，可见当时的分布已较广泛。

基于这些材料的分析，我们有必要重新认识秦简与唐文献中这一句式的渊源关系。也有必要重新审视汉魏六朝"VPneg"中的"neg"

---

① 以上认识，曾请教本师蒋绍愚先生，先生认为作这样处理是合适的。

不具有称代性部分如"VP 不""VP 无""VP 未"等形式的来源。我们认为把这部分句子解释为源于省略是顺理成章的。"VP 不"自不待言。"VP 无",《史记》例（23）亦足可说明。当然，我们没有在汉代文献中见到"VP 未 VP"的问句，说"VP 未"问句是省略而来，有待于文献资料的进一步证明。但早在秦简中就见到"受衣未受"的非疑问用法（见于《秦律十八种·属邦》），也能说明一些问题。而下面的例子似乎也可以给一些支持：

(25) 未审二祖是了未了？（五灯会元，卷十五）

(26) 知向禁中归未归。（张籍：寄白学士）

(27) 问诸将君恩酬未酬？（全宋词，陈人杰：沁园春）

因而，我们认为，汉语典型的正反问主要有省略和称代两个来源，它们是并行不悖、互为补充的。这种格局自先秦一直保持到宋元时期。自南北朝始，由于"VP 否（不）"句式本身的变异（出现了"K·VP 否（不）""不 VP 否（不）""莫 VP 否（不）"等形式）促使这一格式中的称代式否定词出现虚化倾向（吴福祥 1997）。到了唐宋间，这种变化更加明显。有学者注意到北宋文学家宋祁的一则笔记："《春秋》'霸之济不，在此会也。'古人以济不作两字用，谓济与不济也。今人用不，为欤耶之比。"可见在宋祁的语感中，"不（否）"的称代意义已近乎消失。不过，若据此而断定宋祁时代"否（不）"已全然虚化，这恐与语言事实不完全相符。宋代文献中，"VP 不（否）"的使用频率还不低。《朱子语类》"VPneg"中的"neg"主要还是"否"。因此我们愿相信吴福祥的推断：宋祁只是"粗略之言，并非尽是"。明代文献中出现的少量"VP 否"已不是当时口语。《金》中有 12 例，其中 9 例出自文人之口，3 例出自西门庆附庸风雅的言谈。《儿》中出现 2 例，1 例出自说书人之口，1 例是书信上的话。《水浒传》用得较多，怕是个特例，黄伯荣（1958）认为《水浒传》中的"否"为"文言成分",是可信的。这恐与其创作特点有关,尽管成书于明初,但"在成书前民间久已流传,所以其中的语言可能反映不同的时代层次,不能看作一个时代平面。"因此我们大体可说,到了明清时期,汉语典型的正反问基本上是源于省略一类的一统天下。

邵敬敏(1996)注意到,现代汉语中有一种"VP 不"不能解释为由省略而来:

(28) 我去看看孙少爷书背完了不?(曹禺选集,349 页)

(29) 你说袁先生今天看出来不?(同上,339 页)

(30) 你有事不?(袁静等:新儿女英雄传,119 页)

邵先生认为这种句子可能另有来源,并推测这是由古汉语"VP 否(不)"一类的用法经过近代汉语的"一种遗留格式"。我们认为邵先生的推测不是没有根据的。源于称代的"VPneg"尽管在明清白话文献中基本消失,但它在方言中还有可能保存下来,邵先生所举上海话的"VP 勿(勿啦/伐)"就是一例。其实,即使明清白话文献,也不能说完全绝迹,我们调查的四部书中,共见 2 例"VP 不",其中《金》中的 1 例似是这样一种"遗留格式",在 2.1.2.4 讨论"VP 不"一节时我们已经作了引述:

(31) 因问韩道国道:"你和老爹说了不?"道国道:"我还不曾说哩。"(61/814)

这种用法显然不能解释为由"VP 不 VP"省略而来,理解为源于称代的"VPneg"的残存用法应是合式的。

以上讨论没有涉及"可 VP"一类问句。这类问句与典型的正反问有明显的差异,其性质学界尚有争议。况且,关于它的来源,江蓝生(1992)已有详细考论,这里从略。

4.2 正反问的省略规则：右省与左省

关于并列结构的省略，西方生成语法学者有过诸多的研究，提出一些"普遍语法规则"，如"方向性限制""孤岛条件""词语自主律""介词悬空"等（黄正德1988），这些探讨，对于解释汉语选择问句的省略富有积极的意义。不过，学者们也发现，例外也不少（朱德熙1991；张敏1990），这说明汉语选择问句的省略有自己一些特殊的规律。对此，吕叔湘（1985b）、邵敬敏（1996）和上引两位学者已有较为深入的分析。我们这里进一步讨论。

4.2.1 关于右省

汉语正反问的省略，从一开始便选择了右省策略（我们把正反问中"正"一部分的省略称为"左省"，"反"一部分的省略称为"右省"）。秦简中已出现右全省的"VPneg"式，《史记》沿用了这种手段。出现这种状况，我们认为与当时的强势方言（雅言）源于称代的"VPneg"格式的类化有关。不妨再看一下秦简的情况。秦简中除了前引一例由省略而来的"VP不"以外，还有下面这类用例：

    （1）相与斗，交伤，皆论不殴（也）？（法律答问）

这样的例子秦简中共见5例。例中的"不"与秦简中其他"不"是否同一，学界有不同的看法，冯春田（1987）把此类"不"与"当三环之不"的"不"归为一类，认为均属否定副词，与"否"不同。王海棻、邹晓丽（1992）则认为秦简中有两个"不"，此类"不"属称代式"不"，张敏也持相同看法，称"这里的'不'相当于先秦汉语其他材料中的'否'","与《孟子》中的两例问句①非常一致"。应该怎样看待这一现象呢？复合性是先秦汉语（秦简除外）否定词系统的一个重要特征，即否定词中，否定成分之外，还含有别的成分。除前述"否"以外，再如，"弗"相当于"不之"，"非"相当于"不是"，等等。而秦简中的否定词系统却与此有较大区别，它具有分析性的特点。如先秦其他文献中对"是"的否定用"非"，没有"不是"或"非是"的说法，而秦简中却用"非是"，如："顷畔封也，且非是？""窦署即去也，且非是？"再如，秦简中"弗"的用法也与先秦其他文献不一样，具有明显的分析性倾向。（冯春田1987）尽管从秦简否定词系统出发推理不无根据，但我们还是倾向于后一种意见。我们认为，这少量的"不"与秦简中以分析性为主要特征的否定词系统的不一致，正是由于当时的强势方言（雅言）影响的结果。而右省格局的形成与这种格式的类化影响显然不无关系。汉魏六朝采用右向省略方式生成 VPneg，恐怕这也是原因之一。

关于右省，学界一般只注意到其省略规则的"左向性"，即从最右边开始，渐次往左。如上文4.1《金》第25回的例子，全式应是"你吃饭不曾吃饭"，省去"饭"，即是 a 式，进一步省去"吃"，便成了 b 式。应该说，"左向性"是省略的基本规则，而且古今汉语是一致的。但是，这并不意味着它是唯一的形式，张敏曾指出变文中两个特殊用例：

（2）二将答曰："口称四更已来捉得。"霸王问曰："捉得不得？"（敦煌变文，40）

（3）有一梵志婆罗门僧，教学八万个徒弟，曾闻不闻？（同

---

① 即《公孙丑上》：如此则动心否乎？《公孙丑下》：子之持戟之士一日而三失伍，则去之否乎？

上，819）

"捉得不得"的全式是"捉得捉不得"或"捉得不捉得"，"曾闻不闻"的全式是"曾闻不曾闻"。若按"左向性"规则省略，当作"捉得不"和"曾闻不""曾闻不曾"，而变文则是保留最右边的形式，省去右选言肢的头一个重复成分。他指出《朱子语类》里还能见到：

（4）看我是能恁地不恁地。（卷一〇五，第 2628 页）
"此后就再也见不到了。"

应该说，张敏的观察是非常细致的。不过，据我们考察，这类"右向性"省略的用法尽管特殊，但并非前无古人，后无来者。在《史记·龟策列传》中我们就见到这样的例子：

（5）追亡人当得不得？

（6）往击盗当见不见？

（7）求当行不行？

这与秦简中的"当论不当""当包不当"和《史记》本篇中的"去官不去""遇盗不遇"的删除方式显然都不一样。值得注意的是，上引 6 例中有 5 例用了助动词，分别是：能、当、曾。另 1 例，"捉得"则是一个动结式。

在《金》中，我们还见到下面的例子：

（8a）看我明日对你爹说，不对你爹说？（词话本，21/551）

（8b）看我到明日对你爹说不说？（21/302）

（9a）等我到家，看我对六娘说，不对六娘说？（词话本，50/1315）

（9b）到家看我对六娘说也不说。（50/665）

张评本对词话本作了删略，这种删略与前引诸例的策略是一样的，即同为"右向性"。所不同的是动词前是一个介宾结构。《金》中像 b

这种用法还有多处。

以下例子结构略有不同：

（10）伯爵看见一百两雪花官银放在面前，因问："哥，你替他去说不说？"（67/923）

（11）月娘道："他爷也常往他身边去不去？"（96/1402）

例（10）是一个连动结构，全式应是：

（10′）你替他去说不替他去说？

例（11）介宾结构前有副词。全式应是：

（11′）他爷也常往他身边去不常往他身边去？

《儿》中也有类似用法。如：

（12）你说这比老师门生痛快不痛快？（39/628）

此句全式当作：

（12′）你说这比老师门生痛快不比老师门生痛快？

晚清其他小说也有同类的例子：

（13）艾虎也就明白了这个意思，问冯渊说："哥哥，你把事办完了么？白菊花今天你还去拿不拿？"（小五义，第210回）

（14）白老寨主与白俊比你近不近呢？（三侠剑，下）

例（13）全式当作：

（13′）白菊花今天你还去拿不去拿？

例（14）"近"是形容词，全式当作：

（14′）白老寨主与白俊比你近不比你近呢？

在反映19世纪中期北京话面貌的《语》中我们也看到1例：

（15）红娘说：奴婢意见，那儿有块红绸绢子，比钮子好不好呢？（语，323）

本例中的"好"也是个形容词。全式应是：

（15′）那儿有块红绸绢子，比钮子好不比钮子好呢？

在现代汉语中，关于谓词前有介宾结构的正反问句的省略规则，吕叔湘（1985b）曾作过例示：

(a) 你跟他通信不跟他通信？

※(b) 你跟他通信不跟？

?(c) 你跟他　　不跟他通信？

(d) 你跟　　不跟他通信？

他认为（b）式不能说，（c）式能不能说存疑。他没有列出：

(e) 你跟他通信不通信？

这意味着他不认为现代汉语可以有这种省略式。关于（b）式，朱德熙（1991）在讨论"介词悬空"时举了下面的例子：

他给（你）修不给？

他还叫（人）睡觉不叫？

医生让（他）抽烟不让？

可见他认为北京话是可以说的。

对于在现代汉语中（b）式可不可以成立，（d）式的使用是不是具有普遍性，还须具体分析。汤廷池（1984）认为，可不可用不能一概而论，似与介词的虚化程度有关。他说："国语的许多介词都由动词虚化而来，因为虚化的程度不同，其句法功能也就有差别。有些介词（如关于、对于、由于、自从、根据、依照等双音介词）完全不具有动词的句法功能，不能形成正反问句；但是有些介词（如跟、比、用、到、在等）却仍然保留某些动词的功能，在一定的条件下可以形成正反问句。"我们觉得，这种说法是有一定的道理的。

在明清汉语中我们只见到（a）式和（e）式，（b）（c）（d）三式均未见用例。关于（e）式，现代汉语是不是可用，还值得研究，笔者拿上举例（8）（9）的 b 咨询周围的北京人，他们认为可以这样说。不过，语意侧重稍有不同。而现代汉语文献中也见用例：

(16) 你还把他们当人不当人?（梁晓声：表弟）

(16′) 你还把他们当人不把他们当人?

再看下面两组例子：

(17a) 你从上海去不从上海去?

※　(17b) 你从上海去不去?

(18a) 你到学校去不到学校去?

(18b) 你到学校去不去?

(17b) 不能成立，但（186）却可以说。吕叔湘（1985b）论及现代汉语正反问的省略原则时说，"省去后一部分，只反复前一部分"。仅"这个钟走得准不准?"一类带"后置状语"的句子"是一个例外"。看来情况并不那么简单。例外不止一个。上面的例子为什么一个不可以说，一个却可以说，这似与介词性质以及动词的语义指向有关：介词"到"是"往"的意思，和动词"去"表义一致，正反问"去不去"的疑问焦点蕴涵状语。"从"表示起点，和"去"表义不一致，"去不去"的疑问焦点无法蕴涵状语。（18b）式的"去"语义指向介词的宾语，（17b）式却不是。另外，和介词的虚化程度也有一定的关系，"从"比"到"虚化程度高。

上文例（10）所举《金》中的"你替他去说不说?"这种省略式，现代汉语已经不见使用。按连动式的省略规则，当重复前一动词，作：

(10′) 你替他去说不去?

而这是"左向性"省略与"右向性"省略兼用的一种特殊形式。例（11）"常往他身边去不去?"的说法现在也不能接受。这种结构较为复杂，现代汉语可用最简式"VP 不"：

(11′) 他爷也常往他身边去不?

但通常多用"是不是"句式来表达：

（11″）他爷是不是也常往他身边去？

或者干脆用是非问句：

（11‴）他爷也常往他身边去吗？

至于吕叔湘先生指出的"例外"一类，宋元时已见使用。如：

（19）丈夫丈夫你休气，听奴说得是不是？（《清平山堂话本·快嘴李翠莲记》）

明代用例渐多，下面两例分别见于《老》和《金》：

（20）吃得饱那不饱？（教老，69）

（21）不知这工程做的长远不长远？（金，96/1408）

清代已经常用，《儿》中就有十多例，如：

（22）只听这姑娘心眼儿使得重不重？脚步儿站得牢不牢？（19/259）

这种形式是在汉语动补结构发展的基础上形成的。重复补语是因为它在句中是疑问焦点所在。

诚如朱德熙（1991）指出的，《金》中还有一种右省式较为特殊：

（23）他大娘知道不知？（13/192）

（24）未知老爹可依允不依。（69/965）

一般认为这是复合动词的省略，这种省略与现代汉语类似结构省略策略的不同及其原因，朱先生已论及。这里我想指出的是，例中省与不省的形式在语义上是相同的，而且在功能上也相当，知道＝知，依允＝依，"知"和"依"在明代都是独立的词，如下面的例子：

（25）咱这众生知不知？（教朴，265）

（26）我有桩事儿央你，依不依？（金，74/1047）

这种情况在清代作品中常以 A 不 AB 的形式出现，如：

（27）叫什么人盗去知不知道？（小五义，中）

　　（28）他假传圣旨，还值不值得一打吗？（续济公传，中）

这与《金》省略策略不一样。在晚清的作品中，我们还见到一种词的割裂用法，如：

　　（29）可荒不荒唐？（九尾龟，四）

这种割裂用法在现代汉语中已经普遍使用开来，例如：

　　（30）犁头的债，你到底打不打算还？（杨朔短篇小说选）

　　（31）这不是庆爷爷吗？你认不认识我啦？（杨朔散文）

　　（32）不知你欢不欢迎？（沙叶新剧作选）

　　现代汉语的合成词"A不AB"缩略用法是否直接从《金》中此类用法发展过来的还须探讨，毕竟省略策略不同。但《金》的用例对这种格式的出现产生影响，是毋庸置疑的。而现代汉语除了沿用《金》中这种非割裂用法外还出现了词的割裂用法，这显然是一种发展。

4.2.2　关于左省

　　从上文对正反问各式的具体描写中，我们已经大体可以看出左省式"VnegVP"正反问在近代汉语中的大体面貌。此式与正反问其他几种主要形式如全式"VPnegVP"、右省式"VPnegV"和"VPneg"等相比，显然是一种晚起的形式，其发展的历史层次要浅得多。材料表明，这一形式的正反问大约始于元代，明清时期有了明显发展，为其在现代汉语中的迅速扩张并成为强式，奠定了基础。

　　被"VPnegVP""VPneg"等形式占据主导位置近两千年的正反问如何在近代汉语晚期和现代汉语中被"VnegVP"式分得了一杯羹呢？这是一个饶有趣味的课题。原因当然是多方面的，我们觉得，以下几点当是重要的原因。

4.2.2.1　潜规则存在的先决条件

上文我们指出，由于受先秦强势方言源于称代的 VPneg 格式的类化影响，汉语正反问从一开始便选择了右省策略，使"右省"式得到了优先发展。但作为一种潜规则，左省的可能性始终是存在着的，只不过是受到显规则的抑制而未能显性化而已。在语言体系中，它以"空符号"的形式而存在，随着语言系统内部和社会文化语用条件的变化，潜规则就有可能显性化。我们认为 VnegVP 式正反问就是这样一种形式。从历史上一些偶现的语言现象中，我们可以窥见到这种规则的存在。如张敏（1990）注意到作于北魏的《贤愚经》中非疑问"VPnegVP"形式左省的一例：

　　　（1）尔时世尊，即制比丘，诸不净肉，皆不应食。若见闻
　　疑，三不净肉，亦不应食，如是分别应不应食。（四·375）

这是目前所见并列结构左省式的最早用例，尽管没有见到更多的例子，但足以证明左省规则是存在的。只是语言发展的内部和外部条件尚不成熟而未能使用开来罢了。

当然，这种潜规则的具体面貌如何，还缺乏深入探究。目前只能从已揭示的显规则来作一些推断。上文谈到，西方语法学界对于并列结构的删略规则有过较为深入研究，提出了一些带有普遍意义的语法规则，比如"方向性限制""介词悬空""词语自主律"等，尽管不少学者已经注意到这些规则用汉语来验证存在着例外，需要进一步探讨，但也不可否认其中很大一部分还是值得采信的。以"方向性限制"① 来说，验之于近现代汉语中左省式 VnegVP 的用例，大多数是相符合的。因而我们有理由相信在早期近代汉语乃至古代汉语中，这

---

① "方向性限制"是 Ross 于 1967 年提出来的。这个限制规定：如果同指的词组在结构树里向左分枝，省略则应该是顺方向的；如果同指的词组向右分枝，省略则应该是逆方向的。

些规则同样是存在的，只是以潜性而非显性形式存在而已。

4.2.2.2　语言发展本身的需要

VnegVP 式正反问由潜到显的变化，与汉语疑问句系统本身的发展密切相关。从语言事实我们注意到，历时地看，为适应日趋丰富的表达需要，正反问中 VP 的结构有复杂化的趋势，音节也明显加长。就 VP 不 VP 式而言，《儿》与《金》相比，变化就非常明显。《金》中 VP 最长的有 9 个音节，结构也相对简单，而《儿》中最长的达 18 个音节，结构也复杂得多。如前文所举的 2 例：

（1）如今酒是开了，可还用我们俩一个人背上根荆条棍儿赔个不是不用呢？（37/587）

（2）这姑娘可是左右鬓角儿上有米心大必正的两颗朱砂痣不是？（13/155）

这样的结构复杂的长句子，用右省式来表达有明显的不足，肯定与否定的词语相隔太远，无论从说话者还是听话者来说，都不太方便，因为肯定动词后面有很长的宾语或补语，等到句子结尾的时候才接上否定动词，容易忘了前面的动词说的是什么，且疑问焦点不集中。而相比之下，用左省式来表达就有明显优越性，它让肯定与否定的词语紧相连接，符合人们短时记忆的规则，便于表达与接受，并且疑问焦点更为集中。如上两例，用左省式来表达就是：

（1′）如今酒是开了，可还用不用我们俩一个人背上根荆条棍儿赔个不是呢？

（2′）这姑娘可是不是左右鬓角儿上有米心大必正的两颗朱砂痣？

其优越性是显而易见的。

从汉语疑问句系统的整体演变看，汉语是非问"吗"问句是从正反问演变而来的。对此，前辈学者多有论述。近来有学者（杨永

龙 2003）进一步从语法化角度作了理论探讨，认为由"无"到
"吗"经历了一个"无"的语义泛化（generalization）和"VP 无"
句式的主观化（subjectivisation）的过程。在这个过程中，原来的表
中性的正反问，变成了带有主观倾向的是非问。据刘一之（1986）
研究，元代汉语中是非问形式"VP 吗（么）"突然增多。可见这一
时期是这一变化的关键时期。我们推断，汉语表中性问句的一个重要
类型演变成了是非问，那么表中性的问句就少了一种类型，从系统平
衡的角度来看，表中性的问句则有进一步拓展类型的可能和需要，以
适应语言表达多样化的要求，这就给 VnegVP 式正反问的使用留下了
空间。因而我们有理由相信，这种问句这一时期逐渐开始使用，不是
偶然的。特别是"V 否"式问句的产生，与这种变化似乎有更直接
的关系，上文材料表明，"V 否"式正反问，就是在"VP 否"正反
问退出口语，"吗"问句形成之时出现的。

4.2.2.3　系统类化作用的推动

　　系统类化是语言发展的一个重要机制，对于许多语言规则的形成
都产生过积极的影响。在汉语中很早就形成了单个动词或形容词的肯
定与否定相连接的正反问形式，并成为汉语正反问的一种基本样式。
如"睡虎地秦墓竹简"中的"臧者论不论？"《史记》中的"系者出
不出？""请谒于人得不得？""居家吉不吉？"《祖堂集》中的"与摩
不与摩？""适来诏不诏？""闻你有充天之气，是不是？""变文"中
的"能不能，愿不愿？""元散曲"中的"海棠开未开？粉郎来未
来？"等等都是，在我们调查的《金》《儿》等明清时期的作品中，
这种类型所占的比重很大。这个句法事实在说汉语的人们心里已经根
深蒂固，它作用于语言使用者的类推思维，从而扩展到所有的述语，
无论是动词，还是形容词，是一般动词，还是助动词，是及物动词，
还是不及物动词，均以肯定否定相连接来构成正反问句。

从我们的调查来看，左省式正反问较早在"是"字句中得到使用。上文所引元代例子"是不是我的仙鹤？""是不是山精野猫？"就是较早的用例。当这种句子一旦使用开来之后，系统类推的动力同样发生作用，进而由判断词扩展到其他各类动词。我们相信，下面的句子形式在左省式"是不是"正反问的形成中起了关键的作用：

> （1）这个未知是不是？（全元曲·杂剧一）

"这个"实际上是"是""不是"在意念上的判断宾语。若按照"SVO"型语言动词支配宾语的一般规律，把它们置于动词之后，那是非常自然的，也是人们比较容易接受的。下面是类似的例子：

> （2）夫人使来问小姐亲事，相公许不许？（元刊杂剧三十种·诈妮子调风月）
>
> （3）你这店里草料都有没有？（老乞大新释，113）
>
> （4）这仪门晚夕关不关？（金，90/1324）
>
> （5）李三哥，今有一宗买卖与你说，你做不做？（金，78/1165）

"是不是""许不许""有没有""关不关"和"做不做"等形式都有意念上的宾语出现在句中，若按照动词支配宾语的一般规律把它们置于动词之后，那是非常自然的，人们从心理上是乐意接受的。而这正是"VnegVP"正反问得以使用的客观基础。类化作用在这类用法中首先得以实现，进而扩展到其他方面。

从上文可见，VnegVP 正反问中有一部分不能用省略作出合理解释，如"是不是 VP"中有部分句子难以用省略来解释，如"是不是来了？"没有相应的"是来了不是来了？"的表达式；又如"有没有VP"问句用省略来解释也有困难，汉语中尽管存在"没有 VP"的否定表达式，但却没有相应的肯定表达式；"V 否 np/vp"类问句，也不能用省略来解释，"是否认识"不是由"是认识否认识"省略而来的；等等。如何解释这些现象的产生呢？我们认为，这同样是系统类化的结果。先看"是不是"问句的发展过程。"是不是"出现在句末，在《祖堂集》中已见用例，"是 NP 不是"的右省式唐宋时已常见（如《朱子语类》中的"违仁底是心不是？"），同时，由于这一时期"是""不是"用在 VP 前表示肯定和否定也逐渐用开（如《朱子语类》中的"只为他是欲富国，不是欲为民。"《五灯会元》中的"是见闻觉知不是见闻觉知？"），于是"是 VP 不是"随之产生，如：

(6) 这是万物育不是？（朱子语类，卷六十二）

(7)（虔末白）真个是相公唤不是？（全元曲·戏文）

语言发展的需求和系统的类推促使了左省式由潜而显。如上所引，在元代作品中"是不是 np"已见用例。当这种形式普遍使用之后，类推作用就更为强大，到了晚清时期，"是不是来了"一类用法就使用开了，并很快得到了发展。再看"有没有"问句。"有 NP 没（有）"的右省式在宋代已见用例，如《宋四公大闹禁魂张》：宋四公道："二哥，几时有道路也没？"随后我们见到非名词性成分进入这一格式，出现了"有 VP 没有"。如前举的：

(8) 有人看没有？（金，42/571）

(9) 温师父有头口在这里没有？（金，68/954）

而"有没（有）"用于句末，在元明时期已能见到。在系统类推的作用下，特别是在先行发展的"是不是"问句的直接影响下，到了清代出现了左省式"有没有 np"，而进一步的发展，"有没有 vp"随之出现，并在现代汉语中得到了迅猛的发展（邢福义 1990；王森等 2006）①。由此可见：如果说"VnegVP"正反问是通过左省的方式产

---

① 至于"V 否 vp"类问句，一开始便与省略无关，主要是系统类化的结果。在左省式正反问的影响下，"V 否"式迅速使用开来，并成为明清时期正反问使用频率较高的一个分支。

生和形成的，那么它的发展，却不完全是省略的结果，在系统类化的作用下，一些形式通过重叠或对举方式构成类似左省结构并形成相对稳定的语法化格式，以上所举的部分"是不是 vp""有没有 vp"以及"V 否 vp"等均属此类情况，因而不能简单目为"左省式"①。对于类化在"VnegVP"正反问发展中的作用，前辈学者也有一些论述，如台湾学者汤廷池（1981），日本学者太田辰夫（1958）等，可以参看。

4.2.2.4　南方方言的影响

根据朱德熙（1991）的研究，"'V-neg-VO''VO-neg-V'两种句型在汉语方言里的分布不同：前者主要见于南方方言，后者主要见于北方方言"。并指出，"西南官话、粤语、吴语、闽语、客家话以及一部分北方官话（山东话、东北话）使用'V-neg-VO'句式"。朱先生的结论，在我们对近代汉语的研究中得到了进一步的验证。我们调查获得的元明清时期 500 多个"VnegVP"的例子②，涉及 50 多位作者，除了部分佚名作者或作者籍贯不详以及部分出自集体或洋人之手者以外，有籍贯可考的有 35 位，其中绝大多数是南方作者，有32 位出生于朱先生指出的上文所引的方言区，他们分属于江苏、浙江、广东、福建、江西、上海、山东、湖北等地，而以江苏为最，几占一半，其次是浙江。《金》一般认为是用山东方言写的，朱先生曾对"崇祯刻本"中不见"V-neg-VO"用例"和今天大多数山东方言'V-neg-VO'占优势的情形不一致"产生过疑问。我们觉得，与江苏、浙江等南方方言相比，属于北方方言的山东话，"VnegVP"问句

---

　　①　这些形式中的"是、不是""有、没有"以及"是、否"与后面的 vp 是一种假性动宾关系，事实上已发生了"重新分析"。出于表达方便的考虑，我们还是把它们归入"VnegVP"式。

　　②　含"V 否 vp/np"式的例子。

的历史层次相对要浅一些,应该是受南方方言的影响而发展起来的。不过,《金》中并非完全不见用例,我们在"词话本"中见到下面的例子:

> 西门庆道:"有菜儿摆上来,有刚才荆都监送来的那豆酒取来,打开我尝尝,看好不好吃?"(75/2208)

此类用法在明清时期用山东话写的作品中罕见,清初西周生的《醒世姻缘传》中也不见使用。上举例子在"张竹坡评本"中删去了"吃",成了"好不好",我们推测可能是当时这种格式在北方口语中还不常用的缘故。少数北方籍作者,但他们均长期宦居江南,他们的作品受南方方言的一些影响是情理之中的。总之,从目前掌握的材料来看,VnegVP 正反问在近代汉语中的早期用例主要出自南方作者笔下。现代汉语中,VnegVP 正反问的迅速发展,和南方方言借着经济发达的优势向北方方言渗透不无关系。这一点已有不少学者注意到,这里不赘。

4.3 正反问与列项问的消长

选择问句各个类别之间的消长问题是一个值得探讨的有意义的课题。就对象而言,它涉及两方面:一是正反问和列项问各自内部小类的兴衰变化,一是正反问与列项问之间的兴衰变化。对于前者,学界关注较多,我们在上文讨论各小类时亦有较多的具体分析,这里不赘。现简要谈谈后者。

正反问与列项问,均属选择问句,两者关系十分密切。在汉语的发展中,两者有一个此长彼消的演变过程。在古汉语中,列项问使用频率较高,正反问则较低,而在近代汉语中正好相反。据祝敏彻(1995)统计,《论语》《孟子》《战国策》《左传》四部书,列项问共有 85 例,而正反问仅得 7 例。其比约为 9:1。而《水浒传》《儒林外史》两部书，列项问仅 11 例①，而正反问则有 90 例，其比约为 1：
9。我们统计了《老》《朴》《金》《儿》四部书，共有真假选择问
703 例，其中列项问为 150 例，正反问为 553 例，约为 2：8，与《水》
《儒》相差不大。现代汉语中，正反问的使用频率也远远高于列项
问。老舍《骆驼祥子》一书中，正反问有 46 例，而列项问仅见 3
例。这是一个值得注意的现象。

考察两种句式的实际应用，我们觉得此长与彼消之间似有某种直
接的因果联系。从可能性来说，具有反义关系、对义关系的内容，两
种句式都可以表达。比如说"好不好"，也可说成"是好，还是不
好"。就看哪一种表达更符合交际的需要。而语言表达总是求简的，
相比之下，正反问的各种形式在这方面显然具有优势。从我们调查的
材料看，表达反义、对义关系的内容基本上由正反问承担，列项问中
此类例子很少。上举"好不好"在《金》与《儿》中共出现 30 次，
却不见一处是用"是好，还是不好"的。肯定否定内容用列项问来
表达的，两部书中仅见《儿》中 1 例：

（1）如今我倒要请教：倒底是要他呢，还是不要他
呢？（23·322）

在一番劝说之后，情知安公子内心已乐意娶何姑娘为妻了，张姑娘则
慢条斯理地说了上面的话。显然，这样说，是为了满足语用上的一种
特殊需要。而在先秦汉语中，肯定否定的内容用列项问来表达则时有
所见，下面是甲骨文中的例子：

（2）癸酉卜贞：方其围，今夕抑？不执？余曰："方其围。"
（甲骨文合集，20411）

---

① 《水浒传》据黄伯荣（1958）列项选择问句有 14 例，祝敏彻（1995）统计为 7
例，或许版本不同所致。

　　（3）癸酉卜王贞：自今癸酉至于乙酉邑人其见方抑？不其见方抑？（甲骨文合集，799）

再看《战国策》中的例子：

　　（4）子以秦为将救韩乎？其不乎？（韩策二）

　　（5）欲破王之军乎？其不邪？（赵策三）

此类表达，在汉代也还常见，如《史记》中就有用例：

　　（6）神人尚肯邪，不邪？（孝武本纪）

　　（7）且王之论秦也，欲破赵之军乎，不邪？（平原君虞卿列传）

东汉的《太平经》中也有不少用例：

　　（8）子宁解耶，不解耶？（卷五十一）

　　（9）今见凡人死，当大冤之，叩而告地邪，不当邪？（卷九十）

　　（10）凡人当以严畏智诈常威胜服人邪，不宜［当］邪？（卷四十七）

　　（11）今欲有可乞问，甚不谦，不知当言邪？不邪？（卷三十九）

　　（12）今人当学为善邪？不当邪？（卷四十九）

　　不过上述例子已非常接近正反问了。可看成是列项问向正反问过渡的一种形式。汉魏时，正反问形式尽管已经有所使用，但显然还不是强式，我们能够见到的例子还很少。在早期近代汉语中，上文所引一类列项问也还很常见，在元明时期已基本上为正反问所取代了。

　　以上所述，恐怕是消长的主要原因，或者，起码是原因之一。

五 明清汉语疑问标记的非疑问用法研究

1 关于疑问标记非疑问用法
研究的历史回顾

在"绪论"2.2.1 中我们专题讨论了汉语的疑问标记（问标）系统。疑问标记是疑问句传达疑问信息的载体，特别是"传疑问标"，是疑问句中"单独负载疑问信息的成分"，是自足的标记。但是，疑问标记，即使是"传疑问标"也并非疑问句所独用，也可用于非疑问。这种现象称作疑问标记的"非疑问用法"。如前所述，汉语的传疑问标主要有传疑语调、传疑语气词、传疑代词和传疑句法结构等类型，"非疑问用法"主要体现在后两类。

关于疑问标记的非疑问用法，学术界较早论及的是黎锦熙。他在《新著国语文法》中讨论"疑问词"时注意到："凡疑问形容词，若句子的语气不是疑问（用'？'号的），而是直述的语气，就要认为'不定或虚指的形容词'。"例如：是甚么人，说甚么话。他指出：疑问代名词、疑问副词也存在同样的情况。例如：这公园，不问是谁，都可以进去。/要怎么办，就怎么办。因而总结道："这三种词类的疑问词，都可作泛指一切之用。"他还特别强调在"无条件句"中使用（如：无论哪里，我都跟你去。）以及在"然否疑问句"中使用（如：他是不是受了甚么委屈?）的现象。

20世纪40年代初，吕叔湘和王力先生的进一步探讨推动了疑问标记非疑问用法的研究。吕叔湘在《中国文法要略》中把"指称"分为"有定"与"无定"。把通常所谓的"疑问代词"归于"无定"类。他指出，平常称为"疑问指称词"的"谁""什么"等，"也可以不做疑问用"，"这样的用法可以称之为'无定指称词'"。"无定指称词的用途有二：表不论的可称为任指，表不知的可称为虚指。"他指出"任指的用法和疑问用法比较相近"，而"虚指的用法离开疑问的本义比较远些"，并重点分析了两种用法出现的不同句法环境。所论不限于白话，也涉及文言。吕著还专题讨论了"间接问句"，即把问句"装在直说句的里面，作为全句的一部分"的一类句子，所论不仅涉及疑问指称词，还涉及"抉择是非问"形式。如：这个消息是真是假，现在也无从探问。/我也不知道是不是真有这回事。

王力在《中国现代语法》中专门讨论了"疑问代词的特别用途"。他指出："古代的疑问代词，本是专为疑问或反诘之用的。到了近代，它们非但在字面上发生了变化，而且产生了些特别的用途。在这些特别用法上，它们不再表示疑问或反诘，只等于一种特别的人称代词或指示代词。"他把这些用途分为四类：即代替说不出的事物；代替任何事物；像代数字的功用；帮助委婉语气。在讨论具体疑问代词时还逐个论述其"活用法"，如"什么"的活用，"对某事物知道得不清楚，加上'什么'，表示说话人自己不能确信"（有一位小姐，名叫什么若玉），"要数说几样东西，先说个'什么'，或插进一个'什么'，表示一面想一面说的样子"（还有什么丹椒，蘼芜，风莲，见于蜀都赋）。它们"都不是表示要求答复的"。他还分析了"疑问句变为非疑问句"的转换现象，他说："本来包含有疑问代词的句子形式，如果转入更长的句子里，属于那个句子的目的位，那么，那整个的句子就不算是疑问句了。"例如：不知他是怎么个情理。（"他是怎么个情理"是"不知"的目的位）／就只不记得交给谁了。（"交给谁"是"不记得"的目的位）后来他在《中国语法纲要》中对以上的观点略作了一些修改。

新中国成立后至改革开放前，关于疑问标记非疑问用法的研究主要体现在一些专著或教材的有关章节中，大体是沿着吕、王两位先生的研究思路，做一些补充、完善与普及工作，专题讨论的成果不多。如林祥楣的《代词》，设有"任指和虚指"一节进行论述。丁声树等的《现代汉语语法讲话》，列有疑问代词的反问、任指和虚指用法，分别加以讨论。赵元任在《汉语口语语法》（丁邦新译作《中国话的文法》）中分析"疑问代名词"时指出，"所有疑问代名词，跟别的疑问词一样，都能用于非疑问的场合：（a）不定指示，轻声：'找个谁来帮帮你'。（b）'任何一个'的意思，不轻声，前置，有'也'或'都'跟它配合：'我谁也找不着'。"他未采用"虚指"的概念，而用了"不定指"。还特别注意到语音形式的区别。这一时期，专题研究的论文，可以一提的是于细良《疑问代词的重叠用法》和《疑问代词的任指用法》。

从新时期开始，随着我国学术的复苏和语法研究的发展，对于疑问标记的非疑问用法的研究成果逐渐多了起来，呈现出多角度研究的态势，把研究渐渐推向深入。20 世纪 80 年代前期的成果主要仍然体现在一些专著、教材和相关的论文中。朱德熙在《语法讲义》中明确提出"疑问代词的非疑问用法"这一概念，设节讨论了疑问代词不表示疑问的两种情形："第一是表示周遍性，即表示所涉及的范围之内没有例外。""第二是用疑问代词来指称不知道或说不出来的人、事物、处所、时间等。"刘月华的《实用现代汉语语法》也就"疑问代词的活用"从反问、任指和虚指等方面做了具体描写。台湾学者汤廷池在《国语疑问句的研究》及其"续论"中讨论了"疑问词"的"非疑问用法",分析了任指、虚指、照应、修辞、感叹、其他等各种用法,并深入讨论了间接问句问题。吕叔湘的《近代汉语指代词》,在"要略"的基础上有了进一步的研究,书中就近代汉语中的"谁、什么、哪、怎么、几、多少、多(么)、大小、早晚"等疑问指代词的非疑问用法从任指、虚指、间接问句等方面逐个进行讨论。作者通过发掘了大量的语言事实从历时的角度作了全面深入、"细针密缕"的研究,特别注重句法条件的细致描写与分析。

　　20世纪80年代后期以来,在专题探讨方面有了更多的成果。大体可以分为偏重于描写的研究和偏重于解释的研究两方面。主流是偏重于描写的研究。邵敬敏、赵秀凤(1989),对"什么"的非疑问用法按语法意义分出全指性、例指性、承指性、借指性、虚指性、否定性、反诘性和独立性等不同用法,分别进行描述,并寻求其形式上的标志,考察其在话语中的使用特点及其与疑问用法的关系。胡盛伦、王健慈(1989)着重从句法条件的限制角度对疑问代词任指用法在三类不同句式中的使用规律进行了描写和讨论。邢福义(1987)对出现于是非问中的疑问代词做了系统研究,针对吕叔湘(1985b)和丁声树等(1961)认为的"虚指"意见提出新说,认为这些疑问代词"程度不同地接近虚指,但是,仍然或多或少地具有特指求代的作用"。李一平(1996)、姜炜、石毓智(2008)、寿永明(2002)等文对疑问代词的否定用法进行了具体描写。陈淑梅(1998)、胡松柏(1998)、王仁法(2003)、徐默凡(2010)等文分别就疑问代词的不同叠用方式的形式、意义、类型等进行了描写。玛林娜·吉布拉泽(2005)对不定指性疑问代词的形成条件及其分类做了描写。这一时期还出现了许多近代汉语专书语法研究的成果,这些成果中几乎每一本都有疑问代词非疑问用法的描写，如吴福祥的《敦煌变文语法研究》《敦煌变文 12 种语法研究》《〈朱子语类辑略〉语法研究》、张美兰的《〈祖堂集〉语法研究》、冯春田《〈聊斋俚曲〉语法研究》、卢烈红《〈古尊宿语要〉代词助词研究》、黄锦君《二程语录语法研究》等，这些成果有利于我们进一步观察疑问代词非疑问用法历史发展的面貌。这一时期还有一些硕士、博士学位论文以疑问代词的非疑问用法为研究对象，如复旦大学张尹琼的博士学位论文《疑问代词的非疑问用法——以"谁"和"什么"为主要样本的探索》、华中师范大学肖任飞的硕士学位论文《非疑问用法的"什么"及其相关格式》、延边大学鹿钦侒的硕士学位论文《疑问代词"什么"非疑问用法的历时考察》等，都有一些新的探索。这一时期还有一组讨论疑问子句作宾语的文章，多论及疑问形式的非疑问用法问题，已见于"绪论"的 2.1.2.1.2"有疑无问"节。

　　偏重于解释的研究成果尽管数量不是很多，但很值得重视。例如杉村博文的《现代汉语"疑问代词 + 也/都……"结构的语义分析》（1992）和《现代汉语疑问代词周遍性用法的语义解释》（2007）是这方面的重要成果。杉村博文认为，疑问代词具有任指性的语义特征，其"所有用法都是靠其'任指性'形成的"，"疑问代词 + 也/都……"这一结构中的疑问代词，本身是"任指"的，不像有学者认为的具有"周遍性"语义特征，"所谓'周遍性'是疑问代词的'任指性'和'也'的'类同义'或'都'的'总括义'共同表达的"。是特定格式赋予的意义。他就"疑问代词 + 也/都……"语义构成的差异进行分析，分别对其肯定式、否定式的不平衡分布进行描写与解释。他从逻辑和修辞的角度对疑问代词对应功能从"任指"到"遍指""遍指"到"偏指"的转变机制进行了探讨，着重分析：A. 疑问代词（wh）借助于分举副词"也"和总括副词"都"的语义功能来实现"遍指"的逻辑机制，认为在"wh + 也 + vp"和"wh + 都 + vp"中，wh 分别通过"逐个性任指"和"选择性任指"来实现"遍指"，而这时 wh 可视为将集合中所有元素当做对应对象的一种通配符；B. 从逻辑角度应为"遍指"的"wh（ + 也 + vp）"在自然语言中转变为"偏指"的语义机制及其取消机制，认为 wh 的"偏指"是自然语言"以偏概全"的修辞手段作用于 wh 的通配符和集合元素的非均质性而产生的一种非必然语义解释，因此在一定的条件下是可以取消的。

这一时期形式学派对于疑问代词的非疑问用法有较多的研究。如黄正德（1982）、程立珊（1991）、李艳惠（1992）、Aoun&Li（1993）、林若望（1996，1998）、潘海华和蒋严（1997）、伍雅清（2002a，2002b）等，他们的研究多偏向于结合句法来解释汉语疑问代词非疑问用法形成的条件和机制。其研究情况伍雅清在上述文献中已有基本的介绍，可以参见。

另外，李宇明（1997）、石毓智（2006）、蒋勇等（2009）等文也对非疑问用法的产生有不同程度的解释。

对于传疑句法结构的非疑问用法在文献中很少专门论及，只是在一些讨论正反问、间接问等的有关文章中偶有涉及。

2　对疑问标记非疑问用法几个
基本问题的认识

2.1　关于疑问用法与非疑问用法的关系问题

2.1.1　疑问用法与非疑问用法的关系模式

疑问标记的两种基本类型，都存在疑问用法与非疑问用法两种情况，从发生学的角度来观察，它们有不同的生成途径，从而形成不同的关系模式。疑问代词是由疑问向非疑问拓展，而疑问句法结构（主要指用于正反问一类的）则是由非疑问向疑问迁移。本节主要从这一角度来讨论两者的关系问题。

2.1.1.1　疑问代词：疑问→非疑问

学术界一般认为，汉语疑问代词的本源功能是表示疑问，其非疑问用法是派生的，是疑问代词功能迁移或衰变的结果（李宇明1997；徐盛恒1999a）。这已为语言发展的事实所证明，对此，许多学者都有过论述。王力（1943）指出："古代的疑问代词，本是专为疑问或反诘之用的。到了近代，它们非但在字面上发生了变化（例如'何'变为'什么'），而且产生了些特别的用途。在这些特别的用法上，它们不再表示疑问或反诘，只等于一种特别的人称代词或指示代词。"吕叔湘（1944，1985a）也指出："文言的疑问指称词里只有'何'字有非疑问用法。"且"用'何'字虚指，仅见'何人'一词"，并认为这种用法始于汉代，"例如：今君又当厚积余藏，欲以遗所不知之何人。（史・孟尝君传）/臣夜人定后，为何人所贼伤，中臣要害。（后汉・来歙传）""古代汉语里，'几'字没有虚指的用法，那是'数'字的任务，近代汉语不用'数'字，就由'几'字来兼任了。"虚指用法"大规模的发展是近代汉语里才开始的；到了现代，不限于谁（＝何人），所有的疑问代词都有虚指的用法"。

当然，由于语言事实的进一步发掘，他们的说法也许还有可斟酌之处，例如"谁"系代词，我们在秦汉文献中就可见到非疑问用例：

(1) 吾不知谁子，象帝之先。（老子・道经）

(2) 韩取聂政尸于市，县购之千金，久之，莫知谁子。（战国策・韩策二）

(3) 吾与之虚而委蛇，不知其谁何。（庄子・应帝王）

(4) 廷尉以贯高事辞闻，上曰："壮士！谁知者，以私问之。"（史记・张耳陈馀列传）

(5) 哙直撞入，立帐下。项羽目之，问为谁。张良曰："沛公参乘樊哙。"（史记・樊郦滕灌列传）

(6) 解客闻，杀此生，断其舌。吏以此责解，解实不知杀者。杀者亦竟绝，莫知为谁。吏奏解无罪。（史记・游侠列传）

(7) 顾自以为身残处秽，动而见尤，欲益反损，是以抑郁而无谁语。（汉书・司马迁传，报任安书）

前6例用于间接问句，已经不是疑问用法了，后1例"无谁语"杨伯峻、何乐士（2001）解作"没有什么话"，显然是非疑问用法。但是，这不影响整体结论，因为"谁"的疑问用法早在西周的《诗经》（雅、颂）中就已经反复使用了（张玉金2004），非疑问用法显然还是功能迁移的结果。

"几"系代词的非疑问用法我们也能在汉代文献中见到。例如：

（8）万石君少子庆为太仆，御出，上问车中几马，庆以策数马毕，举手曰："六马。"（史记·万石张叔列传）

（9）欲请蜀刀，问君贾几何，对曰率数百，武库日出兵而阳不知，挟伪干君，是五过也。（汉书·酷吏传）

（10）范蠡浮海出齐，变姓名，自谓鸱夷子皮，耕于海畔，苦身戮力，父子治产，居无几何，致产数千万。（史记·越王勾践世家）

（11）居无几，梁内史缺，汉使使者拜安国为梁内史，起徒中为二千石。（汉书·窦田灌韩传）

（12）然其俊杰指世陈政，言成文章，质之先圣而不缪，施之当世合时务，若此者，亦亡几人。（汉书·杨胡朱梅云传）

前2例用于间接问句中，已不是疑问用法；后3例为虚指用法，"无几何"与"无几"是"没几日""不多时"之意，"亡几人"是"没有几个人"的意思。各例都属非疑问用法。当然，这也不影响整体结论，因为"几"的疑问用法已见于上古中期（例13、14转引自贝罗贝、吴福祥2000）：

（13）曰："子来几日矣？"曰："昔者。"（孟子·离娄上）

（14）出自阳谷，次于蒙汜。自明及晦，所行几里？（楚辞·天问）

（15）靖诸内而败诸外，所获几何？（左传·僖公二十八年）

（16）子驷曰："《周诗》有之曰：'俟河之清，人寿几何？兆云询多，职竞作罗。'"（左传·襄公八年）

但是，我们注意到上古中期乃至早期汉语中已有如下用例：

（17）死丧无日，无几相见。（诗经·小雅·颀弁）

张玉金（2004）研究西周时期的语法时指出："'几'是个代词，可以询问数目。《诗经·小雅·颀弁》：'死丧无日，无几相见。'这里的‘几’就是‘多少’的意义。"这样说，似乎是把此句当作疑问句的。但他（2006）在另一著作中分析略有不同："‘几’在西周时代可用来表示不定的数量、不多的数目，如‘死丧无日，无几相见。'"没有说是疑问句。仔细琢磨，此句的确不应作疑问句来解，《传疏》曰："言不日将死，相见无几也。"这显然是个陈述句。《诗经》中类似的用法还有一处：未几见兮，突而弁兮！（《国风·齐风》）这里"未几"是没多久之意，也是用于陈述句。这意味着这个"几"是非疑问用法。而我们没有见到更早的"几"用作疑问的例子。这就和疑问代词由疑问用法到非疑问用法的一般规律不相符了。

如何解释这一现象？下面的例子似可给我们提供一些线索。在传世文献中，我们还看到西周时期一个与"几"相关的疑问形式"几何"：

（18）为犹将多，尔居徒几何？（诗经·小雅·巧言）

这个"几何"学界一般看作由"几"与"何"复合而成的"固定短语"或"复音词"，询问数量，译为"多少"。（张玉金 2004，2006）这个释义应该是无误的，"居徒几何"是"所蓄徒众多少人"的意思。分析其语义构成，"几何"用于疑问的意义与"几"相近，而与"何"相去甚远。考察西周时"何"的用法，有询问"事物、方式情状、原因目的、时间、处所"等多种，但不见有询问数量的。（贝罗贝、吴福祥 2000）可见这个"几何"的疑问信息主要是由"几"来承担的，加上"何"是为了与上文的"多"构成押韵。其用法类似于偏义复词。在西周存世文献中，"几何"仅见此例。因此把它看作"固定短语"或"复音词"似缺乏足够的材料支撑，我们以为，这个形式还是一个临时组合。由于《诗经》的广泛传播，在春秋战国时"几何"得以普遍使用，才逐渐语法化为一个固定的疑问代词。另外，先秦文献中"谁何"的使用似也可以提供旁证，如上文所引例

（3），杨伯峻、何乐士（2001）认为，这里的"谁""何"连用，只表示"谁"的意思。如果以上分析可以成立的话，我们认为，西周时期"几"已经是个疑问代词。当然，进一步的证明还有待于文献资料新的发现。

Haspelmath（1997）指出，世界上的自然语言虽然结构不同，但是享有相似的特点、共同的内核和共通性语法，这些也体现在疑问词语中。在他调查的100种语言中，有64种语言的不定代词都来源于疑问词语，其中有31种语言的不定代词使用光杆疑问词语。由此他发现了跨语言中一些重要的共性现象：疑问词被用作不定代词时可以不加任何附加标记；疑问意义是首要的用法，不定意义是次要的用法，是由前者向后者的演化，而不是后者向前者的演化。（蒋勇等2009）可见，汉语中疑问代词的由疑问用法向非疑问用法迁移，不是汉语的个别现象，它具有自然语言的共通性。

2.1.1.2　疑问句法结构：非疑问→疑问

疑问句法结构的形式有多样，内部也存在明显差异。这里重点分析"VPneg"和"VPnegVP"等形式。在上古汉语中存在一种带有选择意义的非疑问"VPneg"结构，其主要形式是"VP 否（不 fǒu）"。如在《左传》就有如下句子：

（1）三十年春，晋人侵郑，以观其可攻与否。（僖公三十年）

（2）问之，曰："宦三年矣，未知母之存否，今近焉，请以遗之。"（宣公二年）

（3）卫侯使祝佗私于苌弘曰："闻诸道路，不知信否。"（定公四年）

（4）子产曰："何为？夫人朝夕退而游焉，以议执政之善否。"（襄公三十一年）

（5）子皮欲使尹何为邑。子产曰："少，未知可否。"（襄公三十一年）

（6）椒举言于楚子曰："臣闻诸侯无归，礼以为归。今君始得诸侯，其慎礼矣。霸之济否，在此会也。"（昭公四年）

（7）子产相郑伯以如晋，叔向问郑国之政焉。对曰："吾得见与否，在此岁也。"（襄公三十年）

（8）凡有季氏与无，于我孰利？（召公二十五年）

这些"VP 否"或"VP 无"结构都是处于包孕句的地位，有的用在宾语中，如例（1）—（5），有的则用在主语中，如例（6）—（8）。"否"或"无"与 VP 组成一个正反并列结构表示选择，或者说是表示无定（indefinite）用法中的"或指"（existentia reading），有疑但不表疑问。这种现象在上古汉语中带有一定的普遍性，再看其他文献的例子：

（9）辞不获命，既已告矣，未知中否，请尝荐之。（庄子·外篇·天地）

（10）是人君不明乎公私之利，不察当否之言，而诛罚不必其后也。（韩非子·五蠹）

（11）今晏子不察其当否，而以太多为说，不亦妄乎！（韩非子·难二）

（12）昭侯以此察左右之成不。（韩非子·内储说上）

（13）赵主父使李疵视山中可攻不也。（韩非子·外储说下）

（14）小人之求事也，不论其理义，不计其可否，不义亦求之，不可亦求之。故其所得事者，未尝为赖也。（管子·形势解）

（15）诊必先谨审视其迹，当独抵死（尸）所，即视索终，终所党有通迹，乃视舌出不出，头足去终所及地各几可（何），

遗矢弱（溺）不殹（也）。乃解索，视口鼻渭（喟）然不殹（也）（睡虎地秦墓竹简·封珍式）

例（10）用作定语。

而在上古汉语中"VP 否（不）"的疑问用法则极其少见。魏培泉（2007）通过逐个排除，指出秦以前能够确定为疑问用法的"不过是五六例之多"。例如：

（16）正乃训厉曰："汝贮（贾）田不？"厉乃许曰："余审贮田五田。"（五祀卫鼎）

（17）吾三战而三胜，声威天下，欲为大事，亦吉否？（战国策·齐策一）

（18）免老告人意为不孝，谒杀，当三环之不？（睡虎地秦墓竹简·法律答问）

《孟子》中的 3 例被一些学者认为是"VP 否（不）"的疑问用法：

（19）公孙丑问曰："夫子加齐之卿相，得行道焉，虽由此霸王，不异矣。如此则动心否乎？"（公孙丑上）

（20）孟仲子对曰："昔者有王命，有采薪之忧，不能造朝。今病小愈，趋造于朝，我不识能至否乎？"（公孙丑下）

（21）孟子之平陆。谓其大夫曰："子之持戟之士，一日而三失伍，则去之否乎？"（公孙丑下）

但这 3 个问句都有句末疑问语气词"乎"，起着传递疑问信息的主要作用，因此我们赞成魏培泉（2007）的意见，其中的"VP 否"只是表达无定信息，还不能算是问句。下面的例子是一个诘问句，但"VP 否"也是处在包孕地位：

（22）纣之死也，无必假手于武王，而其世不废，祀至于今，吾岂知纣之善否哉？（《国语·晋语》）

"VP 否（不）"的疑问用法在两汉时期也还不常见，魏晋以后渐渐多起来。据统计，汉代《史记》中"VP 否（不）"用于疑问的辞例只有 11 例，南朝《世说新语》中则有 39 例，宋代《五灯会元》则多达 316 例，而这几部作品中的非疑问用法则较为少见（周生亚 2004）。

从以上现象中我们可以看出，"VP 否（不）"这一结构形式经历了一个从非疑问用法为主到疑问用法为主的发展过程。或者可以这样说，"VP 否（不）"正反问形式主要是从原处于包孕句地位"VP 否（不）"非疑问的"或指"用法发展而来的①。其发展过程是：由主要用于主语和宾语的句法位置，而逐渐偏向于谓语的句法位置，从处于包孕地位的非疑问用法发展成为疑问用法。其发展的动力在于系统本身的需要。先秦汉语疑问句系统中已形成较为发达的是非问句和特指问句。用来表达正反选择的中性问尽管也有以叠用两句的方式构成的选择问句可供选择，但极不简洁。系统的需求召唤着正反问形式的出现。这是这一结构由非疑问用法发展为疑问用法的根本动因。下文要讨论的"VP 不 VP"形式的发展也与此相关。

"VP 不 VP"的形式，我们在战国前期的《墨子》中就可见到用例：

（23）古者国君诸侯之闻见善与不善也，皆驰驱以告天子。（墨子·尚同中）

例中"VP"与"不 VP"之间有一"与"，表示选择。

————————

① 需要说明的是，这里着重论证的"VP 否（不）"是指来源于称代的那一类。我们在"正反问的来源"一节中曾经分析了"秦简"后由"省略"途径而生成的正反问，有"VP 不（bù）"一式，与"VP 否（不 fǒu）"并行发展。由于写作"不"的 fǒu，与 bù 同形，因而就有一个如何分辨的问题。一般可从辞例直接判断出来，如《世说新语·文学》"有《庄子》不？"一句显然不是由省略而来，句中的"不"应是"fǒu"，而不是"bù"，但也有一些不易判定，如同篇中的"卿等尽不？"读作"尽否"固然可以，但未尝不可理解为"尽不尽"的省略。不过，这并不影响我们上述结论的得出。

而更多的例子见于其后的秦简，非疑问用法与疑问用法都有用例。非疑问用法如上文例（15）的"乃视舌出不出"。再如：

（24）道官相输隶臣妾、收人，必署其已禀年日月，受衣未受，有妻毋（无）有。受者以律续食衣之。（秦律十八种·属邦）

疑问用法如：

（25）智（知）人通钱而为臧（藏），其主已取歉，人后告臧（藏）者，臧（藏）者论不论？（法律答问）

秦简中有一些"VP 不 VP"出现在以"问"引出的句子中，如：

（26）甲告乙盗牛，今乙贼伤人，非盗牛殹（也），问甲当论不当（？）不当论，亦不当购；或曰为告不审。（法律答问）

同篇中还有"问甲当购不当""问罪当驾（加）如害盗不当"等，此类用法情形似为两可，类似于上文讨论的"卜问"组句子。从"答问"角度看，我们倾向于作直接问句理解。

我们在战国后期的其他文献中还见到非疑问用法的如下用例：

（27）人主知能不能之可以君民也。（吕氏春秋·审分览）

（28）用此观之，然则可以为，未必能也；虽不能无害可以为。然则能不能与可不可，其不同远矣，其不可以相为明矣。（荀子·性恶）

例中的"能不能"与"可不可"应属无定的或指用法。时间当略早于秦简，或至少是同时。秦简之后的很长一段时间，无论是疑问用法还是非疑问用法都不多见。《史记·龟策列传》比较特殊，我们在"正反问的来源"一节中已有论及。下面是汉代文献中见到的一些非疑问用法的例子，如：

（29）吾视郭解，状貌不及中人，言语不足采者。然天下无贤与不肖，知与不知，皆慕其声。（史记·游侠列传）

（30）操行有常贤，仕宦无常遇，贤不贤，才也，遇不遇，时也。（论衡·逢遇）

（31）扬子云曰："遇不遇，命也。"（论衡·命禄）

（32）人受气命于天，卒与不卒，同也。（论衡·气寿）

（33）若夫三大夫之贤不贤，马人不识也。（说苑·权谋）

（34）夫凡事信不信，何须必当考问之也？（太平经，卷三十九）

（35）祸福之至，幸不幸也。（论衡·累害）

（36）性有善不善，圣化贤教，不能复移易也。（论衡·本性）

（37）贤不贤之君，明不明之政，无能损益。（论衡·治期）

这些非疑问用法，有的作主语或话题，如例（29）-（34），有的作谓语，如例（35），有的作宾语，如例（36），有的作定语，如例（37）。到了晚唐五代，"VPnegVP"结构的疑问用法才普遍使用开来，无论在数量上和用法上都有明显的发展，非疑问用法的用例也有所增加，并呈现出一些新的特点（张美兰 2003；吴福祥 1996）。

如何看待"VP 不 VP"的疑问用法和非疑问用法的关系呢？从"VP 不 VP"结构的来源看，正如前文分析的，这种格式是由选择问形式经删略发展而来的，似乎与疑问具有天然的联系，但我们同时应该注意到，这种删略把选择问传递疑问信息的成分如疑问语气词等一并删除，客观上就成了一个表达不定信息的结构体，在问句框架下自然表达疑问，但在非问句框架下则只传递或然信息。特别是这种形式出现之初就受到先行发展的"VP 否（不）"句式非疑问用法的类化影响，于是较早就出现了非疑问用法。如上文所举的例（15），"VP 不 VP"与"VP 不（否）"同处于一个结构体中。从使用的频率来看，尽管秦简中出现多例疑问用法，但秦简以后（撇开较为特殊的

《史记·龟策列传》不论）的汉魏时期基本不见用例（这可能与具有简洁优势的"VP否（不）"疑问用法优先得到发展，从而抑制了这一形式有关），而非疑问用法则相对多见，《论衡》中就见十多例。而晚唐五代时这一形式重新得到发展，这与"VP否（不）"中的"否（不）"从南北朝后渐渐虚化并最终变成一个语气词有关；而与"VP不VP"这一形式的非疑问用法的一直延续使用也不无关系。

陆俭明（1993）曾经就"你去不去?"和"去不去由你决定。"中的"去不去"是不是一个东西发表过看法，他认为，从现代方言和历史情况看，这两个"去不去""可能不是一个层面的东西"。尽管陆先生没有追溯到更多的历史材料，但他说"二者不是同步进行的"，这跟我们的观察基本相符。[①]

需要指出的是，传疑句法结构除了上文讨论的形式以外，还有"是p还是q"一类出现于列项选择问的形式。由于选择问最早的形式实际上是两个是非问的"骈用"（如"事齐乎? 事楚乎?"），没有稳定独立的形式标记，"是p还是q"的句法结构是到了近代才形成的（梅祖麟1978）。这类传疑句法结构是由选择问句内部孕育产生的，其非疑问用法当是由疑问用法拓展而来。

2.1.2 疑问用法与非疑问用法的分布特点

不同的疑问标记在相同的历史时期其疑问用法与非疑问用法会有

---

① 陆俭明（1993）指出："VP不VP"处于主语位置上不形成反复问句的用法从何时开始的? 是从什么格式发展来的? 现尚不清楚，也未见有人探讨。目前我们所发现的一个例子是见于《元刊本古今杂剧三十种·马丹阳三度任风子》，现抄录于下："……与和不与，不由你那。"但有一点似可以肯定，"VP不VP"处句子的谓语的位置上形成反复问句，这跟"VP不VP"处于主语位置上形成非疑问句，这二者不是同步进行的。看来，从历时上看这二者也不是一个层面上的东西。张美兰（2003）在调查《祖堂集》以及其他历史文献语料的基础上指出，在相同的文献中疑问用法与非疑问用法并存，可以说明"可能是一个层面上的东西"。备参。

不同的表现形态；而同一个疑问标记在不同的历史时期其疑问用法与
非疑问用法也会有各自的使用特点。下面从共时和历时两方面就其分
布特点做些分析，以进一步认识疑问用法与非疑问用法的关系。

2.1.2.1　从共时的角度看

　　理论上说，任何一个历史时期都可以作共时观测，从而反映某一
特定历史时期的使用特点。当然，明清时期是本书确定的基本观测
点。为了便于分析，我们把所调查的语料中疑问代词的疑问用法与非
疑问用法的分布数据列为下表。

表十五：明清汉语疑问代词功能分布表

项　目	老/朴		金		儿		合　计
	疑问	非疑问	疑问	非疑问	疑问	非疑问	疑/非疑
谁系	21	2	436	108	142	203	599/313
甚系	167	32	712	282	433	402	1312/716
怎系	123	4	936	231	867	428	1926/663
那系	79	3	602	142	336	192	1017/337
何系	44	1	544	83	414	268	1002/352
多系	57	15	110	134	34	97	201/246
几系	42	66	119	685	20	835	181/1586
其他	0	0	6	0	30	0	36/0
合计	533	123	3465	1665	2276	2425	6274/4213

　　明清时期作为一个断代，我们可以先从整体来看。表中"合计"
的数字表明：四部书中有疑问代词 10487 例，其中疑问用法 6274 例，
非疑问用法 4213 例，疑问用法与非疑问用法之比是 6∶4。各系疑问
代词在分布上则各有不同："怎""那""何"等系疑问代词非疑问
用法在 25% 左右，"谁""甚"两系在 35% 左右，"多"系则占
55%，而"几"系的非疑问用法比率最高，达 90%。

　　若从严格意义的共时角度来看，四部书可分别代表明清时期三个
不同的共时观测点。元末明初的《老》《朴》，疑问代词疑问与非疑

问用法之比，约为 8：2。"怎""那""何""谁"等系非疑问用法极其少见，均在 10% 以内；"甚"系和"多"系略高，分别占 16% 和 21%；"几"系占 61%。明中叶的《金》，疑问与非疑问用法之比，约为 7：3。"何"系的非疑问用法为 13%；"谁""怎""那"系约为 20%；"甚"系为 38%；"多"系为 55%；"几"系是 85%。晚清的《儿》，疑问与非疑问用法之比，约为 5：5。其非疑问用法所占的比例由低到高依次是"怎"系（33%）、"何"系（39%）、"那"系（46%）、"甚"系（48%）、"谁"系（59%）、"多"系（74%）、"几"系（98%）。

以上观测表明：明清时期，无论从时段还是时点上看，各系疑问代词都存在疑问和非疑问两种用法，毫无疑问，非疑问用法也是疑问代词的基本用法；而疑问用法与非疑问用法，因疑问代词本身特点的不同，其分布呈现出不平衡状态。共时地看，一个疑问代词用于疑问的频率高，其疑问强度就强，相反就弱。就明清时期整体而言，疑问代词系统疑问强度的强弱可以大体表示如下："怎""那""何" > "谁""甚" > "多" > "几"。

2.1.2.2　从历时的角度看

语言是发展变化的。每一个疑问标记的用法都是历史地形成的，并受制于特定历史时期的问标系统。通过不同时期言语作品的比较可以观察和分析疑问标记两种不同用法的发展规律。从表十五的各项数据，我们已经可以看出疑问代词系统于明清时期在功能上的大体变化，也即疑问代词功能从整体上由疑问向非疑问迁移的走向十分明显。在《儿》中两种功能已是大体相当。就具体各系代词来看，这种趋向也是明显的，只是在程度上存在差异而已。如"怎"系代词，《老》《朴》中非疑问用法占 3%，《金》中占 20%，《儿》中占 33%；"甚"系代词非疑问用法在三个阶段的比率分别是 16%、38%

和48％；"那"系代词非疑问用法的比率分别是4％、19％和46％。

　　为进一步观察和分析这种变化，我们扩大了对"谁"系和"几"系代词的调查范围。因为"谁"和"几"都属于最古老而又一直沿用至今的疑问代词，分析它们在各个不同时期的使用情况具有一定的代表性。所调查的材料包括《诗经》《左传》《史记》《论衡》《祖堂集》《五灯会元》《老乞大》《朴通事》《金瓶梅》和《儿女英雄传》等。现将各书中这两系疑问代词疑问用法与非疑问用法的数据列表如下。

表十六："谁""几"历时功能分布表

项　目		诗		左		史		论		祖	
		次数	％	次数	％	次数	％	次数	％	次数	％
谁系	疑	48	100％	134	99％	79	93％	40	83％	150	100％
	非疑	0	0％	1	1％	6	7％	8	17％	0	0％
几系	疑	1	33％	8	80％	14	67％	11	69％	37	70％
	非疑	2	67％	2	20％	7	33％	5	31％	16	30％

项　目		五		老/朴		金		儿		合　计	
		次数	％	次数	％	次数	％	次数	％	次数	％
谁系	疑	558	96％	21	91％	436	80％	142	41％	1608	82
	非疑	25	4％	2	9％	108	20％	203	59％	353	18
几系	疑	124	53％	42	39％	119	15％	20	2％	376	18
	非疑	109	47％	65	61％	685	85％	835	98％	1726	82

　　"谁"系代词在上古时期很少有非疑问用法，《诗经》中不见，《左传》中也仅1见，而两书中共有182例用于疑问；汉代开始，"谁"的非疑问用法略有增加，但使用频率仍然很低，《史记》和《论衡》两部书仅见14例；唐、宋、元各代没有大的变化，《祖堂集》不见用例，《五灯会元》尽管有25例，但比率仅占4％，《老》《朴》中则只有2例；这种状况在明代中叶有了明显的变化，《金》中"谁"的非疑问用法达108例，占了20％，到了清代，非疑问用法进一步强化，《儿》中达203例，超过了疑问用法，几占六成。

"谁"的非疑问用法在现代汉语中基本保持这种状态，我们调查了老舍《骆驼祥子》，"谁"共出现了 128 次，疑问用法 49 次，非疑问用法 79 次，其比大约也是 4∶6。"几"系代词在上古时期疑问用法与非疑问用法都较少见，《诗经》中分别只见 1 例和 2 例，《左传》疑问用法略增，而非疑问用法仍不多。自汉至唐，"几"的疑问用法与非疑问用法差不多保持在 7∶3 的比率。宋元以降，"几"的功能迁移发展较快，非疑问用法逐渐增多，《五灯会元》中出现 109 例，占 47%，《老》《朴》中出现 65 例，达 61%，明清时期这种发展势头更强，《金》中出现了 685 例，占 85%，而《儿》中多至 835 例，比率竟至 98%。"几"的非疑问用法在现代汉语中也是基本保持这种状态，《骆驼祥子》中疑问代词"几"共出现了 220 次，疑问用法仅 3 次，非疑问用法 217 次，其比率约是 1∶99。

我们说，疑问代词的功能迁移，其发展是不平衡的。相比之下，"怎"系代词功能迁移的速度较慢，迁移度不高；而"几"系代词的功能迁移最快，迁移度极高。这种不平衡发展的原因是多方面的，因为任何一个疑问代词的发展，其本身都是一部历史，受到疑问代词本身及其外部诸多因素的制约。就疑问代词本身说，论元类或易于组成名核结构块充当论元的疑问代词，因其独立性较强，能适应多种句法环境，因而更容易发生功能迁移，非论元类或不易组成名核结构块充当论元的疑问代词，因其独立性相对较弱，其使用受到较多的制约，因而不易发生功能迁移。"怎"系疑问代词主要用于凭事问和因事问以表示方式、原因等，属附加语类，其使用多紧靠动核并带有较强的依附性，也不易组成名核结构块参与句法运作，因而其功能迁移度就不强。"甚"系、"谁"系、"多"系和"几"系的迁移度较高与此不无关系。"几"的功能迁移度特别高，是个特例，应该还有别的重要原因。吕叔湘（1985a）曾经指出："古代汉语里，'几'字没有虚指的用法，那是'数'字的任务，近代汉语不用'数'字，就由'几'字来兼任了。也不妨说，由于近代汉语里的疑问指代词都有虚指用法，推广到了'几'字，就把'数'字给挤掉了。"考察近代汉语语料，尽管不像吕先生说的那么绝对（因为即使是晚清的《儿》中，"数"用来表虚指的用法也没有完全退出），但他的论断大体是对的。这也许是"几"更多作非疑问用的原因之一。

2.2　关于疑问代词非疑问用法的分类问题

对疑问代词非疑问用法的分类有各种意见，可谓异说纷呈。有主张二分的，如吕叔湘（1944）把疑问代词的非疑问用法称作"无定指称词"，分为"任指"和"虚指"两类，后来（1985a）又说这两种用法有派生关系，"虚指"可指所有的非疑问用法，"从虚指用法又发展出一种任指用法"。同时，他还指出疑问与非疑问之间的"过渡"现象，即"间接问句"。吕氏的分类影响较大，后来被许多学者直接接受，或在他的基础上增加类别。赵元任（1968a）也主张二分，但没有接受"虚指"的概念，而称为"不定指"。有主张三分的，丁声树等（1961）沿用吕氏的分类再增加了"反问"。这一分类，后来也有附和者（如刘月华等1983）。有主张四分的，前述王力（1943）的分类即是，邢福义（1996）将非疑问用法称为"活用"，分为"任指""虚指""游移指"和"笼统指"四类。还有主张更多的分类的，如上文指出的，汤廷池（1981）分出六类，邵敬敏等（1989）分出八类。此外还有一些其他的分类（如陶伏平2002等），不赘。

可以说，每种分类都有各自的特点和优点，有其分类的理由，但同样也都存在一些不尽完善的地方。比如，吕氏的分类，在两个层次上使用"虚指"的名称，称说上就有些不方便，"虚"和"实"是相对的，将"虚指"与"任指"并列为二，逻辑上也不无瑕疵。此外，"间接问句"的归属有些游移（详下）。赵氏的分类使用"不定指"的称名，但"不定指"是和"定指"相对的，用来和实际上为"任指"的一方并列，也不很妥帖。王力的四分，角度也不很一致，"代替说不出的事物"和"帮助委婉语气"，一是就称代对象说，一是就语气表达说。邢氏的分类提出了新的概念"游移指"和"笼统指"，实际上与前两类也变换了逻辑角度。况"笼统指"的名称亦显得有些"笼统"，任指，似乎也是笼统的。上举其他的多分系统除同样存在逻辑一致性问题外，还嫌有些繁琐。

下面，根据我们的理解，对疑问代词非疑问用法作新的分类尝试。我们的分类模式是：

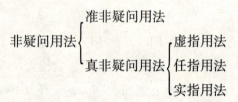

现就这一分类模式作一简要说明。首先将非疑问用法一次二分为"准非疑问用法"和"真非疑问用法"。

2.2.1　准非疑问用法

准非疑问用法是介乎疑问用法与非疑问用法之间的一类现象，接近于一般所谓的"间接问句"，但又有一些差异。

"间接问句"的概念是吕叔湘（1944）提出来的。他指出："问句有时不是独立的句，只是装在直说句的里面，作为全句的一部分（大率是止词）。这个我们称为间接问句。"后来（1985a），他把间接问句分成了两类："一类是仍然要求回答的"，例如：

（1）好罢，你先说说我像什么？

(2) 你猜这里面是什么？

他认为"加在它前面的主要小句其实只是一种询问公式"。"另一类则不要求回答"，例如：

(3) 乃问其前后又曾在甚处劫掠甚人财物。

(4) 便要留心听听他底下唱些甚么。

(5) 又说给他这是什么树，这是什么石，这是什么花。

(6) 我知道你要什么了，你是要我那个小金漆葫芦儿不是？

"有些还保留一点疑问的性质"，如例（3）（4），"有些就根本打消了这个疑问"，如例（5）（6）。吕先生对于间接问句的认定依据的主要是句法结构。其范围的划定是"把问句装在一个更大的句子里头"而"不采取直接引述的形式"。这一对象为我们确定了一个非常有价值的研究视角，但有时不容易和直接问句以及疑问代词的非疑问用法区别开来。如前一类，就与直接问句有瓜葛。20 世纪 80 年代以来对于这个问题有诸多的讨论（见绪论 2.1.2.1.2 的引述），学者们认识到，疑问子句充当宾语的句子有的是直接问句，有的不是。区别的关键在于母句的动词及其时态和母句主语的人称等。根据我们的理解，上文吕先生所述的前一类，宜归入直接问句。后一类中，"打消了疑问"的用法则又与疑问代词的虚指或其他非疑问用法有瓜葛。因为间接问句的判定主要立足于句法形式，而非疑问用法的判定则依据疑问代词的意义，角度各异势必会有纠缠。如例（5）和例（6）归入一般所谓的非疑问用法完全是可以的。且这类句子并不存疑，而用"间接问句"称之也有名实不副之嫌。因而，我们愿意给"间接问句"下一个狭义的定义：由疑问子句充当句法成分、传疑而不发问的句子。其所指主要就是吕先生所说的那种"还保留一点疑问的性质"的句子。我们把这类狭义的间接问句称作疑问代词的"准非疑问用法"。而把一般所谓的非疑问用法，即疑问代词不带疑问信息的用法，称为"真非疑问用法"。

为了进一步明确"准非疑问用法"的内涵，下面通过实例再作些具体分析。

首先，从句法结构看，"准非疑问用法"以疑问子句出现于宾语从句为最常见，但不限于此，也出现于话题从句、主语从句、状语从句等句法位置。例如：

（7）把老爷合公子围了个风雨不透，都挤着要听听这到底是怎么一桩事。（儿，40/675）

（8）列公牢记话头，你我且看他将来怎样给这位张太太开斋，开斋的时候这番笔墨到底有个甚么用处。（儿，21/280）

（9）当下便商量怎的上路，怎的登山，怎的携酒，怎的带菜。（儿，40/641）

（10）西门庆听见外边笑，使小厮出来问是谁，二人才往后边去了。（金，35/499）

（11）此时甚么叫作登泰山，望东海，拜孔陵，谒圣庙，以至子路、曾晳、冉有、公西华怎的个侍坐言志，老爷全顾不来了。（儿，40/642）

（12）我此时是方寸摇摇，柔肠寸断，你怎生救救作姐姐的才好！（儿，26/373）

（13）他讲了半日，通共不曾把好端端的安老爷为甚么要扮作尹先生这句话说明白。（儿，19/251）

前4例都是疑问子句作宾语，其中例（10）用于兼语句。例（11）是疑问子句宾语话题化用法。例（12）是疑问子句作主语。末例则是疑问子句充当状语。这些句子，疑问小句中的疑问代词仍传达某种疑问信息，但全句不是疑问句，而是一个陈述句，属于"疑而不问"的一类句子。拿吕叔湘的话来说，就是"还保留一点疑问的性质"。

其次，从主句动词看，"准非疑问用法"的主句动词往往均带有"不定"的语义特征。这种语义上的不确定性，是句中疑问代词保留一定疑问信息的句法条件。比如上举各例中的"问""商量""听听""看""顾（不来）"等。其中"问"是最典型的一个动词。再如：

（14）你从大路缀下他去，看看他落那座店，再询一询怎么个方向儿，扎手不扎手。（儿，21/282）

（15）一面坐在前厅上，把众小厮都叫到跟前，审问来旺儿递解去时，是谁对他说来。（金，26/371）

（16）西门庆回到上房，告诉月娘："今日顿这样茶出去，你往厨下查那个奴才老婆上灶。采出来问他，打与他几下。"（金，24/343）

（17）安老爷便告知太太，已经叫梁材到临清去看船，又计议到将来人口怎样分坐，行李怎样归着。（儿，21/280）

（18）凡是此番该是从家里怎的起身，到那里怎的办事，这些事，一时且不能打算到此。（儿，40/658）

（19）瞧不得我在能仁寺给人家当了会子媒人，共总这女孩儿出嫁是怎么桩事，我还闷沌沌呢！（儿，27/381）

例中的"询（一询）""审问""查""计议""打算""闷沌沌"等，语义上同样都带有某种不确定性。有时主句动词的附加成分会影响到确定性的表现，例如：

（20）因对他说："足下恕我眼拙，一时间想不起那里会过。"（儿，15/194）

（21）妇人道："骂我不识高低的货。我想起来，为甚么'养蛤蟆得水蛊儿病'，如今倒教人恼我！"（金，18/258）

"想不起"传达的是不确定的信息，而"想起来"传达的是确定的信息。前例中的疑问代词为"准非疑问用法",而后例则属于"真非疑问用法"。

在"准非疑问用法"中,认知动词的否定用法最为常见。较典型的是"不知"。例如:

(22) 敬济道:"只有他两个的轿子,你和银姐的轿子没来。从头里不知谁回了去了。"(金,44/589)

(23) 其实这些人也不知这十三妹是怎样一个人,怎生一桩事。(儿,21/283)

(24) 又有一个小红布口袋,里头不知装着甚么。(儿,28/406)

(25) 象你这个样儿的,我也不知宰过多少了。(儿,5/66)

(26) 也不知过了几道门,轿夫前后招护了一声落平,好象不曾进屋子,便把轿子放下了。(儿,28/392)

吕叔湘(1985a)没有把"不知……"归入间接问句,也没归入虚指等非疑问用法,而是把它与"间接问句"并列作为两种"疑问和虚指的过渡形式"。主要理由是"不知"只否定后面的疑问代词,而不及其他①。不过吕先生讨论的只是"不知……"的部分用法,而且有的句子尽管单从语义看可以理解为只对疑问代词的否定,但从句法结

---

① 吕叔湘(1985a)在讨论"什么"的用法时指出:"另有一类句子,那里面有一个'不知',又有一个'什么',很像是'不知'是主要小句,其余部分,包括'什么'在内,是一个间接问句,但仔细一辨认就会知道'不知'所否定的只是'什么'而不及其他,以全句而论仍然是一个肯定性的陈述。"他举例说,"前日不知为什么撵出去,在家里哭天抹泪的。(红31.4)""不知弄什么面印出来,借点新荷叶的清香,全仗着好汤。(红35.7)""倘若我们光是说:'不知前日为什么撵出去','不知是弄什么面印出来',那就很显然是一个包含着间接问句的复句。但是照现在的样子,语气显然不同,倘若说其中有一个间接问句,那就是只由'什么'一个词语构成的。"他用移动词语来进一步说明:"前日为了不知什么撵出去……""弄些不知什么面印出来……""这么着,'不知'就可以算是修饰'什么'的,'不知什么'可以当作一个短语。"

构来看，"不知"关涉的还是其后的整个小句，是对包括疑问代词在内的疑问小句所表述的"不知"，且其中的疑问代词"还没有失去它的疑问性"（吕叔湘），整个句子在功能上传疑而不发问。因而从本书的定义出发，我们把"不知"关涉疑问小句且其中疑问代词仍未失去疑问性的句子归入"间接问句"或说"准非疑问用法"。下面的例子也是认知动词的否定用法：

（27）不晓得在那里怎生赚得这张弹弓，乔装打扮，前来探我的行藏，作个说客。（儿，17/229）

（28）你我在悦来店怎的个遇见，怎的个情由，他三位无从晓得，也与他三位无干，此时不必饶舌。（儿，8/97）

（29）褚大娘子道："人家可不懂得怎么叫个恼哇！"（儿，20/270）

（30）口里既不好问，心里更想不出这是怎生一桩事。（儿，20/264）

（31）姑娘看了，不解这画儿是怎生个故事。（儿，24/333）

即使只是"不知+疑问代词"这种形式，也需要区别对待。如吕叔湘先生所说的，"弄些不知什么面印出来"中的"不知"确实是修饰"什么"的，整个表述是一个肯定性的陈述，其用意不在传疑，其中的"什么"可以理解为虚指用法。下面的例子也属同类情况：

（32）并说这人无家无业，只在茌平一带不知一座甚么山里住着，学那严君平的垂帘卖卜。（儿，40/685）

（33）老爷一看，才知那马褥子、背壶、碗包一切零零碎碎的东西，不知甚么时候早已丢了个踪影全无！（儿，38/606）

例中尽管有"不知"，但仍属肯定性的陈述。前例中"不知一座甚么山"和"一座甚么山"的功能相近，后例中"不知甚么时候"和"甚么时候"的功能也相近，其中的"甚么"均为虚指用法。但是，如果"不知+疑问代词"是一个相对独立的否定性表述，则仍然应看做是间接问句（即准非疑问用法），是"由一个词语构成的间接问句"。例如：

　　（34）玉楼道："我在这里听他爹打平安儿，连画童小奴才也拶了一拶子，不知为甚么。"（金，35/488）

　　（35）你那腮颊上甚么疮？/不知甚么疮。（教朴，220）

　　（36）西门庆道："我昨日没曾睡，不知怎的，今日只是没精神，要打睡。"（金，78/1169）

　　（37）等了半日，没一个人牙儿出来，竟不知怎的。（金，17/243）

　　（38）不知怎的，无意中发了一注横财，忽然的官星发动，就捐了一个知县。（儿，11/128）

这些句子"不知+疑问代词"的表达，具有相对的独立性，且还"保留一点疑问的性质"，因而可以归入准非疑问用法。

　　有时，准非疑问用法也出现在反诘否定的语境中：

　　（39）不详看朱注，我辈生在千百年后，且不知书里这人为何等人，又焉知他行的这桩事是怎的桩事，说的话是怎的桩话？（儿，39/635）

　　（40）安公子是自幼娇养，"衣来伸手，饭来张口"的人，何曾理会过怎生的叫作生计艰难？（儿，30/439）

　　（41）见大家出来接差，我才知道他是个官府。谁知道他作甚么来的呀！（儿，13/157）

　　（42）西门庆听了，说道："人死如灯灭，这几年知道他往那里去了！"（金，62/836）

以上各例同样是"准非疑问用法"。

　　下面的句子主句动词仍是认知动词，但属肯定用法，尽管在形式上也是疑问子句充当宾语，但是其中的疑问代词并不传疑，因而不属"准非疑问用法"。

（43）我是怎么个人儿，你也深知。（儿，32/472）

（44）唐明皇之走，也明知安禄山为着杨贵妃而来，合唐家没甚不共戴天之仇，所以才不辞蜀道艰难，护着贵妃远避。（儿，缘起/6）

另外，准非疑问用法还跟主语的人称有关。看例子：

（45）伯爵因说道："你还不知六黄太尉这侄女儿生的怎么标致，上画儿只画半边儿，也没恁俊俏相的。"（金，51/679）

这个句子的主语是第二人称"你"，这是说话者对听话者的一种推测性表达，从说话者的角度看，这里的"怎么"不传递疑问信息，因而这句不宜归入准非疑问用法。

2.2.2 真非疑问用法

与准非疑问用法传疑而不发问不同，真非疑问用法，是指疑问代词既不传疑也不发问的用法。对于真非疑问用法，我们区分出虚指用法和实指用法来，而任指用法则介乎虚实之间。这个分类的关键是认可与虚指用法相对待的实指用法的存在。

2.2.2.1 实指用法

所谓实指用法，是指疑问代词的所指是实在的、确定的对象。主要有以下一些现象：

一是上文已经叙述的内容，在复述时为了求简，用特定的疑问代词来指称。主要见于"怎系"与"何系"代词。

（1）左思右想，事到其间，也不得不说了。他便把他父亲怎的半生攻苦，才得了个榜下知县；才得了知县，怎的被那上司因不托人情、不送寿礼、忌才贪贿，便寻了个错缝子参了，革职拿问，下在监里，带罪赔修；自己怎的丢下功名，变了田产，去救父亲这场大难；怎的上了路，几个家人回去的回去，没来的没来，卧病的卧病，只剩了自己一人；那华奶公此时怎的不知生死；打发骡夫去找褚一官夫妇，怎的又不知来也不来。一五一十、从头至尾、本本源源、滔滔滚滚的对那女子哭诉了一遍。（儿，5/58）

公子和"那女子"所说的话是对上文已叙述的情节的复述，如果重复地说，就显得啰嗦，作品就没有了可读性，用"怎的"来指称则具有简洁之效。句中"怎的"所指是实在的，也是明确的。下面的例子也属此类用法：

（2）张姑娘一面吃着烟，便把他去年到了淮城店里见着公婆，怎的说起何小姐途中相救，两下联姻，许多好处；怎的说一时有恩可感，无报可图，便要供这长生禄位，朝夕焚香顶礼；安老夫妻听了，怎的欢喜依允；后来供的这日，安太太怎的要亲自行礼，他怎的以为不可，拦住；后来又要公子行礼，却是安老爷说他不是一拜可以了事的；这才自己挂冠，带他寻访到青云山庄的话，说了一遍。何小姐听了，心下才得稍安。（儿，29/417）

一连5个"怎的"也是用来指代上文已叙述的内容。以下是"如何"的用例，用法相同：

（3）又把自己如何借搬弄那块石头搭话才得说明，临别又如何谆谆的嘱咐安公子不可轻易动身，他到底怀疑不信，以致遭此大难，向张金凤并张老夫妻诉了一番。（儿，8/98）

二是两个疑问代词配合使用，后一个承指前一个，具有"倚变"关系，后一个的所指为前一个所决定，前一个为任指，而后一个则属实指。这种用法，各系疑问代词都见用例。如：

（4）月娘道："该那个管，你交与那个就是了，来问我怎

的。"（金，76/1108）

（5）你们摔了人家多少块，就只照样儿买多少块来，给人家赔上。（儿，32/464）

（6）老爷，我看咱们竟由着大姐姐合亲家怎么说怎么好罢。（儿，37/580）

（7）婆子道："好奶奶，你比那个不聪明！趁着老爹这等好时月，你受用到那里是那里。"（金，76/1114）

以上各例，两个疑问代词具有相承的关系。后者复指前者，意义随前者而定，但所指始终是实在而明确的。比如例（4），前一"那个"是任指，而后一"那个"则指前一任指中的某一个。这里我们即使把后一"那个"理解为指示代词，意思也基本不变，足资说明这一用法。吕叔湘（1944）在讨论"谁先到谁买票"一类"连锁"用法时也曾指出，后一疑问代词"并不是绝对无定，而是相对有定的"。后来（1985a）在讨论"什么"构成的连锁句时，又进一步指出："在这种句式里头，表面上两个'什么'的性质相同，其实只有第一个'什么'是任指性的，第二个'什么'不但没有任指性，并且已经失去了它的无定性，实际上无异于一个有定的代词，观于同样的连锁句里头有前头用'谁'后头用'他'的例子可知。"在讨论"哪"构成的连锁句时，又指出："这种句式只有前一个'哪'表示任指，而后一个'哪'则实有所指，即指前一个'哪'所指的人、物、时间、处所。"因而，把这类用法归入虚指显然比较勉强，而归入实指应该的合适的。

三是疑问代词用以特指已知的某个确定对象，多用于恍然明白、言者自知或不言自明等语境。例如：

（8）我终于明白是谁帮了她。

（9）他现在知道那是什么了。

（10）你说去那里咱就去那里，到边区政府你也不能把谁怎么样。

（11）金莲道："梦是心头想，喷涕鼻子痒。饶他死了，你还这等念他。相俺每都是可不着你心的人，到明日死了，苦恼也没那人想念！"（金，67/932）

（12）那小男孩儿一个劲儿地跳，把什么都露了出来，引得大家直笑。

在已知所指对象的情况下用疑问代词来指称，往往具有折绕或避忌的意味。如例（11）的"那人"实指西门庆。但潘金莲如果直说，就显得太露，说"那人"就有委婉之意。

另外，张伯江、方梅（1996）注意到，现代汉语口语中由疑问代词融合一个指代语素而形成的特殊形式"那谁""那哪儿""那什么"也用于表示已知的某个确定对象，属于实指。如：

（13）这女的是那谁的朋友。

（14）我们家就住在那儿，木樨地那边。

（15）先别说这个。你先把那什么借给我使使，就你上午刚买的那个！

（16）你现在还在那什么乐团么？

前2例代表一种情况，"说话人心中认为所要说的事物是确定的，听话人却不知其详，说话人一时又说不出准确的名称"；后2例代表另一种情况，"说话人认为听话人对自己所说的事物是明确的，只是自己一时说不清事物的名称"。两种情况都是用于指称"一种既确定又说不准确的东西"，当属实指用法。

四是疑问代词用来复指句中的某个确定的对象，如在人名、地名，或是事物专名前加上一个"什么"。例如（前3例转引自吕叔湘1985a）：

（17）他女孩儿叫什么五儿。（红，101.16）

（18）离城二十里有个什么紫檀堡。（红，33.5）

（19）说是骂什么"拗相公"的。（京，14.9）

（20）及至你在店里遇见那个甚么十三妹女子，却纯是你不学无识了。（儿，12/149）

（21）说叫作甚么"青阳居"，那杵口要属京都第一。（儿，32/466）

吕先生指出，作修饰语用的"什么"有"指别或描写"的作用，但"要是一个名词无需指别，也无可描写，而前头安上一个'什么'，就含有'我也不很清楚'的意思"。吕先生把这类用法归入虚指。"我也不很清楚"应是此类"什么"的语用含义，若从结构看，"什么"是对其后名词的复指，其所指客观上是实在的、确定的，尽管言说者主观上赋予了某种不确定性。因而仍可归入我们所说的实指用法。下例用法类似，"甚么"复指的是引述的话：

（22）这若依了那褚大娘子昨日笔谈的那句甚么"何不如此如此"的话，再加上邓九公大敞辕门的一说，管情费了许多的精神命脉，说《列国》似的说了一天，从这句话起，有个翻脸不回京的行市！（儿，19/259）

这是对安老爷的一段心理描写。从相呼应的"那句""这句"等词语看，"甚么"所复指的话显然是确定的，而且言语主体也并非"不很清楚"，只是在此无需说得十分清楚而已。"怎"系代词也有类似用法：

（23）乌大爷道："此地河台被御史参了一本，说他怎的待属员以趋奉为贤员，以诚朴为无用；演戏作寿，受贿婪赃；侵冒钱粮，偷减工料；以致官场短气，习俗颓靡等情，参得十分利害。"（儿，13/160）

例中"怎的"复指其后所参的内容，用法近于"什么"。

另外，还存在半实指的现象。被学界称为"例指用法"（邵敬敏、赵秀凤1989）的，实际上是一种半实指用法。如"什么"出现在列举项之前的"什么 x（y、z……）"式：

（24）再没了事儿，你听罢，甚么古记儿、笑话儿、灯虎儿，他一肚子呢！（儿，22/304）

（25）周身绝不是那大宽的织边绣边，又是甚么猪牙绦子、狗牙绦子的胡镶混作，都用三分宽的石青片金窄边儿……（儿，20/263）

（26）他老人家在旁边儿又是甚么"英雄"咧，"好汉"咧，"大丈夫要烈烈轰轰作一场"咧，说个不了，把那个越发闹得回不得头，下不来马了。（儿，14/179）

"甚么"既复指其后列举的所有同类项，又包括尚未列举的其他同类项。

"什么"出现在列举项之后的"x（y、z……）什么的"式：

（27）河西务没有这儿府城那么大地方，不过是个镇店，一条长街，两边儿有些个铺子甚么的。（语，204）

（28）依我说，老爷那些铺盖甚么的，可以雇一辆小车儿装上，合老爷一块儿走。（语，205）

（29）想必爷们都饿了，饭哪甚么的，都简决些儿！（语，263）

这个格式的语法意义与前一格式的基本相同。"甚么"既复指已列举的同类项，也包括未尽列举的其他同类项。这种用法是后起的，《老》《朴》《金》《儿》均未见用例。上引是我们所见的最早用例。

2.2.2.2 虚指用法

虚指用法，在各家的分类体系中一般都有，但对其内涵和所指范围的认识和理解却并不一样。① 我们认为，虚指用法是指疑问代词的所指是虚泛、不定的对象。言说者在谈论不知道、不明确、不必或不便明说的事物或现象时多使用疑问代词来虚指。表不知道、不明确的，例如：

（1）一个小孩子家，他爱穿甚么戴甚么，由他去罢。（儿，34/511）

（2）这个当儿，安太太便在舅太太耳边说了两句话，舅太太似觉诧异，又点了点头，大家却也不曾留心听得说些甚么。（儿，22/302）

（3）纵让找了来，我们虽没行过这个令，想理去自然也得个会打鼓的，打出个迟急紧慢来，花落在谁手里才有趣。（儿，30/435）

（4）听了这番话，象碰上自己心里一桩甚么心事，又好象在那里听见谁说过这话的似的，只是一时再想不起。（儿，22/295）

（5）他女儿接口道："是辰时。那年给姑娘算命，那算命的不是说过底下四个'辰'字，是有讲究的，叫甚么甚么地，甚

---

① 吕叔湘（1944）认为表"不知"的为虚指，与表"不论"的任指相对待。刘月华等（2001）指"表示不知道或说不出来或无须指明的人或事物"，与"反问""任指"并列。北大中文系现代汉语教研室编的《现代汉语》（1993）则指"指称不能或不愿意指明的具体事物"，与"任指"并列。林祥楣（1957）指"代替说不出或不说出的人或事物"，与"任指"并列。丁声树等（1961）说："所谓虚指有各种情形，或是不知道，或是想不起、说不上，或是不必明说。"与"反问"和"任指"并列。汤廷池（1981）称虚指为"表示不特定的人、事物、方式、性状、状况、程度、数量等"。"所谓不特定，包括不知道、不能肯定以及虽然知道但是无需或无法说出来。"邵敬敏、赵秀凤（1989）则指指代的是"不确定的人、物、事"，与全指、例指等八类用法并列。有的学者虽未直用"虚指"的概念，但所解释实际上也是指虚指。如：王力（1943）说：疑问代词的特别用途之一是"代替说不出的事物"。朱德熙（1982）提出疑问代词非疑问用法之一"用疑问代词来指称不知道或说不出来的人、事物、处所、时间等"。

么一气，这是个有钱使的命，还说将来再说个属马的姑爷，就合个甚么论儿了，还要作一品夫人呢！"（儿，14/169）

　　（6）张老道："我的嘴笨，也说不上个甚么来。"（儿，13/163）

例（1）（2）疑问代词所指称的是不知道的事物。例（3）知道有人但不知具体为何人。例（4）（5）因想不起而不确知。例（6）是说不上。再如：

　　（7）一路行则分辙，住则异室，也没甚么不方便的去处。（儿，10/119）

　　（8）今日之下，我公婆恭恭敬敬给姐姐请了这一堂的媒人来，就算我爹妈不能说甚么，不能作甚么，也算一片诚心。（儿，26/362）

　　（9）一个安庆口音，一个湖北口音，一时看不出是甚么人来。（儿，32/468）

　　（10）他道："没落下甚么。回父亲，我不上乌里雅苏台了。"（儿，40/675）

　　（11）果然昨日换了一个"和"甚么班唱的整本的《施公案》，倒对我的劲儿。（儿，32/469）

　　（12）到后日叫爹莫往那去，起早就要同众爹上庙去。（金，1/19）

　　（13）西门庆也不往那里去，每日衙门中来家，就进来看孩儿。（金，59/796）

　　（14）月娘道："怪小囚儿，休胡说白道的。那羔子知道流落在那里讨吃？不是冻死，就是饿死……"（金，97/1416）

　　（15）西门庆道："等我和你们下一盘，那个输了，拿出一两银子做东道。"（金，11/154）

下面是用于熟语中的"甚么":

（16）一面说道："那也不值甚么，等我里头赶着给你老炸点儿锅渣面筋，下点儿素面，单吃。"（儿，21/278）

（17）这件事不值甚么，家里有我呢。（儿，40/645）

（18）那个领盘儿大了就有一圈儿，不差甚么连围腰儿都要脱落下来了。（儿，40/660）

（19）别说妹妹呀，连哥哥比你两个多来着不差甚么二十年，今日还是头一遭儿见呢。（儿，37/587）

"不值甚么"和"不差甚么"都是熟语，前者是"没什么了不得"之意，后者是"差不多"之意。

表不必或不便明说的，例如：

（20）师老爷吃上这袋烟，越发谈得高兴了，道是今年的会墨那篇逼真大家，那篇当行出色；他的同乡怎的中了两个，一个正是他的同案，一个又是他的表兄。（儿，37/576）

（21）因又告诉舅太太，姑娘怎样的孝顺，怎样的聪明，怎样的心胸，怎样的本领。（儿，22/303）

（22）即或谈到了，谈的是到京后怎样的修坟，怎样的安葬，安葬后怎样找庙，那庙要怎样近便地方，怎样清净禅院，绝没一字的缝子可寻。（儿，22/299）

（23）原来乌大人那位太太相貌虽是不见怎的，本领却是极其来得，虽乌大人那样的精明强干，也竟自有些"竖心傍儿"。（儿，40/683）

（24）那瘦子哈哈大笑，说："原来是个顽女筋斗的，不怎么样！"（儿，6/75）

前3例尽管形式上是疑问子句充当句法成分，但并不传疑，因而不属于间接问句。是用疑问代词虚指不必明说的情况。后2例疑问代词用于否定性评价，属不便明说的情况。

有一种情况也不妨归入虚指用法，即话语标记用法。由"谁"组成的"谁知""谁知道""谁想""谁料"以及由"那"组成的"那知""那怕"等反诘否定形式，通过词汇化和语法化的途径先后熟语化并进而发展为连词或话语标记。例如：

（25）一进舱门，便说："敢则都到了！我可误了！谁知这一绕，多绕着十来里地呢！"（儿，22/292）

（26）那时奴才只纳闷儿。谁知老爷早知道姑娘的下落，连奴才们也托着老爷、太太的福见着姑娘了。（儿，20/272）

（27）众人哄的声都跟定了他走。素姐见得势头汹汹，倒有几分害怕，凭这些人的嘴舌，倒也忍气吞声。谁知道程大姐忘了自己的身分，又要在众人面前支瞎架子，立住骂道："那里的撒野村囚！"（醒世姻缘传，第73回）

（28）谁想好事多磨，这个当儿，张太太又吵吵起来了。（儿，27/378）

（29）传了一声说道："叫厂里人去拿了童伙计来，老公待问他甚么哩。"谁料堂上一呼，阶前百喏。亏了还看伙计两字的体面，只去了十来个人。（醒世姻缘传，第17回）

（30）这班贼大约也看出老头子是个喜欢上顺的来了，那知恭维人也是世上一桩难事，只这一句，才把他得罪透了！（儿，32/464）

这类用法已经失去了疑问代词原有的词汇、语法意义，在语篇中只起话语衔接作用。若着眼于它与一般虚指用法的差异，这种用法也可独立为一类，姑且称作"无指用法"。

2.2.2.3　任指用法

任指用法，是指疑问代词用来指称特定范围内任何一个的对象。

它是介乎实指用法和虚指用法之间、实虚兼具的一种用法。说它具有实指性，是因为它的所指范围是确定无疑的，说它具有虚指性，是因为在这个范围中的所指又是虚泛不定的。一般可分为两种情况：一是有定任指，一是无定任指。

先看有定任指的用法。例如：

（1）希大道："咱这里无过只两个寺院，僧家便是永福寺，道家便是玉皇庙。这两个去处，随分那里去罢。"（金，1/18）

（2）应伯爵插口道："说的有理。你两人都依我，大官人也不消家去。桂姐也不必恼。今日说过，那个再憩，每人罚二两银子买酒，咱大家吃。"（金，12/168）

（3）他这一渗着，那班小丫头子谁也不敢惊动他。（儿，40/656）

（4）月娘接过来道："你们里边与外边差甚么？也是一般，一个不愤一个。那一个有些时道儿，就要蹦下去。"（金，74/1053）

（5）当下众人看了这两件东西，一个个跳牙裂嘴，掩鼻攒眉，谁也不肯给他装那袋烟，便叫麻花儿装好了，拿进香火去，请他自己点。（儿，37/576）

这些例子都是限定范围的任指。如例（1）的"两个去处"是限定的范围。例（2）的大官人和桂姐"两人"，例（3）的"那班小丫头子"，例（4）的"你们里边"，例（5）的"众人"都是限定的范围。

再看无定任指的用法。例如：

（6）孙雪娥道："娘你看他嘴似淮洪也一般，随问谁也辩他不过。"（金，11/158）

（7）且说西门庆分付天门上平安儿："随问甚么人，只说我

不在。"（金，78/1156）

（8）蒙你老人家这等老爷前扶持看顾，不拣甚事，但肯分付，无不奉命。（金，30/419）

（9）你不出去，今后要贴你娘的心，凡事要你和他一心一计。不拘拿了甚么，交付与他。（金，44/592）

（10）王婆笑道："有老身在此，任武二那厮怎地兜达，我自有话回他。大官人只管放心！"（金，9/132）

（11）若是应二花子，随问他怎的叫，我一世也不出去。（金，32/448）

（12）妇人又千叮万嘱，央西门庆："不拘到那里，好歹劝他早来家，奴已定恩有重报，决不敢忘官人！"（金，13/188）

（13）但是有的金银，不论多少，都给我拿出来。（儿，10/121）

（14）可煞作怪，那马凭他怎样的摸索，风丝儿不动。（儿，18/236）

（15）谁也不得知他的来路，谁也不得知他的根由，他只说是逃荒来的。（儿，14/178）

（16）我这女儿叫作张金凤，今年十八岁了，从小儿他叔叔教他念书认字，甚么书儿都念过，甚么字儿都认得，学得能写会算，又是一把的好活计。（儿，7/86）

以上各例均为无限定范围的任指。

任指用法往往有形式上的标志，如使用表"不论"的关联词语，如上举各例中的"随分""随问""不拣""不拘""任""不论""凭"等；或是疑问代词用于句首以"也""都"等特定副词相呼应，如例（3）（5）（15）（16）等。不过也不绝对，如例（2）。再看下面的例子：

　　（17）此时他一家是怎的个乐法，所不待言；大概而论，怎的个乐法，总乐不过他家那位新人珍姑娘！（儿，40/682）

　　（18）西门庆分付："那个小厮走漏消息，决打二十板！"（金，26/368）

例（17）中前一"怎的个"是虚指用法，后一"怎的个"则是任指用法。例（18）"那个"是无论哪个之意，也是任指。

2.3　关于疑问代词非疑问用法的受约条件问题

2.3.1　研究现状与问题

　　揭示疑问代词非疑问用法的受约条件是认识疑问代词的疑问用法与非疑问用法差异的关键问题。对此，学界多有论述。学者们注意到，这种受约条件涉及句法、语义、语音乃至语用等各个方面，而最关键的是句法条件。吕叔湘（1944）从语义的"无定"性来定义疑问代词的非疑问用法，任指表"不论"，虚指表"不知"，并着重从句法角度来分析其限制条件。他指出："任指指称词多用在复句的第一小句里，这些指称词的上头常常加'无论''任凭''不管'等字样。""任指指称词常常前后叠用，造成一种连锁句。""虚指用法可以用在'是非问句'里。因为所问为全句之是非，'谁''什么'等词不是疑点所在，所以仍是虚指。"他还对"间接问句"的句法特点作了分析。后来（1985a）又对每一个疑问代词非疑问用法的句法环境作了更加细致的描写，如讨论"什么"的非疑问用法时，他全面列举了"虚指性'什么'的句式"，有"间接问句""不知什么""假设句""否定句""肯定句""是非问句"及"X 什么的"等各类句式。还列举了"任指性'什么'"的"形式标志"，有"不管什么""什么……都（也）""什么……什么"等。对于每种句式的具体条件又分别作了分析，如他指出：肯定句里有虚指的"什么"的往往兼有"想必""一定""恐怕""也许"等表示测度的词语，或是有"像是""仿佛""只当"，乃至"听说""说是"等让话说得不太靠实的词语。这既是讲句法也关涉语义。赵元任（1968b）特别注意到语序制约，他指出，表示"某类中每一个或任何一个"的"谁"，"因为指整类时就是确定指称，所以'谁'一定要用在句子的前半部"。有时也能作动词的宾语，但前提是句子的主要动词必须跟在后头。如"他问了谁都不知道"。而"'谁'用作不定人称代名词时，不能放在句子的前头，至少也得先用一个'是'或'有'一类的字眼，像：'有谁来看你来着'"。同时，赵先生还特别注意语音制约。他指出，表"不定"的意思往往是轻声，表"随意"的意思常常带重音。在具体分析"谁"和"什么"的用法时指出："'谁'也像其他词类里的疑问词一样，要是读轻声，就有不定的意思，成为不定的人称代词……例如'他戴错了谁的帽子了'。""这句话的'谁'要是加上特强重音，就成了个问句了。""什么"表示"不定"的意思指"某些东西"时读轻声，表示"任何"的意思指"任何东西"时读重音。用在表示"要数的东西"（列举）的前头或后头时指"等等"的意思，读轻声。

形式语法学者黄正德、程立珊、李艳惠、林若望等称疑问代词为WH-词，认为汉语的WH-词本质上不是疑问算子，其非疑问用法在一定受约语境（affective contexts）能够得到允准，这就和句法的允准语（licensor）有一定的关系。

（1）他跟谁说了话吗？（是非问句允许 WH-词做存在量词解）

（2）什么他都要。（副词"都"允许 WH-词做全称量词解）

（3）他不喜欢什么。（否定式允许 WH-词做否定极端语解）

黄正德（1982）指出，除了出现在典型的否定极端语语境中之外，不定 WH-词还与非事实动词搭配在一起。程立珊（1991）也持类似的观点，认为不定 WH-词出现在真值不能得到直接肯定的语境中。李艳惠（1992）认为，和表疑问的 WH-词不同，WH-词的非疑问用法受到很多限制，她提出两个条件：一个是语义上的条件，即 WH-词的非疑问用法出现在"真值被否定""真值不固定"或"真值没有被直接肯定"的语境中。"真值被否定"是指出现在否定句中，但不定的 WH-词只能出现在该句式的宾语位置上，不能出现在主语位置上；"真值不固定"是指 WH-词出现在：A. 一般疑问句（主宾语位置）和"A 非 A"的问句（宾语位置）中，B. 条件句中，C. 非事实性动词句中；"真值没有被直接肯定"是指不定的 WH-词出现在表尝试或不肯定的语境中，如与"大概""好像""似乎""也许"等共现或与表推理的"了"共现。另一个是结构上的条件，即允准语必须是 S-结构上成分统领表非疑问用法的 WH-词。比如否定词统领动词或介词的宾语，不统领主语；假设词"如果"、"要是"可使其统领的 WH-词得到允准等。林若望（1996，1998）对汉语的非疑问的存在极端 WH-词（EPW）作了全面研究，他把 EPW 出现的语境分为三种：一是否定、问句和条件从句。如否定句中只有否定语素统领 EPW 时才能允准。二是认知情态环境。如出现认知情态词、非事实性认知动词和认知副词等。三是某种"未来"环境。如"会""想""打算"一类动词带的补足语等。伍雅清（2002）提出另外一种思路。他从结构单位和语义单位之间的联系出发，提出 WH-词的非疑问用法的"优选模式"：A. 首先取决于该 WH-词是否在疑问算子的辖域范围内以及该疑问算子的性质。如果是在疑问算子"呢"的辖域内，那么 WH-词作疑问词解，如果是在"吗"的辖域内该 WH-词作非疑问用法解；B. 如果不在疑问算子的辖域内，而在它的允准语（如否定算子、条件句或全称量词）的辖域内，则 WH-词作非疑问用法解；C. 除了全称量词辖域内以外，WH-词的词重音使该 WH-词作疑问用法解；D. 单位词、事实性动词和表尝试义的语境起非疑问用法 WH-词的辅助允准语的作用。他还借鉴分类语义学的观点与方法从疑问句式之间的语义关系角度作了解释。

关于疑问代词非疑问用法的语音特征，胡方（2005）运用实验语音学的方法进行了有效的对比研究。他通过检验特殊问句、是非问句和回声问中疑问词和其他相应结构成分之基频、时长、音强，来探讨疑问词疑问用法和非疑问用法的韵律差异。材料表明：疑问词与相应的动词结构在不同类型的句子中有韵律上的区别。在特殊问句中，疑问词是句子的焦点；而在是非问句中，疑问词不是焦点。句子的焦点成分在语音上实现为语调重音，其词调拱度得以保留甚或加强，而相应的非焦点成分的词调拱度会被压缩，有时会被简化成平调。

从上文的引述可以看到，关于疑问代词非疑问用法的受约条件的探讨涉及句法、语义、语音等各个方面。但是，这些方面究竟是某个因素起决定作用，还是各因素综合起作用呢？若是综合起作用，那各因素在多大程度上起作用？其关系如何？还有没有其他方面因素？这些还有待于进一步探讨。学界一直致力于从句法形式的角度来说明其受约条件，取得了较为显著成效，但是，就目前的研究结果看，所发现的规律似乎还难以完全涵盖所有的相关现象。比如关于任指用法，有学者提出前有"不管"等字眼可作为形式依据，但同时又说"也不是非加不可"。其实不加是常见的，例如上文的例（2），又如下例：

　　　　（4）甚么时候说声走，我拔腿就走，跟着老人家乐去了！
　（儿，32/471）

再如不少学者都指出出现于是非问句中的疑问代词为非疑问用法，邢

福义（1987）则指出肯定式是非问中的疑问代词"仍然或多或少地
具有特指求代作用"，"表示求代疑点"，例如：

　　（5）金楚桢调节气氛，笑着，"有什么爱好吗？音乐？美
术？体育？"（李宪：匿名电话）

　　（6）"同志，您有什么事儿吗？"我坐在她对面沙发上，客
气地问。

　　　　"我想登一个广告……"（贾宏图：明月几时有）

例（5）针对"什么"，问话人从"音乐、美术、体育"这几方面提
供指代的范围，"什么"显然不能说只是虚指；例（6）从答句看，
"想登一个广告"的回答明显是针对疑问点"什么事儿"的。邢福义
把这类句子称为"特指是非问"。显然，伍雅清所谓"优选模式"的
第一条在此就遇到了麻烦。还有，李艳惠从语言结构上提出的"成
分统领"说，在语言事实面前也同样遇到难以圆说的例外，这一点
学界已经有人指出（参见伍雅清2002）。

　　一些学者也从语义层面来探讨受约条件。但也同样存在困惑。比
如李艳惠提出的语义上的条件，就被有的学者指出"不够精确"，
"让人难以应用到具体的例子中去"（参见伍雅清2002）。关于语音
方面的受约条件，学界主要论及轻重音在一定范围内表现出疑问用法
与非疑问用法的差异。不过这只在局部范围内具有解释性，缺乏在更
高层次上的概括力。比如疑问用法读重音，而非疑问的任指用法也读
重音，就存在如何区分和解释的问题。至于语用上受约条件的探讨，
学界的认识还不很一致，一般以为，这种研究"描写对象不纯"，因
而不予重视。

　　可见，疑问代词非疑问用法的受约条件是个有待进一步探讨的学
术问题。这里借鉴前人的研究成果，提出两点初步的想法：

2.3.2 从情态语义角度拓展思路

本论题目前的研究已经注意到情态语义问题。林若望的探讨就特别重视这一点。情态属于语义范畴，但关涉到句法。立足情态可将句法和语义关联起来。在情态范畴的研究中，"现实"与"非现实"问题越来越受到人们的关注。国外较早就有人研究（如 Givón T 1973；Comrie 1985；Palmer 1986，2001 等），国内学者沈家煊（1999）、石毓智（2001）、王红旗（2006）、李敏（2007）、彭利贞（2007）、张雪平（2008，2009）等都作过深入探讨。一般认为，"现实"指说话人认为相关命题所表达的是现实世界中已经存在或正在发生的事情，它可以通过直接的感知来了解；"非现实"指说话人认为相关命题所表达的是可能世界中存在、发生或假设的事情，它需要通过想象来了解。"现实"与"非现实"的分别，是人类语言除了时制以外的另一个事件定位坐标系统。关于"现实"与"非现实"语法范畴的性质和地位，学界的认识还不尽一致，但一般更倾向于认为是一对情态范畴。

在情态系统中，"现实"只表达对事实情境的简单陈述，主要是用肯定陈述句来表达，而"非现实"包含了范围广阔、类别众多的非现实情境，如假设、条件、可能、怀疑、疑问、未来、让步、预设、推测、推论、引证、感叹、惯常、规律、周遍、或然、许可、义务、祈使、祈愿、意愿、能力、否定，等等，其表达的方式也多种多样。对于丰富复杂的"非现实"情境，Chung，Timeberlake（1985）从"认识模式""认识论模式"和"道义模式"三个视角进行了衡量与概括。"认识模式"根据相对于现实世界的其他可能世界中的"可能性"来定义一个事件的非现实性，如存在可能性情境与必然性情境，进一步分析还有将来可能、怀疑、假设、条件等，这一模式基本对应于认识情态；"认识论模式"指的是说话人说话而又不保证其说话内容的真值，也即不把已然存在的事件作为一个具有事实性事件陈述出来，而只是对事件进行评价，而不对事件的真值做出完全的保证，如推论、推测、示证、引证、非视觉（指视觉之外的感觉）、感叹（包括意外、惊异、迷惑、难以置信、遗憾等）、习性（包括规律、习惯等）等，这一模式有学者（谢佳铃 2002）也认为是情态范畴的成员，如评价情态等；"道义模式"是指表达将来时间内事件实现的许可或者强制性，如许可、义务、祈使、命令、意愿、祈愿、劝告、能力等等，其中"让某人做某事"这类含指令性的形式是最为普通的类型，这一模式基本对应于道义情态和动力情态。（参见彭利贞 2007）上述分类模式没有涉及"否定"。如何认识"否定"在"现实"与"非现实"中的定位呢？学界认识到否定内部"不"和"没"的差异并进行过多方探讨，有学者（曹捷斐 1996，转引自彭利贞 2007）认为，"没"用来否定处于过去与现在的现实世界中的事件，而"不"则用来否定处于将来及其他非现实世界中的事件。彭利贞也有类似的主张。他认为"没"是对现实情境的否定，从现实与非现实的区分来看，"没"具有现实的性质。而沈家煊（1999）则明确认为，"假设句、是非问句、否定句是相通的，都属于'非现实句'"。"在说话人判定命题真假的程度等级上，非现实句靠近否定一端：先设（想当然为真）＞现实肯定（强判断为真）＞非现实肯定（弱判断为真）＞否定（判定为假）。从情态上讲，否定句跟疑问句、条件句等非现实句一样都不是对现实的明确肯定。因此可以说否定也是一种情态，它处于以上等级的一个极端。"

对于"现实／非现实"这对范畴的区分还存在分歧。我们同意这是一对典型范畴的意见（张雪平 2009）。范畴中成员向非成员的过渡是逐渐的而非一刀切的。属于非现实范畴的句子，其非现实性是由强到弱的连续统，既有典型成员，也有非典型成员。条件、假设、疑问、可能、未来、否定等等都是典型的成员，而感叹、习性、非视觉等则处于边缘。即使是被确定为非现实的某一具体范畴，也可能存在非现实性的程度差异，如不同疑问度的疑问句。

　　从语言事实可知，疑问代词的非疑问用法与非现实情态具有某种强对应关系，或者说，非疑问用法主要用于非现实的句法环境之中。试比较下面的表达：

　　　　(1a)　*他知道什么。——［现实］

　　　　(1b)　他不知道什么。——［否定］

　　　　(1c)　他知道（了）什么了。——［推理］

　　　　(1d)　他一定知道什么。——［必然］

　　　　(1e)　他也许知道什么。——［可能］

　　　　(1f)　他如果知道什么，就会跟我讲。——［假设］

　　　　(1g)　即使他知道什么，也没关系。——［让步］

　　　　(1h)　无论他知道什么，都不妨事。——［无条件］

　　　　(1i)　他好像知道什么。——［推测］

　　　　(1j)　他应该知道什么。——［义务］

　　　　(1k)　他不知道什么吗？——［疑问］

　　　　(1l)　他就要知道什么。——［未来］

　　　　(1m)　他想知道什么。——［意愿］

1a 作为现实句是一个不合格的句子。我们可以说"他知道秘密"。但不能说"他知道什么"。1b—1m 作为非现实句，都是合格的句子。下面看文献中的语料：

　　　　(2)　心里说道："这先生一定有些甚么症候，他这满口里不伦不类祝赞的是些甚么？"（儿，17/224）

　　　　(3)　尊客如有甚么书信，以至东西，只管交给我，万无一

失，五日后来取回信。（儿，14/171）

（4）（月娘）亲叫道："蕙莲孩儿，你有甚么心事，越发老实叫上几声，不妨事。"（金，26/369）

（5）来安儿道："他说哥揽的人家几两银子，大胆买了酒肉，送在六娘房里，吃了半日出来。又在前边铺子里吃，不与他吃。又说你在书房里和爹干什么营生。"（金，35/482）

（6）玳安道："贲四娘子从他女孩儿嫁了，没人使，常央及小的每替他买买甚么儿。"（金，77/1136）

（7）西门庆道："怪奴才，单管只胡说，谁和他有甚事。"（金，27/383）

（8）月娘道："你叫他回来，打发他吃些甚么儿。"（金，45/603）

（9）舅太太道："瞧这雨，下得天漆黑的，咱们今日歇天工，弄点甚么吃，过阴天儿罢。"（儿，24/327）

（10）他那意思，想着要把乾纲振起来，熏他一熏，料想今日之下的十三妹也不好怎样。（儿，30/441）

（11）金莲道："我早对你说过，好歹拣两套上色儿的与我，我难比他们都有，我身上你没与我做甚么大衣裳。"（金，40/553）

以上各例疑问代词均用于非现实语境之中。例（2）表必然性，例（3）（4）表假设条件，例（5）表非视觉的转述，例（6）表惯常，例（7）表疑问中的反诘，例（8）表祈使，例（9）表意愿，例（10）表推测，例（11）表否定。

这种对应规律，验之我们调查的语料，除了"准非疑问用法"（因本身是介乎疑与非疑之间的现象，具有一定的特殊性）以外，绝大多数能够得到说明。这主要是因为疑问代词非疑问用法具有不同程度的不定性，哪怕是实指用法，也存在程度较轻的不确定性，这与带有一定程度不确定因素的非现实情境正相匹配。以往如林若望等人的研究结果也可以验证我们的观察，不过，以情态的现实/非现实视角来描述和概括疑问代词非疑问用法的句法—语义环境和规律，似乎更具概括性。

2.3.3　从动态语用角度开阔视野

语法研究的传统是注重形式，一切的语法问题都试图从形式系统内部去找到解释。对于疑问代词非疑问用法的研究基本上也是如此。但是随着研究的深入，人们越来越认识到，语法跟语用是无法彻底分开的，并非任何语法问题都可以从形式系统中得到完美解决的。汉语语法的许多问题都关涉到语用。这一点似乎正逐渐被更多的学者所认同。2006 年在上海召开的"东亚比较语言学国际研讨会"上，沈家煊报告说："汉语的语法研究，离开语用，剩下的也就不多了。"看来，如何从语用的视角探讨疑问代词的非疑问用法是今后的研究中不得不引起重视的。这方面已有的不多的探讨已给我们一些有益的启示。比如，20 世纪 80 年代以来学界关于疑问子句充当宾语的讨论中，学者们多着重从结构和母句动词的性质与时态的角度来解释导致直接问句与间接问句区别的原因，当然这是十分重要的研究角度，但这些研究只在一定程度上说明疑问用法与非疑问用法的区别，对于某些问题仍然说而不明。于是，有学者（如陈炯 1984；赵巨源 1990；邵敬敏 1996 等）将研究的触角延伸到语用领域，从母句主语人称的角度来观察句中的疑问词是否为非疑问用法，就有新的发现：

（1a）你知道她是谁。/？

（1b）我知道她是谁。

句法结构相同、动词相同、疑问小句也相同，但是母句主语人称不同，这就影响到疑问用法与非疑问用法的区别。赵文指出：C 类动词（指带上疑问形式宾语后既能造成疑问句又能造成非疑问句的一类动词，如"知道、听说、看见、发现、猜"等）"造成疑问句时，主语多采用第二或第三人称，一般不采用第一人称，有个别动词甚至要求必须采用第二人称，如属于 C_1 的'猜'。不造成疑问句时，则对主语的人称没有特别的限制，三种人称都可采用"。陈文还涉及成因的分析。在交际过程中，一个真正的疑问句至少具备三个因素：说话人、听话人、提出的选择。如果主语是第一人称"我""我们"，就是说话人自己直接参与句中的选择，并不要求听话人回答，全句往往是陈述句。这种从语用角度的说明，富有一定的启发性。当然，就主语人称和疑问、非疑问用法的关系说，这种说明还只是初步的，有待于进一步深入。比如同是 C 类动词，人称的变换致使疑与非疑的差异是否具有一致性？有人认为，人称的变换受时制的限制，那么两者的关系究竟如何？人称变换导致疑与非疑差异的内部机制怎样？等等，这些都值得继续探讨。

再如，吕叔湘（1985a）指出否定句里的"怎么"有一种"缓和否定"的作用，"不怎么"等于"不十分"。并指出"什么"也有同样的用法。王力（1943）也有类似观点，认为疑问代词可以帮助委婉语气。但是，疑问代词在减弱语气时为何一定要用于否定句而不能用于肯定句？为何疑问代词在帮助减弱语气时表示较大量或较高程度，即"不十分"等？这些问题仅从句法分布很难得到解决。蒋勇等（2009）运用语用的"关联"理论来进行解释。他们抓住疑问代词语义这个核心，从语境能否满足疑问词语的任指义和虚指义来观察其句法允准条件，否定句能满足虚指用法而肯定句不能，是因为肯定句是肯定、有定的断言，与疑问词语的虚指义相冲突。但虚指表示的是选项中未定的一个，在表示程度时是指不定的程度，而用于减弱语气的疑问词语表示的程度是有定的。对于这一矛盾他们从含义推导的角度作出解释，认为结合最佳关联假设来推导含义，听话人能够校准字面意义，在疑问代词弱言用法中，听话人正是借助语境校准通过外延收缩的方法将疑问词语表达不定程度转而表示较高程度。至于弱言中的曲言用法，他们根据语用意图，以两轮语用定位和校准来作出解释。这样的探讨，确实颇富启示。

从语用角度来探求疑问代词疑问用法与非疑问用法的区别问题，目前才刚刚开始，我们期待着有更多的这方面的研究。

3　明清汉语疑问代词的非疑问用法

3.1　谁系代词的非疑问用法

"谁"作为最古老的疑问代词之一，上古时期已见非疑问用法。例如：

(1) 公曰："寡人有子，未知其谁立焉。"（左传·闵公二年）

(2) 韩取聂政尸于市，县购之千金，久之，莫知谁子。（战国策·韩策二）

(3) 吾与之虚而委蛇，不知其谁何。（庄子·内篇）

(4) 问谁宴焉，则宋公、郑伯；问谁相礼，则华元、驹骓；问谁赞事，则陈侯、蔡侯、许男、顿子，其大夫侍之。（国语·楚语）

但早期用例很少，且主要为准非疑问用法。两汉时期仍然如此。魏晋以降先后出现了虚指用法和任指用法。此后各个历史时期在沿用前代的用法外又有一些发展，不仅表现在数量上，也表现在用法上。下面着眼明清，具体讨论。

3.1.1　准非疑问用法

如前所述，准非疑问用法是"谁"系代词非疑问用法最先得到发展的形式，起始于先秦，承继于两汉。不妨再列举几个《史记》和《论衡》中的用例：

（1）哙直撞入，立帐下。项羽目之，问为谁。张良曰："沛公参乘樊哙。"（史记·樊郦滕灌列传）

（2）诏召问所为治病死生验者几何人也，主名为谁。（史记·扁鹊仓公列传）

（3）吏以此责解，解实不知杀者。杀者亦竟绝，莫知为谁。吏奏解无罪。（史记·游侠列传）

（4）耳闻目见，昭晰不疑，仲子不处不食，明矣。今于陵之宅不见筑者为谁，粟不知树者为谁，何得成室而居之，得成粟而食之？（论衡·刺孟）

（5）世称申喜夜闻其母歌，心动，开关问歌者为谁，果其母。（论衡·感虚）

可以说，"谁"系代词准非疑问的基本用法在秦汉时期已经形成。明清时期，在陈述句中的运用大体是继承前代的用法，也有一些用于疑问句的例子，这是后起用法。

3.1.1.1　用于陈述句

陈述句是准非疑问用法的主要句法环境。例如：

（1）正说着，不想西门庆在房里听见，便叫春梅进房，问谁说话。（金，30/415）

（2）到次日，往后边问玉箫谁人透露此事，终莫知其所由，

只顾海骂。(金，25/352)

　　(3) 西门庆在马上，教玳安："先头里走，你瞧是谁在大门首。"(金，21/309)

　　(4) 许多人一个个矮身欠脚，长身延劲，半日还不曾打听明白状元是谁。(儿，36/554)

　　(5) 半日，找了华忠来，老爷正叫他去看看这人到底是谁。(儿，38/611)

　　(6) 我仔细一看那人，却也有些面熟，只是猛可里想不出是谁。(儿，15/194)

　　(7) 公子只是腹内寻思那传话人是谁，默默不答。 (儿，23/320)

　　(8) 西门庆道："端的是谁拿了，由他慢慢儿寻罢。"(金，43/579)

这些例子，有的出现在否定句中，有的则出现在肯定句中。主句动词以"问"和"知（道）"的否定形式为最常见，而一般认知动词和言说动词也可适用，如以上各例中的"瞧""打听""看""想""寻思"等。在保持传统用法的基础上，主句动词渐趋多样化。

3.1.1.2　用于诘问句

"谁"除用于陈述句外，也出现于疑问句（主要是诘问句），但不多见：

　　(1) 老爷便怪着他道："只这样一个秃头'老爷'，我晓得他是谁？"(儿，36/557)

　　(2) 堂中亦有三千士，他日酬恩知是谁？(金，56/745)

　　(3) 桃李明年能再发，明年闺中知有谁？ (红楼梦，第27回)

　　(4) 侬今葬花人笑痴，他年葬侬知是谁？ (红楼梦，第27

回)

例 (1) 是疑问代词的隐含用法，"晓得"前隐含了"怎么"，"他是谁"是疑问形式作宾语从句。其后 3 例结构相似，同样也是隐含了"怎么"，"知是谁"在反诘中相当于不知是谁。

　　下面这个例子比较特殊，不属于诘问句，但也不是普通的疑问句，其主要作用是祈使。附此加以说明：

　　　　(5) 因指着公子问他："你只说这是谁罢？"那孩子又摇摇
　　　头。(儿，37/570)

句中引号里的话如果标上句号，显然是个典型的祈使句，那么"这是谁"是准非疑问用法无疑。但从提示语"问"可见，其后当是个问句，点校者也标为问号。这个问句如果用的语气词是"呢"，那么当是特指问，疑问焦点在"谁"，"这是谁"就不是准非疑问用法了。可书中句末用的是带有祈使意味的语气词"罢"，加上疑问语调，这是个表示祈使意义并略带商量口气的问句，应属于是非问而非特指问，疑问从句"这是谁"当属准非疑问用法。整个句子表意显得委婉复杂。

3.1.2　虚指用法

"谁"系代词的虚指用法较早出现在魏晋时期的文献中。例如：

　　(1) 因举酒曰："三三横，两两纵，谁能辨之赐金钟。"(洛阳伽蓝记，卷三)

　　(2) 设令有人问我，使自比古人，及同时令我自求辈，则我实不能自知可与谁为匹也。(葛洪：抱朴子)

　　(3) 谁能有法语我说者，恣其所须，不敢违逆。(贤愚经，卷一)

　　(4) 口自宣言："谁欲闻法，我当为说。"(贤愚经，卷一)

"谁"指的是不确定或未知的人,这类用法后世一直沿用。吴福祥(1996)指出,敦煌变文中也有用来"指称不能肯定或尚未确定的事"的用法,这种用法后世罕见。

下面看明清的例子:

(5)教当直的学生将签筒来摇动,内中撒一个,撒着谁的,便着那人背书。(教老,57)

(6)谁与做个成就了姻缘,便是那救苦难的菩萨。(金,35/495)

(7)(李瓶儿)说道:"设使我就说,对着谁说来,也有个下落!"(金,51/676)

(8)起那天,这城隍爷就灵起来了:……到了谁家为老的病去烧炷香、许个愿,更有灵应。(儿,22/294)

(9)你说要走,你又不走,倒像谁要拐你的似的。(儿,17/226)

(10)乱吵吵了一阵,你叫谁我叫谁,柜上借了枝笔,他自己花了倒有十来张手纸开条子。(儿,32/468)

(11)舅太太又道:"姑老爷常说的呀,孔夫子的徒弟谁怎么听见一样儿就会知道两样儿,又是谁还能知道十样儿呢。"(儿,36/560)

(12)赵姨娘道:"我的娘!不凭他去,难道谁还敢把他怎么样吗?"(红楼梦,第25回)

(13)忙拉了袭人的手问道:"宝玉难道和谁作怪了不成?"(红楼梦,第34回)

以上各例,"谁"均出现于非现实的句法环境中。例(5)—(8)用于假设条件句,例(9)表相似,含有推测意味,例(10)(11)是用于转述的语境,末2例则用于疑问语境,更准确地说是用于反诘否定的语境中。

3.1.3 任指用法

任指用法是在虚指用法的基础上发展起来的。较早的例子见于晚唐五代。例如：

（1）财物库藏，任意般将；不管与谁，尽任破用。（敦煌变文集，P388，转引自吴福祥1996）

（2）遂以颂示之云："云门一窍坐闲心，把断游人更莫寻。任是有谁居壁上，也教无事访知音。"（古尊宿语录，卷二十六）

"谁"系疑问代词的任指用法早期主要出现于无条件句中。以上2例便是。汉语中无条件构式典型的形式标记"不问""不论""无论""不拣""不拘""不管"等在隋唐时期已经发展成熟，晚唐五代又出现了"任""随""任是""凭"等一系列新形式。特别是疑问代词进入无条件构式，标志着汉语无条件句发展的成熟。晚唐五代以降，"谁"出现在无条件构式日渐增多，其形式更趋多样。下引各例均是借助无条件构式的不同形式标记如"不论""无论""任是""任""凭是""凭""随问"等显示其任指用法的：

（3）墙上一个琵琶，任谁不敢拿他。

这个是蝎子。（教朴，234）

（4）一回家好，娘儿每亲亲哒哒说话儿。你只休恼着他，不论谁，他也骂你几句儿。（金，64/879）

（5）公子道："无论谁梳都使得。"（儿，28/402）

（6）任是谁说甚么，我只拿定主意，干我的大事去。（儿，17/226）

（7）一言抄百总，任是谁说，算是去定了。（儿，3/36）

（8）凭是谁来接着，只不肯去。（儿，19/256）

（9）随问谁也辩他不过。（金，11/158）

进一步发展，出现"谁"与"都"或"也"相呼应而构成的新形式：

（10）不好过的是，出得场来，看着谁脸上都象个中的，只疑心自己不象。（儿，35/530）

（11）老爷上任没银子，家里又没银子，求亲靠友去呢，就让人家肯罢，谁家也不能存许多现的。（儿，3/33）

（12）谁也说不的这不是人情天理！（儿，37/570）

（13）乌大爷道："老师这几个门生，现在的立身植品，以至仰事俯蓄，穿衣吃饭，那不是出自师门？谁也该'饮水思源，缘木思本'的。"（儿，13/160）

末例"谁"跟"也"呼应出现于肯定句。"谁都/也"这种后起形式，我们推测，可能是在条件句的基础上通过删减无条件标记并进一步主题化而形成的。如例（9），删去无条件标记语"随问"，"谁"就成了句子的主题。当然，这个过程是一个复杂的演变过程，需要进一步的文献考察和论证。

3.1.4　实指用法

首先，是具有倚变关系的匹配用法。这是相对有定的实指用法。主要有两种情况，一是同指的匹配，即两个相互配合使用的"谁"同指一个客体。这种用法即是吕叔湘（1985a）所说的"连锁"关系。例如：

（1）等到家，横竖还姐姐，那时姐姐爱送谁送谁。（儿，21/289）

（2）金荣只一口咬定说："方才明明的撞见他两个在后院子里亲嘴摸屁股，一对一窝，撅草根儿抽长短，谁长谁先干。"

（红楼梦，第9回）

　　（3）独他家接驾四次，若不是我们亲眼看见，告诉谁谁也不信的。（红楼梦，第16回）

　　（4）就是姊妹弟兄跟前，谁和我好，我就和谁好，什么偏的庶的，我也不知道。（红楼梦，第27回）

以上各例前一个"谁"为任指，后一个与之同指。无论前者指的是哪个，后者都始终与之保持一致。如例（1），前一个"谁"是指任何一个人，后一个就是指的这个人。因此，后一个"谁"实际上是有条件的定指用法。

　　二是异指的匹配，即两个相互配合使用的"谁"不指同一个客体。这种用法即是吕叔湘（1985a）所说的"对待"关系。例如：

　　（5）叫我们亲家评一评，咱们俩倒底谁比谁大？真个的，十七的养了十八的了！（儿，33/495）

　　（6）该那个管，你交与那个就是了，来问我怎的，谁肯让的谁？（金，67/1108）

　　（7）我可就再猜不出他们倒底是谁给谁钱来了！（儿，32/468）

　　（8）你两个那个出头合我试斗一斗，且看看谁输谁赢。（儿，15/196）

　　（9）那儿呢，还有些日子呢！知道谁去谁不去呢，就先把你哭的这么个样儿！（儿，40/661）

　　（10）那妇人道："一个人鼻子底下长着嘴，谁还管着谁不准说话吗？"穿红的女子道："就是我管着你，不准说话！"（儿，7/85）

以上例子中的两个"谁"指称对象各不相同。其所指当随语域而定，语域一般是两个人，也有可能是多人。如例（5），语域明确是两个人，前一个"谁"是任指其中一个，而后一个"谁"则随前一个为转移，指的是另一个。如果以"甲""乙"来指称双方的话，前一个"谁"指"甲"，那后一个就指"乙"，若前一个指"乙"，那后一个就指"甲"。后一个"谁"也是有条件的定指。例（7），从上文可知，"他们"指的是五个人，一个小旦陪着四个听戏的顽笑嬉戏。不过按常理，应该是听戏的给小旦钱。是因为这种娱乐方式，究竟谁是演员谁是听戏的看上去似乎难以分辨，邓九公才这样说。吕叔湘注意到，这种相互对待、互为宾主的表达方式，形式上具有"相互性"，但事实上"多数例子的意思是偏向一边的"。如例（10），从答话就可知道是偏向一边的。用于是非问诘问句中。例（6）是个特指反诘句，前一个"谁"当理解为"没有一个"，后一个"谁"为定指。

下面的例子是同指匹配还是异指匹配，需要作些分析：

（11）安老爷正不知谁是谁，无从见礼。褚大娘子道："这都是我们一辈儿的几个当家子合至亲相好家的娘儿们，没外人。"（儿，39/624）

（12）只见满耳朵里一片叫姑奶奶的声音，也听不出谁是谁来。（儿，28/402）

（13）要不是你两个都在一块儿，我可就分不出你们谁是谁来了。（儿，22/303）

（14）姑娘眼泪模糊，急切里看不出谁是谁。（儿，20/264）

（15）玉凤姑娘笑道："咱们两个谁是谁，你还合我说这些！"（儿，24/326）

以上例中的前后两个"谁"从所指对象上看似乎是一致的，但是仔细琢磨所指却不一样。如例（11），安老爷分辨不清眼前这群"娘儿们"的具体身份，"不知谁是谁"的前一个"谁"意在指别，是指这群人中这一个不同于那一个的实体，后一个"谁"意在说明，是指某个人是怎样的人，身份如何。吕叔湘（1984）专门研究过"谁是张老三?"和"张老三是谁?"的差异。借用吕先生的说法，前一个谁相当于"哪个"，后一个"谁"相当于"啥人"。两个"谁"对象相同，所指不一，当是介乎同和异之间的一个特殊现象。例（15）形式上有点像前几例，但表意上却有区别。主要着眼于两人的关系，意思是：你是什么人，我是什么人，我们是什么关系！下面的例子也较特殊：

（16）高珍知道马兆熊是个浑人，必要找雷鸣、陈亮去拼命。前者破慈云观有雷鸣、陈亮，我给他们拢上对，谁爱杀谁谁杀谁，他一气必走，我好走我的。（济公全传，第200回）

一句中用了四个"谁"。前两个"谁"是异指匹配，后两个"谁"也是异指匹配，但是，后两个"谁"又分别对应于前两个"谁"，并分别构成同指匹配关系。

其次，是疑问代词用以特指已知的某个确定对象，多用于恍悟的语境，例如：

（17）我说是谁，原来是陈姐夫在这里！（金，18/256）

（18）我只道是谁，原来是大官人！你来得正好，且请入屋里去看一看。（金，3/64）

（19）因笑嘻嘻说道："我道是谁在这里，原来是你每挂灯哩。"（金，78/1157）

（20）伯爵骂道："我道是谁来，原来是这两个小淫妇儿。"（金，42/569）

（21）应伯爵道："我道是谁来，是向五的那庄子。"（金，35/494）

这些例子言者在说话时疑点已经解除，因而当是实指用法。也可用于言者自知或不言自明等语境，例如：

（22）一日，来旺儿吃醉了，和一般家人小厮在前边恨骂西门庆，说："潘家那淫妇，想着他在家摆死了他汉子武大，他小叔武松来告状，多亏了谁替他上东京打点，把武松垫发充军去了？今日两脚踏住平川路，落得他受用，还挑拨我的老婆养汉。"（金，25/352）

（23）指宝玉道："你瞧瞧，人物儿、门第配不上，根基配不上，家私配不上？那一点还玷污了谁呢？"（红楼梦，第25回）

前例，来旺为西门庆"上东京打点"的事已见上文所述，因此，话中的"谁"无论是说者来旺还是听者西门庆都心知肚明，因此也是实指用法；后例，上文写凤姐调侃林黛玉，说她"既吃了我们家的茶，怎么还不给我们家作媳妇"，在众人嬉笑声中林黛玉红着脸还了嘴并"啐了一口"，这里的"谁"不言自明，指的是林黛玉，此例上海古籍版"谁"作"你"，也可证明这一点。

3.1.5　无指用法

由"谁"组成的"谁知""谁知道""谁想""谁料"等一组疑问形式，通过词汇化和语法化的途径先后熟语化并进而发展为话语标记。这种用法已经失去疑问代词的指代意义，演变为只起话语衔接作用的标记性成分。这种演变经历了漫长的时期，而明清时期是发展演变的一个关键时期。

3.1.5.1　谁知

汉语中很早就有"谁"与"知"的组合用法。如：

（1）心之忧矣，其谁知之？其谁知之，盖亦勿思！（诗经·魏风·园有桃）

（2）召彼故老，讯之占梦。具曰予圣，谁知乌之雌雄！（诗

经·小雅·正月)

(3) 不言,谁知其志? 言之无文,行而不远。(左传·襄公二十五年)

前例表示疑问,后 2 例表示反诘。其后的文献里"谁知"在反诘语境中出现频率较高,这在客观上诱发了它词汇化。中古时期也见到一些用于陈述句的准非疑问用法的例子。大约在唐五代,"谁知"发生了词汇化,产生了话语标记的用法。(董秀芳 2007) 例如:

(4) 下官亦低头尽礼而言曰:"向见称扬,谓言虚假,谁知对面,恰是神仙。此是神仙窟也!"(张鷟:游仙窟)

(5) 始知难逢难见,可贵可重。俄顷中间,数回相接。谁知可憎病鹊,夜半惊人;薄媚狂鸡,三更唱晓。(张鷟:游仙窟)

(6) 景略时说怀光请复宫阙,迎大驾,怀光不从。景略出军门恸哭曰:"谁知此军一日陷于不义。"军士相顾甚义之,因退归私家。(旧唐书,卷一百五十二)

(7) 广顺初,游戏钱塘。一旦,陪吴越王游碧浪亭,时潮水初满,舟楫辐辏,望之不见其首尾,王喜曰:"吴国地去京师三千余里,而谁知一水之利有如此耶!"(旧五代史,卷一百三十三)

例中的用法已经失去反诘的否定意义,作为篇章衔接的话语标记功能明显,已属于话语标记。不过,这类用法在唐五代时还不多见,宋元后渐多。至明时,"谁知"已发展为一个成熟的话语标记。在《金》中,作为话语标记的"谁知",使用相当频繁,《儿》中则用得更为普遍。略举《金》中几例:

(8) 吴银儿道:"我在家里收拾了,只顾等他。谁知他安心早买了礼,就先来了,倒教我等到这咱晚。"(32/446)

(9) 李瓶儿道："平白他爹拿进四锭金子来与孩子耍，我乱着陪大妗子和郑三姐，并他二娘坐着说话，谁知就不见了一锭。"（43/582）

(10) 小玉道："二娘、三娘陪大妗子娘儿两个往六娘那里去，他也跟了去来。谁知他三不知就偷了这锭金子在手里。"（44/591）

(11) 李瓶儿道："头里因大妗子女儿两个来，乱着就忘记了。我只说你收了出去，谁知你也没收，就两耽了。才寻起来，谎的他们都走了。"（43/579）

(12) 那李瓶儿慢慢看着他，喂了奶，就安顿他睡了。谁知睡下不多时，那孩子就有些睡梦中惊哭，半夜发寒潮热起来。（32/450）

(13) 于是同来保骑头口，打着银子，径到门外店中成交易去。谁知伯爵背地与何官儿砸杀了，只四百二十两银子，打了三十两背工。对着来保，当面只拿出九两用银来，二人均分了。（33/455）

以上例子中，"谁知"处在一个叙述的转折关头，说话者借以引进小句或句群，将叙述继续向前推进。其功能是使前后句子衔接紧密，引导读者恰当理解前后话语的关系。若单从语义上说，删除它也不影响句子基本意义的表达，只是在语句连贯性方面会受到些影响。

3.1.5.2 谁知道

和"谁知"功能相当的"谁知道"是后起的形式。双音词"知道"大约产生在唐代。（董秀芳2002）受"谁知"的类推作用，宋元时我们已可见到"谁知道"的话语标记用法：

(1) 轻舆小辇，曾宴玉栏秋，庆赏殿宸游。伤心处，兽香散尽，一夜入丹丘。翠帘人静月光浮，但半卷银钩。谁知道，桂

华今夜，却照鹊台幽。（宋史，卷一百四十）

（2）据俺当初，把你个命般看待。谁知道倒为冤家赢得段相思债，相思债！（董解元西厢记，卷七）

到了明代，"谁知道"的话语标记用法已经较为多见。例如：

（3）金莲道："俺两个闷的慌，在这里下了两盘棋时，没做贼，谁知道你就来了。"（金，11/154）

（4）何况他孝服不满，你不好娶他的。谁知道人在背地里，把圈套做的成成的，每日行茶过水，只瞒我一个儿，把我合在缸底下。（金，20/286）

（5）他前面引只，我背后把他跟随。我将这田地儿踏，窝坨儿来记，呀！谁知道一步步走入那棘针根底。（黑旋风双献功，第3折）

（6）只有朱安国叹气如雷，道当初只顾要财，不顾要人。谁知道把一个老婆送与了叔子，还又把到手的东西一毫不得，反吃一场官司，又去了几两银子，把追来的财礼也用去一半。整日懊恨不快，害成一个黄病，几乎死了。（型世言，第25回）

（7）看甚么《春秋》！天那，枉看这书，行不得济甚么事？你看那书中那一句不说着孝义？当元俺父母教我读诗书，知孝义，谁知道反被诗书误了我，还看他怎的！（琵琶记，第37出）

"谁知道"的话语标记功能与产生路径和"谁知"相类。在明清时期，"谁知道"的用法还不如"谁知"多见，即使在《儿》中也是如此。不过因为"谁知道"的口语化程度较高，在清时有明显增加的趋势，在《醒世姻缘传》《红楼梦》等白话小说中，常能见到。这里可以比较一个例子：

（8a）你不理会的，新近这里有一个人家，只为教几个客人宿来，那客人去了的后头，事发。那人们却是达达人家走出来

的，因此将那人家连累。(教老，72)

(8b) 你不知道，新近这里有一个人家，只为教几个客人住下，等那客人去了的后头，事发了。谁知道那人是鞑子人家逃走出来的！因此就连累他犯官司。(老乞大新释，123)

明代的《谚解》不见，而在清代的《新释》中有"谁知道"。这一方面可以看出，作为话语标记"谁知道"在表义上并非必需，另一方面也可看出，"谁知道"的用法在清代有增加的趋势。在现代汉语中，"谁知道"的话语标记用法已经远远超过"谁知"，特别是在口语中，"谁知"则主要出现于书面语里。

3.1.5.3　谁想

与"谁知""谁知道"相类的还有"谁想"和"谁料"。"谁想"结合使用出现在宋元时期，受"谁知"的类推影响，在话本中就已可见到话语标记用法：

(1) 又走到爹娘家去，却被人捉住了，这段冤枉，仔细可以推详出来；谁想问官糊涂，只图了事；不想捶楚之下，何求不得！(错斩崔宁)

明时迅速使用开来，白话小说中普遍运用，用量之大，甚至超过"谁知"。仅《水浒传》中便有80多例。下面举例来看：

(2) 他的装天，我的装人，与他换了罢。原说葫芦换葫芦，伶俐虫又贴他个净瓶。谁想他仙家之物，近不得凡人之手。正试演处，就连人都不见了。(西游记，第34回)

(3) 上心来。蓦然想起："以先在京师做教头，禁军中每日六街三市，游玩吃酒，谁想今日被高俅这贼坑陷了我这一场，文了面，直断送到这里。闪得我有家难奔，有国难投，受此寂寞！"(水浒传，第11回)

(4) (蕙莲) 口中不言，心下自忖："寻常在俺们跟前，到

且是精细撇清，谁想暗地却和这小伙子儿勾搭。"（金，24/337）

（5）他便往爹这里来了。交我把门插了不出来。谁想从外边撞了一伙人来，把他三个不由分说都拿的去了。（金，51/680）

（6）此间一个蔡婆婆，他家广有钱物，小生因无盘缠，曾借了他二十两银子，到今本利该对还他四十两。他数次问小生索取，教我把甚么还他，谁想蔡婆婆常常着人来说，要小生女孩儿做他儿媳妇。（窦娥冤，楔子）

"谁想"的用法接近于"谁知"，两者都是由反诘否定意义发展而来的，但也有区别，"谁知"的用法由否定义"不知"衍化而来，而"谁想"的用法则是由否定义"想不到"衍化而来。尽管作为话语标记用法，其实在意义都已消失，但在用法上仍留有痕迹。

3.1.5.4　谁料

"谁料"结合使用始见于唐，宋元时在韵文中较多见。反诘用法极少看到，受"谁知"影响，一开始便表现出熟语化倾向，并逐渐发展为话语标记。如：

（1）仆也虽惭知己，尝敢荐贤。亦曾录诏寄呈，必合垂情见悉。谁料既逾望始，翻起衅端，甲兵继兴，疆场频骇。（陆心源：唐文拾遗）

（2）梦幻空花败自知。潜思二十九年非。夕阳芳草曾行处。谁料红莲步步随。（古尊宿语录，卷三十）

（3）独上高楼望故乡，愁看斜日照纱窗；平生自是真诚士，谁料相逢妖媚娘。（话本，白娘子永镇雷峰塔）

明清时期在"谁知""谁想"等的类推影响下进一步语法化。"谁料"的话语标记用法由否定义"不料"虚化而来，"估测"意味略强。由于用法和"谁想"大体相同，竞争中不占优势，因而使用频率不高。《水浒传》和《金瓶梅》中分别只见1例和2例。在明清其他白话文献中可见一些。举例如下：

（4）张氏想起，也是儿子同笔砚朋友，当日过安庆时，他曾送下程请酒，称他做伯母，毕竟有情。谁料官情纸薄，去见时，门上见他衣衫褴褛，侍从无人，不与报见。及至千难万难得一见，却又不理只得到金陵来。（型世言，第14回）

（5）等到把人传到，捕快先问他："王某人还你的那两块洋钱尚在身边不在？"谁料徐得胜恐怕老爷办他赌钱，不敢说实话。（官场现形记，第15回）

（6）艾回子道："好管家，那一日我吃了几钟烧酒，空心头就醉了，你又催逼着我起身，我酒醉中说了几句不中听的臭屁，谁料你就认了真，对着狄员外说。狄员外是错待了人的？可不叫他怪么？"（醒世姻缘传，第67回）

（7）他听如此说，方才略解忧闷，自为从此得所。谁料天下竟有这等不如意事。第二日，他偏又卖与薛家。（红楼梦，第4回）

3.2　甚系代词的非疑问用法

"甚"系疑问代词产生于唐代，早期有各种书写形式。其非疑问用法在晚唐五代也已经可以见到。学界注意到较早的例子见于敦煌变文。例如（转引自吴福祥1996，2004）：

（1）向下经中没语道，三千七宝唱将来。（P433）

（2）但知搥胸拍臆，发（拨）头忙想阿莽。（P251）

（3）这日未知承命否，经中道甚没唱将来。（9.2）

（4）未审爱修甚摩行，求何三昧唱将来。（6.4）

（5）远公道："不知甚生道安讲赞得尔许多能解。"（P178）

（6）未审大王缘甚事，心中斗（陡）不恋娇奢。（P490）

"没""阿莽""甚没""甚摩""甚生""甚"均为"甚"系代词的早期写法，例中都作非疑问用，为虚指用法。宋元时期，"甚"系代词的准非疑问用法和非疑问的虚指、实指和任指用法都有不同程度的使用，而明清时期则在这个基础之上有了进一步的发展。下面立足明清，分项论述。

3.2.1　准非疑问用法

"甚"系代词准非疑问用法大约晚唐五代时可见到用例。下面的例子出自《祖堂集》：

（1）祖师招手云："近前来！"子便近前。祖师曰："实说你是什摩处人。"子曰："浙中人。"（卷三）

此例中"实说"一句，有问号和句号两种不同的标点。中华书局2007年版标作句号，作传疑不发问的陈述句处理，即为准非疑问用法。揣摩祖师口气，这样标点应是可以成立的。当然，此句如果在"实说"后有所停顿，也可标作问号。如果说这句还有争议的话，那么下面《朱子语类》中的例子应该是无疑的：

（2）此逸诗，不知当时诗人思个甚底。东坡谓"思贤而不得之诗"，看来未必是思贤。（卷三十七）

（3）因举史记所载汤诰并武王伐纣言词不典，不知是甚底齐东野人之语也。（卷一百三十七）

（4）格物便是从此四者推将去，要见里面是甚底物事。（卷五十三）

（5）今要就发处认得在里面物事是甚模样。故发而为恻隐，必要认得恻隐之根在里面是甚底物事；发而为羞恶，必要认得羞恶之根在里面是甚底物事。（卷一百二十）

宋元以降，文献中"甚"系代词准非疑问用法较为多见。明清时继承中也有发展。不仅见于陈述句，也见于反诘问句。

3.2.1.1　用于陈述句

例如：

　　（1）西门庆便问做甚功德好，王姑子道："先拜卷《药师经》……"（金，53/719）

　　（2）两边左右问是做甚么的，这安童方才把书双手举得高高的呈上。（金，48/633）

　　（3）还要问问他家今日到底是有件甚么事。（儿，39/624）

　　（4）又叫两个宫娥，抬过一个红漆柜子来，前面放下，着两个猜里面有甚。（教朴，294）

　　（5）儿子、媳妇见这样子，只围着打听母亲婆婆笑甚么，太太是笑着说不出来。（儿，33/497）

　　（6）那任医官拍手大笑道："竟不知那写白方儿的是甚么。"（金，54/730）

　　（7）竹山道："我不知阁下姓甚名谁，素不相识，如何来问我要银子？"（金，19/267）

　　（8）那包袱里面是甚么东西，却看不出来。（儿，6/70）

　　（9）以至公婆喜欢的是甚么呀，……姐姐也该问问，妹妹也该说说。（儿，29/427）

主句动词除了最常见的"问"和认知动词"知（道）"的否定形式外，也有一些其他动词，这些动词往往带有不确定的语义特征，如"猜""打听""看""说"等。疑问形式的基本句法位置是宾语，例（9）是疑问小句话题化用法。

3.2.1.2　用于诘问句

准非疑问用法也出现于诘问句中。例如：

（1）（文嫂）说道："不知老爹呼唤我做甚么，我明日早去罢。"玳安道："只分付我来寻你，谁知他做甚么。"（金，68/956）

（2）你要买甚么货物？

　　　　我知他甚么好拿去！大哥你与我摆布着。（教老，98）

例（1）文嫂的话是准非疑问用法出现在陈述句中，而玳安的回答，则是用在特指诘问句中。意思是没人知道他做甚么。例（2）的答语是隐含式特指诘问句，"知"前隐含"怎么"，意思是我不知他甚么好拿去。再如：

（3）我是不消说的，只与人家垫舌根，谁知他有甚么大闲事？（金，44/593）

（4）谁知他干的甚么营生！（金，50/663）

（5）知道干的甚么茧儿，恰是守亲的一般。（金，35/483）

（6）知他是甚么人，我怎么敢留你宿！（教老，71）

（7）一个乡里的妈妈儿，他可晓得甚么叫做"恒心"？他又晓得甚么叫作"定力"？（儿，21/279）

（8）知道弄出个甚么事来？莫如趁天气还早，躲了他。（儿，5/59）

（9）知他是个甚等巨族大家的子弟？（儿，35/532）

以上例子均用于特指诘问句，后5例是隐含用法。例（6）《老》的说法，在《老乞大新释》（123）与《重刊老乞大谚解》（173）均用否定陈述句"不知是甚么人"来表达。

3.2.2　虚指用法

据吴福祥（1996，2004）考察，"甚"系疑问代词的虚指用法在唐宋时期已不少见。《敦煌变文集》中疑问代词"甚"共见108例，虚指用法已经占有一定的比例，吴氏在《敦煌变文语法研究》中共引用了 16 例，并总结出变文中三种类型的虚指用法，即指称不能肯定或尚未确指的人或事物；指称不能肯定或尚未确知的处所；指称需要强调或必须注意的性状。他还考察了宋代《朱子语类辑略》，其中"甚"系疑问代词共见 164 例，虚指用法有 50 例之多。其主要形式均有指别和替代两种不同的语义功能。黄锦君《二程语录语法研究》、卢烈红《〈古尊宿语要〉代词助词研究》等著作在"甚"系代词虚指用法的语料上也有一些发掘。

疑问代词的非疑问用法在我们重点调查的材料中，《老》《朴》有 32 例，其中虚指用法 22 例，约占七成；《金》有 282 例，其中虚指用法 191 例，大约也占七成。《儿》的使用比例也大体相当。可见虚指用法占有主导地位。下面从句法分布的角度具体考察。

3.2.2.1　条件句中的虚指

条件句是疑问代词虚指用法出现的重要句法环境之一。条件句有不同类型，如无条件句、假设条件句等。在我们主要调查的四部书中，虚指用法只出现于假设条件句。在假设条件句中，由于说话者的虚拟假设口气，就使疑问代词带有了虚拟性或不确定性，这正是虚指用法产生的重要因素。例如：

(1) 有甚么橐荐，将几领来。（老，64）

(2) 有甚么熟菜蔬，将些来与客人吃。（老，69）

(3) 你有甚么好物件，拿来我瞧。（金，28/392）

(4) 若是嫂子有甚愿心，正宜及早了当，管情交哥儿无灾无害好养。（金，53/718）

(5) 倘有甚相知人家，举保来说，奴无有个不依之理。（金，17/246）

(6) 怪囚根子！有甚话，说就是了，指手画脚怎的？（金，

30/415)

（7）有甚么难处，我帮你便了。（金，5/88）

（8）四泉，有甚事只顾分付，学生无不领命。（金，49/651）

（9）姑娘，你有甚么为难的事，只管说！（儿，9/106）

（10）你就去吧，有甚么话，都等陛辞下来再说不迟。（儿，40/674）

（11）倘一定有甚么要紧的话得等着面说，我这里付一面对牌，请到前街客寓里住歇。（儿，14/171）

（12）你老人家要甚颜色，销甚花样，早说与我，明日都替你一齐带的来了。（金，51/692）

（13）要知那邓九公同安老爷登泰山望东海之后，还要去到个甚的地方，见个甚等样人，下回书交代。（儿，39/639）

这类用法，条件小句均出现于前一分句，"甚"等多以动词"有"引入，主要用作限事。语料中也见到少量用于条件句后一分句的例子。如：

（14）太太要问我，就答应我作甚么去了。（儿，40/660）

（15）如今调署了老爷，这是上头看承得老爷重，再不然，就是老爷京里的有甚么硬人情儿到了。（儿，2/26）

不过，这样的用法，也可从另外的角度来看，前例看作是用于未来语境，后例看作是用于推测语境。材料中，用于条件句的例子总体上数量不大，比例不高。《老》《朴》有2例，《金》有18例，《儿》中所见也不多。

3.2.2.2 否定句中的虚指

否定句是疑问代词虚指用法出现的主要句法环境。在语料中，"甚"系代词的虚指用法在否定句中出现的频率最高。就《金》说，

191 例虚指用法中，就有 110 例出现在否定句中，几占六成。其他各书的情况也差不多。例如：

（1）晚夕又没甚好酒席，不好请哥坐的，甚是过不意去。（金，1/16）

（2）竹山听了，吓了个立睁，说道："我并没借他甚么银子。"（金，19/267）

（3）双手递与来保，说道："没甚好菜儿与保叔下酒。"（金，51/683）

（4）大奶奶，你这半日没吃甚么，这回你觉好些，且起来吃些个。（金，94/1379）

（5）西门庆道："学生里边没穿甚么衣服，使小价下处取来。"（金，71/992）

（6）金莲道："我是不要那淫妇认甚哥哥姐姐的。"（金，13/194）

（7）西门庆道："别无甚事。少刻他家自有些辛苦钱。"（金，6/92）

（8）虽有他小叔，还小哩，不晓得什么。（金，7/110）

（9）这些不当甚么，权与桂姐为脂粉之需，改日另送几套织金衣服。（金，11/162）

（10）嫂子，你也不是甚么清净姑姑儿。（金，24/344）

（11）今日来到奴这湫窄之处，虽无甚物供献，也尽奴一点穷心。（金，15/216）

（12）咱们又没甚么忙勾当，要甚么早行！（教老，65）

（13）我别没甚买卖，比及你卖布的其间，我买些羊，到涿州地面卖去。（教老，85）

（14）倒是乌大人先开口说道："此来没甚么紧要事。"（儿，

13/157）

吕叔湘特别指出"作修饰语用的'什么'用在否定句里头往往有缓和否定力量的作用。"这类用法属疑问代词的"弱言"用法，在明清汉语中是比较常见的。上举例子中就有一些。如末例"没甚么紧要事"，否定的不是"紧要事"，而是对"较大量"的否定，是指"没有很紧要的事"。"甚么"起了"缓和否定"的作用。再如：

　　（15）又到前边花亭上，见一片空地，无甚花草。（金，77/1128）

　　（16）且说武大无甚生意，终日挑担子出去街上，卖炊饼度日。（金，1/28）

　　（17）那妇人拿起酒来，道："叔叔休怪，没甚管待，请杯儿水酒。"（金，1/33）

　　（18）要论父亲的品行学业，慢道中一个进士，就便进那座翰林院，坐那间内阁大堂，也不是甚么难事。（儿，1/12）

不过，我们觉得，这种缓和否定力量的用法，并不限于"作修饰语用的'甚么'"，有时"甚（么）"独立使用也具有这种"弱言"效果。例如：

　　（19）（李铭）说道："小人没甚，这些微物儿，孝顺二爹赏人。"（金，72/1022）

例中的"没甚"等于说"没甚物/东西"，实际上是表达"没甚贵重的东西"。这里的"甚"具有转指的性质。

3.2.2.3 肯定句中的虚指

相比之下，肯定句中的虚指远不如否定句中用得多。不过，肯定句中的虚指用法出现的句法环境相对比较复杂。吕叔湘（1985a）着重指出肯定句里有虚指的"什么"往往兼有"想必""一定""恐怕""也许"等表示"测度"的词语，或是有"像是""仿佛""只当""听说"等把话说得"不太靠实"的词语。这实际上是表"推测"的非现实语境。在明清汉语中，这类用法是非常常见的。略举几例：

（1）大雪里着恼来家，进仪门，看见上房烧夜香，想必听见些什么说儿，两个才到一搭哩。（金，21/299）

（2）（太太）只说了句："他方才还在这里来着，此时想是作甚么去了。"（儿，33/484）

（3）公子见老爷亲身取去这件东西，一定因师傅方才的话，有件甚么珍重器皿奖赏。（儿，34/510）

（4）金莲忖道："这怪小丫头，要进房，却又跑转去，定是忘记甚东西。"（金，54/727）

（5）虽是别日无多，一时心里只象是还落下了件甚么东西，又象是少交代了句甚么话，只不好照婆婆一般当着人一样一样的嘱咐。（儿，34/513）

（6）何小姐看了这首诗，脸上登时就有个颇颇不然的样子，倒像兜的添了一桩甚么心事一般。（儿，29/414）

（7）西门庆道："怪奴才，我平白怎的哭！"金莲道："只怕你一时想起甚心上人儿来是的。"（金，67/931）

下面的句子中是借助认知动词来表示推测的：

（8）这温秀才听了，大惊失色，就知画童儿有甚话说，穿上衣巾，要见西门庆说话。（金，76/1123）

（9）我到疑影和他有些甚么查子帐。（金，25/354）

（10）来旺儿猛可惊醒，睁开眼看看，不见老婆在房里，只认是雪娥看见甚动静，来递信与他。（金，26/361）

"知""疑影""只认"等动词本身就有推测意味。

"甚"系代词的虚指用法也常出现在祈使句中。例如：

（11）月娘便道："你看恁劳叨！死也死了，你没的哭的他活！……把头梳了，出来吃些甚么，还有个主张。"（金，62/858）

（12）玳安道："你依我，节间买些甚么儿，进去孝顺俺大娘。"（金，78/1149）

（13）吴大妗子便叫："来定儿，拿些儿甚么与玳安儿吃。"（金，46/610）

（14）太太道："告诉他们外头，好好儿的给他点儿甚么吃。"（儿，22/300）

用于表示意愿的语境中。例如：

（15）公子说："我不喝茶了，这时候怎么得喝点儿甚么凉的才好呢。"（儿，37/567）

（16）我前日承他送我一把真金川扇儿，我正要拿甚答谢答谢，不想他又做了故人！（金，1/16）

（17）你瞧，那杌凳儿上的钱都是我赢的，回来咱们娘儿们商量着弄点儿甚么吃。（儿，36/549）

用于表未来的语境中的：

（18）三姐，你听着，到明日弄出什么八怪七喇出来！（金，35/489）

（19）金莲在外听了："这个奴才淫妇！等我再听一回，他还说什么。"（金，23/328）

（20）西门庆道："你休乱，等我往那边楼上寻一件甚么与你便了。"（金，35/484）

"甚"系代词的虚指用法还见于一些其他语境，如表示让步：

（21）那女子才转身来，向着那老婆儿道："老人家，我看你这令爱姑娘一团的烈性，万种的伤心，此时就有甚么样的话，

大约也合他说不进去。"（儿，7/85）

表示因果：

（22）我就见有多少人家，因较量贫富高低，又是甚么嫡庶，误了大事。（儿，12/146）

表示义务：

（23）该当叫甚么人送了你去，这点事他也分拨的开。（儿，3/40）

3.2.2.4　疑问句中的虚指

"甚"系代词也可用在是非问中。我们在"语调是非问"一节中已有所论及。我们同意邢福义（1987）的观点，用在真性是非问中的疑问代词，肯定式与否定式应该区别对待。用在肯定式中的疑问代词多少还有一些疑问性，而用在否定式中的疑问代词则应属于典型的虚指用法。这两种句子所显示出来的差异，恐与它们所表现的非现实性的强弱有某种关系。如：想吃点什么吗？／不想吃点什么吗？否定用法的非现实性更强。先看否定式的例子：

（1）来保又说："嫂子，我明日东京去，你没甚鞋脚东西稍进府里，与你大姐去？"（金，51/682）

（2）（月娘）又问："乔亲家再没和你说甚么话？"（金，75/1094）

这里的"甚"和"甚么"都用在否定式是非问句中，属于虚指用法。用否定式来提问，提问者已有明显的否定倾向，只求得到听话者是与非的证明，因此句中的疑问代词不可能是问话者注意的焦点。听话者一般也只对是或非做出判定。如例（1），王六儿的回答是"没甚么"。至于她的进一步说明不是问话者必需的信息，而是因问话而引出来的相关的附加信息。再看肯定式的用法：

（3）（老残）便道："我要行医，这县城里已经没甚么生意

了，左近有什么大村镇么?"（老残游记，第 19 回）
此例转引自吕叔湘（1985a）。吕先生认为"有什么大村镇么"是
"问有无"，"'什么'是虚指用法"。根据邢福义的研究，"有字式"
是特指性是非问的典型形式，其中的"疑问代词，跟一般的特指问
句中的疑问代词相比较，程度不同地接近虚指，但是，仍然或多或少
地具有特指求代的作用。"这种问句具有特指问和是非问的"二重
性"。就上例来说，有"什么"和没有"什么"，问句的疑问点会有
所变化。有"什么"，答话可以针对"有无"作出回答，也可以进而
针对"什么"作出回答；没有"什么"，则只能作出"有无"的回
答。从下文车夫的回答中，我们可以看到这种二重性：

> 车夫说："这东北上四十五里有大村镇，叫齐东村，热闹着
> 呢，每月三八大集，几十里的人都去赶集。你老去那里找点生意
> 罢。"（老残游记，第 19 回）

当然，此类问句也可以只针对是非或特指一边作出回答。因此，我们
可以认为，出现于肯定是非问中的疑问代词是介于虚指和疑问之间的
一种用法。

"甚么"也能出现于假性是非问中。在诘问句里，无论是肯定式
还是否定式，都是虚指用法。例如：

> （4）西门庆道："怪小油嘴儿，谁叫你不吃些甚么儿?"
> （金，76/1112）

> （5）敬济道："儿子不瞒你老人家说，从半夜起来，乱了这
> 一五更，谁吃什么来!"（金，18/259）

这是因为，诘问句本质上是否定，出现在句中的疑问代词自然是虚
指。不过，"甚"系代词很少出现在否定式诘问句中，而主要出现肯
定式诘问句中。因为用于否定诘问，就意味着双重否定，而这种用法
只在语气非常强烈时才使用。再举几例如下：

（6）西门庆道："自你去了，乱了一夜，到如今谁尝甚么儿来。"（金，62/861）

（7）王姑子道："谁和他争执甚么。"（金，62/838）

（8）那两个公人道："谁指望你甚脚步钱儿！"（金，26/367）

（9）金莲道："谁见你甚么钥匙！"（金，33/458）

（10）那里有甚么神思和你两个缠！（金，75/1081）

（11）西门庆道："怪奴才，听唱罢么，我那里晓得甚么。单管胡枝扯叶的。"（金，73/1033）

（12）李瓶儿道："奴有甚话儿，奴与娘做姊妹这几年，又没曾亏了我。"（金，62/847）

（13）那太太到了淮安，还那里找甚么公馆去？暂且在东关饭店安身。（儿，2/29）

（14）先生道："我那解闷的本领都被公子学去了，那里再寻甚么新色的去？"（儿，18/238）

"甚"系代词也可用在正反问中。例如：

（15）有呈诸般把戏的那好看的甚么没？（教朴，253）

（16）何小姐道："只不知这老圈地，我家可有个甚么执照儿没有？"（儿，33/490）

这种用法跟真性是非问的用法情况差不多。其中的疑问代词也是兼表疑问，介乎虚指和疑问之间。

3.2.3　任指用法

"甚"系疑问代词的任指用法在唐五代文献中已经可以见到用例。吴福祥（1996）发现《敦煌变文集》中有如下的用例：

（1）问曰："此来闻君聪明广识，其（甚）事皆知。今问卿

天下有大人不？"（敦煌变文集，885 页）

（2）意云：一切诸经律部，选甚大乘小乘，皆于往日之时，亲向佛边听受。（同上，P659）

（3）不论贵贱与高低，拣甚僧尼及道侣，除却年尼一个人，余残总［被无常取］。（同上，524 页）

前例是无定用法，后 2 例属于有定用法。这是汉语疑问代词任指用法的两种基本类型，均始于晚唐五代。不过，任指用法在文献中一直不多见，宋代文献中，黄锦君（2005）、吴福祥（2004）、冯春田（2000）等分别在《二程语录》《朱子语类辑略》和《朱子语类》中发现如下例子：

（4）若果自信，则虽甚人言语，亦不听。（河南程氏遗书，卷一五，151）

（5）人气须是刚方做得事。如天地之气刚，故无论甚物事皆透过。（朱子语类辑略，46 页）

（6）又皆是此理显著之迹，看甚大事小事，都离了这个事不得。（同上，100 页）

（7）如今拽转亦快，如船遭逆风，吹向别处去，若得风翻转，是这一载不问甚麼物色，一齐都拽转……（同上，162 页）

（8）看是甚么，都不能夺得他，又不恁地细细碎碎，这便是"立志乎事物之表"。（朱子语类，420 页）

元明清各代有了一定发展，用例相对多见，形式也丰富起来。但其使用远不如虚指用法普遍。下面就重点调查的材料来分析。

从句法看，经过历代的发展，明清时期已经形成了任指用法的两种稳定的基本句法环境。即无条件句和主题句。

3.2.3.1　无条件句中的任指

从以上引文可知，"甚"系代词是较早进入无条件构式的。明清时期，无条件句成了"甚"系代词任指用法的主要句法环境。在《老》《朴》和《金》中基本上就用于这类句子中。例如：

(1) 死的后头，不拣甚么，都做不得主张。（教老，92）

(2) 且说西门庆分付大门上平安儿："随问甚么人，只说我不在。有帖儿接了就是了。"（金，78/1156）

(3) 琴童道："你只与我好生收着，随问甚么人来抓寻，休拿出来。"（金，31/432）

(4) 不拘拿了甚么，交付与他。（金，44/592）

(5) 爹说来，你若依了这件事，随你要甚么，爹与你买。（金，22/315）

(6) 又笑嘻嘻道："实和娘说，我没有个白袄儿穿，娘收了这段子衣服，不拘娘的甚么旧白绫袄儿，与我一件儿穿罢。"（金，45/603）

(7) 今后随其甚事，切勿出境。戒之！戒之！（金，47/623）

(8) 妇人道："好亲亲！奴一身骨朵肉儿都属了你，随要什么，奴无有不依随的。"（金，12/179）

(9) 譬如西门庆在那房里宿歇，或吃酒或吃饭，造甚汤水，俱经雪娥手中整理，那房里丫头自往厨下去拿。（金，11/155）

这类用法在清代的作品中仍基本保持，更多出现在"无论""任是"等典型标记的句子中。例如：

(10) 平日无论有甚么疑难大事，到他手里没有完不了的案。（儿，11/130）

(11) 再说，当日有母亲在，无论甚么大事，都说："交给我罢。"（儿，19/248）

(12) 你老人家无论叫我干甚么我都去，独你老人家的酒，

我可不敢动他。（儿，15/186）

（13）任是甚的顶天立地的男儿，也究竟不曾见他不求人便作出那等惊人事业。（儿，19/249）

（14）任是甚么大船，禁不起他凿上一个窟窿，船一灌进水去便搁住了。（儿，21/281）

（15）只要给他几个钱，不论甚么事，他都肯去作。（儿，4/44）

（16）那张老说得一团高兴，也不管他说甚么，又道……（儿，33/502）

3.2.3.2 主题句中的任指

汉语学界关于主题句有不少研究。申小龙（1988）曾把汉语的句子分为施事句、主题句和关系句三类，并对主题句做过全面的描写。尽管人们对主题句的认识还有分歧，但像主谓谓语、宾踞句首一类句子，多认为是主题句的典型形式。疑问代词出现于这类句子的主题（或曰话题）或者述题中说明对象的位置，便具有周遍性的意义，成为任指用法。比如：

（1）甚么事儿他全通精儿，还带着挺撅挺横，想沾他一个官板儿的便宜也不行。（儿，4/46）

（2）这一年半里头，除了父母安膳之外，你两个的事，甚么也不用来搅我。（儿，33/485）

例中（1）"甚么"限定"事儿"，充当主题，例（2）"你两个的事"是主题，"甚么"充当述题中的说明对象，均具有周遍性。再如：

（3）我们这个姑娘，说他没心眼儿，甚么事儿都留心；说他有心眼儿，一会价说话真象个小傻子儿！（儿，27/386）

（4）我何玉凤从十二岁一口单刀创了这几年，甚么样儿的事情都遇见过，可从没输过嘴，窝过心。（儿，21/279）

　　（5）上下各屋里甚至茶房、哈什房都找遍了，甚么人儿甚么物儿都不短，只不见了张亲家太太。（儿，35/543）

这类用法直至清代前期也还不多见，晚清才普遍使用开来。其可能生成路径是：无条件句删略标记语让疑问代词话题化。因而"甚"的这类非疑问用法实际上也是用于无条件句的非现实语境中。

3.2.4　实指用法

　　"甚"系疑问代词的实指用法之一，就是两个配合使用的疑问代词，先后具有倚变关系。后一个承前一个而定，具有实指的性质。这种用法产生得较早，北宋时已见用例。如：

　　（1）朽木无所用，止可付之爨灶，是无生意矣。然烧甚么木，则是甚么气，亦各不同，这是理元如此。（朱子语类，卷四）

前一个"甚么"是任指，后一个承前而用，是有定的，属实指。

　　但是，此后的文献中我们很少看到这类用法。直到清代中期以后才比较多见。例如：

　　（2）这个兵器千变万化，不可端倪。凭你的意思，要变甚么，就变做个甚么。（三宝太监西洋记，三）

　　（3）有了银子，要甚么可以置办甚么。（二十年目睹之怪现状，上）

　　（4）今番见了，屁滚尿流，凭着官叫他说甚么就是甚么，那里还敢顶一句！（儒林外史，下）

　　（5）即乎不够，左右有那一项"没主儿的钱"，我甚么时候用，甚么时候取。（儿，10/122）

　　（6）甚么时候吃，甚么时候现成。（儿，20/261）

　　（7）二叔，听我们是没心眼儿不是？有甚么说甚么。（儿，

15/188)

（8）打听着甚么贵送起甚么来了。（儿，13/164）

（9）想起甚么来说甚么。（儿，26/368）

（10）人要种个吗儿菜，地就会长个吗儿菜。（儿，33/501）

这些例子的前一个"甚么"都是任指，后一个则是实指。后者的使用以前者为条件，均为非现实情态。

明清时期较多见的还有复指性用法，即用"甚么"复指一个确定的对象。例如：

（11）还有苏州总运二府送的那个甚么曼生壶，合咱们得的那雨前春茶，你都拿出他来。（儿，15/185）

（12）奴才们也是才听见说，说是一位兵部的甚么吴大人。（儿，13/156）

（13）我也不是你的甚么大师傅，老爷是行不更名、坐不改姓、有名的赤面虎黑风大王的便是！（儿，5/66）

有时复指的是现成的话语，例如：

（14）愚兄就喝口酒，他们大家伙子竟跟着嘟囔，又说这东西怎么犯脾湿，又是甚么酒能合欢，也能乱性。（儿，15/186）

（15）又是甚么"这桩事最是消磨岁月"了，"最是耽误正经"了，又是甚么"此非妇人本务家道所宜"了，绷着个脸儿，嘟囔个不了。（儿，29/427）

（16）并且我父母明明白白吩咐我的那个甚么"天马行空，名花并蒂"的四句偈言，这可是真而且真的。（儿，26/363）

下面两例是用于恍悟的语境中，由紧随着的分句可知，说话者对"甚么"的所指在说话之时是知道得确切无疑的：

（17）西门庆道："嫂子放心，我只道是甚么事来，原来是房分中告家财事，这个不打紧。"（金，14/200）

（18）我只道你两个有甚么石破天惊的大心事这等为难，原来为着这两桩事！（儿，30/438）

另外，半实指性质的"例指用法"在明清时期也普遍使用。例见上文2.2.2.1，此处不赘。

3.3　怎系代词的非疑问用法

"怎"系疑问代词也是产生于唐代，早期有各种书写形式。其非疑问用法在晚唐五代已可见到。下面的例子见于《祖堂集》，词形都是"作摩生"：

（1）赵州便下来，一直走，师教沙弥："你去问他我意作摩生。"沙弥便去唤赵州，赵州回头，沙弥便问："和尚与摩道意作摩生？"（卷六）

（2）座主却问和尚："城外草作何色？"师曰："见天上鸟不？"座主曰："和尚转更勿交涉也。愿和尚教某等作摩生即是。"（卷三）

上两例均为准非疑问用法。《祖堂集》中的"作摩生"绝大多数都作疑问用法，非疑问用法的例子很少。宋代渐多，《朱子语类》中就有不少用例：

（3）或问"明明德"云云。曰："不消如此说，他那注得自分晓了。只要你实去体察，行之于身。须是真个明得这明德是怎生地明，是如何了得它虚灵不昧。"（卷十四）

（4）事事要理会。便是人说一句话，也要思量他怎生如此说；做一篇没紧要文字，也须思量他怎生如此做。（卷十四）

（5）近看文鉴编康节诗，不知怎生"天向一中分造化，人于心上起经纶"底诗却不编入。（卷一百）

（6）不知怎生地，盘庚抵死要恁地迁那都。若曰有水患，

也不曾见大故为害。（卷七十八）

（7）大概伏生所传许多，皆聱牙难晓，分明底他又却不曾记得，不知怎生地。（卷七十八）

（8）伯恭教人，不知是怎生地至此。（卷一百二十）

（9）见他不是，须子细推原怎生不是，始得，此便是穷理。（卷一百二十四）

（10）不知孟子怎生寻得这四个字恁地好！（卷五十三）

（11）中庸一书，枝枝相对，叶叶相当，不知怎生做得一个文字齐整！（卷六十二）

（12）有托生者，是偶然聚得气不散，又怎生去凑着那生气，便再生，然非其常也。（卷三）

除了末例是虚指用法外，其余均为准非疑问用法。真非疑问用法的例子早期较少见，宋元以后才逐渐多起来。以下着眼明清，逐项讨论。

3.3.1　准非疑问用法

如前所述，"怎"系代词的准非疑问用法晚唐五代就已使用开来，宋时已较多见。"怎"系代词的准非疑问用法由于较早得到发展，到了明清时期，不仅使用普遍，而且形式也较丰富。

3.3.1.1　用于陈述句

从句法看，疑问子句用作宾语从句仍是主要形式，例如：

（1）今日他老远的教人稍书来，问寻的亲事怎样了。（金，36/502）

（2）就这样，你我且问问这班人是怎的个来由。（儿，31/457）

（3）今日早起，我别处望相识去来，门前经着带鞍的白马来，不知怎生走了，不知去向。（教朴，313）

（4）我也不懂得怎么叫个"糟糠之妻不下堂"，又怎么叫个"寡欲多男子"。（儿，40/683）

（5）我梦见我娘向我哭泣，说养我一场，怎地不与他清明寒食烧纸，因此哭醒了。（金，89/1311）

（6）他手里只拿了一条满长的大蛇，倒不晓得他怎的叫作顺天王。（儿，38/602）

（7）（长姐儿）想瞻仰瞻仰这位师老爷是怎的个老神仙样子。（儿，37/572）

（8）你们大家自然都要见见这位护送你们去的人，是怎样一个英雄。（儿，10/124）

（9）这个当儿，邓九公便合女儿、女婿商量明日封灵后，怎样拨人在此看守，怎样给姑娘搬运行李，收拾房间。（儿，21/280）

也有别的形式。用于主语从句，例如：

（10）姑娘既承你救了我这条革命，怎的领我去见见我那女儿、老伴儿才好。（儿，7/81）

用于状语从句，如：

（11）只得冷笑了一声，向他道："就让你说，你把你是怎样一桩事情，也说来我听听！"（儿，7/87）

（12）向安老爷道："老弟，你快把明日到那里怎的个说法，告诉我罢。"（儿，16/207）

用于定语从句，如：

（13）坐下便问公子究竟怎的便得高点鼎甲的原因。（儿，36/558）

用于补语从句，如：

（14）（春梅）就扬声骂玉箫道："好个怪浪的淫妇！见了汉

子，就邪的不知怎么样儿的了。"（金，46/608）

3.3.1.2 用于诘问句

例如：

（1）究竟何曾望他们怎的领情，怎生答报来着？（儿，20/266）

（2）谁知道天上是怎么个模样儿呀！（儿，26/367）

（3）不然，这等一个人，此番一去，知他怎么个下落呢？（儿，14/179）

（4）妇人道："大人家的营生，三层大，两层小，知道怎样的。"（金，37/514）

这些例子都是疑问子句用于反诘否定的语境中。后 2 例是疑问代词隐含用法。

3.3.2 虚指用法

和"甚"系疑问代词相类，"怎"系疑问代词的非疑问用法主要也出现在"条件句"、"否定句"以及表"推测""祈使""可能""意愿"等非现实的肯定句之中。

3.3.2.1 条件句中的虚指

与"甚"系代词一样，"怎"系代词虚指用法常出现在假设条件句中。例如：

（1）要知那十三妹合那假尹先生真安老爷怎的个开交，下回书交代。（儿，17/229）

（2）要知安老爷、邓九公次日怎的去见那十三妹，下回书交代。（儿，16/213）

（3）只恨我邓老九有了两岁年纪，家里不放我走；不然的时候，我豁着这条老命走一趟，到那里，怎的三拳两脚也把那厮

结果了。（儿，16/209）

例（1）（2）这类用法已是一种程式化用法。例（3）用于假设后果句。

3.3.2.2　否定句中的虚指

"怎"系代词的虚指用法出现在否定句中较为常见。其主要的句法位置是状语和谓语。吕叔湘（1985a）指出出现于这样的句法环境的"怎"系代词"有一种缓和否定的作用"，"不怎么"等于"不十分""不挺"。他举了清代《红楼梦》及其之后的一些例子。这种用法早在《金瓶梅》时代就多有所见。例如：

（1）伯爵道："你笑话我老，我半边俏，把你这四个小淫妇儿还不勾摆布哩。"洪四儿笑道："哥儿，我看你行头不怎么好，光一味好撇。"（金，58/775）

（2）金莲听了，向玉楼说道："贼没廉耻的货！头里那等雷声大雨点小，打哩乱哩！及到其间，也不怎么的。我猜也没的想，管情取了酒来，教他递。"（金，20/281）

（3）金莲道："还是请黄内官那日，你没对着应二和温蛮说？怪不的你老婆都死绝了，就是当初有他在，也不怎么的。到明日再扶一个起来和他做对儿就是了。贼没廉耻撒根基的货！"（金，73/1037）

（4）（金莲）便道："姐姐你问他怎的？"月娘道："我不怎的，问一声儿。"（金，52/701）

（5）月娘问："李大姐，你怎的来？"李瓶儿道："我不怎的。坐下桶子起来穿裙子，只见眼儿前黑黑的一块子，就不觉天旋地转起来，由不的身子就倒了。"（金，61/826）

（6）〔问丑介〕那人材怎的？〔丑〕也不怎的。袖着一幅画儿。（牡丹亭，第50出）

例（1）"怎么"作"好"的状语，"不怎么好"，就是不十分好的意思。例（2）（3）"怎么"不修饰什么成分，其后实际上隐含一个诸如"了不得"一类的表性状的词，"不怎么的"同样有缓和否定之意。后 3 例"不怎的"均针对上文"怎的"问句作出的回答，此类用法需要针对问句的情境含义来理解，如例（4），金莲的话是对月娘让金莲"看看历头，几时是壬子日"而问的，"怎的"是问月娘有何特别用意。月娘的回答"不怎的"是说没甚特别用意，只是问问。例（5）上文写李瓶儿因血崩而不省人事，半晌苏醒过来后，月娘问她"怎的来"，意思是，刚才好好的，怎么突然会这样，有何特殊情况？李瓶儿的回答"不怎的"是说没甚特殊情况。此类用法同样只是对极性状态的否定，因而仍有缓和否定的效果。

"怎"系代词的这种用法到了清代用得更加普遍、形式也更多样化了。再举几例：

（7）那雇骡子的本主儿倒不怎么样，你瞧跟他的那个姓华的老头子，真来的讨人嫌！（儿，4/46）

（8）那等热天，他会把碗滚开的姜汤唏喘下去竟不怎的不算外，喝完了，还把那块姜捞起来，搁在嘴里嚼了嚼，才"嗜"的一口唾在当地。（儿，37/575）

（9）贾母听了，不便道谢，说："你回去给我问好。……他们的家计如何？"两个女人回道："家计倒不怎么着，只是姑爷长的很好，为人又和平。"（红楼梦，第 106 回）

（10）幸而我在上风，虽闻得些腥气，却不怎地。（荡寇志，第 140 回）

（11）一日，王夫人向贾政道："元宵佳节，自从祖老太太去世之后，就没怎么张灯赏玩。如今老太爷公孙都升了官，逢时遇节的，也该享享家庭之乐，热闹热闹才是。"（补红楼梦，第 33

回)

（12）紫英道："胡道长我是知道的。但是他家教上也不怎么样。也罢了，只要姑娘好就好。"（红楼梦，第92回）

3.3.2.3 肯定句中的虚指

和"甚"系代词相类，"怎"系代词的虚指也出现于表"推测"等的非现实语境中。例如：

（1）俺猫在屋里好好儿的卧着不是，你每怎的把孩子谎了，没的赖人起来，瓜儿只拣软处捏，俺每这屋里是好缠的。（金，59/793）

（2）小厮每来家，只说武大怎样一个老婆，不曾看见，不想果然生的标致，怪不的俺那强人爱他。（金，9/133）

（3）想当初在丈人家，怎的在一处下棋抹牌，同坐双双，似背盖一般。（金，92/1349）

例（1）中用了"没的"，表示"没准，说不定"之意；例（2）中用了"只说"，表示不太靠实的传说；例（3）的"想当初"则是玄想。也用于表示意愿的语境中。例如：

（4）有了水心先生你这五两头，已经有得一半陶成，怎的再得有这等五两头，我便打算搭了我们绍兴回空的粮船回去。（儿，39/616）

（5）不知他娘儿们此时在那里？怎的我得见见也好。（儿，20/262）

（6）老爷是念书作官的人，比我们总有韬略，怎么得求求老爷想个方法见着他，留住了他，也是桩好事。（儿，14/179）

（7）妇人慢慢先把苗青揭帖拿与西门庆看，说："好歹望老爹怎的将就他罢。"（金，47/628）

（8）我特的来，怎生耀与些米做饭吃。（教老，68）

前 4 例用了表意愿的"得"或"望",表示了言说者的意愿;后例,尽管没有这类词语,但语义上也是表达了一种愿望。也用于表祈使或祈愿的语境中。例如:

> (9) 如此这般,你怎的寻个路儿,把他太太吊在你那里,我会他会儿,我还谢你。(金,69/959)

西门庆央及文嫂帮他办事,这是在要求她怎么做。又用于表可能的语境中。例如:

> (10) 又是怎的一谷二米,怎的一熟两熟,怎的分少聚多,连那堆垛平尖都说的出来。(儿,33/492)

"的"表示可能。还用于表未来的语境中。例如:

> (11) 他说完这句,定睛看着那十三妹姑娘,要看他个怎生个动作。(儿,17/229)

用于表现未发生的事情。还用于表让步的语境中。例如:

> (12) 我只管知道公婆的心里是怎么样了,我可又不敢冒冒失失的问。(儿,29/420)

还有用于表惯常的语境中。例如:

> (13) 我见他们那些有听头儿的人,过去之后,他的子孙往往的求那班名公老先生们把他平日的好处,怎长怎短的给他写那么一大篇子。(儿,32/472)

> (14) 自此为始,西门庆过去睡了来,就告妇人,说李瓶儿怎的生得白净,身软如绵花,好风月,又善饮。(金,13/195)

另外,也有用于问句中的虚指,但比较少见。例如:

> (15) 薛嫂道:"随问旁边有人说话,这婆子一力张主,谁敢怎的!"(金,7/107)

"谁敢怎的"是诘问句,意为无人敢怎的。

3.3.3 任指用法

任指用法较早的用例见于宋代。下例转引自冯春田（2000）：

学者须要自信，既自信，怎生夺亦不得。（二程集，a188）

这里的"怎生"是无论怎样的意思。

"怎"系代词任指用法的基本句法环境是无条件句，偶见主题句。

3.3.3.1 无条件句中的任指

明清时期，"怎"系代词在无条件句中的任指用法已经非常多样化了。例如：

（1）这早晚日头落也，教我那里寻宿处去？不拣怎生，着我宿一夜。（教老，71）

（2）不拣怎么，你与我做些个粥如何？（教老，73）

（3）你看三寸货干的营生，随你家怎的有钱，也不该拿金子与孩子要。（金，43/579）

（4）随你怎的豪富也要穷了，还有甚长进的日子？（金，1/13）

（5）随爹怎的问，也只是这等说。（金，25/353）

（6）随你怎的逐日沙糖拌蜜与他吃，他还只疼他的汉子。（金，26/366）

（7）爹随问怎的着了恼，只他到，略说两句话儿，爹就眉花眼笑的。（金，62/859）

（8）好个奸滑的淫妇！随问怎的绑着鬼，也不与人家足数，好歹短几分！（金，21/301）

（9）只看这五位老人家分上，无论有甚么样的为难，是怎么样的受屈，不必等妹子求，姐姐也该没的说了。（儿，26/

357）

（10）只是无论他怎的不得意，也却不掉他那些老师同年以至至戚相好的话别饯行。（儿，40/674）

（11）如今我先失了这句信，任是邓九公怎样的年高有德，褚大娘子怎样的能说会道，这事益发无望了！（儿，24/329）

（12）你们这班人，真真不好说话，不管人心里怎样的为难，还只管这等嘻皮笑脸！（儿，26/370）

（13）既是安太老爷遭了事，凭他怎样，我们这位山阳县也该看同寅的分上，张罗张罗他。（儿，12/139）

其标志有"不拣""随""随问""无论""任是""不管""凭"等多种形式。

3.3.3.2　主题句中的任指

"怎"系代词也可用于主题句，出现于主题或者述题中说明对象的位置而成为任指用法。例如：

（1）对月娘说："落后他怎的也不往后边，还到我房里来了。"（金，51/674）

（2）安公子他为官作宦，怎么样也报了恩了。（儿，8/101）

（3）我父亲这个年纪了，我怎么样的服侍，总有服侍不到的地方儿。（儿，15/187）

（4）大概而论，怎的个乐法，总乐不过他家那位新人珍姑娘！（儿，40/682）

此类用法大抵也是通过省略无条件连词而形成的。宋时已有少量用例，如前文所举《二程集》例，明清时才使用开来。

3.3.4　实指用法

"怎"系代词的实指用法最主要有两种。一是指称复述,二是前后倚变。

3.3.4.1　指称复述

对上文已经述说的内容,再次提及时用"怎"系代词来指称。这种用法,较早出现于《金》中,《儿》中已用得相当普遍。例如:

(1)(郓哥)于是把卖梨儿寻西门庆,后被王婆怎地打他,不放进去,又怎地帮扶武大捉奸,西门庆怎的踢中了武大,心疼了几日,不知怎的死了,从头至尾细说一遍。(金,9/137)

(2)冯妈妈悉把半夜三更,妇人被狐狸缠着染病,看看至死;怎的请了蒋竹山来看,吃了他的药,怎的好了;某日怎的倒踏门招进来,成其夫妇;见今二娘拿出三百两银子,与他开了生药铺,从头至尾,说了一遍。(金18/253)

(3)来旺儿悉把西门庆初时令某人将蓝段子,怎的调戏他媳妇儿宋氏成奸,如今故入此罪,要垫害图霸妻子一节诉说一遍。(金,26/363)

例(1)郓哥给武松讲述的是第5回"捉奸情郓哥定计,饮酰药武大遭殃"一节的有关情节;例(2)冯妈妈跟西门庆讲述的是第17回"李瓶儿许嫁蒋竹山"一节的有关内容;例(3)来旺儿在提刑院对夏提刑讲述的是第22回"蕙莲儿偷期蒙爱"一节所述的相关情节。出于叙述简洁的需要,作者均用"怎的(地)"来复指,从而简化了叙述,其所指显然是实在、确定的。有时,这种指称省简的也许并非上文所述的内容,而是人们熟知的有关故事或情节。下例就是如此:

(4)(伯爵)于是手舞足蹈说道:"这个人有名有姓,姓武名松,排行第二,"先前怎的避难在柴大官人庄上,后来怎的害起病来，病好了又怎的要去寻他哥哥，过这景阳岗来，怎的遇了这虎，怎的怎的被他一顿拳脚打死了。一五一十说来，就像是亲见的一般，又像这只猛虎是他打的一般。（金，1/26）

伯爵的叙述与人们熟知的《水浒传》的文本相关联，将人物出场安排得十分简妙传神。张行评曰："一段文字，武二出来，武大亦出来，而虚拟打虎，传闻打虎者色色皆到，却只是八个'怎的'，两个'像是'便觉奇绝，妙绝。"

这种用法在句法上除了比较简短的句子外，一般多用状语从句来表达，如前3例均是这样，以"把"字引入。下面《儿》中的例子也是用"把"字将叙述内容化为状语从句：

（5）说着，便把他怎的抱怨，怎的商量，怎的说不到二十八棵红柳树送信，回来怎的赚安公子出店上路，怎的到黑风岗要把他推落山涧，拐了银子逃走的话，说了一遍。（儿，8/98）

（6）说着，便把他在场里自阅卷到填榜，目击安公子那本卷子，怎的先弃后取的情形，从头至尾，不曾瞒得一字，向这个门生尽情据实告诉了一遍。（儿，36/547）

（7）说着，他便把他合安老爷当日笔谈的那天，他女儿怎的忽然提亲，他怎的立刻就要作媒，安老爷怎的料定姑娘不肯，恐致误事，拦他先且莫提起，等姑娘回京服满之后再看机会的话，一直说到他父女今日怎的特来作媒，向玉凤姑娘告诉了一遍。（儿，25/348）

主句通常用"说了一遍""细说一遍""告诉一遍"之类的表达。有时因为复述内容过长以致忘了主句的表述，这在《儿》中就有多例，如：

（8）这安公子斜签着坐下，才从头把他在家怎的听见父亲被事的信，一心悬念，不及下场；怎的赶紧措办银两，带了他嫫嬷爹华忠并刘住儿出来；到了长新店，怎的刘住儿丁忧回去叫赶露儿，赶露儿至今不曾赶到；到了茌平，华忠怎的一病几死，不能行路，只得打算找那褚一官来送我到淮安。（儿，12/141）

（9）公子又把到了店里怎的打发骡夫去找褚一官；那个当儿怎的来了个异样女子，并那女子的相貌、言谈、举止、装束，以至怎的个威风出众，神力异常；落后怎的借搬那块石头进房，坐下便不肯走；怎的他见面便知我路上的底细；怎的开口便问我南来的原由；及至问明原由，他怎的变色含悲起身就走；临走又怎的千叮万嘱，叫务必等合他见面然后动身；怎的许护送我到淮安，保我父子团圆，人财无恙。（儿，12/141）

这两例，"把"字后未完而断，缺乏主句动词，当看成不完整的句子。

3.3.4.2　前后倚变

这种用法两个代词前后配合，后一个承前而定，具有倚变关系。"怎"的这种用法相对较晚出现。例如：

（1）人家是个老家儿，老家儿说话再没错的，怎么说咱们怎么依就完了。（儿，20/266）

（2）姑娘此时是怎么教怎么唱，捧了香炉，恭恭敬敬直柳柳的跪在那边。（儿，24/337）

（3）褚一官道："我不怕别的，他老人家是个老家儿，咱们作儿女的，顺者为孝，怎么说怎么好。"（儿，14/180）

（4）一时心里怎么想怎么觉得不合天理人情。（儿，39/617）

（5）你说怪不怪，把胯骨栽青了巴掌大的一大片，他这胎气竟会任怎么个儿没怎么个儿！（儿，39/625）

（6）咱们作儿女的，就是听人家的话，怎么说怎么依着。

（儿，19/254）

（7）及至弄不清楚，依然是由着庄头怎么说怎么好，不如不查了。（儿，33/499）

（8）还是老家儿怎么说，咱们怎么依着。（儿，25/350）

（9）待要怎样，又不敢合他怎样，只有不住口的央及讨饶。（儿，32/464）

下面的例子是一种省略用法：

（10）假如我说书的遭了这等事，遇见这等人，说着这番话，我只有给他磕上一个头，跟着他去，由他怎么好怎么好！（儿，19/254）

（11）只有听天由命，一跤跌在娘怀里，由娘去，怎么好，怎么好。（儿，26/373）

（12）没法儿，也顾不得那叫羞臊，跟着他跪在地下，求姐姐吩咐，怎么好怎么好。（儿，26/362）

（13）他说："既然如此，老爷是我庙里的护法，再没不出力的，都照你说的，怎么好怎么好。"（儿，3/35）

以上各例"怎么好怎么好"的意思是"说怎么好，就怎么好"，同样属于倚变关系。

3.4 那系代词的非疑问用法

"那"用于反诘的历史较为悠久，而用作非疑问则是晚唐五代开始的。吴福祥（1996，2004）在敦煌变文中发现如下例子：

（1）只如贤劫千佛中，阿那个是无情成佛，请为示之！（1.124）

（2）夹山明日来问："昨日未蒙和尚垂慈，未审阿那个是亲。"（4.087）

（3）师常提权子，每见师恭，蓦头便权云："那个魔鬼教你出家，那个魔鬼叫你受戒，那个魔鬼教你行脚，道得也权下死，道不得也权下死。速道！速道！"（4.103）

（4）塞路王孙俱浩浩，未知皆向那边行。（8.7）

（5）敢问在朝卿相等，阿那边足利唱将来。（10.27）

这几例所谓"尚未完全失去疑问性""介于疑问与非疑问之间"的用法，就是属于我们所说的准非疑问用法。宋元文献中也多有所见。下面是《朱子语类》中的用例：

（6）孔子则离了躯壳，不知那个是己，那个是物。凡学，学此而已。（卷二十九）

（7）心中思虑才起，便须是见得那个是是，那个是非。才去动作行事，也须便见得那个是是，那个是非。应接朋友交游，也须便见得那个是是，那个是非。看文字，须便见得那个是是，那个是非。（卷三十）

（8）如前日所说人心道心，便只是这两事。只去临时思量那个是人心，那个是道心。（卷三十一）

（9）犹之水然，江河池沼沟渠，皆是此水。如以两碗盛得水来，不必教去寻讨这一碗是那里酌来，那一碗是那里酌来。（卷三十三）

（10）某尝谓春秋难看，平生所以不敢说著。如何知得上面那个是鲁史旧文，那个是夫子改底字？（卷三十四）

（11）到游艺，犹言学文，虽事未甚要紧，然亦少不得。须知那个先，那个后，始得，亦所以助其存主也。（卷三十四）

（12）不若日用间只就事上子细思量体认，那个是天理，那个是人欲。（卷四十一）

（13）天理人欲，其间甚微。于其发处，子细认取那个是天

理，那个是人欲。知其为天理，便知其为人欲。（卷四十二）

（14）近见永嘉有一两相识，只管去考制度，却都不曾理会个根本。一旦临利害，那个都未有用处，却都不将事。（卷四十五）

与"甚""怎"等系代词一样，"那"系代词的非疑问用法在明清时期的运用已较为成熟，各类用法都有所见。下面具体讨论。

3.4.1 准非疑问用法

如上所见，在"那"系代词的非疑问用法中，准非疑问用法是较早得到发展的。明清时期大体延续前代，用于对处所、时间、人物或事物的别择，尤其多用于处所。

3.4.1.1 用于陈述句

请看例子：

（1）落后西门庆见烟火放了，问伯爵等那里去了。（金，42/573）

（2）命仵作检视明白，问其前面是那里。（金，48/635）

（3）左右禀知西门庆，就叫胡秀到厅上，磕头见了，问他货船在那里。（金，58/767）

（4）玳安叫掌起灯来，骂道："贼野蛮流民，他倒问我是那里人！"（金，50/667）

（5）再还有小烟袋儿咧，……也还不记得在那儿搁着呢。（儿，40/657）

（6）大姐道："他不知那里吃了两盅酒，在屋里睡哩。"（金，58/779）

（7）玉楼道："我去时，不知是那里一个大黑猫，蹲在孩子头跟前。"（金，52/711）

（8）我不知道皮袄放在那里，往他家问他要去。（金，46/613）

（9）你我此一别，可不知那年再见。（儿，32/470）

（10）闲人一时正不知自己走那条路好，想要向前面那个问问修途，苦于自己在他背后，等闲望不着他的面目。（儿，缘起/1）

（11）黄四道："不知差那位大官儿去，我会他会。"（金，67/923）

（12）婆子道："你恼那个人也不知，喜欢那个人也不知，显不出来。"（金，46/620）

（13）西门庆道："你且说这件亲事是那家的。"（金，7/106）

（14）佃户一清，那户现在我家交租，那户不在我家交租，先得明白了。（儿，33/490）

（15）公子听了，一时摸不着这话从那里说起，只得含糊答应了个"是"。（儿，40/665）

这些例子多数表示对处所存疑，但也有表示对时间如例（9），事物如例（10），人物如例（11）（12）等的存疑。也有的例子不是很典型地表人或处所等，如例（13）（14）的"那家""那户"，例（15）的"那里"，不过，前者与人关系更紧密，而后者则可看作处所的延伸。其结构的常态形式是疑问子句作宾语，例（12）是话题化用法。

3.4.1.2　用于诘问句

请看例子：

（1）李瓶儿道："是他爹拿来的，与孩子耍，谁知道是那里的。"（金，43/579）

（2）金莲道："谁知他是那里的！"（金，43/579）

（3）春梅说："头先爹在屋里来，向床背阁抽梯内翻了一回

去了。谁知道那东西放在那里。"（金，50/668）

（4）你不理会的，那厮高丽地面来的宰相们上做牙子，那狗骨头知他那里去诓惑人东西，不在家。（教朴，231）

（5）知他你是那里来的客人！（教老，71）

（6）他才十一二岁，晓的甚么？知道秘也在那块儿？（金，28/396）

（7）西门庆道："知道他死到那里去了，此是你梦想旧境。"（金，59/797）

（8）金莲道："知道那奴才往那去了，你去寻他来。"（金，64/880）

前3例用"谁"表示诘问，属于显性特指诘问句；后几例，没有出现反诘疑问代词，但均隐含了一个表诘问的疑问代词，属于隐性特指诘问句。无论是哪种情况，疑问子句均为准非疑问用法。再看：

（9）袭人道："你特为往这里来又换新服，他们就不问你那去的？"宝玉笑道："原是珍大爷请过去看戏换的。"（红楼梦，第19回）

"他们就不问你往那去的？"这个句子可以有两种分析：一是是非诘问句；二是隐含式特指诘问句，即隐含了"怎么"。意思都是"他们应该问你往那里去的"，两种分析都可成立。

3.4.2 虚指用法

3.4.2.1 条件句中的虚指用法

例如：

（1）教俺每众人笑道："狼筋敢是狼身上的筋，若是那个偷了东西，不拿出来，把狼筋抽将出来。"（金，44/591）

（2）那里有恁黄狗皮，与我一件穿也罢了。（金，46/615）

  （3）妇人道："你可是没的说！奴那里有这话，就把奴身子烂化了！"（金，19/275）

  （4）董娇儿笑道："哥儿，那里隔墙掠个鬼脸儿，可不把我谎杀！"（金，42/569）

前 1 例有标记，后几例无标记，均为假设条件。

3.4.2.2　否定句中的虚指用法

例如：

  （1）不期到此正值孟玉楼生日，月娘和众堂客在后厅吃酒，西门庆那日没往那去。（金，22/314）

  （2）李铭道："小的没往那去。北边酒醋门刘公公那里，教了些孩子，小的瞧了瞧……"（金，21/305）

  （3）西门庆那日不往那里去，在家新卷棚内，深衣幅巾坐的，单等妇人进门。（金，19/272）

  （4）用胶粘足者，使他再不往那里胡行。（金，12/182）

  （5）少顷，西门庆出来，就叫书童，分付："在家，别往那去了，先写十二个请帖儿。"（金，31/431）

前几例均是陈述否定，末例是祈使否定。

3.4.2.3　肯定句中的虚指用法

肯定句中虚指用法使用的句法环境与上述"甚""怎"等系疑问代词相近，主要用于表测度等非现实语境之中。不过用法不如"甚""怎"等多样化。略举数例，不作讨论：

  （1）妇人猜做那个唱的送他的，夺了放在袖子里。（金，8/125）

  （2）月娘分付："你和他吃了，别要信着又勾引的往那去了。今日孟三姐晚夕上寿哩。"（金，21/306）

  （3）那戏那一出是怎么件事，或者还许有些知道的，曲子

就一窍儿不通了。(儿，32/465)

(4) 书童道："又听见会下应二叔，今日兑银子，要买对门乔大户家房子，那里吃酒罢了。"(金，31/431)

(5) 譬如西门庆在那房里宿歇，或吃酒或吃饭，造甚汤水，俱经雪娥手中整理，那房里丫头自往厨下去拿。(金，11/155)

(6) 只像那个调唆了爹一般，预备了粥儿不吃，平白地生发起要甚饼和汤。(金，11/156)

(7) 那淫妇要了我汉子，还在我面前拿话儿拴缚人，"毛司里砖儿——又臭又硬"，恰似降伏着那个一般。(金，85/1255)

(8) 陈敬济道："来家他说我那里养老婆，和我嚷骂了这一日，急的我赌身罚咒。"(金，51/691)

(9) 到后边，又被小玉骂道："淫妇吃那野汉子搞昏了，皮袄在这里，却到处寻。"(金，46/615)

(10) 你休推睡里梦里，趁你大娘未来家，那里讨贴坠胎的药，趁早打落了这胎气。(金，85/1252)

(11) 这里头还得分出个那是良田，那是薄地，那是高岸，那是低洼，将来才分得出收成分数。(儿，33/499)

(12) 如今得先把这桩事的从那里下手，从那里收功，说给你们。(儿，33/499)

3.4.2.4 疑问句中的虚指用法

例如：

(1) 敢是你昨日开花园门，放了那个，拾了娘的鞋去了？(金，28/390)

(2) 月娘道："昨日李大姐说，这孩子有些病痛儿的，要问那里讨个外名。"西门庆道："又往那里讨外名？就寄名在吴道官庙里就是了。"(金，39/533)

例（1）"那"用于测度性是非问句中，"那个"是某人之意，为虚指；例（2）西门庆承上文月娘的话而问，是个隐含式特指诘问句，意为"何必又往那里讨外名"，即无需往什么地方讨外名。"那里"是虚指用法。

"那"如果用在肯定式是非问中，仍保留一点疑问的性质，不属于虚指用法。如：

（3）舅太太还只管问道："姑老爷知道这是那书上的？"（儿，34/524）

3.4.3　任指用法

"那"系代词的任指也用于无条件句和主题句中。例如：

（1）月娘道："随你那里歇。再不你也跟了他一处去歇罢。"（金，14/209）

（2）月娘随他往那房里去，也不管他。（金，18/259）

（3）老婆道："等他回来，我房里替他寻下一个，我也不要他，一心扑在你身上，随你把我安插在那里就是了。"（金，61/817）

（4）褚一官道："你瞧这个死心眼儿的，凭他是那村儿，便是咱们东西两庄的人，谁又没到过这院子里呢！"（儿，17/217）

（5）咱两个对君王面前斗圣，那一个输了时，强的上拜为师傅。（教朴，293）

（6）伯爵道："找出五百两银子来，共搗一千两文书，一个月满破认他三十两银子，那里不去了，只当你包了个月老婆了。"（金，45/597）

（7）玳安哭的两眼红红的，说道："被爹踢骂了小的来了，爹说那个再使人接，来家都要骂。"（金，12/170）

（8）我这话那一句讲的不是，姐姐只管驳。（儿，26/368）

3.4.4 实指用法

请看例子：

（1）一个汉子的心，如同没笼头的马一般，他要欢喜那一个，只欢喜那个。（金，67/1101）

（2）我既说过，保你个人财无恙，骨肉重逢，这话自然要说到那里，作到那里。（儿，9/115）

（3）说着，便告诉店里：我们那里尖，那里住。（儿，3/38）

（4）你看爹的面上，你守着哥儿，慢慢过到那里是那里。（金，44/594）

（5）不想今日之下，竟被他说到那里应道那里。（儿，37/581）

（6）除了正房供佛，其余的屋子，由着咱们爱住那里住那里。（儿，24/330）

（7）有了，等我合他们磨它子，磨到那儿是那儿！（儿，27/382）

（8）安公子先前听何小姐说话的时节，还只认作他又动了往日那独来独往的性情，想到那里说到那里，不过句句带定张姑娘，说着得辞些，还不曾怪着张姑娘。（儿，30/442）

这些例子两个代词前后配合使用，都具有倚变关系。许多例子把后一个"那"念成去声，理解为指示代词同样可以成立，如例（1）（2）就是这样，这更说明了这类用法具有实指性。下面的例子形式上有些相似，但不属于此类：

（9）因此张太太虽然也见过几次，知道名儿，只不知那个

名儿是那件上的，所以不敢轻易上筷子。（儿，29/426）
这例是准疑问用法，其中的疑问代词还存有一定的疑问性。

也有一些其他的用法，如下例，从上下文语境可知，是"那门儿亲"无论是言者还是听者都是清楚的。

（10）金莲没见李瓶儿在跟前，便道："陈姐夫，连你也叫起花大舅来？是那门儿亲，死了的知道罢了。你叫他李大舅才是。"（金，39/542）

3.4.5 无指用法

由"那"组成的"那知""那知道""那怕"等表示反诘的疑问短语结构，通过词汇化和语法化的途径发展为连词或话语标记成分。和"谁"系代词的同类用法一样，这种用法也已失去疑问代词的指代意义。其发展途径也和"谁"系的这类用法相类，经历了一个重新分析和虚化的过程。

3.4.5.1 那知

"那"和"知"结合使用唐时已不少见。例如：

（1）三时出望无消息，一去那知行近远。（崔颢：代闺人答轻薄少年）

（2）深沉百丈洞海底，那知不有蛟龙蟠。（李白：鲁郡尧祠送窦明府薄华还西京）

（3）那知坚（一作竖）都相草草，客枕幽单看春老。（李贺：仁和里杂叙皇甫湜）

这些例子中的"那知"是一个短语，都属反诘用法。宋元时这种用法基本未变：

（4）曰："亦有不知所谓学底。如三家村里有好资质底人，他又那知所谓学，又那知圣人如何是圣人，又如何是生知，尧如

何是尧，舜如何是舜。若如此，则亦是理会不得底了。"（朱子语类，卷二十九）

（5）那知微笑已成途辙，纵使默然，未免风波。（五灯会元，卷十二）

（6）（旦云）你那知我的心里呵？（王实甫：西厢记，第4本）

（7）他每那知我的心，甚么文章做得成。（王实甫：西厢记，第5本）

由于这一短语结构形式的经常反复使用，并受先行发展的"谁知"话语标记用法的类化影响，到了明时发生了重新分析，也出现了话语标记用法。例如：

（8）劈头一篙打去，那周颠又侧了下水，众人道："这番一定不活。"那知他又似达磨祖师般，轻轻立在一枝芦上。（型世言，第34回）

（9）故此将错就错，更不争长竞短。那知孙寡妇已先参透机关，将个假货送来，刘妈妈反做了：周郎妙计高天下，赔了夫人又折兵。（醒世恒言，卷八）

（10）我对你说：此后且莫来，恐防事露，大家坏了名声。等爹妈不提防了，再图相会。那知你这狠心贼，就衔恨我爹妈。昨夜不知怎生上楼，把来杀了。（醒世恒言，卷十六）

这些例子中的"那知"已不是反诘否定用法。和"谁知"的话语标记用法相近，在一个叙述的转折处，说话者借以引进话语，推进叙述，旨在使前后话语紧相衔接，引导读者恰当把握先后话语关系。用不用它会影响到话语的连贯性，但不影响基本意义的表达。"那知"的这种用法是由反诘用法发展而来的。出现于陈述句中的"弱反诘"是中间过渡现象。到了清代这种用法就非常普遍了。下面看《儿》

中的例子：

（11）何小姐还道珍姑娘没个贴己的人照应，那知他不知甚么空儿早认了戴嬷嬷作干妈了，何小姐又添派了戴嬷嬷跟了他去。（儿，40/686）

（12）安老爷念完了，自己十分得意，料着邓九听了不知要乐到怎的个神情。那知他听完了，点了点头，只不言语，却不住的抓着大长的那把胡子在那里发愣，象是想着一件甚么为难的事情一般。（儿，39/631）

（13）只这一番，别一个不知怎样，安公子的功名已是早被安老爷料着，果的有些拿不稳了。/那知天下事，阳差之中更有阴错，偏偏的公子的那本朱卷进到内帘第十七房，是处不曾分着，恰恰分到这位娄公手里。（儿，35/531）

（14）玉凤姑娘只顾在那边带了他的奶娘合丫鬟归着鞋脚零星，不曾在意。那知他二人这话却是机带双敲，话里有话。（儿，21/290）

（15）大家围着一看，只见状元清华丰采；榜眼凝重安详；到了那个探花，说甚么潘安般貌，子建般才……那知这班草茅新近初来到这禁御森严地方，一个个只管是志等云飞，却都是面无人色。（儿，36/555）

（16）这句话，却因张金凤还是个新媳妇，又虑到恐他合公子闺房私语，一时泄露了这个机关，老夫妻两个且都不合张金凤提起。/那知张姑娘自从遇着何玉凤那日，就早存了个"好花须是并头开"的主意。（儿，23/308）

3.4.5.2　那知道

"那知道"的话语标记用法是略后于"那知"发展起来的，其功能与"那知"大体相当。清时逐渐使用开来。例如：

（1）便哭着骂着说："你是我的女儿，我偏不给他，你敢怎么着。"那知道那司棋这东西糊涂，便一头撞在墙上，把脑袋撞破，鲜血直流，竟死了。（红楼梦，第92回）

（2）还要指望上司照应他，派他差使。那知道过了两天，挂出牌来，是叫他回籍学习。（官场现形记，第56回）

（3）米先生道："翱兄，你是受了河豚毒了。是小弟用粪汤灌活吾兄，以尽朋友之情的。"那知道这位翱先生，方才因有一块河豚被人抢去吃了，自己未能到口，心内一烦恼，犯了旧病，因此栽倒在地。……（七侠五义，第43回）

（4）随叫换了新夹棍，朱标一条封条，用了印，贴在夹棍上，从新再夹。那知道绳子尚未及扯，又是一声响，那夹棍又断了。（儒林外史，第51回）

但与"那知"相比，"那知道"在清时使用的频率还不高，《儿》中只有"那知"，不见"那知道"，《红楼梦》"那知"二十多例，而"那知道"仅几例。直到现代汉语中，"那知道"才使用得普遍起来。

3.4.5.3 那怕

"那怕"最初也是一个短语，用于反诘。我们在《朱子语类》中可以看到用例：

（1）学得熟便通。且如要去所在，须是去到，方得。若行得一日，又说恐未必能到，若如此，怎生到得？天下只有一个道理，紧包在那下，撒破便光明，那怕不通！（卷一百二十）

下面例子也是同样用法：

（2）春梅道："他就倒运着，量二娘的兄弟，那怕他！二娘莫不挟仇，打我五棍儿？"（金，22/319）

（3）景先道："儿子媳妇，多是青年，只要儿子调理得身体好了，那怕少了孙子？"（二刻拍案惊奇，卷三十）

随着使用频率的增加，大约在明代，"那怕"经历了词汇化过程，发展成为一个"假设兼让步"（吕叔湘 1980）的关联词。在《金》中可见这样的用例：

（4）傻姐姐，那怕汉子成日在你屋里不出门，不想我这心动一动儿。一个汉子丢与你们，随你们去，守寡的不过。（金，51/674）

（5）月娘道："盂三姐，你休要起这个意。我又不曾和他两个嚷闹。他平白的使性儿，那怕他使的那脸疼，休想我正眼看他一眼儿。"（金，20/285）

（6）平安这小厮拿着人家帖子进去，见门关着，就在窗下站着了。蛮小厮开门看见了，想是学与贼没廉耻的货，今日挟仇，打这小厮打的臁子成，那怕蛮奴才到明日把一家子都收拾了，管人吊脚儿事！（金，35/488）

"那怕"的这种用法是由反诘发展而来的。作为中间状态，是"那怕"用于陈述句中，弱化了反诘语气，便形成了一种"弱反诘"用法。例如：

（7）番狗奴，你这个诱敌之法，瞒不过我了。我那怕你甚么飞刀，你且站着飞来我看。（三宝太监西洋记，一）

（8）放开肚肠，一床一卧，相偎相抱睡了。自不见有这样凑趣帮衬的事！那怕方妈妈住在外边过了年回来。（二刻拍案惊奇，下）

例中的"那怕"用于陈述句中，但仍带有较弱的反诘语气，可以理解为"不怕"。这种用法进一步发展，便成了假设让步连词。清时，这种用法就比较普遍了。

3.5 多系代词的非疑问用法

"多少"在汉以前均作短语使用，其用法或为合取并列，或为析取并列。例如：

（1）故自天子通于庶人，事无大小多少，由是推之。（荀子·富国）

大约在汉魏时期，在析取并列用法的基础上经词汇化而成为一个独立的疑问词，用于疑问句。例如：

（2）或有不及，所治不决解愈，当得多少而可哉？（太平经，卷七十二）

（3）坚曰："彼国人马，实为多少？"（魏书，卷二十四）

（4）又问："士马多少？"应曰："中军四十余万。"（魏书，卷五十三）

作为疑问代词的"多少"其非疑问用法与先秦析取并列的用法不无联系，但词汇化使其发生了质的变化，因而还应从疑问代词功能迁移的角度来认识。"多少"的非疑问用法中古时期已有较多的使用，近代汉语中已颇为普遍；但"多"系代词的其他形式如"多""多么""多咱""多早晚""多会儿"等都是在近代汉语晚期或是现代汉语中才使用开来的。这里举几个中古时期"多少"的用例：

（5）其守门者，虽复不知人数多少，知人民唯从此门，更无他处。（杂阿含经，卷十八）

（6）但问愁多少，便知夜短长。（乐府诗集，卷七十六）

（7）今居北方，假令山东有变，轻骑南出，耀威桑梓之中，谁知多少？百姓见之，望尘震服。（魏书，卷三十五）

（8）用刑严急，偷盗无多少皆腰斩，盗一责十。（魏书，卷一百二十）

（9）君看渡口淘沙处，渡却人间多少人。（乐府诗集，卷八十二）

（10）多少残生事，飘零似转蓬。（杜甫：客亭）

从以上例子可以看出在中古时期准非疑问用法和真非疑问用法均已使用开了。下面立足明清重点讨论。

3.5.1　准非疑问用法

跟其他疑问代词一样，准非疑问用法是"多"系疑问代词较早使用的非疑问形式。从上举例子已可见出，不仅用于陈述句中，如例（5）（6），也用于诘问句中，如例（7）。近代汉语中基本沿用中古的用法。

3.5.1.1　用于陈述句

请看例子：

（1）（迎春）听见西门庆问妇人多少青春。李瓶儿道："奴今年二十三岁。"（金，13/192）

（2）一面使小玉叫将惠祥当院子跪着，问他要打多少。（金，24/343）

（3）问他几块怎样畸零的田凑起来应合多少亩，几块若干长短的田凑起来应合多少亩，他拿着面算盘空手算着，竟丝毫不错。（儿，33/492）

（4）这也不难，只不知这一卷经，要多少纸札，多少装钉，多少印刷，有个细数才好动作。（金，57/764）

（5）妇人道："枕边眼泪不知流了多少。"（金，72/1019）

（6）可怜这些猎户，不知吃了多少限棒哩！（金，1/22）

（7）娘子，休推老身不知，你诗词、百家、曲儿内字样，你不知识了多少，如何交人看历日？（金，3/62）

以上各例以"问"或"（不）知"为主句动词。由"问"引出的
"多少"，"多"与"少"一般是中性的，没有偏向。而由"不知"引
出的"多少"，则有两种情况：一是中性的，如例（4），"多"与
"少"是均等的，没有偏向；一是偏向于多，并略带感叹意味，如例
（5）—（7），分别是说"流泪多""吃限棒多"和"识字多"。前者
"不知"不能重读，后者则需要重读，两者在表意上存在区别。后者
尽管偏向于多，但"多"的程度仍有不确定性，因而仍可归入准非
疑问用法。吕叔湘（1985a）指出："用'不知'来否定的'多少'，
是极言其多，并不是'不知其为多为少'的意思。"这指的是第二种
情况，未能包含第一种情况。下面是"多"系代词其他形式的例子：

（8）书童道："爹不知多早来家，你教他明日早来罢。"（金，
34/473）

（9）今日观里打上元醮，拈了香回来，还赶往周菊轩家吃
酒去，不知到多咱才得来家。（金，43/577）

（10）敬济道："今日有大舅和门外花大舅、应二叔、谢三
叔，又有李铭、吴惠两个小优儿。不知缠到多咱晚。"（金，39/
542）

（11）伯爵道："当时西门大官人在时，为娶他，不知费了
许多心。"（金，80/1209）

所用疑问代词是"多""多咱""多咱晚"和"许多"等，尽管不跟
"少"对举着用，但句中的语义也是偏向于多或强一面的，"不知"
也重读。

3.5.1.2 用于诘问句

上文 3.5 中的例（7）"谁知多少?"就是一个诘问句，意为无人
知道多少，也即不知多少。属于准非疑问用法。再看明清的例子：

（1）各衙门官人们，一品至九品，大小众官，知他是多多

少少！（教朴，298）

（2）伯爵便说："咱等不的他。秀才家有要没紧，望朋友，知多咱来？倒没的误了勾当！"（金，68/942）

两句中动词"知"前均隐含了一个疑问代词，在反诘语气作用下，分别表达了"不知他是多多少少"和"不知多咱"的意思。句中的"知"均应读重音，语义也偏向于多。和用于陈述句不同，用于诘问句语义总是偏向多一边。唐诗中的"春花秋月何时了，往事知多少！""夜来风雨声，花落知多少！"用法同此。

3.5.2 虚指用法

"多"系疑问代词的虚指用法，在语义表达上有一些不同于其他代词的特点。根据语义的有无偏向，可以分为偏义用法和中性用法两类。下面分别说明。

3.5.2.1 偏义用法

吕叔湘（1985a）曾经指出：虚指的"多少"是由感叹性的"多少"演化出来的，感叹性的"多少"是"极言其多"，虚指的"多少"也常表示"多"的意思，并且往往带有夸张口气。这种用法在汉魏时期已见使用，如上文所举《乐府诗集》例。明清时期的用例，如：

（1）这般远田地里，经多少风寒暑湿，受多少日炙风吹，过多少恶山险水难路，见多少怪物妖精侵他，撞多少猛虎毒虫定害，逢多少恶物刁蹶，正是好人魔障多。（教朴，285）

（2）我也跟官人时节，那里问雨雪阴晴，忍多少饥，受多少渴，这般受苦来！（教朴，291）

（3）多少古人轻财好施，到后来子孙高大门闾，把祖宗基业一发增的多了。（金，56/748）

（4）武大道："由他笑也罢，我兄弟说的是好话，省了多少是非。"（金，2/47）

（5）这一年之中，你我各各的经了多少沧桑。（儿，30/438）

（6）州里派了多少猎户们打他，倒伤了好几个人，也没人敢惹他。（儿，22/295）

（7）不但安公子省了多少心神，连张老也省得多少辛苦。（儿，11/137）

（8）你看我们虽然受了多少颠险，可招了一个好媳妇儿来了呢！（儿，22/302）

（9）我在这地方整整的住了三年，承他爷儿两个多少好处。（儿，22/291）

（10）离你父母的坟比这里远不了多少。（儿，24/330）

（11）胡同外有那两所房子，也收不得多少租钱。（品花宝鉴，第36回）

（12）那宋御史又系江西南昌人，为人浮躁，只坐了没多大回，听了一折戏文就起来。（金，49/649）

以上例句中"多少"的语义均偏向于"多"，否定用法尽管语义强度稍弱，但仍表"多"义，如例（10）（11）。末例用于形容词前，词形省缩为"多"，自然言其多。偏于"多"义的用法以充当定语为常。

"多少"的偏义也有偏向于"少"的。例如：

（13）我常说，多少与他些也罢了，他通不理一理儿。（金，14/200）

（14）道台道："这边租界上有人造房子，要来垫地基，叫他们挑去，非但不化挑费，多少还可以卖几个钱呢。"（二十年

目睹之怪现状，第93回）

（15）老西儿道："哈哈！咱老子上你的当呢！打到官司，多少总要化两文，这个钱叫谁出啊！"（二十年目睹之怪现状，第96回）

（16）玉甫因浣芳着急，也苦苦的劝漱芳多少吃点。漱芳只得令大阿金买些稀饭，吃了半碗。（海上花列传，第18回）

（17）玉甫劝道："耐也多少吃一口，阿好？"（海上花列传，第19回）

（18）想来你的意思，不过要等天来的官司赢了，多少要他谢点礼罢了。（九命奇冤，第22回）

（19）何况老主人在那地方大小做过个父母官，便是不相干人，遭逢此等事，地方上也有个评论，多少必有帮助，断断不至饿死。（绿野仙踪，第19回）

（20）尤魁也是前生前世冤债，设有拿住他的日子，多少追讨些，你务必到我坟头前，告禀一声，我在九泉之下，亦可瞑目。（绿野仙踪，第42回）

（21）有一个嫖客，就有他的一个分股；多少总要沾点光儿，再没个空过去的。（绿野仙踪，第57回）

（22）安太太道："大姑娘，这是老太太的克食，多少总得领一点儿。"（儿，21/276）

（23）我们已写了知单，去知会各同窗的朋友，多少大家集个成数出来。但恐太仓一粟，无济于事。（儿，3/35）

这些句子中的"多少"语义均偏向"少"，有"稍微""略微"之义。偏于"少"义的用法与"多少"所处的句法位置有关，以上用例都充当状语。正反语素构成的词充当状语多偏于消极一面，如例（19）中的"大小"，下例的"好歹"也一样：

（24）既来了，没有空去之理，好歹尝一点儿，也是来我家一趟。（红楼梦，第19回）

这种用法意为，即使偏于消极也应施行某行为。

下面的例子似乎也偏向于"少"：

（25）他卖与守备多少时，就有了半肚孩子。（金，88/1305）

（26）你这多少时初生的小人芽儿，就知道你妈妈。（金，32/450）

（27）才相伴了多少时，便就要抛离了去。（金，12/168）

（28）他来了多少时，便这等惯了他。（金，9/134）

（29）睡了多大回，就大明了，今早还扒不起来。（金，24/342）

不过这类句子我们更愿意看作是"弱反诘"用法。这也是介于问与非问之间的一种现象。

3.5.2.2 中性用法

"多"系疑问代词也可以表中性，不偏向于一边。例如：

（1）我是新来的庄家，不理会的多少汤钱。（教朴，241）

（2）西门庆道："我的儿，不要恼，你用多少银子，对我说，等我与你处。"（金，67/934）

（3）西门庆道："也不消，该多少银子，等我与他。"（金，37/516）

（4）西门庆道："妆奁财礼，该使多少，教我开了去，他一一还我，……今日他老远的教人稍书来，问寻的亲事怎样了。……或十五六、十七八的也罢，该多少财礼，我这里与他。"（金，36/502）

（5）每月该多少房钱，来这里，老拙与你。（金，93/1364）

（6）不打紧，等舅写了一张状子，该拐了多少银子货物，拿爷个拜帖儿，都封在里面。（金，98/1427）

（7）规矩是这等的，要东家批定了报多少钱粮，晚生才好照着那钱粮的数目，核算工料的。（儿，2/25）

以上例子"多少"没有偏向。"多少"的中性用法多见于近代汉语晚期。然相比之下不如偏义用法更常见。吕叔湘（1985a）曾指出："早期的白话里用'少多'表中性，以跟表疑问的'多少'区别"，或许与此有关。不过由于"多少"的强势发展，"少多"并没有普遍使用开来。

3.5.3　任指用法

"多少"的任指用法很早就有，上文 3.5 的例（8）就是魏晋时的例子。若以"多少"疑问代词形成之前的析取并列用法而言，先秦已有类似任指的用法，如上文 3.5 的例（1）。任指用法也存在偏义用法和中性用法的区别。

3.5.3.1　偏义用法

例如：

（1）就蹄子放血，他要多少功钱？

不问多少与他些个便是。

治得马好时，多少不打紧。（教朴，235）

（2）不拘多少时，也少不的离他家门。（金，80/1201）

（3）点翠手帕汗巾儿，随你要多少也有。（金，51/691）

（4）西门庆道："大舅用多少，只顾拿去。"（金，51/683）

（5）随师父要多少东西，我与师父。（金，49/660）

（6）随问多少时，不怕他不来寻我。（金，16/226）

（7）早年父祖丢下家产，不拘多少，到你手里，都了当了。

（金，96/1410）

　　（8）抢起拐来，任是你船上有多少人，管取都被他打下水去，那只船算属了他了。（儿，21/280）

　　（9）李瓶儿道："随姐姐教我出多少，奴出便了。"（金，21/301）

　　（10）不拘多大事情，也了了。（金，14/200）

以上各例均用于无条件句，语义偏向于"多"。

3.5.3.2　中性用法

　　关于任指用法吕叔湘（1985a）认为，"也是偏在'多'的一面"。应该说这是基本的用法，但不限于此，也有中性的用例。如上文3.5所引例子，说"无多少皆腰斩"显然包含两面。再如：

　　（1）列位客官，不拘多少，随心乐助，总成总成！（儿，38/610）

这是一位道士唱完"道情"后募钱的话语，既是"随心乐助"，那也就多少不拘了，因而这里的"多少"是中性的。这从下文众人与安老爷"随意"而给的少至几文多达五两的相助也可看出。下面例子也是中性的，同样用于无条件句：

　　（2）有竹不论多少，一竿两竿总好。（望梅花·对竹赠主人）

　　（3）秋谷道："这个不拘多少，听凭尊便就是了。"（九尾龟，第58回）

　　（4）宋子英道："定银不拘多少，就少些也不妨。"（九尾龟，第58回）

　　（5）至于赁价，也不拘多少，随在老侄酌度。（歧路灯，第67回）

理解是中性还是偏义，一般需要借助语境。

3.5.4 实指用法

"多"系疑问代词的实指用法主要是前后具有倚变关系的配对运用。例如：

（1）虽是钱日逐打我手里使，都是叩数的，使多少交多少，那里有富馀钱？（金，21/301）

（2）如今弄多少是多少，也只好是"集腋成裘"了。（儿，3/33）

（3）曹来苏道："朋友知己的地方去凑凑看，有多少是多少。"（糊涂世界，第4回）

（4）长庆一想，华公子是个出名的冤大头，要多少就是多少。（品花宝鉴，第26回）

（5）老爷便叫买他的，要多少银子给他多少。（红楼梦，第48回）

（6）合他借多少是多少，下余的再想法子。（儿，3/33）

（7）咱们村庄人，那一个不是老老诚诚的，守多大碗儿吃多大的饭。（红楼梦，第6回）

（8）月娘与了蔡老娘三两银子，蔡老娘嫌少，说道："养那位哥儿赏了我多少，还与我多少便了。"（金，79/1192）

（9）这打头客的一住，无论是马是牛，他要住多少天，得陪他多少天。（老残游记续，第4回）

前一个是任指，而后一个是实指。

3.6 几系代词的非疑问用法

"几"是最古老的疑问代词之一。上文我们已经讨论到，"几"系代词的非疑问用法早在《诗经》中就已能见到，汉代文献中已有一定的用例。作为非疑问用法，"几"系代词的发展是最为突出的，在各系代词中用量最大、比率最高。可以这样说，明清以降，"几"的主要功能已经不是用于疑问，而是非疑问了。

3.6.1　准非疑问用法

3.6.1.1　用于陈述句

例如：

(1) 又问蔡状元几时船到，好预备接他。(金，36/503)

(2) (平安) 对月娘说："他是韩伙计家使了来寻玳安儿，问韩伙计几时来。"(金，49/657)

(3) 西门庆又叫回来，分付："上任日期，你还问何老爹择几时。"(金，72/1014)

(4) 又问了问褚一官走过几省，说了些那省的风土人情，论了些那省的山川形胜。(儿，14/181)

(5) 不知几时与了贼强人，不敢拿到屋里，悄悄藏放在那里。(金，28/392)

(6) 虽是陈敬济许下一百两，上东京去取，不知几时到来。(金，87/1288)

(7) 我要看看你这心有几个窟窿儿！(儿，5/66)

3.6.1.2　用于诘问句

例如：

(1) 只说明日后日还我，知他是几个明日？(教朴，231)

(2) 知他是几时的勾当？(教朴，283)

(3) 舅太太便合长姐儿道："你这孩子才叫他娘的'狗拿耗子'呢，你又懂得几篇儿是几篇儿？"(儿，34/507)

各例句中均隐含一个疑问代词，属于隐含特指诘问句。

3.6.2 虚指用法

吕叔湘（1985a）曾指出，"几"在古代汉语和近代汉语最重要的区别之一，就是在古代汉语中，"几"字后面不用量词，而在近代汉语中，"几"字完全"数字化"了，其后必须跟有量词。其实这种变化在中古时期就已经初见端倪（刘世儒1965），到了近代随着量词系统的成熟和完善，则更为显著。在近代汉语后期，虚指用法在"几"的各种用法中占有绝对的优势，从中能基本反映"几＋量"的使用面貌。

3.6.2.1 与名量组合的虚指

在我们调查的四部书中，与"几"结合的名量词（包括准量词）有"杯、匹、架、张、桩、位、条、件、座、对、套、日、天"等八十余个[①]例如：

（1）有什么槖荐，将几领来。（教老，64）

（2）我家墙也倒了几堵。（教朴，217）

（3）我也那一日递了手帕之后，吃几盏酒，过两道汤，便上马出来了。（教朴，248）

（4）没有，青白间串的上等玉珠儿有几串。（教朴，295）

（5）又有两个歌童，生的眉清目秀，顿开喉音，唱几套曲儿。（金，55/740）

（6）拆开观看，却是一幅回文锦笺，上写着几行墨迹。

---

① 罗列如下：两、杯、对、分、点、贯、丸、匹、架、张、桩、截、位、鞭、筐、石、车、家、条、亩、钱、房、年、日、碟、样、盅、方、个、重、件、岁、座、套、行、钟、根、把、朵、倍、段、间、口、卷//串、盏、领、刻、轴、只、堵、等//天、夜、宗、文、坛、块、本、处、株、层、篇、路、片、股子、句、名、枝、道、颗、首、苗、身、棵、袋、程、封、斤、户。

（金，12/167）

（7）大娘既要，奴还有几对，到明日每位娘都补奉上一对儿。（金，14/207）

（8）桌上一个阳羡砂盆儿，种着几苗水仙。（儿，29/412）

这些句子中的"几"除了数值不确定外，用法相当于一个小值的数字。凡数词能搭配的量词，"几"几乎均能搭配。这些量词有的魏晋以降就开始使用了，更多的是产生于近代。而有的则是晚近才使用的，如用于计算天数的量词，在《金》中只用"日"，不用"天"，因而只见"几日"，不见"几天"，《红楼梦》出现了"天"的用法，而在《儿》中"天"比"日"已更为常见，"几天"超过了"几日"。

3.6.2.2 与动量组合的虚指

"几"与动量词组合的用法，也在魏晋南北朝就开始了，比如"几回""几过"等（刘世儒1965）。

（1）几回明月夜，飞梦到郎边。（范云：闺思）

（2）应从故乡返，几过入兰闺。（梁元帝：晚栖乌）

在我们主要调查的材料中，与"几"组合的动量词，主要有"遍、场、步、跳、遭、拳、脚、番、次、下、刀、步、拜"等。例如：

（3）来保道："就是祝爹他每，也只好打几下罢了，罪料是没了。"（金，55/733）

（4）小弟只有一个朋友，他现是本州秀才，应举过几次，只不得中。（金，56/751）

（5）这天也有晌午，好去了。他那里使人邀了好几遍了。（金，68/942）

（6）对人不敢高声语，故把秋波送几番。（金，90/1324）

（7）你在我店中，占着两个粉头，几遭歇钱不与，又塌下我两个月房钱，却来这里养老婆！（金，99/1439）

（8）西门庆听了大怒，走到后边厨房里，不由分说，向雪娥踢了几脚。（金，11/157）

（9）不想被西门庆听见了，复回来，又打了几拳。（金，11/157）

（10）进门朝灵前拜了几拜，便过来见姑娘，哭眼抹泪的说了半天。（儿，21/275）

3.6.3 任指用法

任指用法主要也是出现在无条件句中：

（1）我卖了这人参、毛施布时，不拣几日，好歹等你来，咱商量买回去的货物。（教老，95）

（2）西门庆道："不拘几件，我都依。"（金，13/195）

（3）奴情愿与娘们做个姊妹，随问把我做第几个也罢。（金，16/225）

（4）月娘道："不拘几时，我也要对这两句话。"（金，51/675）

（5）若是闲常日子，随娘留我几日，我也住了。（金，45/600）

（6）只要在前十本，无论第几，第二甲是拿得稳的，编修便可望了。（儿，36/553）

3.6.4 实指用法

实指用法主要表现在复指和倚变两方面。

3.6.4.1 复指用法

例如：

（1）人生一世，草生一秋，咱们几个好弟兄，去那有名的花园里，做一个赏花筵席。（教朴，210）

（2）咱几个好朋友们，这八月十五日仲秋节，敛些钱做玩月会。（教朴，226）

这里通过复指短语表达确定的信息。有时则在上文或下文罗列项目，与其复指，传递确定信息。如：

（3）八月里却放鹤儿。有几等鹤儿：鹅老翅鹤儿、鲇鱼鹤儿、八角鹤儿、月样鹤儿、人样鹤儿、四方鹤儿——有六七等鹤儿。（教朴，222）

（4）所以小讲才有那"圣人达而在上，执所学以君天下，而天下仰之；穷而在下，执所学以师天下，而天下亦仰之"的几句名贵句子。（儿，34/508）

（5）消痞丸、木香分气丸、神芎丸、槟榔丸，这几等药里头，堪服治饮食停滞。（教老，91）

（6）这几个贼汉们，一日吃三顿家饭，每日家闲浪荡做甚么？（教朴，262）

例（3）"几等鹤"与下文具体所列复指，其后的"六七等鹤"更表明是实指。例（4）上文列出具体句子，"几句"显然是确指。例（5）"这几等"显然也是对上文所列的复指。例（6）从下文的分述"一个""一个""两个""又两个""再那一个"可知，"这几个贼汉们"是确指的。后2例，均与指示代词配合使用。

3.6.4.2 前后倚变

例如：

（1）不想被这位新娘子小小的游戏了一阵，来了几个留下

了几个，不曾跑脱一个。(儿，32/463)

　　(2) 公子说："要几百就给他几百。"(儿，4/51)

3.7　何系代词的非疑问用法

　　"何"系疑问代词的非疑问用法在秦汉时期就已经使用。不过，"何"作为古汉语中的疑问代词，在近代逐渐被新起的疑问代词所取代，到了明清时期，无论是疑问用法还是非疑问用法，其使用频率都已不高，渐渐退出了历史舞台。而且，其用法并无太多的特殊之处，这里不费笔墨。

4　明清汉语传疑句法结构的非疑问用法

　　传疑句法结构主要有两类：一是出现于正反问中的"VPnegVP"与"VPneg"等形式；一是出现于列项选择问中的"是 p 还是 q"等形式。下面分别讨论。

4.1　VPnegVP、VPneg 的非疑问用法

　　材料表明，"VPnegVP"与"VPneg"两种形式的非疑问用法，前者比较普遍，而后者相对少见。下面的讨论以前者为主。

4.1.1　准非疑问用法

　　"VPnegVP"结构也可用于传疑不发问，是介于疑与非疑之间的现象。这种用法从上古汉语中就已经开始，一直沿用至今。看明清的例子，"VP 不 VP"式如：

　　(1) 看看他落那座店，再询一询怎么个方向儿，扎手不扎

手。（儿，2/282）

（2）他在便在我这里，倒不知嫁人不嫁人。（金，87/1286）

（3）我想我此番到外任去，慢讲补缺的话，就是候补知县，也不知天准我作不准我作，还不知我准我作不准我作。（儿，2/19）

（4）今晚脱了鞋和袜，未审明朝穿不穿。（金，9/135）

再如"VP 没 VP"式：

（5）忽有平安来报："巡盐蔡老爹来了，……他问有灵没灵，我回有灵，在后边供养着哩。"（金，80/1207）

（6）不知他爹今日有勾当没有。（金，21/300）

（7）这才慢慢的问他几岁上留的头，几岁上裹的脚，学过活计不曾，有了婆家没有。（儿，9/107）

（8）我叫了个瞎生给他算命，要算算他命里有儿子没有。（儿，20/270）

（9）贼们怎知你有钱没钱？小心些还好。（教老，64）

例（9）用于诘问句。下 2 例属"VP 无 VP"：

（10）那莫、吴两公也不知有分无分。（儿，34/507）

（11）我明日叫我老公来，替你老人家看看，今岁流年有灾没灾。（金，12/180）

"VPneg"结构也有准非疑问用法的例子，不过比"VPnegVP"结构少见。上举例（7）中的"学过活计不曾"就是。再如：

（12）妇人道："他问干娘衣服做了不曾。我说道衣服做了，还与干娘做送终鞋袜。"（金，4/76）

（13）金匮笑道："你好不理会得，看你睡了不曾，叫我把一件物事来与你。"（金，100/1452）

（14）打听京中考察示下，看经历司行下照会来不曾。

（金，69/968）

（15）因使绣春："外边瞧瞧，看关着门不曾。"（金，62/839）

K·VP结构的准非疑问用法极其罕见：

（16）我在这地方整整的住了三年，承他爷儿两个多少好处，此去不知今生可能再见。（儿，22/291）

"可能再见"是"能不能再见"之意，属于"可VP"结构。

4.1.2　真非疑问用法

"VPnegVP"与"VPneg"结构用于句子的主语（或话题）、宾语、定语，或用于表条件等的分句之中，不传递疑问信息。

4.1.2.1　作主语

"VPnegVP"与"VPneg"结构均可作主语或话题，这种用法也始于先秦，目前见到的较早用例是"VP否（不）"式，如上文所举《左传》的"霸之济否，在此会也"。进一步使用扩展到"VPnegVP"式，如《论衡》中的"遇不遇，命也"。而"VPneg"式作主语在近代文献中却不常使用。作主语或话题接近于疑问代词的任指的用法。明清时期相对多见的是"VPnegVP"式：

（1）房下说："来不来你看看去。"（金，72/1012）

（2）金莲道："怪小肉儿，学不学没要紧，把脸气的黄黄的。"（金，22/319）

（3）留丫头不留丫头不在你。（金，46/612）

（4）不见了金子，随他不见去。寻不寻不在你。（金，43/582）

（5）（安老爷）便道："老哥哥，来不来由你，放不放可就得由我了。"（儿，29/424）

（6）婆子道："谢不谢，随他了。"（金，37/518）

（7）只是想不想，其权在人；想得到身上想不到身上，其权可在天。（儿，32/473）

（8）唱不唱，管他怎的？（金，42/569）

（9）念的过来念不过来，累的着累不着，干卿何事？（儿，33/488）

（10）行得去行不去，姑娘却没管。（儿，28/398）

这些例子均是单纯的"VP 不 VP"形式充当话题主语。其中例（8）（9）用于诘问句，例（7）的后项和例（9）（10）均由动补结构充当 VP，这种现象较为特殊，是后起的用法。下面的例子是"VP 不 VP"充任话题主语的一部分：

（11）来兴儿道："你烧不烧随你。"（金，27/323）

（12）月娘道："你踹不踹，不在于我。"（金，21/298）

（13）其实事情果然行得去行不去，媳妇们两个究竟弄得成弄不成，此时也不敢说满了。（儿，33/489）

（14）我心里本不待吃，俺娘在家不在家便怎的？（金，34/476）

（15）我只请教：他佛门中添个大菩萨不添个大菩萨，与你何干？（儿，23/320）

这些例子中的"VP 不 VP"均作话题主语中的谓语。下面看"VP 没 VP"的例子：

（16）有东西没东西，大家见个明白。（金，7/115）

（17）有与没，俺们到前边说的一声儿。（金，21/156）

（18）他手里有钱没钱，人所共知。（金，7/115）

（19）我鞋穿在脚上没穿在脚上，我不知道？（金，28/390）

（20）不差甚么连他自己出过花儿没出过花儿都乐忘了。

（儿，30/435）

例（17）的"有与没"，万历本作"有没"；末例"出过花儿没出过花儿"充任小主语，是"忘"的受事。

4.1.2.2 作宾语

"VPnegVP"与"VPneg"结构作宾语的用法跟作主语的用法出现时间差不多，在先秦都已见使用。明清时期不如作主语多见。例如：

（1）我指引你们一个地方去领领教，那就真知道是谁中谁不中了。（儿，35/526）

（2）心里只有张金凤的愿不愿，张老夫妻的肯不肯，那安公子一边，直不曾着意，料他也断没个不愿不肯的理。（儿，10/118）

（3）娘说留丫头不留丫头不在于小的。（金，46/612）

（4）西门庆道："衙门是这等衙门，我管他雌牙不雌牙。"（金，34/476）

（5）趁爹不过来，免不得叫个小炉匠来开楼门，才知有没。（金，33/458）

（6）得命思财，疮好忘痛，来家到问老婆找起后账儿来了，还说有也没有。（金，14/203）

4.1.2.3 作定语

与作主语和作宾语相比，作定语的用法出现得相对要晚一些，东汉时才见到个别用例。之后也不常见。请看：

（1）十三妹道："这话你们也不必管。就只成不成的一句话，不用犹疑。"（儿，9/113）

（2）恐怕舅太太不知，嘱咐他见了姑娘千万莫问他"有人家没人家"的这句话，是个"入门问讳"的意思。（儿，23/

309）

（3）因把邓九公问他两个有无喜信的话告诉了舅太太、张太太。（儿，38/595）

（4）（安太太）连忙说道："老爷说的关系不关系这些话，别说老爷的为人讲不到这儿，就是俩媳妇儿断不那么想，总是老爷疼他们。"（儿，40/664）

4.1.2.4 作状语

"VP 不 VP"一类结构作状语极其罕见。但如经过词汇化形成固定结构并语法化为副词用法，则多充当状语，这有两个典型的例子，即"动不动"和"好不好"。

"动不动"晚唐五代以前都用作正反并列短语，宋代的《朱子语类》中出现了词汇化用法。书中共见 6 例：

（1）义刚问："极星动不动？"（卷二十三）

（2）又曰："只争个动不动。"（卷十六）

（3）动不动便是堕坑落堑，危孰甚焉！（卷十八）

（4）伊川曰："只为而今士大夫道得个'乞'字惯，却动不动又是乞也。"（卷九十七）

（5）动不动便鼓噪作闹，以相迫胁，非盗贼而何？（卷一百零九）

（6）今只州县学里小小补试，动不动便只是请嘱之私。（卷一百零九）

例（1）作谓语，是疑问用法，例（2）作宾语，为非疑问用法。其余则已是固定用法，其功能类似副词，在句中均充当状语。"表示极容易作出某种反应或行动，多用于不希望发生的事"（吕叔湘1980，1999），到了明清时期这种用法已使用开来。尽管在《金》《儿》中不见用例，但在其他白话文献中我们可以见到，例如：

（7）动不动着人就说："高家招了一个妖怪女婿！"（西游记，第 19 回）

（8）但只恨他动不动分行李散火，又要撺掇师父念紧箍咒咒我。（西游记，第 76 回）

（9）这两日又不拣早凉行，动不动老大藤条打来。（水浒传，第 16 回）

（10）陈公子是公子生性，动不动打骂。（型世言，第 27 回）

"好不好"在明以前均用作正反并列短语。《金》中出现了一个较为特殊的用法。如：

（11）到家回了老爷，好不好叫牢子拿去，捞与他一顿好捞子。（87/1285）

（12）好不好把店家拿来本州夹打，就叫他寻贼人下落。（84/1248）

（13）他若不知范时，好不好，吃我一顿好拳头。 （96/1408）

（14）好不好对老公公说了，要打倘棍儿。（17/239）

（15）你量我不敢进去？左右花园中熟径，好不好我走进去，连你那几位娘，都拉了出来。（20/288）

（16）只休要撞到我手里，我叫他白刀子进去，红刀子出来。好不好把潘家那淫妇也杀了，也只是个死。（25/352）

（17）好不好拿到衙门里，交他且试试新夹棍着！（50/667）

（18）好不好我就不干这营生了。（51/686）

（19）好不好把他小厮提在监里坐着，不怕他不与我银子。（67/921）

这里的"好不好"也是一个固定结构，作用相当于一个副词，在句中充当状语，有点类似于"动不动"的用法。多表示一种不满并略带威胁的口气，意为"弄得不好将作出某种反应或行动"。其后多用"处置"义动词，有的还配合使用"把"字结构。这类"好不好"《金》中有 17 例，这种用法《金》以前的其他白话文献未见用例。《红楼梦》中偶见：

(20) 你要死！仔细回去我好不好先捶了你，然后再回老爷太太，就说宝玉全是你调唆的。（第 9 回）

(21) 好不好拉出去配一个小子，看你还妖精似的哄宝玉不哄！（第 20 回）

(22) 好不好，打一顿撵在下房里睡去。（第 80 回）

这类用法现代汉语已经不见。

4.1.2.5　作分句

单独作分句较多的是条件分句，句中往往带有"无论""不管""随你"一类标记，其任指义更显突出。例如：

(1) 无论中与不中，不必出京。（儿，3/31）

(2) 不管家里有人没人，都这等家反宅乱的！（金，26/373）

(3) 我可不管你本人肯不肯，我先肯。（儿，32/475）

(4) 人也死了，不管那有恶气，没恶气，就口挞着口那等叫唤，不知甚么张致。（金，62/858）

(5) 随你明日去不去，我就不管了。（金，76/1108）

(6) 随你们会不会，不消来对我说。（金，35/487）

(7) 我每人把个帖子，随他来不来。（金，16/231）

(8) 月娘说道："奶子如意儿，既是你说他没投奔，咱家那里占用不下他来？就是我有孩子没孩子，到明日配上个小厮，与他做房家人媳妇也罢了。"（金，62/847）

这些都是无条件句，无论肯定还是否定，均不影响结果。作分句用，也不限于条件句。如下面的句子：

（9）（伯爵）又深深打恭，说："蒙哥厚情，死生难忘。"西门庆道："难忘不难忘，我儿，你休推梦里睡哩，你众娘到满月那日，买礼都要去哩。"（金，67/937）

（10）西门庆告月娘说："线铺子没人，倒好叫二舅来替他开两日儿，好不好？"月娘道："好不好，随你叫他去，我不管你，省的人又说照顾了我的兄弟。（金，76/1123）"

（11）董娇儿道："他刚才听见你说，在这里有些怯床。"伯爵道："怯床不怯床，拿乐器来，每人唱一套，你每去罢，我也不留你了。"（金，58/775）

（12）雪娥道："主子、奴才，常远是这等硬气，有时道着！"春梅道："有时道没时道，没的把俺娘儿两个别变了罢！"（金，11/156）

（13）西门庆道："我今日平白惹一肚子气，大雪来家，迳来告诉你。"月娘道："惹气不惹气，休对我说，我不管。你望着管你的人去说。"（金，21/298）

这些例子均出现于对话之中，说话者在上句提到一个话头，对话者用正反叠用形式就这个话头发议论。意为"说什么/有什么 VP 不 VP 的"。对对方所说的话有些不以为然，或不必这样说的意思。

4.2　是 p 还是 q 的非疑问用法

相比之下，"是 p 还是 q"一类结构用作非疑问的频率比较低，这一方面是因为，上述各主要形式的非疑问用法在近代汉语中得到较为充分的应用，另一方面，是这种结构多由复句形式构成，使用上受到了一定的限制，用例中由词或短语构成的要多见一些。

4.2.1　准非疑问用法

例如：

（1）你问道真个也是假，难道我哄你不成？（金，5/82）

（2）我也惹了一身病在这里，不知在今日明日死。（金，59/802）

（3）你把我哥哥叫的外边做买卖，这几个月通无音信，不知抛在江中，推在河内，害了性命，你倒还来我家寻货船下落！（金，93/1361）

（4）那张金凤此时被十三妹磨的，也不知嘴里是酸是甜，心里是悲是喜，只觉得胸口里象小鹿儿一般，突突的乱跳。（儿，9/109）

（5）大约连他自己也不记得是磕了三个啊，还是磕了五个。（儿，10/121）

（6）何小姐看了一遍，粗枝大叶也还讲得明白，却不知这是那书上的格言，还是公公的庭训，只觉句句说得有理。（儿，29/413）

（7）索性等消停了，斟酌斟酌，究竟是谁该去呀谁不该去呀，谁能去呀谁不能去呀，再定规不迟。（儿，40/659）

下面是用于特指诘问句的例子，末2例是疑问代词隐含用法：

（8）他怎知道咱家深浅？他还不知把你当谁人看成。（金，75/1075）

（9）到晚来有那个问声我那饱饿？（金，50/668）

（10）自来又不曾相识，怎知是好人歹人？（教老，71）

（11）这妇人一心只想着西门庆，那里来理会武大的做多做少？（金，5/83）

　　（12）你那里便兴你东门员外、西门员外？（金，30/416）

　　（13）婆子道："我有今年没明年，知道今日死明日死？"（金，78/1164）

　　（14）知道谁去谁不去呢，就先把你哭的这么个样儿！（儿，40/661）

4.2.2　真非疑问用法

例如：

　　（1）官人做小做大，我不管。你只要与我侄儿念上个好经。（金，7/109）

　　（2）六姐，你拿历头看看，好日子歹日子，就与孩子剃头？（金，52/700）

　　（3）好人歹人，怎么不认的？（教老，72）

　　（4）西门庆道："你且说如何是长做夫妻、短做夫妻？"（金，5/85）

这些例子中，或作话题主语，或作宾语，有的用于陈述，有的用于诘问，其共同点是都不传递疑问信息。

　　在现代汉语中此类用法呈现出复杂化的趋势，如下面的例子：

　　（5）是认真还是敷衍，是细致还是粗糙，是深入还是表面，在真抓还是应付，是一阵风还是持续做，效果大不一样。（人民日报，2002 年 2 月 10 日）

　　（6）不管是张和尚、李和尚，还是刘和尚，也不管是有权力的、有后台的和尚，还是有关系的和尚，只要你动，我就去报告长老、住持，让你尝尝僧规的滋味。（长江日报，1989 年 5 月 3 日）

主要引书目录

《老乞大谚解》《原本老乞大》《老乞大新释》《重刊老乞大谚解》《朴通事谚解》《朴通事新释谚解》《华音启蒙谚解》，汪维辉编《朝鲜时代教科书丛刊》，中华书局 2005 年。

《金瓶梅》（会评会校本），秦修容整理，中华书局 1998 年。

《儿女英雄传》，周树德、吴效华校注，中州古籍出版社 1998 年。

《近代汉语语法资料汇编》，刘坚、蒋绍愚主编，商务印书馆 1995 年。

《语言自迩集——19 世纪中期的北京话》，威妥玛著，张卫东译，北京大学出版社 2002 年。

《十三经注疏》，浙江古籍出版社 1998 年。

《史记》，司马迁撰，中华书局 1982 年。

《汉书》，班固撰，百衲本《二十五史》，浙江古籍出版社 1998 年。

《朱子语类》，黎靖德编，王星贤点校，中华书局 1994 年。

《祖堂集》，静筠二禅师编撰，中华书局 2007 年。

《五灯会元》，普济著，中华书局 1984 年。

《百子全书》，浙江人民出版社 1984 年。

《醒世姻缘传》，西周生著，岳麓书社 1993 年。

《红楼梦》，曹雪芹著，岳麓书社 1987 年。

《水浒传》，施耐庵、罗贯中著，人民文学出版社 1997 年。

参 考 文 献

B

贝罗贝、吴福祥　2000　《上古汉语疑问代词的发展与演变》，《中国语文》第
　　4 期。
北大中文系现代汉语教研室　1993　《现代汉语》，商务印书馆。

C

蔡维天　2007　《重温"为什么问怎么样，怎么样问为什么"——谈汉语疑问句
　　和反身句中的内、外状语》，《中国语文》第 3 期。
柴森　1999　《谈强调反问的"又"和"还"》，《世界汉语教学》第 3 期。
曹广顺　1998　《试说近代汉语中的"～那，作摩?"》，《语言学论丛》第 20 辑，
　　商务印书馆。
曹广顺　2003　《重叠与归一——汉语语法史发展中的一种特殊形式》，《汉语史
　　学报》第 4 辑，上海教育出版社。
曹小云　2000　《〈论衡〉疑问句式研究》，《安徽师大学报》第 2 期。
常玉钟　1992　《试析反问句的语用含义》，《汉语学习》第 5 期。
陈昌来　1993　《从"有疑而问"到"无疑而问"——疑问句语法手段浅探》，
　　《烟台师范学院学报》第 1 期。
陈炯　1984　《试论疑问形式的子句作宾语》，《安徽大学学报》第 1 期。
陈妹金　1992　《汉语假性疑问句研究》，《南京师大学报》第 4 期。
陈妹金　1995　《北京话疑问语气词的分布、功能及其成因》，《中国语文》第
　　1 期。
陈梦家　1956　《殷墟卜辞综述》科学出版社。
陈年福　2000　《卜辞命辞的构成分析》，《浙江师范大学学报》第 5 期。
陈年福　2001　《甲骨文动词词汇研究》，巴蜀书社。

陈年福   2006   《甲骨文"何""此"用为代词考论》,《中国语文》第 5 期。

陈淑梅   1998   《关于代词活用的笼统指》,《华中师范大学学报》第 1 期。

陈望道   1933   《"吗"和"呢"的讨论》,《陈望道语文论集》,上海教育出版社 1980 年。

陈望道   1932   《修辞学发凡》,上海教育出版社 1976 年。

陈小荷   1989   《丰城赣方言语法研究》,北京大学博士学位论文。

陈振宇   2008   《现代汉语中的非典型疑问句》,《语言科学》第 4 期。

陈振宇   2009   《"知道""明白"类动词与疑问形式》,《汉语学习》第 4 期。

D

戴庆夏、朱艳华   2010a   《藏缅语选择问范畴句法结构的演变链》,《汉语学报》第 2 期。

戴庆夏、朱艳华   2010b   《藏缅语、汉语选择问句比较研究》,《语言研究》第 4 期。

戴耀晶   2001   《汉语疑问句的预设及其语义分析》,《广播电视大学学报》第 2 期。

邓 军   2008   《魏晋南北朝代词研究》,上海人民出版社。

丁 力   1998   《现代汉语列项选择问研究》,华中师范大学出版社。

丁 力   1999   《从问句系统看"是不是"问句》,《中国语文》第 6 期。

丁声树   1949   《"早晚"与"何当"》,《历史语言研究所集刊》20 本（下）。

丁声树等   1961   《现代汉语语法讲话》,商务印书馆 1979 年。

定 勇   2007   《元代汉语的"（不）VP 那么/什么"问句》,《语言研究》第 3 期。

董秀芳   2007   《词汇化与话语标记的形成》,《世界汉语教学》第 1 期。

F

范继淹   1982   《是非问的句法形式》,《中国语文》第 6 期。

范开泰、张小峰   2003   《独白语体中"呢"问句和语气词"呢"的篇章分析》,《语言科学》第 3 期。

范 晓等   2003   《语法理论纲要》,上海译文出版社。

冯春田   1987   《秦墓竹简选择问句分析》,《语文研究》第 1 期。

冯春田   2000   《近代汉语语法研究》,山东教育出版社。

冯春田   2003a   《〈聊斋俚曲〉语法研究》,河南大学出版社。

冯春田　2003b　《合音式疑问代词"咋"与"啥"的一些问题》,《中国语文》第 3 期。

冯春田　2006a　《疑问代词"作勿""是勿"的形成》,《中国语文》第 2 期。

冯春田　2006b　《反诘疑问代词"那"的形成》,《语言科学》第 6 期。

冯春田　2008a　《疑问代词"底"的形成问题》,《历史语言学研究》第一辑,商务印书馆。

冯春田　2008b　《试论疑问代词"若为""若箇"的来源》,《语言科学》第 6 期。

冯江鸿　2004　《反问句的语用研究》,上海财经大学出版社。

冯凌宇　2001　《〈论衡〉中的特指式反问句》,《武汉大学学报》第 4 期。

傅惠钧　2000　《〈儿女英雄传〉选择问句研究》,《北京大学学报》第 1 期。

傅惠钧　2001　《真性问与假性问：明清汉语选择问句的功能考察》,《语言教学与研究》第 3 期。

傅惠钧　2004　《明清汉语正反问句的分布及其发展》,《古汉语研究》第 2 期。

傅惠钧　2006　《关于正反问历史发展的几个问题》,《古汉语研究》第 1 期。

傅惠钧　2007　《实问虚答与只问不答——设问的两种特殊类型》,《浙江树人大学学报》第 6 期。

傅惠钧　2008　《关于疑问句的性质与范围》,《浙江师范大学学报》第 5 期。

傅惠钧　2009a　《命题否定与情态否定：明清汉语是非诘问句类型探讨》,《汉语学报》第 3 期。

傅惠钧　2009b　《语段句：介乎句子与句群间的一种语言现象》,《汉语学习》第 6 期。

傅惠钧　2010a　《略论近代汉语中 VnegVP 正反问的形成与发展》,《语言教学与研究》第 5 期。

傅惠钧　2010b　《明清汉语深度特指疑问句探讨》,《汉语史学报》第十辑,上海教育出版社。

G

高列过　2004　《东汉佛经疑问句语气助词初探》,《古汉语研究》第 4 期。

高名凯　1948　《汉语语法论》,上海开明书店。

管燮初　1953　《殷墟甲骨刻辞的语法研究》,科学出版社。

郭继懋　1997　《反问句的语义语用特点》,《中国语文》第 2 期。

郭　锐　2000　《"吗"问句的确信度和回答方式》,《世界汉语教学》第 2 期。

郭锡良　1994　《远古汉语的句法结构》,《古汉语研究》增刊。

H

何　刚　1997　《疑问句的语言学解释——主要理论观点和方法》,《国外语言学》
　　第 2 期。

何　容　1942　《中国文法论》,商务印书馆 1985 年。

何元建　2003　《特指问句标记的类型学特征》,《外语教学与研究》第 5 期。

贺　巍　1991　《获嘉方言的疑问句——兼论反复问句两种句型的关系》,《中国
　　语文》第 5 期。

贺　阳　1992　《试论汉语书面语的语气系统》,《中国人民大学学报》第 5 期。

侯一麟　1995　《关于第三者的疑问句的否定式答语语义确定性初探》,《中国语
　　文》第 1 期。

胡德明　2010　《从反问句生成机制看反问句否定语义的来源》,《语言研究》第
　　3 期。

胡　方　2005　《普通话疑问词韵律的语音学分析》,《中国语文》第 3 期。

胡建华　潘海华　2003　《指称性、离散性与集合:孤岛中的疑问句研究》,《语
　　法研究和探索》(十二),商务印书馆。

胡盛仑　1988　《"把"字句的正反问句式》,《汉语学习》第 3 期。

胡盛伦、王健慈　1989　《疑问代词的任指用法及其句式》,《汉语学习》第 6 期。

胡松柏　1998　《现代汉语疑问代词叠用式》,《厦门大学学报》第 1 期。

胡孝斌　1999　《反问句的话语制约因素》《世界汉语教学》第 1 期。

胡裕树　1995　《现代汉语》(重订本),上海教育出版社。

胡明扬　1981　《北京话的语气助词和叹词》(下),《中国语文》第 6 期。

华中师范学院中文系现代汉语教研组编　1972　《现代汉语语法知识》,湖北人
　　民出版社。

黄伯荣　1957　《陈述句、疑问句、祈使句、感叹句》,新知识出版社。

黄伯荣　1958　《〈水浒传〉疑问句的特点》,《兰州大学学报》第 2 期。

黄伯荣、廖序东　1991　《现代汉语》(增订本),高等教育出版社。

黄国营　1986　《"吗"字句用法初探》,《语言研究》第 2 期。

黄锦君　2005　《二程语录语法研究》,四川大学出版社。

黄正德　1988　《汉语正反问的模组语法》,《中国语文》第 4 期。

J

贾齐华　2003　《疑问句尾的"为"词性演变探略》,《中国语文》第 5 期。

江蓝生　1986　《疑问语气词"呢"的来源》,《语文研究》第 2 期。

江蓝生　1992　《疑问副词"颇、可、还"》,《近代汉语探源》,商务印书馆 2000 年。

姜　炜、石毓智　2008　《"什么"的否定功用》,《语言科学》第 3 期。

蒋冀骋、龙国富　2004　《汉译佛经中表疑问的语气词"那"》,《汉语史学报》第 4 辑,上海教育出版社。

蒋礼鸿　1997　《敦煌变文字义通释》(增补定本),上海古籍出版社。

蒋绍愚　2005　《近代汉语研究概要》,北京大学出版社。

蒋　勇、李佳丽、徐慧馨　2009　《疑问词语弱言用法中的极性和含义》,《修辞学习》第 2 期。

K

阚绪良　1995　《〈五灯会元〉里"是"字选择问句》,《语言研究》第 2 期。

邝　霞　2000　《"有没有"反复问句的定量研究——对经典作家白话文作品的定量研究》,《汉语学习》第 3 期。

L

兰州大学中文系语言研究室　1991　《〈老乞大〉与〈朴通事〉语言研究》,兰州大学出版社。

郎大地　2006　《动词否定的几个问题》,《语言研究》第 2 期。

李大勤　2001　《"WP 呢"问句疑问功能的成因试析》,《语言教学与研究》第 6 期。

李茂同　1994　《关于"设问"和"反问"》,《西北师大学报》第 5 期。

李　敏　2007　《现代汉语非现实范畴的句法实现》,华东师范大学博士学位论文。

李思明　1983　《从变文、元杂剧、〈水浒〉〈红楼梦〉看选择问句的发展》,《语言研究》。

李思明　1989　《〈水浒全传〉的反问句》,《安庆师范学院学报》第 3 期。

李泰洙　2003　《〈老乞大〉四种版本语言研究》,语文出版社。

李铁根　1985　《正反问形式的反问句的语义区分》,《汉语学习》第 3 期。

李小凡　1990　《也谈"反复"问句》,胡盛仑主编《语言学与汉语教学》,北京语言学院出版社。

李小凡　1998　《苏州方言语法研究》,北京大学出版社。

李一平　1996　《"什么"表否定和贬斥的用法》,《河南大学学报》第 5 期。

李英哲　2001　《官话和台湾闽语疑问句否定成分的比较研究》,《汉语历时共时语法论集》,北京语言文化大学出版社。

李宇凤　2010　《反问的回应类型与否定意义》,《中国语文》第 2 期。

李宇明　1989　《"NP 呢"句式的理解》,《汉语学习》第 3 期。

李宇明　1990　《反问句的构成及其理解》,《殷都学刊》第 3 期。

李宇明　1993　《毛泽东著作设问句研究》,《中国语文》第 6 期。

李宇明　1997　《疑问标记的复用及标记功能的衰变》,《中国语文》第 2 期。

李宇明、唐志东　1992　《汉语儿童问句系统习得探微》,华中师范大学出版社。

李子玲、柯彼德（Peter Cole）　1996　《新加坡潮州方言中的三种正反问句》,《语言研究》第 2 期。

黎锦熙　1924　《新著国语文法》,商务印书馆 1992 年。

林茂灿　2006　《疑问和陈述语气与边界调》,《中国语文》第 4 期。

林祥楣　1957　《代词》,《汉语知识讲话》（合订本）,上海教育出版社 1987 年。

林裕文　1985　《谈疑问句》,《中国语文》第 2 期。

刘大为　2008　《制造信息差与无疑而问——修辞性疑问的分析框架之一》,《修辞学习》第 6 期。

刘大为　2009　《修辞性疑问:动因与类型——修辞性疑问的分析框架之二》,《修辞学习》第 1 期。

刘丹青　1991　《苏州方言的发问词与"可 VP"句式》,《中国语文》第 1 期。

刘丹青　2007　《焦点（强调成分）的调查研究框架》,《东方语言学》创刊号。

刘丹青　2005　《句类及疑问句和祈使句:〈语法调查研究手册〉节选》,《语言科学》第 9 期。

刘　坚、曹广顺、吴福祥　1995　《论诱发汉语词汇语法化的若干因素》,《中国语文》第 3 期。

刘　坚、江蓝生、白维国、曹广顺　1992　《近代汉语虚词研究》,语文出版社。

刘景农　1959　《汉语文言语法》,中华书局 1994 年。

刘镜芙　1994　《〈金瓶梅〉中的选择问句》,《中国语文》第 6 期。

刘开骅　2006　《中古汉语 VPneg 式疑问句句末否定词的虚化问题》,《南京师范大学学报》第 12 期。

刘开骅　2008a　《唐以前的 VP–neg–VP 式反复问句》,《古汉语研究》第 2 期。

刘开骅　2008b　《中古汉语疑问句研究》,黑龙江人民出版社。

刘龙根　1988　《评"发问同于请求"论》,《外国语》第 2 期。

刘钦荣、金昌吉　1992　《有"难道"出现的问句都是反问句吗?》,《河南大学学报》第 2 期。

刘钦荣　2004　《反问句的句法、语义、语用分析》,《河南师范大学学报》第 4 期。

刘世儒　1965　《魏晋南北朝量词研究》,中华书局。

刘一之　1986　《现代汉语口语（N）VPneg 问句探源》,北京大学硕士学位论文。

刘月华　1987　《用"吗"的是非问和正反问句用法比较》,《句型和动词》,语文出版社。

刘月华　1988　《语调是非问》,《语言教学与研究》第 2 期。

刘月华　2001　《实用现代汉语语法》（增订本）,商务印书馆。

刘月华等　1983　《实用现代汉语语法》,商务印书馆。

刘晓南　1991　《先秦语气词的历时多义现象》,《古汉语研究》第 3 期。

刘子瑜　1994　《敦煌变文中的选择疑问句式》,《古汉语研究》第 4 期。

柳士镇　1992　《魏晋南北朝历史语法》,南京大学出版社。

柳士镇　2002　《萧统〈令旨解二谛义〉中的选择问句》,《古汉语研究》第 4 期。

柳英绿　2003　《韩汉语正反问句对比》,《汉语学习》第 10 期。

卢烈红　1998　《〈古尊宿语要〉代词助词研究》,武汉大学出版社。

卢以纬著　王克仲集注　《助语辞集注》,中华书局 1988 年。

鲁　川　2003　《语言的主观信息和汉语的情态标记》,《语法研究和探索》（十二）,商务印书馆。

陆俭明　1982　《由"非疑问形式＋呢"造成的疑问句》,《中国语文》第 6 期。

陆俭明　1984　《关于现代汉语里的疑问语气词》,《中国语文》第 5 期。

陆俭明　1993　《八十年代中国语法研究》,商务印书馆。

陆俭明　沈　阳　2003　《汉语和汉语研究十五讲》,北京大学出版社。

鹿钦佞　2005　《疑问代词"什么"非疑问用法的历时考察》,延边大学硕士学位论文。

吕明臣　1992　《汉语"应对句"说略》,《汉语学习》第 6 期。

吕明臣　1999　《走出"句类"的误区》,《吉林师范学院学报》第 3 期。

吕叔湘　1941/1944　《中国文法要略》,《吕叔湘全集》第 1 卷,辽宁教育出版社 2002 年。

吕叔湘　1946　《从主语、宾语的分别谈国语句子的分析》,《吕叔湘全集》第 2

卷，辽宁教育出版社 2002 年。

吕叔湘　1977　《通过比较研究语法》，《语言教学与研究》第 2 期。

吕叔湘　1979　《汉语语法分析问题》，《吕叔湘全集》第 2 卷，辽宁教育出版社
　　2002 年。

吕叔湘　1980　《现代汉语八百词》，商务印书馆 1999 年。

吕叔湘　1984　《"谁是张老三?" = "张老三是谁?"》，《中国语文》第 4 期。

吕叔湘　1985a　《近代汉语指代词》，江蓝生补，学林出版社。

吕叔湘　1985b　《疑问·否定·肯定》，《中国语文》第 4 期。

吕叔湘、朱德熙　1952　《语法修辞讲话》，中国青年出版社 1979 年。

罗福腾　1996　《〈醒世姻缘传〉的反复问句》，《语言研究》第 1 期。

M

马建疆、刘向晖　2002　《汉语是非疑问句在维语中的表达形式探究》，《语言与
　　翻译（汉文）》第 4 期。

马建忠　1898　《马氏文通》，商务印书馆 1983 年。

马荣尧　1990　《近代汉语副词"没的"考释》，《中国语文》第 5 期。

马思周　1996　《近代汉语代词的"上问去答"原则》，《中国语文》第 2 期。

玛林娜·吉布拉泽　2005　《论现代汉语不定指性疑问代词》，《语言研究》第
　　1 期。

梅祖麟　1978　《现代汉语选择问句法的来源》，《历史语言研究所集刊》49 本 1
　　分册。

N

倪　兰　2003　《特指问反问句的语用分析及其修辞意义》，《修辞学习》第 6 期。

牛保义　2005　《相信和怀疑——附加疑问句的认知研究》，中国社会科学出
　　版社。

P

彭利贞　2007　《现代汉语情态研究》，中国社会科学出版社。

Q

齐沪扬、丁婵婵　2006　《反诘类语气副词的否定功能分析》，《汉语学习》第

5 期。

裴锡圭　1988　《关于殷墟卜辞的命辞是否问句的考察》,《中国语文》第 1 期。

S

杉村博文　1992　《现代汉语"疑问代词 + 也/都……"结构的语义分析》,《世界汉语教学》第 3 期。

杉村博文　2002　《论现代汉语特指疑问判断句》,《中国语文》第 1 期。

杉村博文　2007　《现代汉语疑问代词周遍性用法的语义解释》, 张黎等主编《日本现代汉语语法研究论文选》, 北京语言大学出版社。

邵敬敏　1996　《现代汉语疑问句研究》, 华东师范大学出版社。

邵敬敏　1989a　《叹词疑问句语义层面分析》,《语文研究》第 2 期。

邵敬敏　1989b　《语气词"呢"在疑问句中的作用》,《中国语文》第 4 期。

邵敬敏　1990　《汉语语法学史稿》, 上海教育出版社。

邵敬敏　1994a　《现代汉语选择问句研究》,《语言教学与研究》第 2 期。

邵敬敏　1994b　《间接问句及其相关句类比较》,《华东师范大学学报》第 5 期。

邵敬敏　1995　《"吧"字疑问句及其相关句式比较研究》,《现代汉语疑问句研究》, 华东师范大学出版社 1996.

邵敬敏、赵秀凤　1989　《"什么"非疑问用法研究》,《语言教学与研究》第 1 期。

沈家煊　1997　《类型学中的标记模式》,《外语教学与研究》第 1 期。

沈家煊　1999　《不对称和标记论》, 江西教育出版社。

沈　炯　1994　《汉语语调构造和语调类型》,《方言》第 3 期。

石定栩　1999　《疑问句研究》, 徐烈炯主编《共性与个性——汉语语言学中的争议》, 北京语言大学出版社。

石定栩　2007　《向心结构与离心结构新探》,《外语教学与研究》第 4 期。

石毓智　2001　《肯定和否定的不对称》(增订本), 北京语言文化大学出版社。

石毓智　2004　《疑问和感叹之认知关系——汉英感叹句的共性与个性》,《外语研究》第 6 期。

石毓智　2006　《现代汉语疑问标记的感叹用法》,《汉语学报》第 4 期。

石毓智、李　讷　2001　《汉语语法化的历程——形态句法发展的动因和机制》, 北京大学出版社。

石毓智、徐　杰　2001　《汉语史上疑问形式的类型学转变及其机制——焦点标记"是"的产生及其影响》,《中国语文》第 5 期。

史金生　1995　《语用疑问句》,《世界汉语教学》第 2 期。

史金生　1997　《表反问的"不是"》,《中国语文》第 1 期。

寿永明　2002　《疑问代词的否定用法》,《上海师范大学学报》第 2 期。

宋金兰　1995　《汉藏语是非问句语法形式的历史演变》,《民族语文》第 1 期。

宋金兰　1996　《汉藏语选择问句的历史演变及类型分布》,《民族语文》第 1 期。

宋永圭　2007　《现代汉语情态动词否定研究》,中国社会科学出版社。

苏培成　1989　《特指问句中疑问词"怎么"的省略》,《语文研究》第 2 期。

苏英霞　2000　《"难道"句都是反问句吗?》,《语文研究》第 1 期。

孙宏开　1995　《藏缅语疑问方式试析——兼论汉语、藏缅语特指问句的构成和来源》,《民族语文》第 5 期。

孙汝建　1999　《语气和口气研究》,中国文联出版社。

孙淑芳　2001　《隐含祈使的间接言语行为句》,《外语学刊》第 3 期。

孙锡信　1995　《语气词"么"的来历》,《中国语言学报》第 7 期。

孙锡信　1999　《近代汉语语气词》,语文出版社。

T

太田辰夫　1958　《中国语历史文法》,蒋绍愚、徐昌华"修订译本",北京大学出版社 2003 年。

太田辰夫　1973　《〈小额〉的语法和词汇》,《汉语史通考》,江蓝生、白维国译,重庆出版社 1991 年。

太田辰夫　1987　《中古(魏晋南北朝)汉语的特殊疑问形式》,《中国语文》第 6 期。

汤廷池　1981　《国语疑问句的研究》,《师大学报》第 26 卷。

汤廷池　1984　《国语疑问句研究续论》,《师大学报》第 29 卷。

唐　钺　1923　《修辞格》,上海商务印书馆。

唐　韵　2002　《〈元曲选〉语法问题研究》,四川文艺出版社。

陶伏平　2002　《"谁"非疑问用法分析》,《常德师范学院学报》第 3 期。

W

王灿龙　1997　《也谈选择问句的规范标点格式》,《语文建设》第 5 期。

王灿龙　2010　《"谁是 NP"与"NP 是谁"的句式语义》,《语言教学与研究》第 2 期。

王海棻　1987　《古汉语疑问词语》,浙江教育出版社。

王海棻　1992　《古代疑问词语用法词典》，浙江教育出版社。

王海棻、邹晓丽　1992　《古汉语反复问句源流探查》，《语言文字学》第2期。

王鹤正　1996　《选择问的规范标点格式》，《语文建设》第12期。

王红旗　2006　《指称不确定性产生的条件》，《语文研究》第3期。

王克仲　1980　《略说疑问句尾"为"字的词性》，《中国语文》第5期。

王　力　1943　《中国现代语法》，商务印书馆1985年。

王　力　1945　《中国语法理论》，《20世纪现代汉语语法八大家·王力选集》，东北师范大学出版社2002年。

王　力　1946　《中国语法纲要》，开明书店。

王　力　1958　《汉语史稿》，中华书局1980年。

王　力　1962　《古代汉语》，中华书局。

王　力　1982　《关于汉语语法体系问题》，《教学语法论文集》，人民教育出版社。

王利器　1993　《颜氏家训集解》，中华书局。

王敏红　2007　《〈太平经〉疑问句研究》，《古汉语研究》第3期。

王仁法　2003　《试论现代汉语"谁"的匹配用法》，《徐州师范大学学报》第4期。

王森毅　姜　丽　2006　《"有没有/有/没有 + VP"句》，《中国语文》第1期。

王世华　1985　《扬州话里两种反复问句共存》《中国语文》第6期。

王宇信　1989　《申论殷墟卜辞的命辞为问句》，《中原文物》第2期。

王　志　1990　《回声问》，《中国语文》第2期。

望月十八吉　1981　《关于汉语谓语的一个问题》，《语文研究》第1期。

魏培泉　2007　《从否定词到疑问助词》，《中国语言学集刊》第1卷第2期，中华书局。

魏培泉　2010　《是否 – V（N）P 句式的由来》，*Language and Linguistics*，11.2：335—392。

文　炼　1982　《从"吗"和"呢"的用法谈到问句的疑问点》，《逻辑与语言学习》第4期。

吴福祥　1996　《敦煌变文语法研究》，岳麓书社。

吴福祥　2004a　《敦煌变文12种语法研究》，河南大学出版社。

吴福祥　2004b　《〈朱子语类辑略〉语法研究》，河南大学出版社。

吴福祥　1997　《从"VP – neg"式反复问句的分化谈语气词"麼"的产生》，《中国语文》第1期。

吴慧颖 1990 《"VP₁ 也 VP₂"和"VP₁ 也怎的"——关于近代汉语中的两种选择问句》,《古汉语研究》第 2 期。

吴 娟 2011 《汉译〈维摩诘经〉中"云何"的特殊用法》,《中国语文》第 1 期。

吴 琼 2002 《试论"恶、安、焉"的演变和"那(哪)"的产生》,《语言研究》特刊。

吴振国 1990 《关于正反问句和"可"问句分合的一些理论方法问题》,《语言研究》第 2 期。

伍 华 1987 《论〈祖堂集〉中以"不、否、無、摩"收尾的问句》,《中山大学学报》第 4 期。

伍雅清 2002a 《汉语特殊疑问词的非疑问用法研究》,《语言教学与研究》2002 第 2 期。

伍雅清 2002b 《疑问词的句法和语义》,湖南教育出版社。

X

香坂顺一 1997 《白话语汇研究》,中华书局。

项梦冰 1990 《连城(新泉)话的反复问句》,《方言》第 2 期。

肖任飞 2006 《非疑问用法的"什么"及其相关格式》,华中师范大学硕士学位论文。

萧国政 1993 《毛泽东著作中是非性反问句的反意形式》,《中国语文》第 6 期。

谢佳玲 2002 《汉语的情态动词》,台湾清华大学博士学位论文。

邢福义 1987 《现代汉语的特指是非问》,《语言教学与研究》第 4 期。

邢福义 1990 《"有没有 VP"疑问句式》,《华中师范大学学报》第 1 期。

邢福义 1991 《现代汉语》,高等教育出版社。

邢福义 1993 《选择问的句群形式》,《汉语学习》第 6 期。

邢福义 2000 《汉语语法学》,东北师范大学出版社。

邢向东、张永胜 1997 《内蒙古西部方言语法研究》,中国社会科学出版社。

徐 杰 1987 《句子的功能分类和相关标点的使用》,《汉语学习》第 1 期。

徐 杰 1999 《疑问范畴与疑问句式》,《语言研究》第 2 期。

徐 杰、李英哲 1993 《焦点和两个非线性语法范畴:"否定""疑问"》,《中国语文》第 2 期。

徐 杰、张林林 1985 《疑问程度和疑问句式》,《江西师范大学学报》第 2 期。

徐烈炯、邵敬敏 1998 《包孕疑问句的句法特点》,《上海方言语法研究》,华东师范大学出版社。

徐烈炯　1988　《多重疑问句》,《外国语》第 4 期。

徐默凡　2010　《论疑问代词指代用法的重叠》,《语言教学与研究》第 4 期。

徐盛桓　1998　《疑问句的语用性嬗变》,《外语教学与研究》第 4 期。

徐盛桓　1999a　《疑问句探询功能的迁移》,《中国语文》第 1 期。

徐盛桓　1999b　《强发问和弱发问》,《外国语》第 3 期。

徐时仪　1993　《也谈"不成"词性的转移》,《中国语文》第 5 期。

徐思益　1986　《反问句特有的表达式》,《锦州师院学报》第 4 期。

徐正考　1996　《清代汉语选择疑问句系统》,《吉林大学社会科学学报》第 5 期。

许歆媛　2010　《小议"难不成"的用法与来源》,《中国语文》第 6 期。

许仰民　2006　《〈金瓶梅词话〉语法研究》,中华书局。

Y

杨伯峻　1955　《文言语法》,北京大众出版社。

杨伯峻、何乐士　2001　《古汉语语法及其发展》,语文出版社。

杨荣祥　2005　《近代汉语副词研究》,商务印书馆。

杨永龙　2000　《近代汉语反诘副词"不成"的来源及虚化过程》,《语言研究》第 1 期。

杨永龙　2003　《句尾语气词"吗"的语法化过程》,《语言科学》第 1 期。

殷焕先　1987　《字调和语调》,《汉语知识讲话》,上海教育出版社。

尹世超　2004　《说否定性答句》,《中国语文》第 1 期。

游汝杰　1993　《吴语里的反复问句》,《中国语文》第 2 期。

于根元　1995　《反问句的某些形式标志》,《语法研究与探索》(四),商务印书馆。

于　康　1995　《汉语"是非问句"与日语"肯否性问句"的比较》,《世界汉语教学》第 2 期。

于　康　1996　《命题内成分与命题外成分——以汉语助动词为例》,《世界汉语教学》第 1 期。

于细良　1964　《疑问代词的重叠用法》,《中国语文》第 4 期。

于细良　1965　《疑问代词的任指用法》,《中国语文》第 1 期。

俞光中　1985　《元明白话里的助词"来"》,《中国语文》第 4 期。

俞光中、植田均　1999　《近代汉语语法研究》,学林出版社。

俞理明　1989　《汉魏六朝的疑问代词"那"及其他》,《古汉语研究》第 3 期。

俞理明　1991　《从早期佛经材料看古代汉语中的两种疑问词"为"》,《四川大学学报》第 4 期。

俞理明　2001　《〈太平经〉中非状语地位的否定词"不"和反复问句》,《中国语文》第 5 期。

俞理明　2004　《从东汉文献看汉代句末否定词的性质》,《汉语史学报》第 4 辑,上海教育出版社。

遇笑容、曹广顺　2002　《中古汉语中的"VP 不"式疑问句》,《纪念王力先生百年诞辰学术论文集》,商务印书馆。

袁毓林　1993　《正反问句及相关的类型学参项》,《中国语文》第 2 期。

袁毓林　2000　《论否定句的焦点、预设和辖域歧义》,《中国语文》第 2 期。

Z

张伯江　1997　《疑问句功能琐议》,《中国语文》第 2 期。

张伯江、方　梅　1996　《汉语功能语法研究》,江西教育出版社。

张　静、张　衍　1964　《古今汉语比较语法》,河南人民出版社。

张美兰　2003　《祖堂集语法研究》,商务印书馆。

张　敏　1990　《汉语方言反复问句的类型学研究：共时分布及其历时蕴含》,北京大学博士学位论文。

张　平　2004　《表反问语气的"还"与加强反问语气的"又"》,《湖南师大学报》第 3 期。

张　相　1955　《诗词曲语辞汇释》,中华书局。

张晓芒　2002　《略论问句的逻辑合理性问题》,《南开学报》第 6 期。

张雪平　2008　《现代汉语假设句研究》,南开大学博士学位论文。

张雪平　2009　《非现实句和现实句的句法差异》,《语言教学与研究》第 6 期。

张尹琼　2005　《疑问代词的非疑问用法——以"谁"和"什么"为主要样本的探索》,复旦大学博士学位论文。

张玉金　1995　《论殷墟卜辞命辞的语气问题》,《古汉语研究》第 3 期。

张玉金　1997　《殷墟甲骨文句类问题研究》,《古汉语研究》第 4 期。

张玉金　2001　《甲骨文语法学》,学林出版社。

张玉金　2004　《西周汉语语法研究》,商务印书馆。

张玉金　2006　《西周汉语代词研究》,中华书局。

张玉金　2010　《也谈甲骨文中的"何"和"此"》,《中国语文》第 3 期。

章士钊　1907　《中等国文典》,上海商务印书馆。

章一鸣 1997 《〈金瓶梅词话〉和明代口语词汇语法研究》，上海古籍出版社。

赵巨源 1990 《疑问形式宾语和动词的类》，《语言学和汉语教学》，北京语言学院出版社。

赵元任 1926 《北京、苏州、常州语助词的研究》，《清华学报》第 3 卷第 2 期。

赵元任 1928 《现代吴语的研究》，科学出版社 1958 年。

赵元任 1968a 《汉语口语语法》，吕叔湘译，《吕叔湘全集》第 18 卷，辽宁教育出版社 2002 年。

赵元任 1968b 《中国话的文法》，《赵元任全集》第 1 卷，商务印书馆 2002 年。

郑良伟 1984 《汉语的疑问形式及其意义》，《中国语言学报》第 1 期。

郑远汉 1982 《辞格辨异》，湖北人民出版社。

志村良志 1983 《中国中世语法史研究》，江蓝生、白维国译，中华书局 1995 年。

钟 闻 1991 《试论设问的分类》，《中州大学学报》。

钟兆华 1997 《论疑问语气词"吗"的形成与发展》，《语文研究》第 1 期。

钟兆华 1991 《"不成"词性的转移》，《中国语文》第 4 期。

周生亚 2004 《说"否"》，《中国语文》第 2 期。

朱德熙 1982 《语法讲义》，商务印书馆。

朱德熙 1985 《汉语方言里的两种反复问句》，《中国语文》第 1 期。

朱德熙 1991 《"V－neg－VO"与"V－neg－V"两种反复问句在汉语方言里的分布》，《中国语文》第 5 期。

朱德熙 1983 《自指与转指——汉语名词化标记"的、者、所、之"的语法功能和语义功能》，《朱德熙文集》第 3 卷，商务印书馆 1999 年。

朱德熙 1984 《关于向心结构的定义》，《朱德熙文集》第 3 卷，商务印书馆 1999 年。

朱庆之 1990 《试论汉魏六朝佛典里的特殊疑问词》，《语文研究》第 1 期。

朱庆之 1991 《关于疑问语气词"那"来源的考察》，《古汉语研究》第 2 期。

朱晓亚 2001 《现代汉语句模研究》，北京大学出版社。

朱晓亚 2007 《否定型语调是非问的答句》，《语言科学》第 1 期。

朱运申 1979 《关于疑问句尾的"为"》，《中国语文》第 6 期。

祝敏彻 1995 《汉语选择问、正反问的历史发展》，《语言研究》第 2 期。

祝敏彻 1996 《近代汉语句法史稿》，中州古籍出版社。

邹韶华 2001 《语用频率效应研究》，商务印书馆。

祖生利　2001　《元代白话碑文中代词的特殊用法》,《民族语文》第 5 期。

Cheng Lisa（程立珊）1991 *On the Typology of WH - questions*. Ph. D dissertation, MIT.

Chung S. Timeberlake A. 1985 Tense, Aspect and Mood. Shopen, T.　（eds.）Language Typology and Syntactic Description, V. III: Grammatical Categories and the Lexicon. Cambridge: Cambridge Uni. Press.

Comrie 1985 *Tense*. Cambridge: Cambridge Uni. Press.

Givón T. 1973 Opacity and Reference in Language: An Inquiry into the Role of Modalities. in Kimball J. P（ed.）*Syntax and Semantics* 2. Tokyo: Taishukan Publishing Company.

Haspelmath Martin 1997 Indefinite pronouns. *Oxford Studies in Typology and Linguistic Theore*. Oxford: Oxford University Press.

Huang James C. T.（黄正德）1982 *Logical Relations in Chinese and the Theory of Grammar*. Ph. D dissertation, MIT.

Li Yen - hui Audrey（李艳惠）1992 Indefinite WH in Mandarin Chinese. *Journal of East Asian Linguistics*. 1: 125 - 156.

Lin Jo - wang（林若望）1996 *Polarity Licensing and Wh - phrase Quantification in Chinese*, Ph. D dissertation, University of Massachuesetts, Amherst.

Lin Jo - wang（林若望）1998 On existential polarity WH - phrases in Chinese. *Journal of East Asian Linguistics*. 7, 219 - 255.

Pan H. H. & Jiang Y.（潘海华和蒋严）1997 NP interpretation and Chinese donkey sentences. *Proceedings of the Workshop on Interface Chinese: Syntax and Semantics of Noun Phrases*.

Palmer F. R. 1986 *Mood and Modality（lst edition）*. Cambridge: Cambridge University Press.

Palmer F. R. 2001 *Mood and Modality（second edition）*. Cambridge: Cambridge University Press.

Tsang Chui Lim 1981 *A Semantic Study of Modal Auxiliary Verbs in Chinese*. Ph . D. Dissertation, UMI.

后　记

　　写完书稿的最后一个字，不禁长长地舒了一口气！本项目的研究，从 1999 年确定选题开始，至今已过去了十多个年头！蓦然回首，颇有一番感慨！

　　在开始此项研究之前，我的主要学术兴趣在汉语修辞学。上个世纪 80 年代修辞学的大繁荣，吸引了一批年轻学子，我从辞格、辞规和语体的研究进入这一领域，其后则在文艺修辞、古汉语比较修辞和修辞史等方面作了进一步的探索。随着对修辞问题认识的加深，越来越意识到，语言的结构、语义和语用尽管处于不同的平面，却是相互联系、不可分割的整体，作为语言的分支学科可以侧重某一方面的研究，但都离不开对整体的把握。正像语法学研究的核心问题是结构但离不开对语义和语用的探索一样，修辞学研究的核心问题是语用，同时也离不开对结构和语义问题的观察和思考。从语法和修辞的关系来看，无论是本体还是历史，两者都是无法截然分开的。在新的学术背景下，要想对修辞有更加深入的研究，不可能没有对语法问题的思考。一个有成就的修辞学者同时也应该甚至必须是一个语法学者。基于这样的认识，我在探讨修辞问题时，常常将语用与结构、语义结合起来思考。这在客观上让我更多地关注语法研究的理论、方法与发展动态，对语法问题的探讨也有了更大的兴趣和热情。直到有一天也想尝试一下以语法问题为核心的学术探讨。这就有了现在这个项目。

　　本项目研究对象的确定是出于这样的考虑：在研读文献时我注意到，汉语的语法史研究存在断层现象，关于近代汉语分期的主流意见是晚唐五代至清初，而现代汉语起始的主流意见则是五四时期，有清一代约三百年汉语的历史发展从整体上被忽略了。而明代汉语的研究也显得零散而不成系统。因而，探讨一下明清时期的语法现象，对于探明由近代汉语向现代汉语过渡的真实面貌无疑是大有裨益也是十分必要的。而"疑问句"是汉语语法研究中最为复杂的问题之一，现代汉语疑问句形成的许多问题都还不甚清楚，对其进行研究具有更加典型的意义。

　　本项目的前期研究是我于世纪之交在北京大学学习期间完成的。这期间，除了研读文献，主要做了基础材料工作，并完成了基本框架的构拟和部分章节的撰写。材料的搜集是一个浩大的工程。尽管已是进入电脑时代，但是因为疑问句的特殊性，很难通过微机检索来完成基础材料的系统搜集。我用的还是传统做卡片的方法。将《老乞大》《朴通事》《金瓶梅》和《儿女英雄传》这四部典型白话文献中的疑问句逐句做成卡片，还进一步将明清时期甚至上至先秦下至现代的其他相关文献中的有关疑问句做了卡片，共计两万余张（包括后来补充的）。当然，在具体研究中也常常辅以微机检索，以增加材料的丰富性。本项研究得以顺利完成，与先期的材料工作做得较为细致和扎实是分不开的。

　　从北大返校后，除了给本科生和研究生上课外，还一直担任学院的全日制本科教学管理工作，占去了大量的时间和精力，研究只能是利用假期和晚上断断续续地进行，因而进展不快。需要一提的是，2007 年末，因不慎摔伤，导致左腿严重骨折，将近 5 个月的时间只能在医院和家中治疗与休养，这反倒让我赢得了一些时间，加速了研究的进展，从课题研究来说，也可谓因祸得福。

本项研究的思路和方法，我在"概论"中已从"四个结合"的角度作了具体论述。这里还需一提的是，在具体探讨中还力求将语法研究和修辞语用研究相结合。本项研究尽管属于语法范畴，但正像我在上文所说的，语法问题是无法与修辞语用截然分开的，表现在疑问句上也是如此。一种问句的功能迁移，往往起始于修辞，修辞现象的语法化又丰富了问句的形式和类型。书中有关各类问句的假性问、疑问代词的非疑问用法等不少章节，具有更多的修辞学内涵，甚至把其中有的内容看成是修辞学研究也未尝不可。这一视角能使我们更加立体地观察汉语的疑问句，从而得出个更为科学的结论。这方面的探索，得益于我多年的修辞学研究。

本项研究得以顺利完成并及时出版，跟我的老师、朋友、学生与家人等的帮助与支持是分不开的。请允许我向他们表示我的诚挚的谢意：

首先要感谢的是本师蒋绍愚先生。在人到中年之时，有机会赴北京大学求学，师从景仰已久的蒋绍愚先生，这是此生的一大幸事！本项研究就是在蒋先生的悉心指导下完成的。不仅是在学期间，在整个十多年的研究过程中，蒋先生一直都在关心、鼓励、指导和帮助着我。研究中每当遇到难题，我常会以各种方式求助于先生，而先生要言不烦的点拨，总会让我豁然开朗，比如我在研究 VnegVP 正反问的发展一节时，对于明清时期出现许多此类用法的成因分析总觉得不够充分，先生"不妨考察一下这些用例的方言背景"一句话，让我找到了一个重要的分析角度，从而加深了对这个问题的认识。先生为学严谨，为人谦和、热情，这些年中所给予我的，不只是治学的方法，更是为人方面的言传身教。对于先生的感激，不是说一声"谢谢"

所能表达的。

　　在本项研究中，江蓝生先生也给予了我热忱的帮助和指点，研究计划曾呈江先生指教，得到了先生的鼓励；范晓先生也非常关心我的研究，有关语法理论方面的一些问题我曾多次写信请教，范先生每次都认真回复，给了我许多有益的启示；吴福祥先生也一直关心、支持我的这项研究，并给予我许多有益的意见、建议和帮助；商务印书馆副总编辑周洪波先生、汉语出版中心语言学著作与期刊编辑室主任叶军女士对本书的出版给予了大力的支持；在本项目的研究和出版过程中，以各种方式帮助过我的先生和朋友还有李宇明、张涌泉、冯春田、方一新、王云路、张谊生、罗仁地、曹广顺、杨荣祥、邵敬敏、刘丹青、张美兰、曹志耘、宋绍年、郭锐、张先亮、吴泽顺等；我的研究生王丽玲、蒋晓玲、邵灵琳、陈赵赞、陈潇、王诗博等帮我搜集整理了部分材料，研究生徐研、晁玉光，本科生陈佳为我核实了书稿中的全部用例；妻子蒋巧珍女士，是我学术研究的坚强后盾，她不但在生活上关心我，更在精神上支持我，让我有足够的时间并能快乐地从事研究；在本课题研究的进程中，还先后得到了浙江省哲学社会科学重点课题（2005 年）、国家社会科学基金项目（2008 年）和浙江师大中国语言文学博士点建设基金（2010 年）的资助。在此，让我一并郑重地道一声谢谢！

　　对于学术，我始终怀有一种虔诚与敬畏之心。认为学术是一种精神，是人类文明与进步的动力。因而未敢有半点亵渎。对于前辈"板凳要坐十年冷，文章不写半句空"的为学精神深为钦佩并诚心效法。在浮躁的学术空气和功利的学术评价中，努力寻求一份内心的平静，更多地享受学术的快乐。因而我特别赞赏朱光潜的为学态度：以出世的精神，做入世的事业！而要真正做到，却并非易事。愿与我的学术朋友共勉！

再过几个月，就是妈妈 80 周岁的生日。谨以本书作为儿子的一份生日贺礼，献给我亲爱的妈妈！

傅　惠　钧

2011 年元宵节